U0940523

訓詁三論

訓詁

◎張治樵 著

巴蜀書社

是古非今蔽，今以度古愚；
敝帚自珍蔽，明珠暗投愚。

先恩師劉君惠先生　教誨
學生張治樵　謹記
一九九〇年十月七日

目　録

在了閱讀和查找上，有的看似很小的被涉及的問題，甚至也經年不解，可見基礎學習的重要。底子薄，基礎差，羅列了一堆例證，說了些自以為是問題的問題，又趨於門外，不知究竟，寫出來不過求得心安罷了；若能如先生所言，不期引起批評和爭辯，有益於訓詁學，則十分幸運了。

本書的出版得到了設計院龔焰女士、出版社謝藝波女士的大力協助，借此致以深深的謝意。

二〇一四年十月初稿

二〇一六年十月修定

張治樵 於成都

《訓詁三論》序

訓詁學是中國語言學的重要組成部分。訓詁學研究的對象涉及到漢語研究的一切方面，它隨着漢語和漢民族文化的發展而不斷發展，形成了一個獨立的學科體系。訓詁學有兩千多年的發展歷史；有豐富的、卓越的研究成果；它在保存民族文化遺產，發展中華民族的科學文化方面，曾經起過重大的作用；它是一宗寶貴的民族文化遺產。

近百年來，訓詁學没有得到應有的重視，它逐漸衰落了。在向西方尋求真理的浪潮中，中國語言學受到的侵擾很大。一些人傾心於歐洲模式，忽視了漢民族語言的特殊的本質，忽視了中國語言學的特殊的發展道路，從而對訓詁學作了種種不恰當的評價。例如："訓詁學是經學的附庸"、"訓詁學是屬於語文學範疇的"、"訓詁學就是語義學"等等。這些評價，對於正確認識中國語言學、正確認識訓詁學在中國語言學史中的地位是不利的。作者對這些評價都作了剖析，提出詰難，並表述了自己的見解。這些見解必將引起爭辯。作者能提出問題總是可貴的，爭辯總是有益的。我們要辨章學術，考鏡源流，我們需要爭辯。

作者的宏觀探索建立在縝密的微觀分析的基礎上的。作者把從張揖到王念孫的訓詁實踐了縝密的辨析，把他們所建立的義例放到廣闊的訓詁學史的背景中去觀察，總結了訓詁學的歷史經驗，重新考論了訓詁學的對象、目的、任務和内容，明確指出訓詁學的特殊的歷史道路和它在中國語言學史中的地位。

人的認識不是一次完成的。對漢語、漢語學和漢語學史中的許多問題，我們都在不斷地探索。《訓詁三論》就是一種探索。我希望這本書能够引起爭辯，把訓詁學和中國語言學的學術思考引向深入。

劉君惠 1990. 10

自　敘

本書的主要觀點和一些具體段落始於 1988 年底，次年，着手準備碩士畢業論文，以為有《爾雅》、《廣雅》、訓詁概況的基礎，就可以對訓詁與訓詁學進行一番論證了。自以為言之鑿鑿，實則捉襟見肘，呈交導師先恩師劉君惠先生，面紅耳赤，張口結舌。幾經周折，最終以逐字梳理王念孫《廣雅疏證》為基礎，寫成泛泛的"讀後感"，順利通過了答辯，兩年後由學校擇要發表於四川師範學院（後改為四川師範大學）《學報》。經歷了畢業論文的風波，師生關係反而更加密切，先生耳提面命，傾心指導，1990 年年中確立了主要觀點，完成了主體框架，命名為《訓詁辯惑》，只待花些時日，將零散的材料、卡片、筆記歸於統緒，提筆成文了。在等待畢業分配的幾個月裏，或主動，或受命，差不多一有空就跟先生在一起，話題全都是觀點與材料，坦誠討論爭辯，毫無顧忌，有時甚至有大不敬之嫌，然而，"當仁不讓於師"卻是先生重複得最多的話。畢業分配的結果，被永久地分配出了學校大門，十幾年的從教生涯從此中止，靜下心來完成書稿也註定成了奢望。先生知曉後，約在十月七日，先生家。那是一個深刻於心、永久定格的場景，有一種時時發作、令人窒息的痛。忘不了，先生拿著《序言》，緩步送出大門外，笑容下遺憾和期盼被極力掩蓋；忘不了，“‘三論’，不是‘三惑’”，先生提高了嗓門，不容辯解，“還是好好工作吧”，鼓勵中帶著歎息。緩緩地移步，慢慢地遠了，先生還站在門口，一襲灰色長衫，右手仍舉著，漸漸地，漸漸地，似與蒼天相融；“蒼崖半入雲濤堆”①，是的，就是此情此景，印在心上，永久清晰。在新的工作崗位上讀訓詁書，不合時宜，不務正業；夾帶閱讀，書頁上的筆記，東一處，西一處，零零碎碎，不成規矩；記了，又丟了，忘了，又想起，衝動了，下筆，淡漠了，擱置，一晃，時間折騰沒了。前年下半年開始有了一些自由支配時間，欲望再次升騰，這又動筆。二十六年過去了，現在來談訓詁，實在是門外妄談，不過，也許好在不在此山中，可以不計後果，也沒有貽笑大方的顧忌。原本叫“辯惑”，是讀書學習的真實體會，辯而析之，將疑惑擺出來，無需立論，也無需論證，有什麼就寫什麼，想到哪兒就寫到哪兒，沒有特定規矩，也沒有下結論的壓力；先生堅持，定名為“論”，是對學生的高標準、嚴要求，但確實高看了學生；怎奈才疏學淺，又身在門外，既然先生要求，只好勉強略論，雜亂堆砌，前後不搭，亦所難免。經歷了夢魂縈繞的煎熬，能享受如釋重負的暢快，已經是一種莫大的幸福了。勉強完成了初稿，不敢說告慰先生，或可以紅了臉，仰望蒼天，過頂伏呈：“先生，弟子遲來復命！”

書中章節原本是一個個散見的問題，在學習訓詁學過程中遇到

① 先生於 1991 年秋賜手書長卷，用蘇軾《武昌西山》詩，題“治樵弟屬書”，落款：辛未秋　君惠。

了問題不能說服自己，就記下來，追根究底，追究的過程中又牽出別的問題，再行追究，歸結起來，便形成了三個類的問題：《爾雅》問題的核心在性質，訓詁問題的核心在依據，訓詁學問題的核心在屬性。二十多年來，一直沒有整塊時間能夠靜靜地坐下來，但完成書稿有特殊心結，不完成不足以釋重負，不完成將終身遺憾，雖然跌跌撞撞，總算是寫完了。書中骨架的文字，凡是先生過目了的，心情上不願改動，寧願就此問題重新敘述。經過兩年的冷卻，反復審視，勉強定稿，此距先恩師劉君惠先生為書稿作序已經過去了整整二十六年。

訓詁學是一門古老的學問，為漢語研究做出了巨大貢獻，經受住了漢語兩千多年發展演變的嚴峻考驗，西學東漸以來，尤其在當今，又面臨新的、更加嚴峻的考驗。漢語研究什麼，首先取決於漢語都有什麼，漢語需要解決什麼。跟形態語言相較，“音位配列”顯然不是漢語的構造特徵，漢語之核是音節，是“音節配列”，也就是趙元任說的確實存在的“字”這個單位，這是訓詁學一定要研究這個“字”的根本原因。形態語言研究以形態為立足，“自發”地走上語法研究道路，首先是由它的語言構造特性決定的，形態在詞上發生變化，詞在組合及組合關係中活動，這就是詞法和句法構成的語法，姑且叫做“表形語法”：一切變化都會在語言形式上表現出來；漢語研究以音節為立足，內部形音義是它的最小配列和構成理據，外部形音義是音節間的關聯關係，漢字正是適應這一特性與漢語相一致的，“自發”地走上了訓詁學的道路，首先是由漢語古今雅俗、口頭書面的交際決定的，沒有也不可能走上“表形語法”的道路。語言研究是有傳統的，歐洲語言研究的比較研究走進“普通”語言學，語法研究走到轉換生成，但它的語言依據都是形態語言，研究根基都是形態，缺乏非形態語言的證據；漢語的研究有自己的傳統，解決漢語交際過程中的實際問題，根基是漢語最小語言單位，但這個單位與 word 不能等同，漢語 word 的大小還取決於“足以喻”的約定俗成，經過約定俗成的這個基本單位的活動，就構成漢語語法，姑且叫做“關聯語法”：它不是語形表現，而是關聯關係。歐洲語言學研究依據語言形式進行研究，漢語研究依據漢語活動進行研究，形成各自不同的傳統；傳統應該被繼承和發展，相互間應該比較借鑒，但不應該被割裂，不應該出現誰是誰非或以誰為標準的問題。其次，怎樣研究語言，取決於人們的語言學觀，最終取決於社會的需求。語言是什麼，是語言學家最終必須回答的問題。近現代以來，歐洲語言研究的語言學觀受到符號學觀念的影響，把語言“那個東西”看作是總體符號，“那個東西”是由一個個具體符號構造而成的，所以語言是符號；研究的理論主要來自哲學的、邏輯的、機械的、心理的、數學的等等，手段是對“那個東西”進行解析，類似於西醫的人體解剖，因而往往以成套理論條目的面目出現；漢語研究的語言學觀是將漢語看作是社會交際方式，與社會人生密切相關，研究的理論都來自漢語交際實際，來自對漢語語言現象的總結與歸納，因而往往表現為具體的和局部的，但卻是來自漢語實際和符合漢語實際的。從語言構造看，形態語言，比如英語，由最小的音位組合成 word 而進入語言交際，一切形態都在 word 上體現出來，使用什麼樣的 word，語形上有強制性要求，這就構成了“表形語法”，音位和語法被作為其語言學研究的核心內容，顯然有著深刻的、被研究語言的原因；漢語的構造明顯不同，音節是最小的直接運用單位，是一個由音高貫串始終的“渾然整體”：聲韻調、韻頭韻腹韻尾構成一個不可分割的音節整體，成為“漢語之核”；音位是構成音節的要素，而不是構成 word 的要素，音位的區分只有在音節的前提下才是有意義的，漢語語言學的核心內容首先是音節，也有著深刻的漢語自身的原因；漢語不用“表形語法”，漢語的最小語言單位和漢語的 word 在任何情況下都不需要變形，有的只是從最小的單、兼直到句子一致性的組合而發生的關聯關係，這種關係在“表形語法”突出的形態語言中往往被掩蓋了。在漢語交際過程中，漢語突出的問題不是形態及其語法，而是以單兼為核心的語言單位的形音義、古今雅俗、口頭書面，是它們在具體語句中的相互關聯，比如《墨子》的“攻”、孔穎達的“相”。形態語言“自發”產生語法學，漢語“自發”產生訓詁學，首先是由語言的不同所決定的，本不存在誰是語言學、誰不是語言學的問題，這應該引起漢語研究界的重視，甚至高度重視。普通語言學是現代語言學觀的反映，但它的理論源自兩種形態語言的比較研究，“表形語法”被視為核心，缺乏非形態語言的語言學證據，尤其缺乏漢語語言學的證據，是從漢語的實際出發反映漢語的實際，還是拿漢語的例證去證明現有理論，決定於不同的語言學觀。訓詁學注重漢語實際，研究漢語實際，有着自己悠久的歷史和優良的傳統，對它進行現代語言學的歸納，使它得以反映現代的研究成果，應該是今天“訓詁人”的歷史責任。正如訓詁學兩千多年的發展一樣，訓詁學仍將伴隨漢語交際的發展而發展，因為訓詁學的今天，不過是訓詁學發展到今天的一個階段而已，這一點，應該是明白無誤的。

訓詁學涉及漢語研究的各個方面，知識要求既深且廣，非專業訓練難有所為。為了弄清一個問題，甚至一個證據，會逼迫你去通讀整部著作，去查閱相關的各種資料，這種時候才會深刻地感受到自己根基的淺薄。在二十六年的時間裏，那些花去的零碎時間都花

"爾雅"論略

《爾雅》是一部重要著作，也是一部有問題的著作。《爾雅》是涉及漢語研究的第一部著作，其基本價值集中體現在它的語言研究和保存在語言中的社會內容，也就是那時人們的社會活動；存在的問題集中表現在史料不足和人們對它的認識觀念，史料不足可以疑以存疑，留待史料去證明，而認識問題則可以就現有史料得出實事求是的結論，而不是先驗地判定。《爾雅》的性質和年代是《爾雅》的最基本問題，其實本不應該成為問題，史料不足，才眾說紛紜。細讀《爾雅》、瞭解"爾雅"的使用情況，應該是認識《爾雅》的基本前提，而認識《爾雅》又應該是認識漢語研究史的基本前提。"近正"是《爾雅》命名之所由，自劉熙以來已為公論，但何以"近正"，應該深究；當用"近正"去解釋非《爾雅》的"爾雅"時，應當同時提出非《爾雅》的證據和理由，提出"爾雅"是一般詞語而非《爾雅》所專的證據和理由。《爾雅》之外，爭論的"爾雅"集中在《大戴》、《史記》和《漢書》中：爾雅以觀於古、多爾雅之文、文章爾雅、讀應爾雅和爾雅依託；共同特徵是都出現在大的古今語境之中，這些“爾雅”也值得深究。其中有的指向性很明確，甚至有唯一性，如“多爾雅之文”、“爾雅依託”；有的則爭議很大，“文章爾雅”還有“文章”的問題，“爾雅以觀於古”則至少應該放在整篇《小辯》中去看待。“爾”訓為“近”沒有爭議，但它有時代特徵，先秦習見；“雅”訓為“正”，劉熙的理由是“義”，“義”有“正”義，所以訓為“正”，但劉熙的聲訓是有問題的。“雅”無論字義還是所代表的詞義應該都沒有“正”義，與“俗”相對的“雅”，劉熙《釋名·釋言語》有專門的訓釋，應該是劉熙時代人們“日稱”的常用義，訓為“正”的“雅”應該另有來源。從文字看，許慎以為古文寫作《大疋》、《小疋》，陸德明引古文本作《爾疋》，郭忠恕、夏竦所搜古文“夏”有繁簡體，簡體近“疋”；“疋”、“夏”聲近，《廣韻》“疋”、“雅”，五下切，馬韻，同音；“夏”，胡雅切，馬韻，同韻，二字應該有關係；《荀子》有“雅”、“夏”混用的情況，王引之有過考證，“夏”可有“正”義，則“雅”很可能是隸古的原因：《集韻》以為古文從“足”，隸作“夏”。如是，則“爾雅”本與所謂“雅正”並沒有關係，因為受了“雅”字的影響，劉熙又訓為“正”，鄭玄又有“必正言其音”的話，於是，“雅正”大行其道。《大戴·小辯》是今天見到的“古之成語”“爾雅”最早的出處，除西魏盧辯外，唐以前注《史記》、《漢書》的“近正”，說的都是《爾雅》，無一例外，自張晏以降，認識都是統一的。盧辯“謂依於雅頌”，大概實際上也是訓為“正”，《大序》以“王政”訓為“正”；王念孫補充“爾雅”、“循弦”對文依據，影響較大，但“爾雅”、“循弦”都處於“以”的結構中，且《爾雅》本身就是“爾乎雅”的意思，“爾乎雅”並不足以證明不是《爾雅》。“循弦觀樂辯風”可以從《史記·樂書》得到啟示，根據具體的旋律可以知道雅樂鄭聲，“不下席”的“辯言”只是屈膝席間“近正”空談，就可以觀古，顯然不合情理。下文緊接著說象胥傳言，也就是用華夏語傳通非華夏語，可以知道“辯言”說的是辨識華夏語的古今雅俗。“辯言”在《小辯》及整部《大戴禮》中，基本含義是“治言”：“辯言之樂不下席，治政之樂皇於四海”，“辯”與“治”互文，《說文》的“字本義”也是“治”，辨別言辭也是治言之一；具體使用時，褒義是能言善辯，貶義是巧言利口。結構上，兩句相對，“循弦”、“爾雅”都處於“以”的結構中，兩句四個“以”，上“以”訓“憑”，下“以”訓“能”，分別構成目的句：“循弦以”的目的是“觀於樂”，“爾雅以”的目的是“觀於古”；“循弦以觀於樂”的目的是“足以辯風”，“爾雅以觀於古”的目的是“足以辯言”，兩句的含義應該是清楚的：憑據因循旋律品味音樂，完全能夠甄別民風；憑據《爾雅》考察古代，完全能夠識別言辭，這樣的理解應該更符合《小辯》的文義。“文章爾雅”是另一個爭議較大的語言現象，或由於“文章”亦“古之成語”，閱讀古文又習慣於四字連讀，司馬貞《索隱》又有“謂詔書文章雅正”的注釋，結構上被讀為“文章”“近”“正”；但是，整部《史記》中，司馬遷筆下的“文章”都是襲用，都沒有“作品”的意義，到了班固筆下才出現，典型的是將先前的“焚書”或“焚滅《詩》、《書》”說成“燔滅文章”；司馬貞的訓釋或因前文《三王世家》已有注釋，這裏才籠統地解釋。司馬遷筆下也不用“文章”指“文辭”，《太史公自序》有“見其文辭”、“文辭粲如也”，不作“文章”。“文章”的情況或與“地方”相似，《平津侯主父列傳五十二》：“連城數十，地方千里”，意思應該是“連接城池數十座，其地方圓達千里”，被讀成“地方”“千里”。何晏《論語集解》訓“章”為“顯明”，這正是司馬遷筆下的“章”：《平津侯主父列傳五十二》“是章朕之不德也”，《太史公自序》“賢者記其治，不賢者彰其事”。“訓辭”的“訓”是《詩經》“古訓是式”的“訓”，意思是“說教”、“教誨”，“文章”的“文”應該指的是詔書律令的文采，“訓辭”應該指的是選用的《爾雅》中的用字用詞，所以說“含義深刻”。《三王世家》是褚先生根據資料補寫的，“文章爾雅”是讚美公戶滿意“通古今大義”有文采，這裏是口說、諷喻燕王，並沒有詔書律令，只有諷喻的言辭；司馬貞的“近正”是對《爾雅》的解釋，後面才緊接著說：《爾雅》這本書解釋本字“邇”為“近”，所以書名叫做“爾雅”，看來，司馬貞應該也是讀為“文”“章”“《爾雅》”的。結合漢武帝“多《爾雅》之文”作“十九章”，可以知道“文章爾雅”的意思：言辭表述、提筆為文運用《爾雅》中古字古詞來表達，使得文義深刻，文風古樸，這便是“彰顯《爾雅》”。“爾雅”“乃古之成語”，“文章”、“文章爾雅”也是“古之成語”，公孫弘、褚先生不過是襲用而已。

《爾雅》究竟是一部什麼樣的著作，應該根據《爾雅》內容歷史地分析，而不是相反。漢代的《爾雅》是作為教材使用的，劉向、班固編目附於《孝經》，依據的應該是教育規律的必由之路：首識文斷字，次習《爾雅》，然後可以讀書為文，研習經典，由於尊經，所以倒序排列。從《爾雅》的編纂看，也應該是撰寫教材，分篇歸類也是便於誦讀，而不便於查閱。從分篇歸類可以看出作者是經過精心策劃而後成的，每一篇“釋”的對象既是篇名，又是類名，分析這些類，可以看到作者使用的標準和對事物的認識習慣。“釋”用作“解釋”義，多見於《左傳》、《國語》，以“釋”名篇，透露出作者的立場、身份和用意。前三篇解釋語言，“詁”是古語，本作“故”，郭璞改為“詁”；“言”是今語，是作者時代的常用語和常用字，與《小爾雅》、《廣雅》比較可以看得更清楚；“訓”是區別於古語今言的特殊詞語，都是雙音和多音，即荀子所謂“兼”，陸德明引張揖《雜字》“謂字有意義”，對“訓”的理解有啟發意義。三篇的分類使用了時間和一般與特殊兩個標準，是那時人們認識和研究語言的反映，可以看作是那時語言研究的代表。《釋親》以降，是對事物的解釋，不是對事物名稱或詞語的解釋，即該事物是什麼，叫什麼。《爾雅》的核心價值在內容和編纂手段，內容“包羅天地，綱紀人事”，即它的知識性；全書用訓詁方式寫成，其訓詁對象、方法、任務和目的自成體系，應該是訓詁作為一門學問誕生的標誌，即它的訓詁學問。前三篇是當今最感興趣的，不僅因為它分量重，還因為它是詞語研究。《釋詁》的全部、《釋言》和《釋訓》的前約三分之一，同類歸併，再用一個具有概括性的淺近詞語進行解釋，可以叫做“訓同法”，以《釋詁》為代表。這裏的“類”的歸併，與“篇”的歸併本質上是一致的，與《墨子》“不知吾辭之類”的“類”、《尸子》“弇於私”的“私”和“皆大也”的“大”的概括，本質上也是一致的，有著顯明的時代特徵；著眼於詞語的實際運用，而不是靜態分析，也就是著眼於語言的交際，在實際交際中歸併詞語的類，與後來的詞彙學或語義學或有交叉，但應該不是一回事。如“君也”條訓的是它們具有的共同的“威權”特徵，即成鱄的“賞慶刑威曰君”，“賞慶刑威”是歸類準則，是現實生活中“君”的顯著特性，是社會生活在語言使用中的反映，與張揖以稱謂歸併“君”明顯不同，兩種歸併應該是兩個不同時代的反映。訓同法的好處是可以抓住特徵，同條共貫，便於記憶。與訓同法相對的是訓異法，也就是指出詞語的不同之處，以《釋言》為代表，即郝懿行的“約取常行之字，而以異義釋之”。訓異有助於詞語辨析，準確地把握詞語，正確地使用詞語，著眼點仍然是語言交際。訓同中也注意辨異，辦法就是相同者鄰次和同一詞語分條訓釋，如“林”、“烝”居首，“誠也”、“信也”分訓；“林”、“烝”凌駕於“天”、“帝”之上，客觀上有提示、醒目的作用。在其他條目中，這種相同者鄰次和分條訓釋的情況不在少數，應該是有意為之。訓同和訓異是識別和掌握詞語的重要手段，應該也是後來渾言、析言訓釋詞語之淵藪。《釋親》以降，均採用描述法對事物進行講解說明，描述既是訓釋手段，也是事物的認識手段。語言、社會、與社會生活密切相關的自然，構成了《爾雅》的全部內容，而基礎性，即應該知道的基本知識、基本常識，構成內容的基本特徵，這一特徵於《爾雅》的性質有明確的指向性：應該掌握的語文基礎知識。《爾雅》的訓詁自成體系，詞語和事物對象，包括詩句；解釋方法，訓同、訓異和描述，規範的訓釋用語；辯言格物任務，掌握語文基礎知識；語文習得和運用的目的。散見於先秦古籍正文中的訓詁，是《爾雅》訓詁的比照物，通過歸納、比較，應該可以得出《爾雅》是先秦訓詁代表者的結論。

第一章　正文“爾雅”

“爾雅”一語的問題很大程度上是由《爾雅》引起的，焦點在於這些“爾雅”到底只是一般用語還是《爾雅》，引發的原因主要是探索《爾雅》的性質、作者和成書年代。千百年來，尤其是清代以來，學者對《爾雅》的作者和成書年代做了大量的研究工作，至今仍未停止。在諸多問題中，“爾雅”一語的準確含義無疑應該是基本問題中最基本的問題，比如“爾雅”何以“近正”？“爾雅乃古之成語”，除《爾雅》外，它還出現在先秦兩漢的其他古籍正文中，分析這些“爾雅”，正確認識這些“爾雅”，有助於識别《爾雅》中的“爾雅”，也有助於正確認識《爾雅》。大概在漢末以前，人們尚有統一的認識，所以在實際使用中並不特意進行解釋。由於去古漸遠，以漢末劉熙、張宴為代表，“近正說”成為主流，直至今日。北周盧辯注《大戴·禮記》，回避“近正”，但言“依於《雅》、《頌》”，實質卻是以《雅》、《頌》為“正”，只不過將“正”的含義按照自己的理解具體化了而已。唐孔穎達等注疏前文，“近正”被進一步強化，今人解釋“爾雅”，大多也止於“近正”。下面是保存於《大戴禮記》、《史記》、《漢書》中的六處五例“爾雅”，也是一般常常用來證明究竟是“爾雅”還是《爾雅》的例證。對這些例證，或應當深入分析，不當淺嘗則止；應當綜合考慮，不當前後不一。在“近正”的解釋中，“雅”是一個關鍵性詞語，“雅”的“正”義的出現和使用，能夠較為客觀地反映出“爾雅”可能出現的語言時代，可以成為《爾雅》出現年代的有力證據。《史記》中的“雅”的用例，都不具備“爾雅”中表示“雅言”或“正言”的條件，也不表示這個意思。或許可以認為，《史記》時代並沒有合成“爾雅”的語言條件，《爾雅》出自秦漢間也就無從談起，或以為仿古而成，也只是“口說”而已，並無真憑實據：

太史公曰：學者多稱五帝，尚矣。索隱：尚，上也，言久遠也。然“尚矣”，文出《大戴禮》。然《尚書》獨載堯以來，而百家言黃帝，其文不雅馴，正義：馴，訓也，謂百家之言，皆非典雅之訓。薦紳先生難言之。集解：徐廣曰：薦紳卽縉紳也。古字假借。餘并論次，擇其言尤雅者，故著為《本紀》，書首。正義：太史公據古文并諸子百家論次，擇其言語典雅者，故著為《五帝本紀》，在《史記》百三十篇書之首。①

《續四部叢刊》本漢司馬遷撰、宋裴駰集解、唐司馬貞撰《史記·五帝本紀第一》

雍齒雅不欲屬沛公。集解：服虔曰：雅，故也；蘇林曰：雅，素也。

《高祖本紀第八》

今呂氏雅故本推轂高帝就天下。集解：如淳曰：呂公知高祖相貴，以女妻之，推轂使為長者。瓚曰：謂諸呂共推轂高祖征伐成帝業。雅，正意也。索隱：雅訓素也，謂呂氏素心奉推高祖取天下，若人推轂欲前進塗然也。推，音昌誰反。

① 今天能夠看到的資料，“自發”發展了兩千多年的訓詁與訓詁學，大量地存在於古代文獻，為了存真，便於討論，所引文獻字體的大小繁簡等一律依舊。

《荊燕世家第二十一》

及王薨，王后、太子乃至。憲王雅不以長子棁為人數，及薨，又不分與財物。

《五宗世家第二十九》

不進於前而隨俗雅化。集解：徐廣曰："隨俗"一作"修使"。索隱：謂閒雅變化而能隨俗也。

《李斯列傳第二十七》

中車府令趙高，常從高雅得幸于胡亥。

《蒙恬列傳第二十八》

漢元年二月，項羽立諸侯王，張耳雅遊。集解：韋昭曰：雅，素也。索隱：鄭氏云：雅，故也。韋昭云：雅，素，然素亦故也；雅遊言慣遊從故，多為人所稱譽。

《張耳陳餘列傳第二十九》

儒雅則公孫弘、董仲舒、兒寬。

《平津侯主父列傳第五十二》

相如之臨邛，從車騎，雍容閒雅甚都。集解：韋昭曰：閒讀曰閑，甚得都邑之容也。郭璞曰：都猶姣也，《詩》曰"洵美且都"。

《司馬相如列傳第五十七》

天子以伍被雅辭，多引漢之美。

《淮南衡山列傳第五十八》

上例《史記》中的"雅"都沒有"正"義，臣瓚的"正意"是晉人的說法，漢人都不這樣理解。司馬遷筆下的這個"雅"，正是劉熙《釋名·釋言語》中與"俗"相對的"雅"，劉熙《序》言中"名號雅俗"的"雅"，不是《釋典藝》訓為"近正"的"雅"。"雅故"和"雅不以長子棁為人數"中的"雅"，漢人理解為"素"、"故"，應該是賦予了"雅"的"古雅"義的原因，來源應該是“以故為雅”，這可以從《漢書·元帝紀第九》看到聯繫的痕跡：“然寬弘盡下，出於恭儉，號令溫雅，有古之風烈”。其間的“雅”，基本含義仍是“高尚”，只是賦予了“古雅”要素。“雅故”當理解為“深諳其故”之類的意思，即所謂“名詞用如動詞”，所以如淳訓釋為“呂公知高祖相貴”；這裏的“故”是“緣由”的意思，但這是引申義，漢人訓為“素”，也是引申義。在“尚古”的社會風氣下，“雅馴”、“雅故”、“雅化”、“高雅”、“雅遊”、“儒雅”、“閒雅”、“雅辭”等，包括《漢書》的“溫雅”，都被賦予了“古雅”要素，並由此引申開去。班固《漢書·哀帝紀第十一》中的“雅性不好聲色”，班固贊的是哀帝品性合乎傳統禮儀規範，堂堂正正，中規中矩，不與俗人同，其間的“雅性”就包含了以古為雅的意思。《史記》中單個“雅”的用例，都不具備“爾雅”中的“雅”的條件，司馬遷也就不可能合成“爾雅”。《尚書》沒有“雅”字，《詩》三百篇正文也不見蹤跡，與之相關的“疋”也沒有，或許那時“雅”字尚未誕生。與“雅”相關的“夏”字，在《詩經》中常見，除指季節外，還有“大”、“諸夏”、“夏代”等的用例，“雅”或與之有關係：

於我乎，夏屋渠渠。

《四部叢刊》本漢毛亨傳、漢鄭玄箋、唐陸德明音義《毛詩·權輿》《毛詩·權輿》

胡為乎株林？從夏南！

毛傳：株林，夏氏邑也。夏南，夏徵舒也。

箋云：陳人責靈公，君何為之株林，從夏氏子南之母，為淫泆之行？泆，音逸；行，下孟反。

匪適株林，從夏南。

箋云：匪，非也，言我非之株林，從夏氏子南之母，為淫泆之行自之他耳。抵相之辭。抵，都禮反。

《株林》

不大聲以色，不長夏以革。不識不知，順帝之則。

箋云：夏，諸夏也。

《皇矣》

殷鑒不遠，在夏後之世。

《蕩》

《詩》以"雅"命名，文中卻不見"雅"字，今"大雅"、"小雅"的"雅"字，便很可能另有來歷。拿這個觀點看待"爾雅"組合中的"雅"，或有所幫助：

爾雅以觀於古	《大戴禮·小辯》
多爾雅之文	《史記·樂書》
文章爾雅	《史記·儒林列傳》、《三王世家》
讀應爾雅	《漢書·藝文志》
爾雅依託	《漢書·王莽傳中》

以上六處五例"爾雅"，三處的指向性非常明確："多爾雅之文"、"讀應爾雅"、"爾雅依託"都明確指向《爾雅》，應該沒有多少可以引起爭議的歧義。另兩處三例歷來存在爭議，應當厘清來龍去脈，深入分析，或能得出近乎事實的結論。仔細分辨起來，"文章爾雅"的問題很大程度上或出在"文章"上，而"爾雅以觀於古"則出在"爾雅"本身。

第一節　爾雅以觀於古

"爾雅以觀于古"是相對於"循弦以觀於樂"說的，由於本篇中孔子是針對哀公"小辯"的"辯言"所進行的闡述，語義和表述的重心應該是"爾雅以觀於古"，"循弦以觀於樂"則是陪襯，拿《詩》的"六藝"觀看待，"循弦以觀於樂"屬於起興，起著陪襯和輔助作用，"爾雅以觀於古"才是表達的重心。從語句結構的角度看，"循弦以"與"爾雅以"各為一個整體，分別表示"觀於樂"和"觀於古"的手段或方式，而"辨風"和"辯言"則是語句的目的。拿對文的觀點看，該兩句首先是"循弦以"與"爾雅以"的結構相對，以及"觀於樂"與"觀於古"的兩兩相對，只有在這樣的前提下，才有"循弦"與"爾雅"的相對。

一、爭議的由來

"爾雅以觀於古"見於今本《大戴禮記·小辯篇》，爭議始於北周盧辯注《大戴禮記》。盧辯認為，"爾雅"的意思是"依於《雅》、《頌》"。由於之前的張揖《上廣雅表》以此作為周公作《爾雅》的證據，王念孫疏證《廣雅》又以對文為據，認為"盧說為長"，所以張揖的說法從此受到懷疑，進而被否定。今天主流的觀點不是盧辯的說法，而是此"爾雅"非《爾雅》，義為"近正"。這裏的"爾雅"究竟是什麼或應該是什麼，可以對《小辯》原文進行深入分析，或許可以看到它的本來面目。吳檢齋《經典釋文序錄疏證》認為，《大戴禮·小辯》中的"爾雅"，是迄今最早的"爾雅"一語的記載，南宋王應麟贊同張揖的觀點，認為是《爾雅》最早的出處：

> 《禮·三朝記》："孔子曰：爾雅以觀于古，足以辨言矣。""爾雅"之名，此為最朔。
>
> 吳檢齋《經典釋文序錄疏證》，中華書局1984，p. 166。

南宋王應麟：“爾雅以觀于古，足以辨言矣。”注謂“依於《雅》、《頌》”。張揖云：即《尔雅》也。“尔雅”之名，始見於此”。

《四部叢刊》本王應麟著《困學紀聞》卷五，小字為王氏自注。

又，三秦出版社2005年版，上下冊本，黃懷信主撰、孔德利、周海生參撰《大戴禮記彙校集注》引，p. 1182。

為了便於比較，下引《四部叢刊》本《大戴禮記》該段原文，盧辯注也一並引出，王聘珍《大戴禮記解詁》為參照：

原文：公曰：“不辨則何以為政?”子曰：“辨而不小。夫小辨破言，小言破義，小義破道；道小不通，通道必簡。”

盧辯注：簡，約也，言約而有統。《易》曰：“乾以易知，坤以簡能。”

原文：是故循弦以觀於樂，足以辨風矣；爾雅以觀於古，足以辨言矣。

盧辯注：邇，近也，謂依於《雅》、《頌》。孔子曰：“《詩》可以言，可以怨，邇之事父，遠之事君，多識鳥獸草木之名也。”

原文：傳言以象，反舌皆至，可謂簡矣。夫道不簡則不行，不行則不樂。

盧辯注：《易》曰：“簡則易從，易從則有功，有功則可大，可大則賢人之業。”

原文：夫亦固十棋之變，由不可既也，而況天下之言乎?

盧辯注：公於十棋之中變數尚不可盡，天下之言其可窮乎?

故至道以不言為辨。

《四部叢刊》本《大戴禮記·小辨》。文中常見古籍皆引自《四部叢刊》

本、《續四部叢刊》本、《六府文藏》本等；引文中的標點均為引用所加，所引標點本引用時有酌定。後文引文標注從簡，均只注明某本某書，除非必要，一概簡注。

中華書局清王聘珍著、王文錦點校本《大戴禮記解詁》：

公曰："不辨則何以為政？"

子曰："辨而不小。夫小辨破言，破言，猶析言破律也。小言破義，破言為小言。義謂名義。破義者，亂名改作也。小義破道。破義為小義。道者，先王之大道也。道小不通，通道必簡。道破則小。《論語》曰："雖小道，必有可觀者焉，致遠恐泥。"包云："泥，難不通也。"《爾雅》曰："簡，大也。"《中庸》曰："大哉聖人之道。"是故循弦以觀於樂，足以辨風矣；循，摩循也。鄭注《文王世子》云："弦謂以絲播詩。"孔疏云："謂以琴瑟播被《詩》之音節，詩音則樂章也。"《史記》云："《詩》三百五篇，孔子皆弦而歌之。"《王制》曰："命太師陳詩，以觀民風。"《爾雅》以觀於古，足以於辨言矣；《漢書》藝文志》云："《爾雅》三卷，二十篇。"張揖云："昔在周公，制禮以道天下，著《爾雅》一篇以釋其意義。"班固云："《書》者，古之號令，號令於眾，其言不立具，則聽受施行者不曉。古文讀應《爾雅》，故解古今語而可知也。"傳言以象，反舌皆至；可謂簡矣。傳言以象者，《周禮》曰："象胥論言語"是也。先鄭司農云："象胥，譯官也。"高注《呂氏·功名》云："戎狄言語與中國相反，因謂反舌。一說南方有反舌國，舌本在前，末倒向喉，故曰反舌。"應劭云："反舌左衽，不與華同，須有譯官乃通也。"聘珍謂：五方之民，言語不通，嗜慾不同，王者立象胥之官，達其志，通其欲，其道大矣。夫道不簡則不行，不行則不樂。簡亦大也。道不大，小補而已，行之不遠也。大道之行也，君子樂得其道，小人樂得其欲。夫亦固十祺之變，而不可既也，而況天下之言乎！"《說文》云："祺，復其時也。"《虞書》曰："祺，三百有六旬。"《廣雅》云："祺，年也。"由讀曰猶。既，盡也。十年之中變故，尚不可盡，天下之言，其可窮乎。故致道不以小辨。

王聘珍《大戴禮記解詁》中華書局2011年本，p. 206

本條材料有著較全的語境可供分析，更可以放在全文背景中全面瞭解，王聘珍撰、王文錦點校《大戴禮記解詁》認為應是《爾雅》，所以加了書名號。今天能見到的最早的《大戴禮記》注本，是北周的盧辯注本，他認為其間的“爾雅”不是《爾雅》，根據下文的“孔子曰”可以知道，盧辯的意思是《雅》、《頌》。《四部叢刊》和中華書局兩個版本各有字異，可據清人各校勘家酌定。盧辯注所引《易》是《繫詞上》的話，今所見作：

> 乾以易知，坤以簡能。易則易知，簡則易從。易知則有親，易從則有功。有親則可久，有功則可大。可久則賢人之德，可大則賢人之業。

《四部叢刊》本魏王弼注、晉韓康伯注，魏王弼撰略例、唐邢璹注《周易》第七

余嘉錫《四庫提要辨證》從盧辯說；黃懷信《大戴禮記彙校集注》“通道必簡”訓“少”，“可謂簡矣”又訓“簡易”；王聘珍引《爾雅》訓“大”，引《中庸》“大哉聖人之道”為證，下文“簡”仍訓“大”。原文“道小不通，通道必簡”，“簡”與“小”相對；下文以“觀樂”、“爾雅”、“傳言”為例，解釋何以為“簡”，即“大要”的意思，或王說為長。“十祺”，戴震校訂為“棋”，刪衍文“固”，指圍棋，黃懷信從之①；王聘珍作“十稘”，引《說文》、《虞書》、《廣雅》訓“年”。從前後文看，以圍棋作比況說天下語言，長於以“年”作比較。《四部叢刊》本原文中的“辨”字，王念孫《廣雅疏證》作“辯”和“辡”，在“分辨”義

① 參看黃懷信主撰，孔德立、周海生參撰《大戴禮記彙校集注》三秦出版社 2005 豎排上下冊本，下冊 p. 1182—1184。

上兩字相通，其義一；《荀子》用“辯”，“辨”或為後來傳抄改寫，《爾雅·釋訓》“辯也”條，訓釋字用“辯”不用“辨”；《說文》“辯”訓“治”，“辯言”就是“治言”，“治”義可以有引申，“辨”沒有“治”義，故“辯言”作“辨言”未妥。大概先秦多以“辯”，漢世分化以後多以“辨”，“辯”不再承擔一般的“分辨”義，但“辨言”不等於“治言”的“辯言”。為存原貌，仍之為長，一如《論語》“不亦說乎”，改“說”為“悅”，反倒失真。

王念孫《廣雅疏證·上廣雅表》，開列《禮·三朝記》篇目，補充了對文證據，認為“盧說為長”：

> 《蜀志·秦宓傳》注引《七略》劉向注：“孔子三見哀公，作《三朝記》七篇。”案：《大戴禮》《千乘》、《四代》、《虞戴德》、《誥志》、《小辯》、《用兵》、《少閑》七篇是也，下文出《小辯篇》。《大戴禮》盧辯注云：“爾，近也，謂依於《雅》、《頌》。孔子曰：《詩》可以言，可以怨，邇之事父，遠之事君，多識於鳥獸草木之名。”案：彼文云：“循弦以觀於樂，爾雅以關於古”：謂循乎弦，爾乎雅也。盧說為長。

《續四部叢刊》本王念孫《廣雅疏證》，中華書局 1983，王念孫《廣雅疏證·上廣雅表》p. 1

王念孫的意思大概是“循弦”與“爾雅”對文，“循弦”是因循弦律律，“爾雅”是親近雅（言），相較於《爾雅》作為書名，就行文而言，盧辯的說法優於張揖。當代學者余嘉錫作《四庫提要辨證》，綜合前說並進行了解釋：

> 北周盧辯注云：“爾，近也，謂依於《雅》、《頌》。
>
> 孔子曰：《詩》可以言，可以怨，邇之事父，遠之事君，多識於鳥獸草木之名也”。是盧氏不以“爾雅”為書名，與稚

讓之說不同。然以文意考之，似盧義為長。循弦、爾雅本為對文，夫哀公欲學小辨以觀於政，而孔子非之，以為為政之道，在求簡易，無貴小辨。苟順乎琴瑟之音，以審聲之情，則足以辨民風之美惡。依乎雅正之音，以通故訓之同異，則足以辨殊方異俗之言語。辨給之事，無所取焉。蓋能言中原之正音，則傳言以象反舌皆至，此正簡易之道也。其所謂"雅"者，即《論語》"子所雅言"之雅。雅者，夏也，謂中夏也。"爾雅"乃古之成語，《漢書·儒林傳》所謂"文章爾雅"，"爾雅"則近正之義也。由是觀之，稚讓以《小辨篇》之"爾雅"為書名，誤矣。

余嘉錫《四庫提要辨證》四冊本，中華書局1980本，上冊 p. 87–88

張揖、王應麟、黃懷信讀"爾雅"為《爾雅》，盧辯讀"爾雅"為"依於《雅》、《頌》"，王念孫讀"爾雅"為"爾乎雅(言)"，似各有其理：張揖的理解應該至少代表了東漢以來的普遍認識；盧辯的理解未知所據；王念孫的理解基於語句結構分析，言之有據，也合乎東漢劉熙、張晏等對"爾雅"結構的認識，只是張揖、張晏何以讀"雅"為"正"，王念孫沒有明言；余嘉錫增加"雅"為"夏"的訓釋和"文章爾雅"的書證，顯得更有說服力。可見，單從上述各家所述，應該很難確定究竟是"爾雅"還是《爾雅》，即便有傾向，也嫌理由不夠充分，緣由不夠明瞭。王念孫的論據是"循弦"、"爾雅"的結構，即"循乎弦"和"爾乎雅"的動賓結構，意思是"因循弦律"、"親近雅言"；但這並不能作為否定此"爾雅"就是彼《爾雅》的證據，因為《爾雅》中"爾雅"的結構也是如此。在原文中，"循弦"與"爾雅"相對成文，與一般對文有異，它們的對文首先是處於現代漢語語法稱為介詞結構内部的相對，即“以循弦”與“以爾雅”的相對，不是單純的“循弦”與“爾雅”的相對。余嘉錫認為“爾乎雅”的意思是“依乎雅正之音，以通故訓之同異”，但“雅正之音”與“通故訓之異同”之間應該沒有必然聯繫：對後人而言，“故訓異同”首先表現為漢字，由漢字的特性決定，使用雅音或方音去閱讀古籍古注，一般情況下並不影響對古籍原文及其批註的理解和分辨。“雅正之音”的依據，大概是承鄭玄而來：“讀先王典法，必正言其音，然後義全，故不可有所諱也。”[①] 但鄭玄的話，應該只是反映了漢時讀經的要求和一般狀況，並不能作為只有“雅正之音”才能“通故訓之異同”的證據；對“文章爾雅”的理解，僅僅解釋為“文章近正”，也顯得空泛，難以落在實處。

二、盧辯的依據

盧辯《大戴禮記注》認為“爾雅”依於《雅》、《頌》，訓“爾”為“依”，訓“雅”為《雅》、《頌》。《詩》中的《雅》、《頌》，當是文人作詩，其語言或為雅言，即便真是這樣，後人，比如盧辯，要想分辨出與《風》的語言差異、要想充分掌握《雅》、《頌》語言而“依於《雅》、《頌》”，再以《雅》、《頌》為據，去別雅俗、辨古今，可以斷言，幾乎不可能。《小辯》原文中“爾雅”是手段，目的在“觀古”，進而“辯言”，在弄不清《雅》、《頌》語言特色的情況下，要“依於《雅》、《頌》”去觀察古代（政情民風），去識別語言（古今雅俗），這樣的手段與目的之間，應該有問題。早在春秋末年，孔子雅言頌《詩》，《風》、《雅》、

① 何晏引用。參看魏何晏《論語集解》卷四。

《頌》用的都是雅言，不獨《雅》、《頌》，或許孔子也無法分辨《雅》、《頌》與《風》的雅語與方言的差異。《論語》特意指出孔子“雅言頌《詩》”，其雅言應當是孔子時代“活”的雅言，區別於孔子的日常用語，並非指的是《雅》、《頌》裏的“死”的雅言，兩種雅言之間或有直承關係，或很不相同，後人已很難分辨。有鑒於此，依於《雅》、《頌》去觀古辯言，於常理很難做到，甚至很難被理解；若依於其樂，則上文已經言及，且於“辯言”無補。孔子自衛返魯，整理了《雅》、《頌》，應該是“規範”了《雅》、《頌》的樂曲，或許包括了器樂、旋律、演奏等內容，也許還涉及了用語用字。儘管孔子說到了“正”，正常的理解應該是依據一定的標準治理了紛紜繁雜的亂象，由“三月不知肉味”、“盡善盡美”觀之，很可能是受了《韶》樂的啟發而進行的規範。這裏的“正”，是“矯正”、“校正”之類的意思，原文應該看不出以《雅》、《頌》為正的意思：

> 子曰：“吾自衛反魯，然後樂正，《雅》、《頌》各得其所。”
>
> 《四部叢刊》本《論語·子罕》
>
> 又，《十三經注疏》本
>
> 又，先恩師杜道生先生《論語新注新解》，中華書局2011。

盧辯所謂依於《雅》、《頌》，雖未知所據，據其“依於《雅》、《頌》”的話，大概應該是以《雅》、《頌》為“正”，也就是標準、依據、參照等的意思，則其訓或承《毛詩》。盧辯注中所引孔子論《詩》，今所見《論語·陽貨》作：

> 子曰：“小子何莫學夫《詩》？詩，可以興，可以觀，可以群，可以怨；邇之事父，遠之事君；多識於鳥獸草木之名。”

楊伯峻譯注《論語譯注》，中華書局 1980 本，p. 185

此條是孔子著名的詩論，說的是能力培養、詩之功用、增廣見聞之類，僅此並不能達到觀古通今的目的。學《詩》可以增廣見聞，對觀古識今應該有所幫助，但要真正觀古通今，但學《詩》應該是遠遠不夠的，更何況早在《左傳》記載的成鱄、叔向時代，常人讀《詩》就已有困難，所以才進行解釋。早於盧辯數百年的《史記·樂書》中的公孫弘所謂“通一經之士不能獨知其辭”，也應該是很好的證明；其間的“一經之士”，顯然包括了通《詩經》之士。公孫弘所謂“一經之士”，都是那時的舉國俊才，應該是盧辯所不能企及的，連武帝的仿古詩都不能“通知其意”，更何況千年前的《雅》、《頌》了。或許因為此，盧辯以後，後人少有據“依於《雅》、《頌》”去理解和解釋“爾雅以觀於古”的。訓《雅》中之“雅”為“正”，或最早見於《毛詩·大序》，《毛詩序》當為後人讀《毛詩》所加，若在毛亨之前已有，則毛亨或有整理。

三、《毛詩》的依據

今所見《毛詩·大序》訓“雅”為“正”，依據的是“政”：

雅者，正也，言王政之所由廢興也。政有小大，故有《小雅》焉，有《大雅》焉。

唐孔穎達疏：

“雅”者，訓為正也。由天子以政教齊正天下，故民述天子之政，還以齊正為名。王之齊正天下，得其道，則述其美，《雅》之正經及宣王之美詩是也。若王之齊正天下失其理，則刺其惡，幽、厲《小雅》是也。《詩》之所陳，皆是正天下大法，文、武用《詩》之道則興，幽、厲不用《詩》道則廢。此《雅》詩者，言說王政所用廢興，以其廢興，故有美刺也。又解有二《雅》之意。王者政教有小大，詩人述之亦有小大，故有《小雅》焉，有《大雅》焉。《小雅》所陳，有飲食賓客，賞勞群臣，燕賜以懷諸侯，征伐以強中國，樂得賢者，養育人材，於天子之政，皆小事也。《大雅》所陳，受命作周，代殷繼伐，荷先王之福祿，尊祖考以配天，醉酒飽德，能官用士，澤被昆蟲，仁及草木，於天子之政，皆大事也。詩人歌其大事，制為大體；述其小事，制為小體。體有大小，故分為二焉。

《四部叢刊》本孔穎達撰《毛詩正義》

又，中華書局《十三經注疏》1980 上、下冊本，上冊 p. 272 中。

《毛詩·大序》將《雅》、《頌》與當時時政聯繫起來，與《詩》產生之初的“本意”或“本義”應該有別，這直接導致了後人要重新探索“詩本義”，比如歐陽修，欲還《詩》以本來面貌。《大序》所謂“雅，正也”，應該是秉承了《論語·顏淵》“政者，正也”的說法：因為《雅》說的是“言王政之所由廢興也”，因為孔子有“政者，正也”的訓釋，所以《雅》之言為“正言”，《雅》之樂為“正樂”。自漢以降，後世“政者，正也”的引用十分廣泛，甚至成為先秦聲訓的典範，幾為公論。可是，細察《論語·顏淵》，齊景公與季康子問政，孔子分別對答，似各有意義：

齊景公問政於孔子。孔子對曰：“君君、臣臣、父父、子子。”公曰：“善哉！信如君不君、臣不臣、父不父、子不子，雖有粟，吾得而食諸？”

子張問政。子曰：“居之無倦，行之以忠。”

季康子問政於孔子。孔子對曰:“政者,正也。子帥以正,孰敢不正?”

季康子問政於孔子曰:“如殺無道,以就有道,何如?”孔子對曰:“子為政,焉用殺?子欲善而民善矣。君子之德風,小人之德草,草上之風,必偃。”

《論語·顏淵》

顏淵問為邦。子曰:“行夏之時,乘殷之輅,服周之冕,樂則《韶》、《舞》,放鄭聲,遠佞人。鄭聲淫,佞人殆。”

《論語·衛靈公》

四部叢刊本《論語集解》

楊伯峻譯注《論語譯注》

先恩師杜道生先生注譯《論語新注新譯》

齊景公是君,問的是國家大政,所以孔子以制度大要回答,這裏的“政”是“國家大政”的意思,語法上“政”是名詞。子張問政和季康子問政,皆非君問,問的都是“為政”,孔子也都是針對“為政”因人而異作出的回答,所以才對季康子說“政者,正也。子帥以正,孰敢不正”;下文季康子的問政於孔子和孔子對“為政”的回答,正好是此“為政”的注解;這裏的“政”,含義應當是“為政”,語法上是動詞,與對齊景公“政”的問答應該不是一回事:齊景公問的是國家大政是什麼樣的,即作為國君應該推行什麼樣的政治制度;子張、季康子問的都是怎樣執行制度、治理國家和打理政事。《衛靈公》中的“為邦”與季康子“為政”的差異只是角度和著眼點的不同,“為政”、“為邦”說的都是治理國家,事君行事,推行政治,即動詞的“行政”。因此,所謂“政者,正也”,實質上應該是“為政,正也”,也就是說,“政”的實際含義是“為政”，是具體去行政，拿今天的話說就是：行政，正己正人。《論語》另有“雅言”、“雅樂”的說法，但這些“雅”都不一定有“正”義，僅憑《論語》原文，應該看不出“雅言”就是“正言”的意思：

子所雅言，《詩》、《書》執禮，皆雅言也。

孔安國曰：雅言，正言也。

鄭玄曰：讀先王典法，必正言其音，然後義全，故不可有所諱也。禮不誦，故言執也。

《論語·述而》

四部叢刊本《論語集解》

《論語·陽貨》中“雅樂”的“雅”應該是泛指，也可能指的是《雅》：

子曰：惡紫之奪朱也，惡鄭聲之亂雅樂也，惡利口之覆邦家者。

孔安國曰：朱，正色；紫，間色之好者；惡其邪好而奪正色。

苞氏曰：鄭聲，淫聲之哀者，惡其奪雅樂也。

孔安國曰：利口之人多言少實，苟能悅媚時君，傾覆其國家也。

《四部叢刊》本《論語集解》

孔子用當時的雅言頌《詩》、《書》，執禮儀，所傳達的意思，常規的理解應當是：一方面各方學員都不會有語音障礙，從而規避了孔子曲阜話的短處，這是教學的需要；另一方面因為場合正式，應當莊重，需用官方語言方可達成，這是禮儀的需要；原文並不能傳達出孔子“以雅言識古”或“雅言為正言”的意思。由於“鄭聲”只能傳達出“地方樂”而非官樂、“俗樂”而非雅樂之類的意思，也不能反襯出“雅樂”就是“正樂”的意思，倒是《荀子》的“使夷俗邪音不敢亂雅”，容易讓人有“正”的聯想。鄭玄所謂“必正言其音”，是漢人認為雅言是正言，反映出當時雅言的地位和作用；“必正言其音，然後義全”，一定要用雅音去閱讀，才能準確把握詞語、全面理解意義，只是反映出了漢代對讀書學習的基本要求以及讀書學習的一般狀況，並不能證明不用雅音就不能義全，這與漢字自身的特性有關。“正色”是顔色的分辨基準，有時代和習慣之類的特徵，這裏的“正”並不與“邪”相對，間色也並非“邪色”：過朱曰“紫”，言過其實、巧言令色曰“利口”，過分之音為“鄭聲”。因此，以雅樂為正樂，只能説明這是漢代人依照漢時規矩或習慣，認定雅樂為正樂，認定雅言為正言，這是文化的原因，而不是語言的原因。假定孔子所操的“雅言”，當時或可叫做“夏言”，即諸夏語之共同者，區別於僅僅通行於各諸侯國的地方方言，包括孔子的魯語曲阜話，那麼，所謂“雅樂”也就是“夏樂”，行於整個華夏之樂，是諸夏各國皆認同的樂曲，區別於其他僅僅通行於本地、帶有鮮明本地特色的樂曲。區別於諸夏各國各地的樂曲時稱“雅樂”、“夏樂”，區別於非諸夏各國的四方夷狄蠻夷之樂時也稱“雅樂”、“夏樂”；“雅言”即“夏言”，是以周王室為代表的官方通用語，區別於其他僅僅通行於各諸侯國地方方言和一般日常用語的非官方話，以周王室為代表，所以稱為“雅言”、“夏言”；區別於其他非華夏的各夷戎蠻狄之語，站在華夏的立場上，也稱為“雅言”、“夏言”。從語言和音樂本身的角度看，其自身本沒有所謂正與邪的區分。認定“雅言”為“正言”、認定“雅樂”為“正樂”，應該是人為賦予的含義，是文化在語言活動中的反映，並不是"雅"、"夏"自身所擁有或所能擁有的，即並不是語言自身詞彙學或語義學意義上的必然聯繫；何況這種認定還帶有鮮明的時代特徵，時代不同，"正"的內容及"正"與"非正"的判定可能不同。《詩序》訓"雅"為"正"，來源是認定《雅》是"言王政之所由廢興也"，這是人為附加的意義，不一定是《詩》的本義，自宋以來的《詩經》研究成果足可以說明問題。盧辯注"爾雅"為"邇，近也，謂依於《雅》、《頌》"，接著又引孔子詩評的話，實際上就是以《雅》、《頌》為"正"，因而其"依於《雅》、《頌》"的話仍然是"近正"的意思，只是"正"的虛義被具體化了而已。盧辯所依據的本子很可能寫的是"邇雅"，所以訓"邇，近也"。

四、王念孫對文依據

王念孫對文的依據是結構，即其結構應該是"循乎弦"、"爾乎雅"。然而，《爾雅》中的"爾雅"也是"爾乎雅"的結構，所以劉熙訓為"近正"，"爾乎雅"不能作為否定此為《爾雅》的依據。孔子所謂"事父"、"事君"、"多識於鳥獸草木之名"，也只說了功用與見聞，僅此並不能完全達到"觀古辯言"的目的。下文的"傳言以象"，應該是針對上文"辯言"說的，說的是夏言傳通非夏言。"爾雅乃古之成語"，其間的"成"當與《論語·八佾》"成事"之"成"相一致：

成事不說，遂事不諫，既往不咎。

既為成語，也就是固定說法，其結構和意義都應該是相對穩定的，不因出現的地方不同而不同，如果意義發生變化，一般應該是整體發生變化，當意義發生變化後，可能引起結構也發生變化。比如

"古之成語""八卦",在當今網路和年輕人口語中成了"秘聞隱私"、"無根據的花邊新聞"之類,或許是由其變幻莫測、常人難曉聯想而來,也可以名詞動詞兩用,但這是整體意義變化,其內部結構沒有發生變化。又如"文章",從《尚書》、《論語》到漢代,由鬆散到緊密而為"古之成語",其文理、色彩、旗幟、典章等的含義,都是在"文章"整體上發生的,結構是並列式;《論語》中的"有文章","章"是"彰顯"的意思,"有文章"是"文辭文采彰顯"的意思,因而"章"的意義引申為"顯明"之後,"文章"的結構成了主謂式,與並列式的"文章"有別。又如"地方",在"地方百里而王"中,是"其地方圓百里"的意思,"地方"也構成主謂式,發展到現代漢語階段,"地方"作為一個很難被分割的名詞,其主謂結構便被掩蓋了。拿這種結構的觀點來分析,《小辯》中相對稱的兩個句子構成目的複句,不僅僅限於"循弦"與"爾雅"對文。從句式內部的意義關聯關係看,"循弦"是"觀樂"的方式或手段,"爾雅"是"觀古"的方式或手段,即"循弦"以達到"觀樂"的目的,"爾雅"以達到"觀古"的目的;"循弦觀樂"是"辯風"的方式或手段,"爾雅觀古"是"辯言"的方式或手段,即"循弦觀樂"的目的是"辯風","爾雅觀古"的目的是"辯言";複句的結構是"循弦以觀於樂"與"足以辯風矣"構成目的句,其中"以循弦"整體修飾或限制"觀於樂","循弦以觀於樂"則構成"足以辯風矣"的必要條件;"爾雅以觀於古"與"足以辯言矣"構成目的句,"以爾雅"整體修飾或限制"觀於古","爾雅以觀於古"構成"足以辯言"的必要條件。其間"循弦"、"爾雅"分別與"以"構成一個整體,"循乎弦"、"爾乎雅"是這個整體內部的次一級結構,即"循弦以"和"爾雅以”介詞結構內部的對文。訓詁中涉及的對文，不僅限於結構語言學所說的結構的對稱，還包括詞語意義的對稱，辭彙意義、臨時意義即文中具體使用意義、語法意義等等，只要條件符合，就可以構成對文，並沒有“爾雅”不能是著作文章名稱的限制；因此，這裏的“循弦”、“爾雅”對文，並不影響其間的“爾雅”是《爾雅》以“爾雅”的面目出現，並與“循弦”構成對文。也就是說，在視覺上沒有判定依據的“古代漢語”的語言事實和實際行文過程之中，比如以標點符號為依據，《小辯》作者“爾雅”的《爾雅》意圖無法在視覺上直接表現出來，後人也就沒有直觀依據進行判定，其“爾雅”的《爾雅》意圖也就晦而不明了。但若將《爾雅》用作“爾雅”，或以“爾雅”的面目出現，並與“循弦”構成對文，則應該是允許的，相對自由的，符合當時語言及行文“規範”的，也符合一般所謂文言文行文特點的。拿語法學句子結構的觀點分析，“循弦以觀於樂”、“爾雅以觀於古”，是“以循弦”去“觀樂”，“以爾雅”去“觀古”，其文義應該是很清楚的。王念孫“循乎弦”、“爾乎雅”的結構與漢末劉熙“近正”的結構一致，“爾乎雅”也是《爾雅》的“爾乎雅”，並沒有衝突。

五、“以”的訓釋

像別的常用文言虛詞一樣，“以”也是一個含義極為豐富的字詞，這大概與虛字虛詞在漢語語言單位間結構組合的特性和重要性有關。本句連續出現了四個“以”，兩兩相對，根據文理，各句前後兩個“以”含義有別：“循弦以”、“爾雅以”的“以”是結構語言學中語法學劃分的介詞，受古希臘和拉丁語研究的影響，又稱為前置詞，表示方式、手段等，訓為“用”、“憑”之類；兩個

"足以"的"以"與之或同形異詞，當依裴學海《古書虛字集釋》訓為"可"或"能"，其重要的結構特徵之一是後面必定是動詞，且其他含義的解釋於此處文意難通或不通。吳昌瑩《經詞衍釋》，劉淇《助字辨略》，黃侃、楊樹達批註本王引之《經傳釋詞》、四川師範學院（現四川師範大學）徐仁甫編著、先恩師冉友僑先生校訂《廣釋詞》等，均未查到此項訓釋。為了便於充分比較，說明問題，不厭其煩，詳引如下，下畫線為原文所有：

"以"猶"能"也。（自注："能"從"以"聲，故"以"可訓"能"）

《尚書·堯典篇》：克諧，以孝烝烝。（自注：從《經義述聞》斷句。"烝烝"，謂孝德之美盛也）

《詩·烝民篇》：既明且哲，以保其身。（自注：《漢書·司馬遷傳贊》引，"以"作"能"）

《呂氏春秋·慎勞篇》：以大使小，以重使輕，以眾使寡，此王者之所以家以完也。（自注：末"以"字訓"能"）

《孟子·萬章篇》：一介不以與人，一介不以取諸人。

《禮記·表記篇》：民非後，無能胥以寧；後非民，無以辟四方。（自注：無，不也。下"以"字訓"能"。"辟"，"君"也）

按："以"與"能"古通用。如老子十四章："能知古始，是謂道紀。"宋河上本"能"作"以"。

七十八章："其無以易之"，景福本"以"作"能"。《賈子·屬遠篇》："此天下之所以長久也"。（自注：浙局本如是）潭本"以"作"能"。皆其例也。）

"以"猶"可"也。（自注："以"訓"可"，猶"能"訓

“可”也）

《孟子·滕文公篇》：“今一見之，大則以王，小則以霸”。

《論語·雍也篇》：原思為之宰，與之粟九百，辭，子曰：毋！以與爾鄰里鄉黨乎？（自注：“乎”與“也”同義）

《詩·猗嗟篇》：“以禦亂兮”。

中華書局 1982 上下冊本，上冊 p. 23—24

從訓詁的角度看，“以”訓為“可”、“能”，《詩經》已見，或始於《毛詩》：

微我無酒，以敖以遊。

毛傳：非我無酒，可以敖遊忘憂也。

《四部叢刊》本《毛詩·邶風·柏舟》

古文虛字虛詞的訓義，今人大抵以文意順之，再以今之相應字詞作訓，為達意而精選當今用詞用字，因而表現為羅列眾多義項，使用眾多不同的字詞進行訓釋，這或許也是造成爭議不斷的原因之一。從漢字書寫漢語的情況看，就用字現象而言，這種情況實質上是同一語言時代和不同語言時代語言與文字對應“規範”的原因造成的。今人看古籍，縱跨數個語言時代，包含了一個特定語言時代與多個特定語言時代的用字差異，紛紜複雜，是為必然。拿靜態的觀點看，理論上一個特定的語言時代，其漢字總量和實際書寫的用字總量是相對明晰的，從而構成該特定時代的字量特徵，這應該是漢語訓詁學研究的重要任務之一。《柏舟》用“以”表達，《毛傳》用“可以”表達，從用字角度看，正是這種用字特徵的表現。從詞語的角度講，什麼樣的詞語表現為什麼樣的用字，同樣也具有時代特徵。正由於詞語與用字的這種對應特徵，通過用字大致應該可以知曉其語言時代。在《小辯》中，作者所用的兩個“以”，本質上是同一個漢字書寫了表示手段的“用”和表示可能的“可以”兩個詞語，或同一詞語的不同義項：前“以”表手段，後“以”表可以或能夠。拿這個觀點去理解原文，或稍合文意：“以循弦”的方式鑒賞樂曲，足能辨別風俗；“以《爾雅》”為手段查看古文，足可把握言辭。“循弦”，因循旋律；“爾雅”，親近夏言；“辯風”，辨識民風；“辯言”，把握言辭。

六、循弦以觀於樂

怎樣循弦，怎樣觀樂，可以從《左傳. 襄公二十九年》記載的吳公子季劄聽樂辨風的情形中得到啟發，可以作為“循弦觀樂辯風”的解讀，作為“爾雅觀古辯言”的參考：

吳公子劄來聘，見叔孫穆子，說之。謂穆子曰：“子其不得死乎？好善而不能擇人，吾聞‘君子務在擇人’。吾子為魯宗卿，而任其大政，不慎舉，何以堪之？禍必及子！”請觀於周樂。使工為之歌《周南》、《召南》，曰：“美哉！始基之矣，猶未也。然勤而不怨矣。”為之歌《邶》、《鄘》、《衛》，曰：“美哉，淵乎！憂而不困者也。吾聞衛康叔、武公之德如是，是其《衛風》乎？”為之歌《王》，曰：“美哉！思而不懼，其周之東乎？”為之歌《鄭》，曰：“美哉！其細已甚，民弗堪也，是其先亡乎！”為之歌《齊》，曰：“美哉！泱泱乎！大風也哉！表東海者，其大公乎！國未可量也。”為之歌《豳》，曰：“美哉！蕩乎！樂而不淫，其周公之東乎？”為之歌《秦》，曰：“此之謂夏聲。夫能夏則大，大之至也，其周之舊乎？”為之歌《魏》，曰：“美哉！渢渢乎！大而婉，險而易行，以德輔此，則明主也。”為之歌《唐》，曰：“思深哉！其有陶唐氏之遺民乎？不然，何憂之遠也？非令德之後，誰能若是？”為之歌《陳》，曰：“國無主，其能久乎？”自《鄶》以下無譏焉。為之歌《小雅》，曰：“美哉！思而不貳，怨而不言，其周德之衰乎？猶有先王之遺民焉。”為之歌《大雅》，曰：“廣哉！熙熙乎！曲而有直體，其文王之德乎？”為之歌《頌》，曰：“至矣哉！直而不倨，曲而不屈，邇而不逼，遠而不攜，遷而不淫，復而不厭，哀而不愁，樂而不荒，用而不匱，廣而不宣，施而不費，取而不貪，處而不底，行而不流，五聲和，八風平，節有度，守有序，盛德之所同也。”

《春秋》原文及孔穎達《注疏》：

《春秋》：吳公子劄來聘，見叔孫穆子，說之。謂穆子曰：“子其不得死乎！不得以壽終”。請觀於周樂。魯以周公故，有天子禮樂。

《正義》：《明堂位》云：“成王以周公為有勳勞於天下，是以封周公於曲阜，命魯公世世祀周公以天子之禮樂。”又曰：“凡四代之服器，魯兼用之。”是魯以周公故，有天子之禮樂也。為之歌《秦》，曰：“此之謂夏聲。夫能夏則大，大之至也，其周之舊乎！”

《正義》：秦本在西戎汧、隴之西，秦仲始有車馬、禮樂。去戎狄之音而有諸夏之聲，故謂之“夏聲”。及襄公佐周，平王東遷，而受其地，故曰“周之舊”。

《四部叢刊》本《春秋左傳正義》，中華書局《十三經注疏》下冊 p. 2006、2007 上。

《史記·吳太伯世家第一》採錄了本段記載，小有出入。樂與人性相應，天子樂於樂而善民心，行樂而教民，所以可以观樂辯風：

樂者，聖人之所樂也，而可以善民心。其感人深，其風移俗易，故先王著其教焉。夫人有血氣心知之性，而無哀樂喜怒之常，應感起物而動，然後心術形焉。是故志微焦衰之音作，而民思憂；嘽緩慢易繁文簡節之音作，而民康樂；粗厲猛起奮末廣賁之音作，而民剛毅；廉直經正莊誠之音作，而民肅敬；寬裕肉好順成和動之音作，而民慈愛；流辟邪散狄成滌濫之音作，而民淫亂。

《四部叢刊》本《史記·樂書》，“樂者”句，張守節《史記正義》有校正，中華書局1982十冊本《史記》冊四《書》p. 1206。

“循弦”是具體的因循旋律，聽取具體的樂曲，不同的樂曲反映不同的民意，一定的樂曲是一定的民風的反映，因而以“循弦”的方式可以體察民意；“觀”，《論語》“觀其行”之“觀”，有“察”義，所“觀”顯然不是“樂”，而是絲弦之聲，所以不是“觀樂”，而是“觀於樂”。“循弦以觀於樂，足以辯風”是具體的，與之相對的“爾雅”，“辯言之樂不下席”，顯然不應該“近正”空談：

明鏡者，所以察形也；往古者，所以知今也。盧注云：“《詩》曰：‘殷鑒不遠，在夏後之世’。”

《四部叢刊》本《大戴禮記》

王聘珍《大戴禮記解詁·保傅》p. 67

君子不唱流言，不折辭，不陳人以其所能。唱，導也。流言滅之，不導之使行。折，挫也。盧云：“言不苟折窮人辭也。”聘珍謂：陳人，陳說於人也。能，謂己之功能。言必有主，行必有法，親人必有方。主，本也。法，常也。《易》曰：“君子以言有物而行有恆。”親，近也。方，道也。《易》曰：“方以類聚。”

《四部叢刊》本《大戴禮記》

王聘珍《大戴禮記解詁·曾子立事》p. 74

七、“爾雅”即《尔雅》

在《小辯》中，“觀於古”的目的是“察於今”，既然是“辯言”古今，就一定有實在的言辭文字，不能是憑空的“雅正之言”；君子尚言必有據，而況聖人。這裏“爾雅”的目的是要“觀於古”，跟“言之古今”相關，應該跟“言之雅正”與否沒有關係，或關係不直接，所以黃懷信認為“誠不可通”：

> 俞（樾）説有理，然“爾乎雅”誠不可通。“爾乎雅”何以能觀於古？若釋“雅”為“故”，“爾乎故”以觀於古，又不辭矣，且“故”又何指乎？釋“正”，亦不可通，近於正，又何以觀於古？説亦非也。愚謂此句承上而省“循”字。上曰“循弦”，此曰“循爾雅”。《爾雅》釋古詞語，故曰“循《爾雅》以觀於古”，觀古言也。古今之言明，則言辨矣，故足以辨言。是“爾雅”必書名也。
>
> 黃懷信《大戴禮記彙校集注》下冊 p. 1182

“爾雅”的問題主要出在“雅”上，當深究，“蒙上省”有見地，將全句放到全文中去分析，或許可以看得更清楚。孔子針對哀公“小辯”，曉以“大”道理，先舉出先王“學齊大道，以觀於政”的故實，然後曉以君臣之禮：

> 天子學樂辯風，制禮以行政；
> 諸侯學禮辯官政，以行事，以尊事天子；
> 大夫學德別義，矜行以事君；
> 士學順辯言以遂志；
> 庶人聽長辯禁，農以力行。

孔子的意思應該是，哀公應當學禮觀政，“辯言”是士的天職，

“公”不可為，所以孔子非之：士者，事也，任事之稱也。故《傳》曰：“古今辯然否謂之士。”[①] 這裏有關“君”的劃分與《爾雅·釋詁》“君也”條的劃分完全一致。孔子談完社會等級、階層各自的職責範圍後，接着指出“小”對君而言的危害，其間“道小不通，通道必簡”的觀點與《論語·子張》中的觀點相一致：

子夏曰：“雖小道，必有可觀者焉，致遠恐泥，是以君子不為也”。

《四部叢刊》本《論語集解》

杜道生先生《論語新注新譯》

《小辯》的“簡”很明顯是與“小”相對的，意思是“大要”，後文中“可謂簡矣”也與此完全一致，即大處着眼而非斤斤於細小，以“簡”為“簡易”，恐有違文意。“是故”是歸納的話，是以“樂”與“言”為例，從正面講“大”的道理：“循弦以觀於樂，足以辯風”，說的是哀公分內的事，或比之天子，有《春秋》筆法；“爾雅以觀於古，足以辯言”，說的是善於用人，因為辯言是士的天職，哀公不可親為；“夫道不簡則不行”，說的是行之邦國，必以大道，小道行而不遠：對哀公而言，具體的辯言即為小道。就辯言的內容而言，即“爾雅”通古今，說的是諸夏語自身的古往今來，即“中國”語的古今傳承；象胥傳蠻狄，說的是非諸夏語，即非“中國”語。“傳言以象，反舌皆致”，是以極端的南蠻“反舌”之語為例，泛指四方非諸夏語，對這類語言，以寄、象、狄鞮、譯即可傳達：

① 《四部叢刊》本漢班固《白虎通德論》卷第一；上海古籍出版社 1990 影印《諸子百家叢書》單行本《白虎通德論》p. 7 上。

凡居民材，必因天地寒暖燥濕。廣谷大川異制，民生其間者異俗。剛柔輕重，遲速異齊，五味異和，衣服異宜，修其教不易其俗，齊其政不易宜。中國戎夷，五方之民，皆有性也，不可推移。東方曰夷，披髮文身，有不火食者矣；南方曰蠻，雕題交趾，有不火食者矣；西方曰戎，批髮衣皮，有不粒食者矣；北方曰狄，衣羽毛穴居，有不粒食者矣。中國、夷、蠻、戎、狄，皆有安居，和味，宜服，利用，備器。五方之民，言語不通，嗜欲不同。達其志，通其欲：東方曰寄，南方曰象，西方曰狄鞮，北方曰譯。

《四部叢刊》本《禮記正義》

《十三經注疏·禮記正義·王制》上册 p. 1338 中

“傳言以象”是緊接着“辯言”說的，是“辯言”的另一種情況，所以王文錦點校本並沒有“辯言”句斷，也可以幫助理解“爾雅以觀於古，足以辯言”，說的是華夏語的古今“辯言”：像以象傳言那樣，以士辯言。這裏的辯言內容，既包括了華夏語的古今（方俗），又包括了非諸夏語的傳通、達意，因而“可謂簡矣”：國君這樣做，就叫做“大處着眼，握其大要”了，具體的辯言，則有士、寄、象、狄鞮、譯等去完成，他們的辯言，對於國君來說，即為小辯。夏言夷語，說的都是語言，因此，這裏的“雅”即使訓為“正”，也只能是“正言”的意思，而不能是“空泛”的與“邪”相對的“正”。古今方俗民風可以依據其樂的特徵，包括器樂、旋律、風格、“樂詞”等，加以分辨、認定，如《論語》的“鄭聲淫”，《左傳·襄公二十九年》中有關季劄“聽樂”的情況；非華夏語可以通過翻譯而明白意思，瞭解民俗，華夏語則通過“爾雅”而通古今，顯然“爾雅”也應該“爾”具體之“雅”。“傳言以象”與“爾雅以觀於古”雖次序不同，結構關係卻是一致的：“以象傳言”，“以爾雅觀於古”。以已知的《爾雅》流傳史看，通古今之義，明方俗之言，正是歷代學者的共識，也是《爾雅》客觀上所起到的重要作用，脱離了《爾雅》，僅僅以毫無着落的“近正”解釋“爾雅”來閱讀此段話，即使是“以正言為近”或“親近正言”，或“向雅正之言看齊”、“使用雅正之言”，無論如何也很難理解僅憑“近乎雅正”、“依於雅正”就能夠“觀古”，就能夠“辯言”了。從閱讀的角度看，“故訓同異”並非全然或主要由語音之雅俗造成的，古代原文及其解釋首先表現為文字，識其字、得其義是橋樑，得意忘形便不會受文字本身的蒙蔽，至於用雅言、楚語，或別的什麽音，一般不會形成關鍵性制約，這在很大程度上是漢字特點決定的。通觀今天見到的《爾雅》，其訓釋方式最明顯的就是通過分析歸納，歸類成篇，歸納成條，合則合之，別則別之；其解釋和敘述用語多以雅言，非雅言的解釋，即所謂“以俗釋雅”，也可以理解為立足於雅，通過識別雅俗而棄俗從雅，從而達到識古辯言的目的，這與“觀古辯言”、“通古今之義”是吻合的。也就是説，此處所謂“爾雅以觀於古，足以辯言”，需以《爾雅》為據，以《爾雅》的方式才可以達成，離開了《爾雅》的“近正”，“爾雅”便失去了根基，含義也晦澀不明了。事實上，“近正”之説，原本正是針對《爾雅》中的“爾雅”進行的解釋，並不是針對泛泛的、一般的“爾雅”進行的別的什麽解釋，以“近正”解釋和理解“爾雅”，這一點是不應該被忘記的。

“辯言”是另一個要點，也是“古之成語”，有特定的含義，構成義是“治言”，也是基礎意義，治其古今雅俗、高下優劣是基本含義，“治”引申或具體化可以有“識別”義；過分了，引申可有“玩弄言辭”、“巧言利口”之類的意思：

士學順，辨言以遂志。

曰：“微子之言，吾壹樂辨言。”子曰：“辨言之樂，不若治政之樂；辨言之樂不下席，治政之樂皇於四海。夫政善則民說，民說則歸之如流水，親之如父母，諸侯初入而後臣之，安用辨言！”

《四部叢刊》本《大戴禮記·小辨》

辨言而不固行，有道而先困，自慎而不讓，當如強之，曰始妬誣者也。

盧辯注：謂始妬賢誣善。

王聘珍注：“辨言”者，言偽而辨也。“固”，常也。“有道而困者”，《論語》曰：“邦有道，貧且賤焉”。“慎”，讀曰“順”，謂“順非”也。“自順不讓者”，自以為是而不遜也。“當”，謂“當欲”：《哀公問》曰：“求得當欲”，鄭注云：“當，猶稱也”。“如”，讀曰“而”。“強”，謂“強項”，“當而強之”，言稱其所欲而不低屈也。隱良謂之妒，以惡取善曰誣。

《四部叢刊》本北周盧辯注《大戴卷十·文王官人第七十二》

《六府文藏》本清王聘珍《大戴禮記解詁》

黃懷信主撰、孫德立、周海生參撰《大戴禮記彙校集注》認為“辯”、“固”音誤，斷句為“行有道而先困”，且“當是別處錯簡”。三秦出版社，2005上下冊本，下冊 p. 1110。

賢主之所患，患人博聞辨言而似通者。

《四部叢刊》本《群書治要》卷三十九《呂氏春秋》

凡學，始乎離詞，中乎辨言，終乎聞道。

《四部叢刊》本戴震《戴東原集·沈學子文集序》

君罔以辨言亂舊政，臣罔以寵利居成功。

魏徵注：利口覆國家，故特慎焉。

《四部叢刊》本唐魏徵等奉敕編《群書治要》卷第二，《尚書》

《小辯》中“足以辯言矣”、“辯言以遂志”、與“治政”對舉的“辯言”用的都是本義，《文王官人》原文當無錯漏衍文之類，原文本可通，意思應該是明白的：說的應該是“能言善辯而不切實踐行”；“博聞辯言”也是“能言善辯”，戴震的“辯言”是“甄別言辭”，《群書治要》卷二是“巧言利口”。原文“循弦以觀於樂，足以辯風矣；爾雅以觀於古，足以辯言矣”，“傳言以象，反舌皆至”是“道小不通，通道必簡”的一個論據，是舉例“辯風”、“辯言”說明“通道必簡”的道理；下文“可謂簡矣”呼應“通道必簡”，是對“循弦”、“爾雅”、“傳言”大要方式的再強調。本文中“辯言”具體而有所指，“爾雅以觀於古”，“辯”的就是華夏語的古今之“言”，大家屈膝席間，以《爾雅》去研討古代語言，古今差異，即所謂“觀於古”、“辯言之樂不下席”，這樣的理解，或合乎文意。若進一步考察分析“爾”的“近”義和“雅”的“正”義，也許可以看得更清楚。

第二節　多爾雅之文

到了漢代，“爾雅”也頻頻被使用，分析這些“爾雅”，有助於合理認識前述“爾雅”究竟是什麼樣的“爾雅”。《史記 · 樂書》記載了漢高祖和漢武帝作詩歌的情況，其間記載漢武帝作詩的情況用到了“爾雅”。引用漢高祖，可以與漢武帝比照。

高祖過沛，詩“三侯”之章，令小兒歌之。高祖崩，令沛得以四時歌𩿨宗廟。孝惠、孝文、孝景無所增更，於樂府習常肄舊而已。

至今上即位，作十九章，令侍中李延年次序其聲，拜為協律都尉。通一經之士不能獨知其辭，皆集會五經家，相與共講習讀之，乃通知其意，多爾雅之文。

司馬貞《史記索隱》認為“三侯之章”即《大風歌》，因有三個虛辭“兮”，所以稱“三侯”：

《索隱》按：過沛詩即《大風歌》也。其辭曰：“大風起兮雲飛揚，威加海內兮歸故鄉，安得猛士兮守四方”是也。侯，語辭也。《詩》曰：“侯其禕而”者是也。兮亦語辭也。沛詩有三“兮”，故云“三侯”也。

《四部叢刊》本《史記集注》

中華書局十冊本《史記》冊四《書》p. 1177

劉邦醉酒而歌，用楚歌謠體作歌，平白如話，淺顯易懂，所以小兒可以歌之，其語言認定為楚語口語或許更符合實情。武帝作“十九章”，深思熟慮，精雕細琢，反復斟酌，屬文人作詩，而且“多爾雅之文”，便絕非小兒可歌，所以要令侍中“次序其聲”而為“雅樂”。“十九章”是什麼樣子，《史記》中沒有記載，《索隱》以為《漢書·禮樂志》中有《安世房中樂》。班固《漢書·禮樂志》此處所記與《史記·樂書》合，也說武帝作“十九章”，並錄有《安世房中樂》十九章。今觀其文，詩體多採《詩經》，四言為主，用字精煉，仿古明顯，其間許多字詞都可以用今所見《爾雅》、《小爾雅》進行解釋。或許正因為如此，才出現了“通一經之士不能獨知其辭”的情況，而須“皆集會五經之家，相與共講習讀之”之後，才能夠“通知其意”。這段記載反映了那時通經的情況，“通一經”應該是漢初的常態，亦可見東漢“五經無雙許叔重”之出類拔萃，寥若晨星。據此也可以知道，“《爾雅》解《詩》說”不過是後人臆說而已。產生即使是“詩經家”也不能全然識古的原因，正是武帝依據《爾雅》而作“十九章”，選用了《爾雅》中的字詞進行表達，自然就“多爾雅之文”了。從行文看，“多爾雅之文”的話是作者進行的補充說明，意在說明為什麼“通一經之家”不能“獨知”，而要“皆集會五經家、相與共講習讀之，乃通知其意”的原因：

（“十九章”）《詩》多《爾雅》之文，通一經之士不能獨知其辭，必集會五經家，相與共講習讀之，乃能通知其意。

《四部叢刊》本宋司馬光撰《資治通鑒》卷第十九

因此，合理的理解應該是，漢武帝作“十九章”，並不是用了當時實際使用的所謂雅言或正言，或別的“雅正之言”，而是採用了很多《爾雅》裏的言辭及其用字，由於《爾雅》中保存的是大量的先秦或更早時代的用語用字及其含義，有的或很多，當時已不常用，或仍使用但意義有別，所以才會出現各“家”們都不能“獨知”的情況，才需要各家研讀講習而後“通知其義”。如果以一般“近正”來解讀此“爾雅”，漢武帝用了當時“雅正之言”為文作詩，而身邊舉國俊才、經學博士之“家”們都讀不通或讀不懂，或只能一知半解，不能遍曉其意，於事實和邏輯都顯得荒誕無稽。或說漢武帝依據其他古文經典的雅正之言，為文作詩，則漢武帝乃“五經”、諸子通才，高於身邊舉國專門的頂尖俊才，因而其詩不得解，這樣的可能性也應該不存在。這裏的“多爾雅之文”，應該或只能是“多《爾雅》之文”，而不是“多近正之文”。由“多爾雅之文”可以知道，那時文人提筆為文，多採用《爾雅》古文古義，必然“多《爾雅》之文”，從而使得文章端莊雅正，遣詞造句含義深刻，或許這正是所謂“文章爾雅”的實際情況。“多《爾雅》之文”的說法是漢初司馬遷的雅言，是對“十九章”遣詞造句情況的真實描述；“文章爾雅”則是對具體行文，即聯文成章的評判，義為聯文成章合乎《爾雅》，是對“多爾雅之文”的行文及文風要求的成語式評價。《三王世家》中評價公戶滿意開導燕王“文章爾雅”，稱道的是公戶滿意稱引古今大義、國家大禮，出口成章，言辭中多用《爾雅》之文，其“文章爾雅”的意思仍然是“聯文成章多以《爾雅》”的意思。本段的“多爾雅之文”意思是“多《爾雅》之文”，應該沒有別的什麼歧義。

第三節　文章爾雅

一、爭議的由來

《史記·儒林列傳》記載丞相、御史公孫弘請制，其間的“文章爾雅”常被認為是“近正”的典型，《漢語大詞典》也採納了這一觀點，對一般學習的人產生了巨大影響，使得認識“爾雅”止於晦澀不明的“近正”、“雅正”，不能甚至不願深究。

> 臣謹案，詔書律令下者，明天人分際，通古今之義，文章爾雅，訓辭深厚，恩施甚美。小吏淺聞，不能究宣，無以明佈喻天下。治禮次治掌故，以文學禮義為官，遷留滯。
>
> 《四部叢刊》本《史記集注》
>
> 中華書局《史記》冊十《傳（四）》p. 3119

班固《漢書·儒林傳》全段照錄，偶有字異：

臣謹案詔書律令下者，明天人分際，通古今之誼，文章爾雅，訓辭深厚，恩施甚美。小吏淺聞，弗能究宣，亡能明佈喻天下。以治禮掌故以文學禮義為官，遷留滯。

《四部叢刊》本《漢書集注》

鄭天挺主編《中國史學名著選》冉昭德、陳直主《漢書選·儒林傳序》，中華書局 1979 豎排本，p. 264

清王先謙《釋名疏證補》卷四“文者”條注：畢沅曰：“誼”，本皆作“義”，乃威儀字也。《說文》：義，己之威儀也，从我从羊。鄭注《周禮·肆師》云：故書“儀”為“義”。鄭司農云：“義”讀為“儀”。古者書“儀”但為“義”，今時所謂“義”為“誼”，然則此當作“誼”。

上海古籍出版社 1984，王先謙《釋名疏證補·釋言語》

公孫弘是著名的“罷黜百家，獨尊儒術”的重要奠基人物，《史記》、《漢書》皆有傳。此段內容反映出漢武帝以前乃至先秦博士由“顧問官”成為“教官”的重要轉折，也是公孫弘對“詔書律令”進行的規範性解釋，這個觀點被後來的班固“古文讀應爾雅”所承襲。本段中“天道人倫，古今大義”是文書的一般作用要求，“詔書律令依據《爾雅》，所用古訓含義深刻”是具體行文要求，“讚美皇恩浩蕩”是宗旨要求。其中“文章爾雅”和“訓辭深厚”意義上不是並列的，“訓辭深厚”說的是多採用古訓，“訓”當是《詩經·大雅·蒸民》“古訓是式，威儀是力”的“訓”，是“文章爾雅”的必然結果；“文章爾雅”應該說的是詔書律令的遣詞用語多以《爾雅》為據，多採用《爾雅》之文，其“雅正”是因《爾雅》而雅正，這與前文“多爾雅之文”的意義是一致的。這裏的“文章”含義與《論語·公冶長》：“夫子之文章”的“文章”相同，基礎含義是“文采彰顯”，此處是針對詔書律令提筆為文說的，並不指形式上的段落篇章。“小吏”應當指的是丞相、御史以下各級官吏，直至最基層，他們由於學識淺薄，而不是不會雅言，所以才不能識古通今，不能“究宣”其中字、詞、句及其含義。其實，連“通一經之家”都不能“通知其意”，而況小吏乎？正因為這樣，公孫弘才請求以治禮儀、掌故、文學等的專門人才為官，其目的應當是首先解決“文章爾雅，訓辭深厚”的問題，而後其他要求才可能達成。有將“文章”釋為“文辭”的，或受了“雅正”的影響，且與“訓辭”相衝突。考察“文章”在漢初以前的基本情況，可以知道它發展演變的一般狀況；考察它在《史記》中的運用，尤其是與《漢書》的比較，可以幫助認識此處的文章；考察“雅”在《史記》、《漢書》中的運用情況，可以知道“爾雅”在這一時代有無合成的條件或可能。

二、“文章”流變

“文章”乃古之成語，結構和意義有一個發展穩定過程，在色彩花紋、旗幟和文字、禮樂制度等的意義上，實際上應該是指稱同一事物的形式和內容兩個方面。以下是《漢語大詞典》的例子：

《墨子·非樂上》：是故子墨子之所以非樂者，非以大鐘、鳴鼓、琴瑟、竽笙之聲以為不樂也；非以刻鏤華文章之色以為不美也。

《禮記·大傳》：考文章，改正朔。鄭玄注：文章，禮法也。

《左傳·隱公五年》：昭文章，明貴賤。杜預注：車服旌旗。

《後漢書·董卓傳》：又錢無輪廓文章，不便使用。

《漢語大詞典》出版社十二卷本，1993

上引《漢語大詞典》的用例，“文章”有外觀與內容兩個方面。形式上“文章”指的是色彩紋路，包括旗幟，內容上指的是禮法典章，“輪廓文章”則指的是所鑄文字，像“旗幟”義一樣，屬於詞語意義的引申、轉移。《墨子》中的“文章”是“刻紋”和“色彩”的意思，“刻”、“鏤”的結果是“文”，“華”即著色，結果是“章”。“文章”這種從鬆散到緊密的發展情況，還可以從下面的例子看出端緒：

《淇奧》，美武公之德也。有文章，又能聽其規諫，以禮自防，故能入相於周，美而作是詩也。

《四部叢刊》本《毛詩》《〈衛·淇奧〉詁訓傳第五》

《十三經注疏》上冊 p. 320 下

厲王無道，天下蕩蕩無綱紀文章，故作是詩也。

《毛詩·大雅·蕩》

有成事，然後治其雕、鏤、文、章、黼、黻以嗣。

《四部叢刊》本《大戴禮記卷第一》之《哀公問於孔子第四十一》

《彙校》：《考工記》曰：“青與赤謂之文，赤與白謂之章，白與黑謂之黼，黑與青謂之黻。”

黃懷信著《大戴禮記彙校集注》上冊 p. 74

言為文章，行為喪（當作“表”）綴於天下。

黃懷信按：文章，文辭之美者。表綴，儀範、楷模

黃懷信《大戴禮記彙校集注》上冊 p. 589

昔者，伯夷、叔齊死於溝澮之間，其仁成名於天下。夫二

子者，居河濟之間，非有土地之厚，貨粟之富也；言為文章，行為表綴於天下。

王聘珍《大戴禮記解詁》p. 94

秦王曰：寡人聞之，毛羽不豐滿者，不可以高飛；文章不成者，（校注：文章，法令也。）不可以誅罰。

道德不厚者，不可以使民；政教不順者，（校注：逆人之心。）不可以煩大臣。

《四部叢刊》本宋鮑彪校注、元吳師道重校《戰國策校注·秦》卷第三

《詩序》的“有文章”當承《論語》而用，是“有文才著稱”、“有文采彰顯”等的意思；《蕩》的“綱紀文章”代指法令，本義仍是“刻紋內容”；《大戴禮記》“文章黼黻”指的是四種色彩，“言為文章”說的是說話為文有文采，彰顯於天下，行為表率，垂範於天下；《秦冊》的“文章”與《蕩》同，只是更凝固。這些“文章”中的“章”，都指的是“色彩”，包括其引申義，用作動詞就是色彩彰顯、突出、顯明。由此，“文章”有兩個基本含義：一是並列結構的“文章”，基礎意義是兩種色彩的並列，引申而指內容、形制，即所謂“代語”，如制度、旗幟；二是文采與彰顯的主謂結構，基本意義是“文彩彰顯”，典型的是《大戴》和《論語》。“言為文章”句的句義是：言為文，彰顯於天下；行為表，連綴於天下，這個“綴”，正是《楚辭·遠逝》“綴鬼谷於北辰”的“綴”。前文說的是以仁為富與貴，這裏以伯夷、叔齊居仁為例，其言與行“富貴”於天下，是“言為文”而不是“言為文章”、“行為表”而不是“行為表綴”。《論語·公冶長》記載子貢師從孔子的感言，其間用到“文章”，含義應該是孔子所授《詩》、《書》、禮儀時具體的講解，言傳身教，身體力行，是“泛指”其內容，即

“文采彰顯”或“言文彰顯”的意思，並不是形式上具體的文章段落，所以“可得而聞”；“天道”或許即“天命”，“性”或為人性，即《陽貨》中所謂“性相近，習相遠”的“性”：

子貢曰：“夫子之文章，可得而聞也；夫子之言性與天道，不可得而聞也。”

何晏《集解》：章，明也；文采、形質著見，可得以耳目修也。性者，人之所受以生也；天道者，元亨日新之道也，深微，故不可得而聞也

《四部叢刊》本《論語集解》；《十三經注疏》下冊 p. 2474 上、中

杜道生《論語新注新解》p. 36；楊伯峻《論語譯注》p. 46

《論語·泰伯》：

子曰：大哉！“堯之為君也。巍巍乎！唯天為大，唯堯則之。蕩蕩乎！民無能名焉。巍巍乎！其有成功也。煥乎！其有文章。”

何晏《集解》：功成，化隆高大，巍巍也；煥，明也，其立文垂制，復著明也。

《十三經注疏》下冊 p. 2487

杜道生《論語新注新譯》p. 71；楊伯峻《論語譯注》p. 83、84

“夫子之文章”說的是夫子講解的知識顯明，所以可以獲取而明瞭；夫子所傳授的“性、命、天道”不能獲取而明瞭，因為顯明所以可以“得”，因為不顯明所以不可“得”。“成功”之“成”即“成事不說”之成；“功”，業績，“成功”說的是“成就的功業”；“文章”說的是“其文昭著”，“文”即“立文垂制”，“章”即“顯明”，“煥”即燦爛輝煌，句義是：“多麼偉大啊，他成就的功業；多麼輝煌啊，他明確的制度。”這裏的“文章”與“成功”

一樣，結構相對鬆散，後來才逐漸演變為“古之成語”，意義也相對穩定下來。或許由於習慣的原因，雙音連讀，“我國人讀古書習慣於四個字一讀”①，致使意義也隨之變化，再加上“文章”襲用至今，已經凝固在一起了，一般不再分辨“文”與“章”，但讀古文，不應該以今度古。劉熙《釋名·釋言語》“文者”條，對“文”進行了解釋，根據劉熙《序言》的交代，這應該是當時的常用義：

文者，會集眾采以成錦繡，會集眾字以成詞誼，如文繡然。

《四部叢刊》本《王先謙釋名疏證補》

上海古籍出版社 1984，王先謙《釋名疏證補·釋言語》

劉熙解釋的是動詞性的“文”，即動詞性的“聯文成章”，“文”自身則可以含有“文采”義，在“文章”中則可以有“為文”的意思。由於“文章”同形而異構，兩個“文章”都可以用於表示制度，所以需要分辨：《戰國策》的“文章”連“毛羽”而用，便是色彩的“文章”，指制度；那麼，《史記》中兩處“文章爾雅”的“文章”究竟是什麼“文章”，需要對《史記》的“文章”全盤梳理。“文章”在整部《史記》中是普遍用語，都是先前的襲用，沒有賦予新意的用法，也沒有段落、篇章、文辭的用法。下面是司馬遷筆下有關“文章”的用例：

目好五色，為之黼黻、文章，以表其能耳。樂，鐘磬為之，調諧八音，以蕩其心；口甘五味，為之庶羞、酸鹹，以致其美。

---

① 中華書局本《史記》中華書局編輯部《史記點校後記》冊十 p. 16

鐘、鼓、管、弦，所以養耳也；刻、鏤、文、章，所以養目也。

《續四部叢刊》本《史記》卷二十三《禮書第一》

中華書局本冊四《書》p. 1158、1161

故鐘、鼓、管、磬、羽、籥、干戚，樂之器也；詘信俯仰，級兆舒疾，樂之文也；簠簋、俎豆、制度、文章，禮之器也；升降上下，周旋裼襲，禮之文也。

卷第二十四《樂書第二》

中華書局本冊四《書》p. 1189

更剋畫，平斗斛、度量、文章（中華書局十冊本，"文章"屬下讀，或當屬上讀，指文字，即刻镂形制），佈之天下，以樹秦之名，罪五矣。

卷第八十七《李斯列傳第二十七》

中華書局本冊八《傳（二）》p. 2561

定令則趙禹、張湯，文章則司馬遷、相如。（此以下為班固語）

劉向、王褒以文章顯。

卷一百十二《平津侯主父列傳第五十二》

中華書局本冊九《傳（三）》p. 2965

前三例的"文章"屬於先秦的沿用，其中《禮書》和《樂書》中的"文章"結構鬆散，即使斷句為"文章"連讀，意義也是"刻紋"與"色彩"；《李斯列傳》的"文章"是李斯的話，指的是文字，"章"在這裏失去了色彩義，指的是字體、筆畫的形制整體，與《後漢書·董卓傳》的"輪廓文章"同。《主父偃列傳》兩處的"文章"都是班固的話，"文章"有發展，在《漢書》中看得更清楚。"定令"說的是詔書律令等的確定，"文章"說的是提筆為文，聯文成章，即根據"定令"撰寫詔書律令；"以文章顯"則可能已經有了"著作作品"義，但"聯文成章"仍可通。也就是說，《史記》中的"文章"都是"古之成語"的襲用，其意義也還沒有發生演變，在"文章爾雅"中仍然是主謂結構，"為文彰顯"，沒有證據證明此處"文章"已經發生了變化。《索隱》於此處有"謂詔書文章雅正，訓辭深厚也"，注釋的話是唐時語，可以看到"文章"已經演變成為"作品"；先前《三王世家》司馬貞已經對"文章爾雅"有過《爾雅》的分析注釋，這裏不過是拿唐時的話概括總說"文章爾雅，訓辭深厚"的含義，不應該將原文"文章"讀為注釋的"文章"。或以"文章"為"文辭"，"文"自身就是"文辭"義，不是"文章"；司馬遷《太史公自序》用"文辭"，不用"文章"："見其文辭"、"文辭粲如也"。

跟《史記》比較，到了班固《漢書》時期，"文章"才有了新發展，可以看到由提筆為文的含義轉義為提筆為文的結果，即具體的著作篇章；其間"制度"等意義的文章多存於引用前文，而提筆為文及其結果的文章則開始大行其道。下面是《漢書》中有關的用例：

禮百神，紹周後，號令文章煥焉。可述後嗣，得遵洪業，而有三代之風。(典章制度)

《續四部叢刊》本漢班固撰、唐顏師古注

《前漢書》卷六《武帝紀第六》

鸞鳳又集長樂宮東闕中樹上，飛下止地，文章五色，留十餘刻。(花紋色彩)

卷八《宣帝紀第八》

孝道隨世，我署文章。(著作作品)

師古曰："署猶分部也，一曰表也。"

卷二十二《禮樂志第二》

下紫壇，有文章、采鏤、黼黻之飾，及玉女樂。（花紋色彩）

師古曰：《漢舊儀》云："祭天用六彩，綺席六重，用玉几、玉飾器，凡七十女樂"，卽《禮樂志》所云："使童男童女俱歌也"。

公孫臣、賈誼更以為土德，卒不能明孝武之世，文章為盛。太初改制，而兒寬、司馬遷等猶從臣、誼之言。

（提筆為文）

卷二十五《郊祀志第五下》

諸侯以文辭顯於世，鄉黨慕循其跡。後有王褒、嚴遵、揚雄之徒（師古曰：遵卽嚴君平），文章冠天下，繇文翁倡其教，相如為之師。（提筆為文、著作作品）

卷二十八下《地理志第八下》

至秦患之，乃燔滅文章，以愚黔首。（著作作品）

卷三十《藝文志第十》

然則常玉不瑑，不成文章；君子不學，不成其德。

（花紋色彩）

卷五十六《董仲舒傳第二十六》

明年，當封禪，式又不習文章，貶秩為太子太傅，以兒寬代之，式以壽終。（提筆為文、著作作品）

文章則司馬遷、相如，滑稽則東方朔、枚皋。

劉向、王褒以文章顯。（提筆為文、著作作品）

卷五十八《公孫弘卜式兒寬傳第二十八》

調五聲，使有節族曰雜五色，使有文章。（花紋色彩）

卷六十四下《嚴朱吾丘主父徐嚴終王賈傳第三十四下》

然其儁傑，指世陳政，言成文章，質之先聖，而不繆施之當世，合時務若此者，亦亡幾人。（著作作品）

卷六十七《楊胡朱梅雲傳第三十七》

然子贛猶云：夫子之文章，可得而聞。（自《論語》）

卷七十五《眭兩夏侯京翼李傳第四十五》

對曰：臣聞諸侯朝聘，考文章，正法度，非禮不言。（制度）

卷八十《宣元六王傳第五十》

還，上《長楊賦》，聊因筆墨成文章，故藉翰林以為主人，子墨為客卿以風（師古曰：藉，借也；風，讀曰諷）。（著作作品）

實好古而樂道，其意欲求文章成名於後世（宋祁曰：求字當作窮）。（著作作品）

卷八十七下《揚雄傳下第五十七下》

巍巍乎！其有成功也！煥乎，其有文章也！（自《論語》）

卷八十八《儒林傳第五十八》

平晏領機事，劉歆典文章。（著作作品）

卷九十九上《王莽傳第六十九上》

從《史記》、《漢書》中"文章"的用例可以清楚地看到，到了班固時期，"文章"才可以泛指著作，除了"拿他作文章"之類的引申外，與今天的"文章"已經很接近了。《禮樂志》、《郊祀志》、《地理志》、《藝文志》等的"文章"很明顯由提筆為文進而指提筆為文的結果，泛指一切著作文章，《揚雄傳》的"文章"與今天“作品”義的文章幾乎相同了。“燔滅文章”在先前都説“焚書”，不説“文章”；《地理志》中“文辭”、“文章”互現，通過比較，或可以看到“文章”含義的變化。可見“聯文成章”的“文章”的含義，是有著時代特徵的，在班固筆下，“聯文成章”的含義開始走向衰亡，新的“著作作品”義流行起來。由於“文章爾雅”的含義當初由“《爾雅》”帶來的古雅、雅正、高尚等要素，又由於“文章爾雅”形成“古之成語”，當《爾雅》的因素被淡化之後，“爾雅”的古雅、雅正、高尚等因素便凸現出來，其間“爾雅”的意義也隨之引申開去，被廣為接受並普遍使用後，也就成了新的常用義。宋人研究漢代文風，借用《史記》中現成的“古之成語”加以評判，“文章爾雅”的含義就已經不僅僅是原來的意思了：

文章爾雅，蓋西漢之餘風。

《四部叢刊》本宋蘇軾撰、宋郎曄注
《經進東坡文集事略》卷第二十八。

文章爾雅，訓辭深厚，獨稱西漢，而後世罕能及者。

《四部叢刊》本宋張綱撰《華陽集》卷五

或許受了此類“文章爾雅”的類推影響，後來造出了新詞語，比如成語“溫文爾雅”，其間的“爾雅”便與《爾雅》不相干了。一般以為“溫文爾雅”的最早出處是清代蒲松齡（1640—1715）的志怪小説《聊齋志異 · 陳錫九》：“太守愕然曰：‘此名士之子，溫文爾雅，烏能作賊？’”其實，“溫文爾雅”或非蒲松齡所造，早於他 58 年出生的錢謙益（1582—1664）就已經使用了：

余通籍後，猶及見吴叅。知文仲、範學憲長倩，文仲萬曆初已叅預詞人之列，溫文爾雅，詳視卻步，有禮讓君子之風。

《四部叢刊》本清錢謙益撰、清姜殿揚撰校勘記《牧齋有學集·范長倩石公集序》卷十八

今人觀古文，是逆流而上，借用孟子“知人論世”的觀點，或應當“以當時之世，讀當時之文”，不當以後世的見解去理解和詮釋，這應該是訓詁與訓詁學研究漢語始終遵循和堅持的一個極為重要的原則。由《樂書》和《三王世家》可以知道，在司馬遷時代，公孫弘用“文章爾雅”要求詔書律令的行文，褚先生用以評價公戶滿意，都是一種成語式的說法，含義都是行文合乎《爾雅》而雅正，在行文上與“多《爾雅》之文”的含義相一致；“文章《爾雅》，訓辭深厚”，說的是詔書律令的起草撰寫多以《爾雅》為准，因而所遣之辭含義深刻，這既是行文要求，也是文風要求；兩處的“文章爾雅”都在強調通古今之義，文不違古，用的是它的本來意思；後人借“文章爾雅”評價西漢的行文和文風，脫離了具體語境之後的“文章爾雅”，是一種“化用”，賦予了新意。蘇軾、張鋼都以“文章爾雅”評價西漢的行文和文風，應該說的是文風古樸、文辭精煉、文義深刻，“爾雅”的《爾雅》本義就已經被淹沒了。如同《史記》的“文章”不等同於《漢書》的“文章”一樣，顯然不應該以後人的新意去理解和解釋《史記》裏的“文章爾雅”。歸納起來，“文章”一語的含義可以有這樣的歸類：《論語》中“夫子之文章”是“文辭彰顯”，“章”即今之“彰”，結構為主謂式，相對鬆散；當這個“文章”的“文”動詞化時，意思是“為文”，“章”則是“刻紋”、“形制”的“文章”的“章”，結構是動補或動賓的關係。另一類“文章”由“刻紋”、“色彩”、“形制”等並列構成，“文”動詞化時是“刻”，名詞化是“紋”；“章”動詞化時是“著色”，色彩“丟失”後則是“文”的形制；

當這個“文章”被整體使用時，形式上是文字和形制，內容上則是這些文字和形制的內涵，比如制度；這個“文章”可以是“紋路色彩”、“刻紋形制”、“典章制度”，其中“紋路色彩”和“刻紋形制”轉義便是“旌旗、旗幟”之類。第三類是《史記》中班固的“定令則趙禹、張湯，文章則司馬遷、相如”，“文章”是“提筆為文”、“聯文成章”的意思，“文章”與“定令”相對為文；這個“文章”引申後，就成了“聯文成章”的結果，與今天的篇章段落、著作作品的“文章”相一致了，典型的就是以“燔滅文章”替代了“焚書”。可見，在漢以前，文、章、文章各自存在，雖都表現為“文章”“兼”用，其來源卻各不相同。從詞彙學詞語複音化的角度看，也可以將“夫子之文章”、“言為文章”、“黼黻、文章”等，都看作複音化，但應當說明其來有自；將“文章則司馬遷”認定為“聯文成章”的複音化，“定令”就沒有充分理由被排斥在外。複音化是漢語發展重要的語言現象特徵之一，只是我們用了舶來的“詞”的觀念去看待和衡量，才左右為難。早在荀子時代，“兼”就已經被總結為一種重要的表達手段了：“單足以喻則單，單不足以喻則兼”，既是對“詞”的總結，也是對詞語或片語的總結。在複音化的問題上，一方面取決於漢語語言表現的實際，一方面取決於我們的觀念，最終則取決於語言實際，這是漢語研究的傳統，也應該是原則。為了比較，可以看看相同結構的“地方”，原本也是主謂式，由於它的使用相對單一，或許可以看得更加清楚：

孟子對曰：地方百里而可以王。

《四部叢刊》本漢趙岐注《孟子·梁惠王章句上》

天子之制，地方千里，公侯皆方百里。

《萬章章句下》

曰：吾明告子。天子之地方千里，不千里不足以待諸侯；諸侯之地方百里，不百里不足以守宗廟之典籍。盧辯注：孟子見慎子不悅，故曰明告子，天子、諸侯地制如是。諸侯當來朝聘，故言守宗廟典籍，謂先祖常籍、法度之文也。

單居離問於曾子曰：“天圓而地方者，誠有之乎？”

《四部叢刊》本北周盧辯注《大戴禮記·曾子疾病第五十七》

是以封周公於曲阜，地方七百里，革車千乘。

《四部叢刊》本漢鄭玄注、唐陸德明音義《禮記》卷之九。

“地方”的並聯或來自“天圓地方”的觀念，只是“地方”後來發展為不可分割的整體，意義也演變了，而“天圓”則留滯未遷：《大戴禮記·曾子天圓第五十八》：“天圓而地方者，誠有之乎”。由於“地方”的後面總是出現數量，識別沒有困難：其含義總是“其地方圓”，結構為主謂式，直到宋人范曄所撰的《後漢書》中，這種情況仍未完全改變。但早在東漢，或可以看到趨向凝固的趨勢：

從此觀之，齊楚之事，豈不哀哉！地方不過千里，而囿居九百。是草木不得墾辟，而民無所食也。

漢班固撰、唐顏師古注《前漢書》卷五十七上

編發隨畜移徙，亡常處，亡君長，地方可數千里。

卷九十五

其屬，小大數百城，地方數千里，最大國也。

卷九十六上

修治長安獄，穿地，方、深各數丈。

卷九十

由於在先秦，“地方”後面緊跟數量是常態，以“其地方圓”

去理解就可以通行無阻，“地方”作為兩個詞，理由似乎很充足；另一方面，它們總是以“地方”的面目出現，便沒有充分的理由説不被從言語片段中整體截取而進入語言範疇。到了《漢書》，“地方”與數量之間加進了別的詞語，從結構的觀點看，它們被作為一個整體被理解而劃分，也不是沒有理由。“地方不過千里”、“地方可數千里”、“地方數千里”等的結構，第一層，或説直接成分，是“地”與“方不過千里”構成主謂結構；第二層是“方”與“不過千里”構成動補結構，比照《孟子》“天子之制，地方千里”中的“地”“方千里”，“方”是不及物動詞，句中作謂語，“方千里”是補語；但是，至少由於語音節奏的原因，“地方”被連讀，比如“地方”、“不過”、“千里”，“地方”就可能被整體截取；如果這是那時的真實情況的話，“地方”便可以成為主語，“不過千里”這個動補結構就成了謂語，“地方”的意義仍然是“其地方圓”，也不影響句子原意。倒是“修治長安獄穿地方深各數丈”是一個陷阱，這個“地方”不是一個整體片段，跟“其地方圓”沒有關係。拿“地方”的觀點看“文章”，除了情況更為複雜外，本質上並無區別。“文章爾雅”的直接成分是“文”“章爾雅”，也是意義關聯關係的直接反映，但由於“文章”被整體截取，又是古之成語，其直接成分被劃分為“文章”“爾雅”，也無不可，“文章爾雅”的含義仍然是“提筆為文，彰顯《爾雅》”。公孫弘在使用“文章爾雅”時，其“文章”與“爾雅”一樣，是《論語》“夫子之文章”之類的古之成語的沿用，並非公孫弘所造。由此觀之，“文章爾雅”更大的可能性是先秦“學界”風尚的傳承，是“學界”所通知的古之成語，有著特定的含義，所以才既拿它要求行文，也拿它評價談吐。“文章”如此，“爾雅”同樣如此。“爾雅”

被訓釋為"近正"，"雅"被理解為"雅正"，只存在於《爾雅》中，唐及之前的注疏訓"雅"為"正"，指的都是《爾雅》，無一例外。

三、"文章爾雅"漢唐注

《史記索隱》、《史記正義》和《史記集解》於《儒林列傳》"文章爾雅"均釋為"雅正"，似與《爾雅》無干。可是通觀全注，司馬貞、張守節、裴駰全部有關"爾雅"的注解，可以清楚地看到，實際上解釋的還是《爾雅》中的"爾雅"，所以司馬貞在"近正"之後才有"周公教成王，子夏解詩書"的補充。或由於《史記·三王世家》裏的"爾雅"已經作了《爾雅》的解釋，所以此處的解釋從略。《三王世家》記載武帝崩昭帝初立，公戶滿意被派往燕地，諷喻燕王旦不要謀反，其談吐被評價為"文章爾雅"，《集注》引《索隱》進行了注釋。兩處"文章爾雅"完全一致，其背景都是"古今通義"，此處又有"國家大禮"，或可窺見"制禮以《爾雅》"的情況：

> 公戶滿意習於經術，最後見王，稱引古今通義，國家大禮，文章爾雅。
>
> 索隱：爾，近也；雅，正也。其書於正字義訓為近，故云《"爾"雅》。相承云：周公作以教成王，又云子夏作之以解《詩》、《書》也。
>
> 《續四部叢刊》本《史記集解》
>
> 《爾雅》三卷二十篇，張晏曰：爾，近也；雅，正也。
>
> 《續四部叢刊》本顏師古注《前漢書·藝文志第十》卷三十

很明顯，《索隱》所謂"近正"，是針對《爾雅》說的，並不是泛泛的“爾雅”“近正”。公戶滿意最後去見燕王，稱引古今通義，國家大禮，曉之以理，動之以情，作者評價為“文章爾雅”，應該說的是談吐間往往稱引或使用《爾雅》中用語，因而“雅正”。從前後文看，兩處的“文章爾雅”的使用完全一致，不當前後訓釋不一：若將前文的“文章”整體訓為“詔書律令”，則公戶滿意便沒有著落；若將此處“文章”整體訓為“言辭”，則前文晦澀；此處理解為“談吐彰顯”，則前後文均文從字順。《索引》“其書於正字義訓為近，故云《爾雅》”，是針對前面“近正”的解釋，說的是《爾雅》這本書將“爾”的“正字”解釋為“近”，所以書名叫做《爾雅》，《爾雅·釋詁》“近也”條有“邇”而無“爾”。顏師古注《漢書》，大量引用張晏的注釋，幾乎是凡有可引，必引張晏。張晏注“爾雅”為“近正”，僅此一處，顏師古引張晏注訓為“近正”，針對的也是《爾雅》。從劉熙、張宴到司馬貞、顏師古，它們注釋“爾雅”，也都是立足於《爾雅》才解釋為“近正”的，即“爾雅”的“近正”指的是《爾雅》的“近正”。看來，或許唐以前人讀“文章爾雅”，都是作因“多《爾雅》之文”而“文章《爾雅》”來理解的。從詞語的合成看，“爾雅”不是秦漢人合成的，秦漢間也不具備合成的條件，所承襲和沿用的“爾雅”就都是《爾雅》；或可以說，自《爾雅》出，從能見到的《小辯》之後，“爾雅”從未被當作普通詞語來使用，而是被《爾雅》所專，漢唐人注釋“爾雅”，也都注的是《爾雅》。

第四節　讀應爾雅

到了東漢，班固作《漢書》，在《藝文志》裏從閱讀的角度使用了“爾雅”：

《書》者，古之號令，號令於眾，其言不立具，則聽受施行者弗曉。古文讀應爾雅，故解古今語而可知也。

《四部叢刊本·漢書集注》

又，中華書局1983“二十四史研究資料叢刊”豎排本，陳國慶《漢書藝文志注釋彙編》p. 33

這裏的《書》，跟《史記》裏的“詔書律令”性質上是一致的，只是《書》是流傳下來的古訓，“詔書律令”則是當今的承襲撰寫而已。“古文讀應爾雅”，即閱讀古文時應當依據《爾雅》，扣合《爾雅》，按照《爾雅》裏的解釋去理解古文，這樣，古今語就可解也可知了。陳國慶編《漢書藝文志注釋彙編》對此有較為詳細的解釋：

按：爾，近也；雅，正也。爾雅即近正的意思，所謂雅言也。《後漢書. 賈逵傳》云：“逵數為帝言《古文尚書》，與經傳、《爾雅》相應”。古語皆方言，今語為漢語，若以今語按照故訓的意義，將古語翻譯過來，則古語亦變成可明白的今語，雖方言亦合於雅言，則無佶屈聱牙難懂之病。所以說能解古今語，《尚書》的意義是可以知道的。

葉德輝說：“《史記·武帝》、《夏》、《周紀》載《尚書》文，多以訓詁代經，即“讀應爾雅”也”。

陳國慶編《漢書藝文志注釋彙編》，中華書局1983，p. 34

司馬遷發憤作《史記》，引用三代史料多有改動，用當時規範字詞改寫引文，合於今天見到的《爾雅》，這對他在《史記》中使用的“爾雅”一語的理解，很有啟發。宋王觀國在他的《學林》“介雞”條中，列舉了很多改寫的情況：

《春秋·昭公》二十五年《左氏傳》曰："季、郈之雞鬥。季氏介其雞，郈氏為之金距。"杜預注曰："搗芥子播其羽。"或曰："以膠沙播之為介雞。"觀國觀《史記·魯世家》曰："季氏與郈氏鬥雞，季氏芥雞羽，郈氏金距。"司馬遷改介為芥，而杜預用其說以訓《左傳》耳。觀國按：介與芥不相通用，介者，介胄之介也；介其雞者，為甲以蔽雞之臆，則可以禦彼金距矣。司馬遷誤改介為芥，而杜預循其誤，既自以為疑，又增膠沙之說。夫以膠浹沙而播其羽，是自累也，又惡能勝彼雞？大率司馬遷好異而惡與人同。觀《史記》用《尚書》、《戰國策》、《國語》、《世本》、《左氏傳》之文，多改其正文。改績用為功用，改厥田為其田，改肆覲為遂見，改宵中為夜中，改咨四獄為嗟四獄，改協和為合和，改方命為負命，改九載為九歲，改格奸為至奸，改慎徽為慎和，改烈風為暴風，改克從為能從，改浚川為決川，改恤哉為靜哉，改四海為四方。改熙帝為美堯，改不遜為不訓，改胄子為穉子，改維清為維靜，改天工為天事，改底績為致功，改降丘為下丘，改納錫為八賜，改孔修為甚修，改夙夜為早夜，改申命為重命，改汝翼為汝輔，改勑天為陟天，改率作為率為，改宅土為居土，如此類甚多。又用《論語》文分綴為《孔子弟子傳》，亦多改其文，改吾執為我執，改毋固為無固，改指諸掌為視其掌，改性與天道為天道性命，改未若為不如，改便便為辯辯，改滔滔為悠悠，如此之類又多。子長但知好異，而不知有害於義也。

中華書局 1988 田瑞娟點校本，p. 14—15

王觀國主要從文字形、音、義的角度對照先秦文獻用字與司馬遷用字進行比較，其中批評的話可以商榷，所反映的"改動"的地方則可以作為資料進行研究。總體上司馬遷是用了當時的語言，或為雅言，及其用字，對原文進行了疏通工作，本義應該是便於今人理解。其間包括用字問題，即今字代替古字，如“毋”與“無”，這實際涉及的是古今用字問題；包括詞語問題，如“滔滔”與“悠悠”，這涉及的是古今詞語的不同。縱觀司馬遷《史記》的“改動”情況，實際上是司馬遷對原文做了訓詁的工作，即以今語訓釋古語，包括對用字的訓釋。司馬遷《史記》中的訓詁，其訓釋的方式大致可以粗略地分為兩種情況，即所謂“訓詁代經”和翻譯似的今語改寫：

《尚書》原文：

欽若昊天

克明俊德

庶績鹹熙

載采采

《左傳·僖公四年》原文：

太子祭於曲沃，歸胙於公。

《史記·鄭世家》稱引：莊公寤生，驚姜氏，故名寤生，遂惡之。

《史記》稱引：

敬順昊天

能明馴德

眾工皆興

始事事

《史記·晉世家》稱引：太子於是祭其母於曲沃，上其胙薦於獻公。

《左傳·隱西元年》原文：生太子寤生，生之難，及生，夫人弗愛。

《十三經注疏·春秋左傳正義》本

《四部叢刊》本《史記集解》

《史記》"訓詁代經"的情況，大多與今《爾雅》所訓相同，即直接用了《爾雅》的訓釋語，代替了原文中的被訓釋語，其中《尚書. 大禹謨》"載采采"可能是當時的口語，"始事事"則是西漢初的口語；"載"，《爾雅》、《小爾雅》、《廣雅》正文都沒有"載"為"始"的解釋，司馬遷或讀為假借，即"本有其字"的通假。清王闓運作《爾雅集釋》，於"始也"條增補"才"、"載"、"茲"、"孳"四字，並認為此種情況是"直以聲同用之"：

《詩》"哉周"，《左傳》引作"載"。

哉、載皆無始義，直以聲同用之。

王闓運撰、黃巽齋點校《爾雅集解》，嶽麓書社 2010，p. 1

《左傳·僖公四年》文，司馬遷以"上"釋"歸"，是依據文意使得"敬"義顯現，"薦"是依據文意用當時通行語點明"歸胙於公"的文意，"薦"當依《廣雅·釋詁》"進也"條，是"進獻"、"進奉"的意思；《左傳·隱西元年》引文中司馬遷"生之難"解釋的是"寤生"，暗中解釋了"寤生"之"寤"是個假借字，不能以字面意思去理解；《爾雅·釋言》"逜，寤也"，用字與《左傳》同，陸德明《經典釋文》引孫炎本《爾雅》"逜"作"午"，此或《汗簡·古文四聲韻》所引的"古爾雅"、"古文爾雅"本作"午"；《爾雅》以"寤"作釋，則"寤"為當時的今語，用字與《左傳》同；郝懿行《爾雅義疏》認為正字當依《說文》作"啎"，今天"忤逆"一語作"忤"，如"忤逆不孝"。可見,“古文讀應爾雅”也就是“依據《爾雅》閱讀古文”的意思,與“文章爾雅”正好相應:“讀應爾雅”從閱讀角度使用《爾雅》,“文章爾雅”從起草角度使用《爾雅》,目的和效果都是“通古今之義”;“爾雅觀古”則是閱讀的延伸,通過閱讀從而辨別古今異同。《後漢書》賈逵是“拿著”《爾雅》解釋《尚書》,司馬遷則是依據《爾雅》直接替代和改寫,“讀應爾雅”中的“爾雅”為《爾雅》,應該是明白無誤的。

第五節　爾雅依託

《漢書·王莽傳中》記載王莽以謊言篡權,偽造符命,也用到了“爾雅”:

> 秋,遣五威將軍王奇等十二人,班《符命》四十二篇於天下。德祥五事,符命二十五,福應十二,凡四十二篇。其德祥言文、宣之世黃龍見于成紀、新都,高祖考王伯墓門梓柱生枝葉之屬;符命言井石、金櫃之屬;福應言雌雞化為雄之屬。其文爾雅依託,皆為作說,大歸言莽當代漢有天下。

顏師古注《漢書》,(於“讀應爾雅”無釋,而此處有釋):

> 爾雅,近正也。謂近於正經,依古義而為之說。
>
> 《四部叢刊》本《漢書集注》

漢末魏初、晚於劉熙的張晏,最早給《漢書》作注,顏師古很看重,幾乎每一篇的注釋都有引用,今人也因此才能見到張晏的注釋。張晏注“爾雅”為“近正”,全注僅此一例,見於對《漢書·藝文志》裏的注釋,很可能是秉承了劉熙的解釋傳統,解釋的也是《爾雅》中的“爾雅”:

《爾雅》三卷二十篇，張晏曰：爾，近也；雅，正也。

《續四部叢刊》本《漢書集注》

一般引用張晏，只說張晏訓為“近正”，卻不說張晏的“近正”訓的是《爾雅》。顏師古“爾雅，近正”因前文已有注釋，這裏只是簡說；“謂依於正經，依古義而為之說”，解的是“其文爾雅依託，皆為作說”，也就是拿了《爾雅》的“古義”去裝點“作說”的門面，即“依古義而為之說”。“作”，“造也”，《爾雅·釋言》“作、造，為也”；《釋詁》“作也”條，“作”是“起”、“興起”、“使興旺”等的動作意義，“作”是《爾雅》時代的常用字；《釋言》是籠統的行為，“作說”就是“為說”，貶義就是“製造謊言”。顏師古的注釋方式，與司馬貞解釋“文章爾雅”的方式相一致：前文有解，後文從簡。他們在解釋“爾雅”一語的時候，單條看是解釋一般的“爾雅”，前後分析，實際上解釋的是《爾雅》；也就是說，在注家眼裏，“文章爾雅”和“爾雅依託”說的都是《爾雅》。《爾雅》在唐代地位已經提高，以唐文宗時《爾雅》立於學官而為十二經的情況看，顏師古時代的《爾雅》也應該有了很高的地位了。

縱觀以上五條六處“爾雅”的使用情況，可以按照寫作和閱讀分為兩類：“多爾雅之文”、兩處“文章爾雅”、“爾雅依託”，說的是依託《爾雅》行文，從而使得文章雅正；“爾雅觀古”、“讀應爾雅”說的是依據《爾雅》閱讀古文獻，從而達到通古今之義的目的。重要的是，以上六處“爾雅”都處於一個極明顯的語言背景中，都與識別與使用古文有關，都是“通古今之義”的需要。“爾雅觀古”在於今以識古，“讀應爾雅”是“解古今之語”；“多爾雅之文”是仿古通今，“文章爾雅”是“通古今之義”、“古今通義”，

“爾雅依託”是“依古義而為之說”；可見，這些“爾雅”都承擔著一個重要任務：傳通古今。若離開了《爾雅》去談“爾雅近正”，“近正”很難落到實處，在以上六處“爾雅”的語境中，憑空的“近正”說也都很難與文意相符。六處“爾雅”的另一個特點，除“文章爾雅”稍顯隱晦外，其他“爾雅”與《爾雅》的指向性都相對明顯，“文章爾雅”的問題很大程度上是由“文章”造成的。既然“爾雅”為“古之成語”，這些“爾雅”就都有成語性的特質，除非有特別明顯的證據證明，其釋義就沒有理由不一致。可以相信，我們今天所見到的“爾雅”一語，最早出現在所見到的《爾雅》一書中，上述六處“爾雅”不過是後世沿用而已。自《小辯》“爾雅以觀於古”以降，“爾雅”的出現都是為了識別古今，而不是為了區別正邪，這與我們今天見到的《爾雅》及其在歷史上的作用是完全一致的，這些“爾雅”與《爾雅》的關聯便有著內在的必然性。由此看來，《爾雅》的出現，不可能晚於大戴搜集的《禮·三朝記》產生的時代。由於“爾雅”一語是“古之成語”，其成語性特徵非常明確，它們的意義也就是相對穩定的，如果發生意義變化，其成語性便要求“爾雅”整體發生變化。“爾雅”的“近正”義，並不能適應以上六處“爾雅”的語境，“雅”的“正”義，在前述六處“爾雅”及其語境中都看不到必然聯繫，何以“近正”就是應該解決的一個重要問題：“近正”說只是劉熙時代“賦予”“爾雅”的引申義，“爾雅”本作“尒疋”，是“親近夏言”的意思，以夏言為正，才引申為“近正”；劉熙以當時各異的五方之言為非正，以超越方俗的官方語為正來解釋《爾雅》中的“爾雅”，應該是漢代對《爾雅》普遍認識的反映。

第二章　“爾雅”“近正”

“爾雅”“近正”是“爾雅”含義的公論，不是正確與錯誤的問題，而是應該將“近正”落在實處的問題，也就是“何以近正”的問題。

第一節　“近正”的由來

今天見到的最早明白無誤對“爾雅”一語直接進行解釋的，是漢末的劉熙。劉熙應該活躍在東漢末桓帝、靈帝時期，早於漢魏之際的張晏。劉熙作《釋名》，奠定了以音為據漢語系統性研究的基礎，為後世“因聲求義”開了先河，為漢語研究學科分立打下了系統語音研究的基礎，也為漢代的語言研究畫上了一個圓滿的句號。《釋名》針對“百姓日稱”之語進行解釋，所解的詞語都是常用詞語，所解之義往往也都是常用義，在漢語研究史上具有獨到的、不可多得的特殊價值。在研究理論上，劉熙將音義關係絕對化而進行“因聲求義”，存在嚴重不足，甚至嚴重錯誤，但作為那一時代的研究成果，應該仍是瑕不掩瑜。

《釋名·典藝第二十》：

《爾雅》：爾，昵也，昵，近也；雅，義也，義，正也。五方之言不同，皆以近正為主也。

王先謙《釋名疏證補》，上海古籍出版社 1984 影印本

劉熙解釋詞語，以音為理據，以義為目的，他的解釋反映出所釋與被釋之間具有某種語音聯繫，或相同，或相近，或相轉等關係，反映出所釋與被釋之間意義上或本義、或引申，或某種相關聯的關係。在本條解釋中，“昵”是“爾”的讀音，兼有“爾”表示的意義；“昵”是“近”的意思，即《說文》“昵”字注所謂“从後近也”，所以“爾，近也”；“義”與“雅”語音上有相轉的關係[①]，“義”有“正”義，所以“雅，正也”。據劉熙的解釋，“爾”的“近”義是“親近”的意思，即“親近雅言”，引申便可以有“以雅言為標準”。“雅”的“正”義是“正言”的意思，所以後面才補充說“五方之言不同，皆以近正為主也”，因而“近正”也就是“親近正言”的意思，不是與“邪”相對的空泛的“近正”。“皆以近正為主”之“主”，不應該是一般“主次”之“主”，而應該是“主客”、“君主”之“主”，張揖《廣雅·釋詁》“君也”條：“主，君也”，因此，所謂“五方之言不同，皆以近正為主也”，說的是儘管各方語言各不相同，但都有一個共同的“宗主”，“近正”就如同群臣共主，這個“宗主”就是雅言或說正言。按照劉熙的解釋，超越五方之言的就是雅言或正言；五方即東西南北中，這種解釋更接近於今之超方言的“普通話”。這樣，在劉熙

① 見上海古籍出版社 1984 影印本，王先謙《釋名疏證補》引畢沅《釋名疏證》：“義音近俄，故與雅為聲之轉。”

看來,《爾雅》的編撰是以“普通話”為標準的。《釋名 · 釋言語第十二》另有“雅俗”之“雅”和“俗”的解釋:

雅，雒也，為之難，人將為之雒雒然，憚之也。

俗，欲也，俗人所欲也。

王先謙疏證：畢沅曰：《說文》佳部云：雅，烏也；其疋部解“疋”字有云：古文以為《詩 · 大疋》字。然則，此當做疋。畢沅曰：雒與疋音不相近，蓋誤也。疑當作雅。葉德炯曰：“畢改“雒”為“雅”是。“雅雅”即“啞啞”，《淮南 · 原道訓》：烏之啞啞，蓋烏聲也。《說文》雅，楚烏也。今南楚之間俗以聞雅聲為“事不成”，蓋本古諺。王起原曰：“《孝經》‘移風易俗’”，“正義”引韋昭云：隨其趨舍之情欲，故謂之俗。《後漢書 · 班彪傳》注：隨君上之情欲謂之俗。下云“五方之言不同，皆以近正為主”，謂“五方言語變遷，必以古訓為主耳”，世儒不諳本文“義正”之為“誼古”，只以“近正”訓“爾雅”，不知近古，何以近正？此理易明，不煩申說也。“爾雅”近古，如第一篇《釋詁》“始”、“君”“大”三字，出於《詩》、《書》故訓者為多，則其“近古”可知也。

上海古籍出版社本王先謙撰《釋名疏證補》

依畢沅《釋名疏證》，此條當作“疋，雅也”或“雅，疋也”，“雒”字誤。劉熙的釋義也頗費解，下文“難，憚也，人所忌憚也”可供參考。但無論如何，此條所釋，依據劉熙各篇及“釋言語”的排列和行文規律，解釋的是與“俗”相對的今之所謂“雅”，即《釋名 · 序》中“名號雅俗”之“雅”，則是可以肯定的。“俗”是“俗人所欲也”，“雅”就是“非俗人所欲”或與“俗人”相對之人之“所欲”，因而“為之難”。以“俗”的劉熙解釋和注家解釋，所謂“俗”與孔子的“利口”和孔安國《論語》“雅言”的注解相一致。劉熙也釋“雅”為“正”，或許可以反映出“爾雅近正”的實際情況：這是漢代，至少是東漢人的普遍認識。這個“雅”發展到今天即為“高雅”之“雅”。這樣看來，在劉熙眼裏，“雅，義也”之“雅”，與“疋，雅也”之“雅”是不相同的，前者與邪相對，後者與俗相對。訓“正”的“雅”是基於《爾雅》的“爾雅”一語進行的解釋，指的是《爾雅》命名之所由，是歷史的傳承，而且僅僅限於“爾雅”一語；與“俗”相對的“雅”則是當時“百姓日稱”之“雅”，即“名號雅俗”之“雅”，是當時常用的“雅”。考察起來，“雅”的這兩個意義，實質上是同一個來源，只是引申的方向略有差異而已。詞語發展到今天，“雅，正也”成為歷史的遺留，“高雅”之“雅”則相對於“俗”而發展，成為普遍。

第二節 “爾”“近”的由來

“爾”訓為“近”，一般以為是通“邇”的緣故，理由是《說文》“邇，近也”。“通”是訓詁工作中使用頻繁的術語，尤其是清以來，對用字而言，它的意思是假借或通假。作為術語，應該有嚴格的界定，應該區別於六書的“假借”，應該區別於文字的古今先後；“爾”通“邇”應當證明“爾”承擔“近”義時，專職的“邇”已經存在，並且是規範性用字，而使用者們仍然寫作“爾”。按畢沅“威儀”之“儀”“古書皆作義”的考察，則“儀”為“義”的後出區別字，“義”和“儀”構成古今字關係，“誼”則是班固時的用字規範的“本字本義”，即東漢班固時該意義已經由

“誼”字承擔，所以不再寫作“義”或“儀”，這樣，“義通儀”的説法就是有問題的。“爾”和“邇”的情況也類似，“邇”的造字目的，從它在古籍中出現的實際情況看，應該就是專職承擔“近”義的，這個意義一直沒有發生大的、實質的變化，從漢字發展的一般規律看，“邇”字當後出。“爾”在甲骨文中就已經存在，象繁花，這個意義與後來的“窗花”義或有直承關係，《説文》所謂“麗爾”的“顯明”義也可以找到引申的痕跡。從先秦古籍的實際使用情況看，“爾”的使用意義最普遍的是作為稱代，其次是用作虛字，其次是承擔“近”義。“近”的用法在《尚書》中就已經出現了，在整個先秦時期的古籍中，以“爾”為“近”應該是較為普遍的現象。郝懿行《爾雅義疏·釋詁》“近也”條“邇”字注：

邇者，《説文》云：“近也。”《詩·汝墳》、《東門之墠》、《杕杜》傳並云“邇，近也”，通作“爾”。

《釋名》云：“爾，昵也。”《周禮·肆長》云：“實相近者，相爾也”，鄭注“爾”亦近也。《儀禮·燕禮》云：“南鄉，爾鄉”注：“爾，近也，移也，揖而移之，近之也。”是皆“邇”通作“爾”，故《爾雅序·釋文》云：“爾字又作邇”矣。

北京市中國書店影印三冊本，郝懿行《爾雅義疏》，二冊

郝懿行此處所謂“通作爾”，應是“通常寫作爾”的意思，這個意義清人也説“並”，王闓運《爾雅集注》“近也”條注：

邇，古文从迩，篆从爾，靡麗也。《禮記》、《周官》並作爾。

王闓運撰、黄巽齋校點《爾雅集解》p. 71

陸德明《經典釋文》：

爾，字又作邇；雅，字亦作疋。

陸德明《經典釋文》，中華書局1983影印、黃焯斷句本，p.407上

黃焯撰《經典釋文彙校》：

盧（文弨）云，案胥、疏等字皆从疋。俗遂以同雅者改作疋，此忘改也。焯案：盧說非，《說文》“疋”字下明云“古文以為《詩·大疋》字，何云忘改耶。

中華書局1983豎排本，黃焯撰《經典釋文彙校》p.245

按陸德明的說法，他所看到的“爾雅”可能還有“邇雅”、“邇疋”、“尒疋”之類的寫法，反映出在流傳過程中《爾雅》的用字有隨時代不同、謄寫不同而變異的情況，也反映出之前歷代對“爾，近也”認識的一致性。盧文弨認為俗忘改“雅”為“疋”，或失察，黃焯非之，是。一般說來，古文尚簡，寫成“爾”應該更能反映出時代的真實情況，這可以從清人研究《說文》的成果中見到一斑：

爾，麗爾，猶靡麗也。从冂从“㸚”，

其孔“㸚”，尒聲；此與爽同意。

尒，詞之必然也；从入、丨、八。八象氣之分散。

邇，近也；从辵爾聲。迩，古文邇。

許慎《說文解字》，中華書局1981，p.70上、28上、41下

麗爾，古語；靡麗，漢人語。以今語釋古語，故云“猶”。又，凡訓如此、訓此者，皆當作“尒”。乃皆用“爾”，“爾”行而“尒”廢也。

段玉裁《說文解字注》，成都古籍書店1981上下冊本，上冊p.51上下、135下

馥案：《詩》作“爾”，《三倉解詁》：“爾，華繁也”；《孟子》：“武王不泄邇”，注云：“邇，近也”。

或以“爾”字：《周禮·肆長》：“實相近者相爾也”，注云：“爾亦近也”；《燕禮》“爾卿”、“爾大夫”注云：“爾，近也”。

桂馥《說文解字義證》，上海古籍書店 1987，p. 159 上，270 下

又為邇：《儀禮·特牲禮》：“祝命爾敦”，《少勞禮》“上佐食爾上敦黍於筵上”，《燕禮》：“南鄉爾卿”，《士昏禮》：“贊爾黍”，《周禮·肆長》：“實相近者相爾也”。又，《大戴·小辨》：“爾雅以觀於古”，《荀子·天論》：“其說甚爾”。

朱駿聲《說文通訓定聲》，武漢古籍書店 1983，p. 614 下

由於作為稱代和附近義的“爾”同字同音，在這兩個意義上的“爾”，歷史上被寫成了其他語音相同或相近的別的字：

而、乃、爾、若，汝也。

《小爾雅·釋詁》“汝也”條，上海古籍出版社“諸子百家叢書”，1995 影印斷句本《孔叢子》p. 32 上

胡承珙《小爾雅義證》認為：“其實猶一字耳”：案：汝，本作女。而、乃、爾、若四字，不獨訓女，字亦皆通作女。《莊子·外物篇》“召而來”，《釋文》云：“而，本作女。”《洪範》“謀及乃心”，《史記·宋世家》作“謀及女心”。《小雅·桑柔》“告爾憂恤，誨爾序爵”，《墨子·尚賢》篇引《詩》，爾皆作女。《甘誓》“汝不共命”，《墨子. 明鬼》篇引作“若不共命”。

蓋四字以聲轉而變，其實猶一字耳。

胡承珙撰、石雲孫校點《小爾雅義證》黃山書社 2011 版，p. 20

《小爾雅·釋詁》“近也”條：逼、尼、附、切、局、鄰、傅、戚，近也。

上海古籍出版社影印本《孔叢子》p. 32 上

遲鐸集釋《小爾雅集釋》p. 25

胡承珙撰、石雲孫點校《小爾雅義證》p. 9—10

其中作“近”和“止”解的“尼”又有多種寫法，或為同一詞語的不同寫法，《爾雅》“止也”條“尼”訓“止”，其讀音不變：

訖、徽、妥、懷、安、按、替、戾、底、廢、尼、定、曷、遏，止也。

邇、幾、昵，近也。

即，尼也。

尼，定也。 《爾雅·釋詁》

水潦所止，泥丘。 《爾雅·釋丘》

威夷，長脊而泥。 《爾雅·釋獸》

爾可遠在茲。 《尚書·皋陶謨》

近可遠在己。 《史記·夏本紀》

雖小道，必有可觀者焉，致遠恐泥。 《論語·子張》

聚之所惡，勿施爾也。 《孟子·離婁上》

道在邇而求諸遠，事在易而求諸難（古文“邇”作“爾”）。

《孟子·離婁上》

中華書局 1981，楊伯峻譯注《孟子譯注》上下冊本，上冊《離婁章句譯注》注 1，上冊 p. 173：《朱熹集注》本作“爾”，《校勘記》云：“考古文本作爾”。

實相近者，相爾也。　　　　　　　　《周禮 · 肆長》

其說甚爾，其災甚慘。　　　　　　　《荀子 · 天論》

包括《說文》表示“近”義的後出“昵”在內，爾、邇、尼、暱、泥、昵等字，在表示“近”義時，在語言中實際上應該是同一個詞語，寫成不同的字，更多的應該是不同時代及不同作者的用字規範和用字習慣造成的。在稱代意義上的“爾”，循胡承珙“《墨子 · 尚賢篇》引《詩》，爾皆作女”的考證以觀先秦文獻，大致“爾”、“女”習見，《詩經》已二字互見，如“三歲貫女”，此二字或為常用字；在“近”義上“爾”為習見，“尼”少見，且以“邇”為專門用字；“爾”或為常用字，或自《爾雅》始，“近”字由此日常通行，“邇”則為遺跡存留。今天見到的先秦古籍，經過數千年的歷史歲月，尤其是秦漢文字巨變，在文字方面，大概只是存其大要，細節泯滅了。“即，尼也”的“尼”也是“近”的意思，按照《爾雅》的雅言、今語解釋古語方言的訓釋原則，“尼”在那時仍是雅言、今語；“水潦所止，泥丘”、“致遠恐泥”之“泥”當是“止”的意思，《爾雅》“止也”條作“尼”不作“泥”，這個“止”義的“泥”，在“水潦所止”中與“近”義有引申的痕跡：“近水則止”，即丘近於水，水止於丘；或許此字《爾雅》本字作“尼丘”，“泥”是傳抄所致：“定”義上《爾雅》也作“尼”；“定”與“止”意義相關：使水定則止，止則水定。“爾”與“尒”、“邇”是繁簡的關係，“邇”則是隸古的原因，古文作“迩”：《說文》“迩，古文邇”。觀之《爾雅》，“邇”訓“近”，與“爾”同音同義而異字，《爾雅》書名作“爾”，而此條訓“邇”不訓“爾”，寫作“邇”便甚可疑，或為傳抄所致；“尼”訓“止”，又為“即”之訓，以“泥丘”觀之，二義有聯繫；從文字孳乳發展看，尼、泥、暱、昵在“近”義上有用字的時代痕跡；從詞語產生發展看，這四個詞語有同族關係。“爾”與“爾”的繁簡關係，宋王觀國《學林》做過考察，反映的是這種繁簡關係直到北宋時期的由來情況：

許慎《說文》曰：“㸚，兒氏切，麗㸚也。”“尒，詞之必然也。”《廣韻》曰：“爾，汝也，義與尒同。”然則尒乃爾之首也，後世即書㸚為爾而平其首，又改尒為尔，是俗書也。姓有尒朱氏、尒綿氏，只用尒字，蓋得姓之始用尒字，固不可變尒為爾字也。後世俗書乃作尔字，故書彌為弥，書“嬭”為妳，書禰為祢，書獮為猕。

中華書局學術筆記叢刊本，1988，p. 341。

宋夏竦《古文四聲韻》收《古孝經》“爾”，字作“尒”，“邇”字收有《義雲章》（或即《義雲切韻》）所搜的古文“邇”，从走从爾，“古文邇”的說法應該是歷史的真實①；商承祚《說文中之古文考》，證明“邇”、“爾”皆古文，繁簡不一而已：

《說文》“迩，古文邇”。案：邇从爾得聲，而金文洹子盂、姜壺作爾，晉邦盦作爾，古璽作爾，則爾、尔皆古文，一繁一省也。

上海古籍出版社 1983，p. 13

依據《說文》，則作為虛字的尒，不作“爾”，作為“近”的“爾”或許也只作“爾”：《四部叢刊》影印日本岩崎氏靜嘉堂藏北宋刊本《說文解字卷十四下》、影印上海涵芬樓藏嘉慶丙寅刊本清

① 中華書局《漢簡　古文四聲韻》卷三，1982，p. 37 上；又，見李零《出版後記》p. 2。

錢大昕《潛研堂文集卷二十七》引用《爾雅》時皆作“尒疋”，商承祚作《說文中之古文考》“艁”字考，《爾雅》也直接寫作“尔疋”：

《尔疋·釋水》：“天子艁舟”，故從“舟”。

上海古籍出版社 1983，p. 12–13

《廣韻》“爾、尒同”，則宋時已經不再分別。看來，“爾通邇”用通假的辦法作解釋應當斟酌，當“通作爾”（或尒）為常態時，要麼“邇”未產生，要麼“邇”未常用，那時的“用字規範”認可“近”義的“爾”，“通假說”便不可信；從文字發展的一般情況看，“邇”當在“爾”的基礎上產生和使用，其“近”義是從“爾”分擔而來，情況不明時，或以“爾同邇”較為穩妥，至少可以避免傳統訓釋中“通”的亂象：字的通假、音的通借、寫法的通常、義的相通等，皆只作“通”；看來“整治訓詁用語”①，不得不作為一個嚴肅的課題被提出來，此“通”大概也是原因之一。

終上所述，“爾”、“尼”在“近”的意義上讀音相同或相似，“爾”的“近”義後來由“邇”專門承擔，古文通常寫作“爾”，意義與“邇”相同。“近”義的“尼”本來如此，後來寫成“泥、暱、昵”等，到了《說文》時代，它們的意義各有差異，代表不同詞語，但在更早時代，在“近”義上的這些字，實際上只是代表了那一時期語言中的同一個語言單位。《釋名》以“昵”釋“爾”，用意是“親昵”之“近”，與《說文》“从後近”的“昵”相類。《說文》“檷，讀若昵”，它本“昵”作“柅”，段玉裁《說文解字注》據陸德明《經典釋文》改作“昵”，與“昵”合韻。“昵”為

① 參看王寧《訓詁學原理》，中國國際廣播出版社，1996，p. 20—31.

“親近”義，《尚書. 周書》已見，《四部叢刊》本、《十三經注疏》本《左傳》“親昵”皆作“親暱”，用字與《爾雅》同，所反映的當為先秦用字。在“親近”義上，“暱”作“昵”，或為秦漢以後的事：

《尚書·周書》：爾無昵於憸人，充耳目之官，迪上以非先王之典。

孔安國注：汝無親近於憸利小子之人，充備侍從在視聽之官，道君上以非先王之法。

《左傳·閔西元年》：戎狄豺狼，不可厭也；諸夏親暱，不可棄也。

《成西元年》：魯衛諫曰：齊疾我矣，其死亡者皆親暱也。

《襄公十四年》：庶人、工、商、皁、隸、牧、圉皆有親暱，以相輔佐也。

《哀公二十年》：楚隆曰：三年之喪，親暱之極也。

《尚書》多用俗字，所以今所見《尚書》的用字不可信或不可全信，須作分析考察而後論之：

故經書惟《尚書》多用俗字，如古文景，《尚書》變為影；古文勑字，《尚書》變為勒；變爾女之女為汝，變多埶為多藝。秦始皇改辠為罪，《尚書》乃用罪字……

王觀國《學林·鯀條》中華書局 1988，p. 51

“昵”的“親近”義，在“近”的距離上同於“泥丘”之“泥”，可以“近”到極限。在“爾雅”的組合中，所謂“近雅”，可以“近”到“重合”的極限，因而“爾雅”的含義實際上是“貼近雅言”的意思。由於“古之成語”的原因，文字上應該寫作“爾”，不作“邇”，這應該是《爾雅》誕生之初的本來面貌，前述六條"爾雅"正可以說明問題。到了陸德明時代，陸氏所見《爾雅》版本有作"邇"的，應該是漢以後歷代傳抄的結果，不是"爾雅"的原貌。若全面分析《爾雅》與先秦兩漢古籍用字的演變軌跡，對認識《爾雅》的作者與年代應該可以提供可信的旁證。

第三節 "雅""疋"的由來

"雅"，按《說文》"楚鳥"的說法，與"疋"沒有關係，《說文》"古文以為《大疋》字"，反映出東漢或整個漢以前，至少在隸書通行以前的實際書寫情況，《詩》中的大、小《雅》原本都寫作"疋"，寫成"雅"應該是隸書通行以後的情況，即所謂隸古定。陸德明"字亦作疋"，反映出唐以前"雅"、"疋"並行的實情，明顯應該是傳抄所致。《爾雅》書名作"疋"，則與《大疋》、《小疋》相一致，其含義也應該相同。郭忠恕《汗簡》、夏竦《古文四聲韻》搜古文，所引資料有"古爾雅"、"古文爾雅"，據此推知，《爾雅》本有古文本，而且寫作"疋"。隸古定以後的"疋"字，可以說是亂象紛呈，或由於字形、字音的原因，許慎時代已經很難說清楚了：許慎《說文解字》的"疋"訓為"足"，且是"疋"的主訓，但《說文》又另有字形似"疋"的"足"字及其訓釋，清"《說文》四大家"也意見不一：

《說文》："足"：人之足也。在下。从止、口。凡足之屬皆从足。

"疋"：足也。上象腓腸，下从止。《弟子職》曰："問疋何止。"古文以為《詩·大疋》字。

亦以為足字。或曰胥字。一曰疋，記也。凡疋之屬皆从疋。

“正”：是也。从止，一以止。凡正之屬皆从正。

《四部叢刊》本宋徐鉉等奉敕校定《說文解字》

今本《弟子職》此處作“問何所趾”，無“疋”字。依據《說文》小篆、古文字形，“足”、“疋”、“正”字形非常相似，清王均《說文句讀》認為是“字之訛”，“足”訛作“疋”，“疋”訛作“雅”，依據的是《韓詩外傳》“濡足”作“濡雅”①；朱駿聲《說文通訓定聲》、桂馥《说文解字義證》認為古文皆作“疋”，今文皆作“雅”，定型為“雅”：因為“疋”與“正”相似，“故有‘雅者，正也’之訓”②。桂馥《說文解字義證》：

案：古文大、小《雅》、《爾雅》字本作“疋”，今文皆作“雅”，而“疋”字但音“匹”矣。

桂馥撰《說文解字義證》p. 181 上。

段玉裁《說文解字注》認為古文“疋”是假借：

雅各本作疋，誤。此謂古文叚借疋為雅字，古音同在五部也。此則以形相似而假借，變例也。

成都古籍書店 1981 段玉裁《說文解字注》上、下冊本，上冊 p. 89 上、下

“雅”字注：楚烏、烏屬。其名楚烏，非荊楚之楚也。烏部曰，鷽，卑居也，卽此物也。酈善長曰：按《小爾雅》返哺謂之慈烏；小而腹下白、不返哺者謂之雅烏。《爾雅》曰，鸒斯、卑居也。孫炎曰，卑居、楚烏；犍為舍人以為壁居；《說文》謂之雅；《莊子》曰雅賈；馬融亦曰賈烏。按卑居之為壁

① 北京市中國書店 1983 影印四冊本第一冊 p. 216—217。

② 朱駿聲《說文通訓定聲》，武漢古籍書店 1983，p. 40。

居，如《史記》卑耳之山卽齊語壁耳之山，卑壁同十六部。卑俗作鵯、音匹，非也。返哺謂之慈烏；小而腹下白、不返哺者謂之雅烏。《爾雅》曰，鸒斯、卑居也。孫炎曰，卑居、楚烏；犍為舍人以為壁居；《說文》謂之雅；《莊子》曰雅賈；馬融亦曰賈烏。按卑居之為壁居，如《史記》卑耳之山卽齊語壁耳之山，卑壁同十六部。卑俗作鵯、音匹，非也。雅之訓亦云素也，正也，皆屬假借。

成都古籍書店 1981 段玉裁《說文解字注》上、下冊本，上冊 p. 148 上

章太炎也認為訓足之“疋”與大、小疋之“疋”是兩個字，寫成“大雅”、“小雅”，與秦人歡呼“烏烏”叫的“烏”有關，“雅”、“烏”是同音異字。小字為作者自注：

甲曰：《詩譜》云：“邇及商王，不風不雅。”然則稱“雅”者，放自周。周秦同地，李斯曰：“擊甕叩缶，彈箏搏髀，而呼‘烏烏’快耳者，眞秦聲也。”楊惲曰“家本秦也，能為秦聲，酒後耳熱，仰天拊缶而呼‘烏烏’”。《說文》“雅，楚烏也”，“雅”、“烏”古同聲，徐鉉切“雅”字，一作烏加，古在魚模，則正如“烏”。若“雁”與“鴈”、“梟”與“鵝”矣。

《六府文藏》本章炳麟撰《太炎文録》文録第一“大疋小疋說下”

從以上的情況可以看出，王均的字譌說、朱駿聲的“形近而正”說均與事實不符，桂馥的古文今文說，應該是事實。段玉裁的假借說是以“雅”借為它字用，包括“疋”，或為事實，但認為古文假借“疋”為“雅”，則是歷史的顛倒，實際上應該是後人以“雅”替代了古文的“疋”，從此“雅”行而“疋”廢。應該說“雅”訓為“正”有兩個來源：一是《詩·大序》以“政”為依

據而訓為“正”，二是劉熙以“義”為依據而訓為“正”。“雅”與《爾雅》的聯繫是隸古定的原因造成的，古文本作“疋”。“爾雅”的字形據陸德明《經典釋文》當作“尒疋”，如果畢沅所考《釋名》中與“俗”相對的“雅”本作“雅”不作“雒”不錯的話，那麼“爾雅”的“雅”發展到東漢時，訓為“正”與訓為相對於俗的“雅”實際上是同一個字，且定型為“雅”，這個“雅”的基本意義是“高尚”，與“低俗”相對；劉熙在《釋典藝》時訓《爾雅》之“雅”為“正”，其來源應該是“雅言”、“雅樂”相對於方言、蠻語發展起來的：當方言蠻語為俗時，“雅”便“高雅”；當地方樂曲、蠻夷之樂為“邪音”時，“雅”便是“正樂”，這應該是清楚的。用什麼字對應什麼樣的漢語言單位，理論上是漢字系統與漢語系統的對應關係，而漢字系統和漢語系統又有各自的發展規律，漢字系統與漢語系統的對應關係也應有自己的發展規律，且都帶有極明顯的時代和文化特徵。就“雅”、“疋”而言，無論寫作“雅”或“疋”，從文字的角度都很難看出“雅”、“疋”與“高雅”有什麼聯繫，看來，應該另有原因。

在今天見到的先秦古籍中，“雅”字極為常見，除《大雅》、《小雅》、《爾雅》外，尚有多個義項，可能與“爾雅”相關的則是“正”與“高尚”義，追蹤其由來，此兩項或為同一來源。根據《論語》“雅言”、“雅樂”出現的情況判斷，“雅”很可能是“諸夏”的“夏”的意思，也很可能由“夏”變化而來：內諸侯是夏，外諸侯是諸夏。《論語》中的“子所雅言”，由於孤零零的出現，難以確詁，只能一般地推論：孔子弟子來自四面八方，即便是皆來自畿內諸國、中土諸夏，其母語也各不相同，或不盡相同；這可以從孔子身世推斷，他既操出生地方言，也操雅言，否則無需特別記下“子所雅言”的話；孔子周遊列國，除了相近相通的方言，只可能使用雅言，則可以推斷雅言即“官話”，也就是官方通用語。《論語》中先後兩次出現“鄭聲淫”，分別見於《衛靈公》和《陽貨》，與“雅樂”相對，則“雅樂”就是“官樂”（相對於各地諸侯國之地方樂曲，包括所使用的樂器，如“鄭聲”），即王者朝廷之樂。孔子反對鄭聲，是站在維護中央王庭權威立場上進行的批判，這還可以從孔子整個思想特徵得到印證，官話、官樂的說法應該可信；從政治和文化的角度看，鄭聲也屬於諸夏之聲，因此，《論語》的“雅言”和“雅樂”都是相對於各諸侯國的，即“中央”相對於“地方”，兩個“雅”的含義也是一致的。從《詩經》“國風”、“小雅”、“大雅”的情況看，“風”是諸侯轄地的特色，所以叫“國”之“風”；“雅”是中央王庭的特色，所以叫“雅”，這裏的“雅”與《論語》的“雅”也應該是一致的。也就是說，在整個華夏範圍內，相對於各地諸侯，“雅”所代表的是中央王庭，而“外諸侯”則以各地各國名之，這個“雅”，古文寫作“疋”。春秋戰國時畿內國與各外諸侯國等級不同，畿內在王庭的直接控制下，是中央大國，外諸侯國在諸侯控制下，服從並服務於中央王庭。外諸侯國之間是平等的，但等級、大小、強弱不一，既矛盾也聯繫。站在中央王庭的立場，則所有外諸侯國統稱“諸夏”，析稱則以國名；站在包括中央王庭在內的整個華夏立場上，對非華夏而言則稱“夏”，夏與非夏便構成天下：

> 或問：交五聲、十二律也，或雅或鄭，何也？
>
> 曰：中正則雅，多哇則鄭。
>
> 李軌注：十二律者，十二月之律呂也。曰“中正則雅，多哇則鄭”，中正者，宮、商，溫雅也；多哇者，淫聲繁越也。

《四部叢刊》本李軌注《法言注·卷二》

《公羊傳·成公十五年》：

《春秋》：內其國而外諸夏，內諸夏而外夷狄。

何休注云：“內其國者，假魯以為京師也。諸夏，外土諸侯也；謂之夏者，大總下土言之辭也”。

《四部叢刊》本《春秋公羊傳》

《十三經注疏·公羊傳》P. 2297 上

是以蠻夷、諸夏雖衣冠不同，言語不合，莫不來至朝覲於王。

《大戴禮記·哀公問第四十一》

《左傳》吳公子劄聽《秦》樂評論說“此之謂夏聲。夫能夏則大，大之至也，其周之舊乎”，服虔注：“與諸夏同風”，則可以看出是站在夏的立場上對非夏而言的。由此觀之，《論語》所謂“雅言”、“雅樂”的“雅”，對諸侯則是中央王庭之“雅”，也就是“天子之樂”，《左傳·襄公二十九年》“魯以周公故，有天子禮樂”的記載，可以說明孔子的雅樂如此；對夷狄則是華夏之“雅”，孔子喜歡《韶》，傳說為舜樂，為禹所繼承，也就是“夏樂”，傳至周仍為“夏樂”；巧的是《爾雅》也尚夏，故稱“歲名”，訓“載”為“歲也”，不訓“祀也”、“年也”：

《爾雅·釋天·歲名》：載，歲也。夏曰歲，商曰祀，周曰年，唐虞曰載。

《四部叢刊》本郭璞《爾雅注》

根據吳公子劄贊《秦》樂的情況來看，對夷狄、諸夏而言，華夏之聲皆為“夏聲”，“天子之樂”也是“夏聲”，這個“夏聲”也就是“雅聲”、“雅樂”，其言為“夏言”便順理成章了：對諸夏叫“夏言”，對夷狄也叫“夏言”；對諸夏寫作“雅言”，對夷狄也寫作“雅言”。“雅”既與“俗”相對，也與“夷”相對，亦為“夏”與諸侯、夷狄的相對。品“子所雅言”的話，諸夏各國之言則冠以國名而稱之，以“雅”或“夏”與夷俗相對，直到數百年後的荀子，這種情況仍然延續着。《荀子》中的“雅”由王念孫、王引之《讀書雜誌》的考證，常被今人用來解釋“爾雅”：

> “譬之越人安越，楚人安楚，君子安雅”，引之曰：“雅”讀為“夏”，“夏”謂中國也，故與楚越對文。《儒效篇》“居楚而楚，居越而越，居夏而夏”，是其證。古者“夏”、“雅”二字互通，故《左傳》齊大夫“子雅”，《韓子·外儲說·右篇》作“子夏”，楊注云：“正而有美德謂之雅。”

江蘇古籍出版社 1987 年版，王念孫撰《讀書雜誌·荀子雜誌》p. 647 上、下

與王念孫同時代的劉台拱撰《論語駢枝》一卷，在解釋《論語·述而》時，承襲《爾雅》周公說，詳細解釋了“雅言”和《爾雅》，雖非盡善，“亦有可觀者焉”，故黃侃《論學雜著》從之：

> 《詩》之有《風》、《雅》也，亦然。王都之音最正，故以“雅”名；列國之音不盡正，故以“風”名。先《邶》、《墉》、《衛》者，殷之舊都也；次《王》者，東都也；其餘或先封而次在後，或後封而次在前，或國小而有詩，或國大而無詩，大氐皆以聲音之遠近離合為之甄敘矣。王之所以撫邦國、諸矦者，七歲屬象胥，諭言語，協辭命；九歲屬瞽史，諭書名，聽聲音，正於王朝，達於諸矦之國；是為“雅言”。上古聖人正名百物，以顯法象：別品類，統人情，壹道，名定而實辨，言協而志通；其後事為踵起，象數滋生，積漸增加，隨時

遷變，王者就一世之所宜，而斟酌損益之，以為憲法，所謂“雅”也。然而五方之俗，不能強同：或意同而言異，或言同而聲異；綜集謠俗，釋以雅言；比物連類，使相附近；故曰“爾雅”。“雅”之為言“夏”也，孫卿《榮辱篇》云：“越人安越，楚人安楚，君子安雅。”是非知能、材性然也，是注錯習俗之節異也。又《儒效篇》云：“居楚而楚，居越而越，居夏而夏”，是非天性也，積靡使然也。然則，“雅”“夏”古字通。

《六府文藏》本清劉台拱撰《論語駢枝》

王念孫《荀子雜誌》以對文、異字通用的證據證明王引之“讀為”的正確性，這個“雅”正是《論語》“雅言”、“雅樂”的“雅”，即“天子之言”、“天子之樂”的“雅”，是相對於諸侯説的，也應該正是荀子以“雅”對越、楚的本意，越、楚非夷狄，不過是南方諸侯之遠者。或許那時諸夏的風俗言語也是南北差異最為明顯，所以常拿它說事，孟子時就已經斥為“南蠻鴂舌”了，因而此所謂“中國”，應當包含中央王庭之國與各諸侯國在內，而非中原或中土之“中國”；所謂“居夏而夏”的“夏”，應該指的是以中央王庭為代表的行夏之風、語夏之言的全境；“君子安雅”的“雅”，與“夏”的外延相一致，這裏的君子，其含義與《論語·公冶長》中的“子謂子夏曰：為君子儒，毋為小人儒”的“君子”相一致；以“君子”觀之，其德行、修養、舉止、言談、服飾、追求等等也與以中央王庭為代表的“雅”、“夏”相一致，所以《修身》才說“由禮則雅，不由禮則夷”；“由禮則雅”，即“由禮則夏”。今天見到的《荀子》，各版本也是字有異同，對其間的“雅”當綜合審視，或許不至於單句為憑，斷章取義。

《修身》：生疾、容貌、態度、進退、趨行由禮則雅，不由禮則夷。

《不苟》：譬之越人安越，楚人安楚，君子安雅。

《儒效》：道過三代謂之蕩，法二後王謂之不雅。

居楚而楚，居越而越，居夏而夏，是非天性也，積靡使然也。

《王制》：道過三代謂之蕩，法貳後王謂之不雅。

《成相》：性不得則若禽獸，性得之則甚雅，似者歟。

《樂論》：修憲命，審誅賞，禁淫聲，以時順修，使夷俗邪音不敢亂雅；大師之事也

《四部叢刊》本楊倞注《荀子注》本作“審時商”。

梁啟雄《荀子簡釋》豎排本，中華書局 1983，p. 97—98，p. 52

很明顯，上引《荀子》用例中的“雅”都有一個共同特徵：都與夷俗相對，都是立足於“夏”說的。中央王庭為雅，則與各諸侯國以國名所稱相對；華夏為雅，則與非夏相對；其間“雅”的區分與《春秋》“内其國而外諸夏，内諸夏而外夷狄”的區分是一致的，因此，這些“雅”實際上仍然是“夏”。《修身》中的“雅”是相對於“夷”而言的，意義與“居夏而夏”、“君子安雅”的“夏”與“雅”相一致，“君子安雅”即“君子安夏”。“不雅”即“不夏”，引申就是不正確，這個“夏”是就當代而言的：當代之言稱作“夏言”，也就是“雅言”；樂稱作“夏樂”，也就是“雅樂”；禮稱作“夏禮”，也就是“雅禮”。“道過三代謂之蕩，法二後王謂之不雅”，原則（即治國之道）超過三代已經迷茫浩淼，法則超過兩代後王就已經不夏，亦即不正確。梁啟雄《荀子簡釋》認為“貳”、“二”即今天“兩樣”的意思，“後王”則“未詳”；楊

倞注“後王”為泛指的“近時之王”；劉師培據《說文》訓為泛指的“守成之王”。荀子在《非相》篇中對“後王”有自己的解釋，指的是荀子時的“當世之王”，即當世可能有天下之王，荀子講學於各國，如趙國、秦國、楚國，則指的是可能有天下的趙王、秦王、楚王：

> 彼後王者，天下之君也。舍後王而道上古，譬之是猶舍己之君而事人之君也。故曰：欲觀千歲則數今日，欲知億萬則審一二，欲知上世則審周道，欲知周道則審其人所貴君子。

王先謙撰，沈嘯寰、王星賢整理本《荀子集解》，中華書局 2012，p. 81

“甚雅”則是用比喻將“雅”提高到“人”的地步，“非雅”則貶低為“禽獸”，這裏的“雅”仍然也是與其他“雅”含義相一致的。“太師之事”的“雅”與“夷俗”相對，“邪音”當包括“夷音”與“俗音”，其含義與孔子“雅樂”和“雅言”相一致。《大戴禮記·保傅》中關於太師、少師職責的記載，可以幫助理解“雅”的含義：

> 天子不論先聖王之德，不知國君畜民之道，不見禮義之正，不察應事之理，不博古之典傳，不閑於威儀之數，《詩》、《書》、《禮》、《樂》無經，學業不法，凡是其屬太師之任也。
>
> 天子宴瞻其學，左右之習反其師，荅遠方諸侯不知文雅之辭，應群臣左右不知已諾之正，簡聞小誦不傳不習，凡此其屬少師之任也。
>
> 王聘珍注：無經，謂不守先王之正經。宴，猶褻也。瞻，視也。褻視其學，謂不知敬業也。習，狎也。
>
> 《學記》曰：“燕朋逆其師。”文，典法也；雅，正也。已，黜止也。諾，相然許之辭。簡聞，謂所聞於簡冊者。小誦，謂

年小時所誦者。《內則》曰："請肄簡諒，十有三年，學樂頌詩。"傳，述也。習，謂溫習。

王聘珍《大戴禮記解詁》p. 57

《衛將軍》：志通而好禮，擯相兩君之事，篤雅其有禮節也，是公西赤之行也。

王聘珍注：鄭注《周禮》云："出接賓曰擯，入贊禮曰相。"

王聘珍《大戴禮記解詁》p. 109

"典法"，"典"與"法"；"宴"，如字，訓"安"，謂"公餘"，即公事之餘，閒暇之時；"宴瞻"，閑來溫故，審視所學，審視的對象包括"其學"和"左右之習"，或不當逗斷，語氣頓之可矣，"反其師"即"逆其師"。"文雅之辭"相對於"遠方諸侯"而言，與《荀子》用例相同，仍然說的是"夏語雅言"，所謂"文雅"，即有文采的夏言，由於尚夏，較之夷語，夏言就成了當然的文雅之言。本段是針對輔佐天子而言的，"文雅"句說的是天子的不足之一，"文雅之辭"即引經據典、富有文采的夏語雅言之辭，"文雅"的內容就是上文的"博""古之典傳"、"經""《詩》、《書》、《禮》、《樂》"。《衛將軍》中的"雅"指的是"志通好禮"、"擯相兩君"合乎禮儀節度，其間的"篤雅"與上文孔子語的"克篤恭以天下"的"篤恭"一樣，其結構是鬆散的，臨時的，"文雅"亦然。比較《大戴》中的"爾雅"、"文雅"、"篤雅"，"雅"皆有所指，皆指的是夏，只是"爾雅"、"文雅"在發展過程中逐漸穩定，成為"古之成語"，後來整體固定，意義引申罷了，今人反以引申義讀之，恐與文意不符。這種情況，《韓詩外傳》的"雅儒"、"儒雅"可作比照，參考：

《韓詩外傳卷五》：敬法而不敢怠傲焉，是雅儒者也。

《卷一》：今為儒雅之故，不救溺人可乎？

《四部叢刊》本《韓詩外傳》

“爾雅”、“儒雅”的引申，是由“雅”的引申引發的，或由於“雅”總是相對於夷俗，引申為“高尚”之類的意義就成了自然而然的了：與夷俗相對，其義為“高尚”；夷俗為邪，其義便為“正”。《韓非子. 顯學第十五》的“宰予之辭，雅而文也，仲尼幾而取之”，或可以作為例證。“雅而文”即“不粗俗且有文采”，“不粗俗”的含義是合乎夏言規矩。這樣的引申，春秋戰國時就已經開始了，到了秦漢，或由於隸古定的原因，“雅”與“夏”的聯繫已終斷，而引申義通行。王觀國《學林》“雅疋”條對此有過一番考察：

《禮記·緇衣篇》引“君雅”曰：“夏暑雨，冬祁寒。”鄭氏注曰：“君雅，周穆王司徒。”《書序》作“牙”，假借字也。觀國按：孔子作《書序》，所謂“穆王命君牙為周大司徒”，作“君牙”，蓋“君牙”本“君雅”也。古文用“牙”字，其實音雅，後之變古文為隸書者，亦用“牙”字耳。然許慎《說文》：雅字，烏加切，楚烏也，秦謂之雅，則古人初不以雅字為《大雅》、《小雅》字也。古文唯用“疋”字為《大雅》、《小雅》之字。故許慎《說文》曰：“疋，所菹切。古文以為《大雅》字。”以此觀之，則古文以“疋”為《大雅》、《小雅》字。以“雅”為“烏鳥”，而音烏加切。及後世變古文為隸古，又變隸古為今文，遂各用他音字或俗字以易之，而“雅”字遂專為《大雅》、《小雅》字矣。“疋”音雅，又音所菹切，足也。胥字、楚字疏字，皆從“疋”也。“疋”又音山呂切，與所字同音。字書曰“已也”，然則“疋”字一音雅，一音疏，一音所，而後世文士不復此字者，蓋後世書籍皆用今文而無古文，此古文之所以不復用也。

王觀國著《學林》p. 27

郭忠恕依《說文》體例作《汗簡》，卷一收有“疋”字，無音；卷二收有“夏”字，字形出《說文》，有繁簡兩字形，皆有“疋”旁；夏竦依唐時《切韻》作《古文四聲韻》，卷第三收有“雅”字，引《古孝經》作“足”形，與“疋”字同形（極易相混）；收“疋”字，音五下切，引《汗簡》古字作“疋”，與“夏”字同形，知《汗簡》無音的“疋”音雅；收“夏”字，引《古尚書》，字形同《說文》作“疋”旁，又引王存義《切韻》、《古尚書》、《義雲切韻》、《籀韻》等，皆作“疋”旁[①]。兩書字形來源所引的古籍碑帖，今已蕩然無存。與王觀國所考相較，到宋代，古文的存留就已經是隻言片語了，但仍然可以看出“雅”、“疋”、“夏”相聯繫的一些蛛絲馬跡。從“字形”看，古文及大、小篆時有繁簡的關係，繁體作“夏”，簡體作“疋”，與《古孝經》“雅”的用字同形，與王存義《切韻》同字，據此，可以推知，由於今之所存古文，包括《汗簡》和《古文四聲韻》，多為戰國古文，那麼至少在戰國時“雅”、“夏”仍可能同字，都可能只寫作“疋”，只是繁體時有別。“疋”的古文字形同時又與“足”、“匹”、“正”等相近，“疋”、“夏”的關係反倒被掩蓋了。由於字形相同或相近，字音相同或相近，“子雅”作“子夏”，“居夏而夏”就可能寫作“居雅而雅”，“君子安雅”就可能寫作“君子安

① 中華書局 1983《汗簡　古文四聲韻》p. 5 下、24 上、45 下。

夏”，便是可以想見的了。《荀子》“雅”、“夏”互見的情況對理解“爾雅”之“雅”的具體含義，很有幫助：“爾雅”的本來含義應該就是“爾夏”。由於“秦謂之雅”，即秦國或秦時謂之雅，秦統一後，“雅”的普遍使用是可以理解的，加之“雅”的引申義通行，漢代以“正”訓“雅”就有了必然性。“雅”是“疋”和“夏”的隸古定“替換字”，“雅”因與“疋”、“夏”同音、音近及同形、形近、繁簡聯繫而相關；“正”是“雅”特定時代的引申義，在語言中與“邪”相對發展，當替換了“疋”而與夷與俗相對時，就可以有“正宗”、“正統”、“端正”之類的“正”義的引申，就可以有“不粗俗”、“不低俗”等的“高尚”等義的引申。到了漢代，特別是到了劉熙時代，“雅”的常用義已經“高尚”了，劉熙作序已經“不經意”地自然使用了，“正”義已不被常人理解，所以劉熙才分而釋之。“雅”由“疋”而來，《詩》之《大雅》、《小雅》作“大疋”、“小疋”，實際就是就是“大夏”、“小夏”；孔子“雅言”、“雅樂”也就是“夏言”、“夏樂”；後世訓為“正言”、“正樂”、“高雅”、“雅致”、“雅正”等，都可以從“夏”相對於諸侯、相對於夷狄找到依據，看到意義發展的脈絡。據現有文獻，“雅”、“夏”的這種關係，在《詩經》裏就已經出現了。《詩·小雅·鼓鐘》“以雅以南”：

> 《毛詩》：“以雅以南，以籥不僭”。為雅為南也，舞四夷之樂，大德廣所及也。東夷之樂曰昧，南夷之樂曰南，西夷之樂曰朱離，北夷之樂曰禁，以為籥舞，若是為和而不僭矣。
>
> 箋云：雅，萬舞也。萬也，南也，籥也，三舞不僭，言進退之旅也。周樂尚《武》，故謂《萬舞》為雅。雅，正也。籥舞，文樂也。

《十三經注疏》上冊 p. 467 上

“以雅以南”歷來有爭議[①]，《毛詩》、《鄭箋》及《韓詩外傳》同訓，則漢人都以“雅”與夷狄相對，“以雅以南”也就是“以夏以南”，或近於《詩》本義。歐陽修《詩本義》對此存疑，精神可嘉，相對於其“秦漢間說《詩》博士”的無端臆測和貶斥，更符合他尋求“本義”應有的精神。這裏所謂“以雅以南”，或此“雅”字本作“疋”，與《小雅》一致。“雅”即“雅樂”，也就是“夏樂”，“南”即“南樂”、“蠻樂”。以“雅”與“南”相對，其情形如同後來的《孟子》以雅與“南蠻鴂舌”相對、《大戴. 小辯》以雅與南蠻的“反舌”相對一樣，這樣的“雅”、“南”相對，後面的“不僭”才有了着落，此或為《毛詩》的本義，《鄭箋》則在《毛詩》基礎上進行了細化。“以籥不僭”的“籥”是樂器，“不僭”即不違規踰越本分，以此讀之，或文從字順。先秦人“尚夏”傳統，還可以從孔子“行夏之時”的話得到印證，“夏時”深入到一般普通民眾心裏，甚至包括奴隸，自居為“夏”，區別於其他各諸侯之國，區別於四面八方之夷戎狄蠻，應該是有歷史傳統和當時的社會基礎的。漢民族自漢以降為漢族，先秦時則為“夏族”，只是並未像漢以後直接稱謂而已。

《爾雅》的“雅”古文時代作“疋”，它的含義是“夏”，是以炎黃子孫自居的民族的稱謂，也是所居地域的稱謂，轉義便將“夏”的特徵，如語言、音樂、禮制等，也用“夏”代之。由於字體繁簡分化，“疋”、“夏”分化為不同詞語的用字，其含義也隨着

---

① 參看朱季海《〈周南〉、〈召南〉釋言》，載吳文祺主編《語言文字研究專輯》（上）（中華文史論叢增刊），上海古籍出版社 1982，p. 438–453。

分化而不同；或因秦國壯大，“雅”、“疋”音同或音近，“雅”字替代了“疋”，經秦漢字體巨變，在“大雅”、“小雅”、“爾雅”中定型，後人訓釋就都針對“雅”字進行，由“疋”、“夏”而“雅”的字音字形關係已經被掩蓋了：

> 夏，《說文》从夊从頁，从兩手兩足，所據古文與《古文四聲韻》所搜《古尚書》字同，上作人頭形，雙手叉腰，下作夊，大徐音胡雅切，或非漢代讀音；王存義《切韻》簡化，上畫圓加點，下作疋，《集韻》收此形，《宋本玉篇》同，在夊部，與《說文》異部，疋部僅四字，音胡假切，又音胡嫁、加下切；《宋本廣韻》“雅”、“疋”、“夏”五下切，同音，在“馬”韻，有“又音”，《鉅宋廣韻》同；《古文四聲韻》引《汗簡》“疋”作古文“足”形，五下切，《汗簡》作足形；夏，《古文四聲韻》引《古尚書》、王文存《切韻》下作古文單足或夊，《汗簡》同《說文》，又有雙手抱頁、下从夊；雅，《古孝經》作足形，與“夏”下部、“疋”相混。①

從字形字音看，古文“疋”與古文“夏”下部、古文“雅”相同或相混，存在將“夏”簡化而作“疋”的可能，“疋”與《古孝經》“雅”因形幾乎相同而混；三字同音，存在即音用字混而不分的可能，又與足、匹等形似而混；“夏”、“雅”使用過程中都與“諸夏”、“夷俗”相對，含義相同，存在混而不分的可能。從詞語

① 《說文》見中華書局影印本1981，p.112下，殷韻初《前言》以大徐反切與漢音不符；北京市中國書店1983影印三冊本《集韻》，中冊p.851；北京市中國書店1983影印本《宋本玉篇》p.190，在夊部，異於《說文》，疋部僅四字；上海古籍出版社1983影印本《鉅宋廣韻》，無頁碼，有周祖謨《前言》；《汗簡 古文四聲韻》中華書局1983，p.45下、5下、13下、24上。

的角度看，“夏”是基礎和意義原點，它分别與“俗”和“邪”相對發展，於是便有了“雅”與“正”的引申義，只是它們引申義已經由“雅”字承擔了，“疋”、“夏”則成了别的詞語的用字。由此，訓為“正”，不是“大雅”、“小雅”、“爾雅”中的本義，而是它的引申義了。用後來的引申義去理解和解釋“爾雅”，掩蓋了“親近夏言”的真實意義，“近正”也就失去了實在的依據。字形上，前述所引“爾雅”如果都用古字形，均改寫為“尒疋”，寫作“尒疋觀古”、“多尒疋之文”、“文章尒疋”、“讀應尒疋”、“尒疋依託”，首先從視覺上切斷與後世“雅”的聯繫，與“正”的聯繫，則更容易揭示出其“爾雅”為“爾夏”的本來面目。其間的“雅俗”、“正邪”義，都是文化在語言中的反映，由文化的原因造成的，具有鮮明的時代文化特徵。《爾雅》在漢末被釋為“近正”，代表了漢代對“爾雅”一語認識的共性，反映的是在漢代大一統局面下“正言其音”的客觀實情，這時的“雅言”，與先秦時的“雅言”或“夏言”，有着時代和地域語言基礎的差異，甚至不同。“爾”的“近”義很可能是語音造成的，用“爾”字對應“近”這個語言單位，目之所及，至少與人稱義同樣早，反映的是先秦甚至西周或更早的語言時代的用字狀況。“爾雅”又是“古之成語”，“爾”字當為“爾雅”“正字”，即誕生之初就寫成“尒疋”，“又作邇”則是流傳與傳抄的結果。“爾”的“近”義由於語音的原因，又寫作“尼”，應該是《爾雅》時代的雅言和規範用字，泥、暱、昵等字在這個意義上與“尼”有分化孳乳的關係，意義變化後分别成為不同詞語的對應用字，在詞語上有同族關係。“爾”在“爾雅”中是“親昵”的“近”義，《左傳》寫成“親暱”，《爾雅》也以“暱”為“近”，或秦漢後才寫成“親昵”，這種通用字的現象應該是相同或鄰近語言時代用字不同的反映。《爾雅》用字現象與可見先秦古籍用字現象的比較，必須建立在厘清各自真實用字的基礎之上。今天見到的《爾雅》與先秦古籍用字經過數千年的流傳，已經不是當初的面目了，但也並不是完全無跡可尋。“爾雅”寫成“雅”字，是秦漢以後的情況，古文寫成“疋”，與《詩經》用字相同，與古文“夏”讀音相同，又具繁簡關係，很可能是同一個字；“夏”與夷、俗相對，後世寫成“雅”也與夷、俗相對，在對應詞語上具有同一性，由於音同音近和社會的原因，“雅”在秦漢以後被定型。“夏”與夷、俗相對的時候被賦予了“高尚”義，與夷、俗之“邪”相對的時候，被賦予了“正”義，訓為“近正”就不能是“爾雅”的“命名之由”；“雅”的“高雅”與“正”義均由“夏”引申而來，“爾雅”的“命名之由”是“近夏”，也就是“親近夏言”，這與《小辯》“辯言”內容是一致的，與《爾雅》搜羅雅言與方言的做法也是一致的。《詩經》中的《小雅》、《大雅》，本字或作“小夏”、“大夏”，相對於各地諸侯而言，指的是中央王庭之樂，《大序》所謂“王政小大”，或為《小雅》、《大雅》本義。

第三章《爾雅》的成書

《爾雅》一書的重要性，不必言說，單就其間保存的珍貴的先秦資料和對訓詁的影響，在語言研究上，就可以說怎麼褒獎都不為過了。但作為研究，不管結果如何，該褒獎還是貶斥，都應該實事求是，盡可能接近於事實，則是學術精神所必須的。信則信之，疑則疑之，未聞則闕，是貫穿整個漢語研究史的重要學術精神和研究原則，也是漢語研究獨有的學術傳統；從實際出發而非理論出發，尊重語言事實而不削足適履，是漢語研究的本質特徵，也是漢語研究學術精神的堅實基礎。自 20 世紀 80 年代以來，《爾雅》的研究熱情和研究成果，可以說是史無前例，但一些最基本的問題仍然讓人困惑。不單研究者，就是一般學習者，提到《爾雅》，其作者、年代、性質等，都是必須首先回答的問題。可惜，至今沒有確切答案。在沒有新證據足以明證之先，這些問題或許不可能真正解決，但厘清現有材料，得出較合理的現階段結論，不至於亂象紛呈，則是可能的和必要的。《爾雅》的作者與成書年代應該是一個問題的兩個方面，一個問題的解決也就意味着另一個問題的解決。關於作者，佔上風的意見是“非出自一時一人之手”，也是折中的結果。

關於年代，概括有兩種：成書於先秦或戰國末，成書於秦漢或晚至西漢末。“非出自一人之手”即“集體創作”，是一個模糊的表述，可以有：斷代的集體創作、縱代的集體增補、斷代的“有人收羅訓詁”加後人的不斷增補等等。討論成書，應有界定，只有探討其原始成型之初才是根本，也才有意義，若以今天見到的定型本來談成書，將失去原書的本真而失去意義。清代朱彝尊作《經義考》，《四部叢刊》本卷二百三十七《爾雅上》列舉有歷代有關的說法，從揚雄到郭璞不少於 27 人，幾乎涵蓋了清以前關於《爾雅》作者和年代全部的說法、證據和論辯。從歷史的角度看，大致唐以前沒什麼爭議，宋以後由歐陽修引發，於是爭論不休，但都證據不足。20 世紀 80 年代以來，學者作了進一步的新探索，取得了新成果，引發新的思考，也有今以度古的嫌疑。

第一節 唐以前時期

這一時期的重要特徵是：學者只是實際使用《爾雅》，並不刻意關心或專門研究它的作者與年代。最早大量使用《爾雅》的應該是《毛傳》，司馬遷的大量運用則主要集中見於《史記》中引用先秦文獻，揚雄的說法見於有爭議的《西京雜記》，其《方言》中兩條關於“雅”的記載存在異議；到了東漢，鄭玄因為與許慎爭論經義才首先觸及；自此，關於《爾雅》作者、年代等問題才被陸續提及，乃至正式闡述。劉熙《釋名·釋典藝》將《爾雅》編列在《國語》之後、《論語》之前，應該代表了整個漢代對《爾雅》產生年代的基本觀點。直至唐代，無論《爾雅》是周公所作或孔子門人所作，但為先秦故籍，則沒有異議。這一時期最具代表性的有兩個：張揖的《爾雅》研究體現在《廣雅》中，他的《上廣雅表》則是對《爾雅》的梳理、評價和結論，也是自《爾雅》問世以來第一次較為全面的分析研究，代表了自漢以來研究《爾雅》的最高學術水準，對後世產生了深遠的影響，以致清以前的評價大都未出其範圍；郭璞的研究集中體現在對《爾雅》的注釋和序言中，其餘則散見於他的其他的注釋，郭璞是《爾雅》的巨大貢獻者，是今所見《爾雅》全本的源頭和閱讀的階梯。隨着郭璞注釋通行，無出其右的其他注釋隨之逐漸消亡。《廣雅》全依《爾雅》，兩書比較，可以幫助理解《爾雅》，比如前三篇的分篇依據；流傳過程中僅隋曹憲有過避諱煬帝楊廣的《博雅音》，或反倒存真，又經清代巨匠王念孫藉以"證其所得"，其價值大大提高。郭璞注《爾雅》"還"字詞於實際語言環境，可以看到《爾雅》字詞的一般分佈情況，尤其集中使用"今俗語"進行訓釋，成為前期訓詁的一種飛躍：漢語的古今、漢字的古今，是漢語自身及其交際方式的時間延續，與歐洲語言，比如英語、法語，跟拉丁語、古希臘語等的聯繫有着本質的區別。

一、張揖《上廣雅表》

張揖在《上廣雅表》中以"無正驗"的方式梳理了口口相傳的《爾雅》的來源，敍述的語氣與鄭玄相類，也不是肯定的話，但都相信是先秦的作品。上《表》是一件十分嚴肅的事，稍有不慎，其"死罪死罪"的話，就絕不可能只是格式化的虛言。據此可以相信，《表》中所言，既是研究所得，也是嚴謹審慎之言，應該代表了自漢以來人們對《爾雅》的基本認識，或為共識。為了便於討論，特意全文引出，下以《四部叢刊》本為據，中華書局本王念孫

《廣雅疏證》為參照，王氏所注以小字選擇性引出：

博士臣揖言：

王念孫疏證：魏江式《表》云：魏初博士，清河張揖箸《廣雅》。唐顏師古《漢書敘例》云：張揖，字稚讓，清河人，一云河閒人，魏太和中為博士。臣聞：昝在周公，纘述唐虞，宗翼文武，克定四海，勤相成王，踐阼理政。"阼"，各本訛作"祚"，惟影宋本不訛。日昊不食，坐而待旦，德化宣流，越裳倈貢，嘉禾貫桑，六年制禮，以導天下；箸《爾雅》一篇，以釋其意義。各本脫"意"字，邢昺《爾雅疏》引此已然。《蓺文類聚》則引作"釋其意義"。案：《神仙傳》云："噴墨皆成文字，滿紙各有意義"，又云："小小作文皆有意義"，是"意義"連文之證，今據補。傳虧後孠，曆載五百。墳典散落，唯《爾雅》恒存。《禮三朝記》：《蜀志·秦宓傳》注引劉向《七略》云："孔子三見哀公，作《三朝記》七篇"，今在《大戴禮》。案：《大戴禮》千乘、四代、虞戴德、誥志、小辨、用兵、少閑七篇是也。下文出《小辨篇》。哀公曰："寡人欲學小辨以觀於政，其可乎？"孔子曰："《爾雅》以觀於古，足以辯言矣"；《大戴禮》盧辯注云：爾，近也，謂依於《雅》、《頌》；孔子曰："詩可以言，可以怨，邇之事父，遠之事君，多識鳥獸草木之名也。"是盧氏不以《爾雅》為書名。案：彼文云："循弦以觀於樂，爾雅以觀於古"，謂"循乎弦"、"爾乎雅"也，盧說為長。《春秋元命包》言：子夏問："夫子作《春秋》，不以初、哉、首、基為始，何？"《春秋元命包》，《春秋讖》也，後漢張衡以為漢世虛偽之徒所作，《張衡傳》載之詳矣。云"作《春秋》不以初、哉、首、基為始者"，當是釋《春秋》元年之義；《公羊傳》云：元年者，何？君之始年也。《爾雅》云："初、哉、首、基、元始也"，《春秋》不以初、哉、首、基等字為始，而獨以"元"為始，故釋之。與是以知周公所造也。率斯以降，超絕六國，越踰秦楚。各本作"越秦踰楚"，《爾雅疏》引作"越踰秦楚"。案："超絕"、"越踰"相對為文，疏所引者是也。今據以訂正。爰曁帝劉，魯人叔孫通撰置《禮記》，文不違古。《後漢·書曹褒傳》有班固所上叔孫通《漢儀》十二篇。今俗所傳三篇《爾雅》，或言仲尼所增，或言子夏所益，或言叔孫通所補，或言郙郡梁文所考，陸德明《經典釋文·敘錄》云："《釋詁》一篇，蓋周公所作，《釋言》以下，或言仲尼所增，子夏所足，叔孫通所益，梁文所補，張揖論之詳矣。"邵氏二雲曰：《漢書·藝文志》：《爾雅》三卷二十篇，張揖謂周公箸《爾雅》一篇，今所傳三篇，為後人增補，是張揖所謂"篇"，即漢書所謂"卷"，猶云"周公所作衹一卷，後人增補，乃有三卷耳。"陸氏乃以周公所作為二十篇之一，殆考之不審，以致斯誤。"郙"，各本訛作"制"，今據《說文》訂正。考《爾雅疏》引作"箸"，疑本作"箸"，訛作"者"，又訛作"考"也。《直齋書錄解題》引此作"考"，則南宋本已訛。皆解家所說，先師口傳，既無正諭，聖人所言，是故疑不能明也。夫《爾雅》之為書也，文約而義固；其敶道也，精研而無誤；真七經之檢度，學問之階路，儒林之楷素也。鄭注《士喪禮》云："形法定為素"。若其包羅天地，綱紀人事，權揆制度，發百家之訓詁，未能悉備也。臣揖誠惶誠恐，頓首頓首，死罪死罪。

《四部叢刊》本王念孫著《廣雅疏證·上廣雅表》，中華書局 1983 年本王念孫《廣雅疏證·上廣雅表疏證》p. 3。

這篇《表》是迄今見到的關於《爾雅》作者、年代、流傳、特點、功用、內容等最早、最全的資料，在《爾雅》研究中佔有特殊重要地位。由於直到隋曹憲才有《博雅音》，到清代才有王念孫作注，其本來面目或反存其真。張揖作《廣雅》全依《爾雅》，除了擴充字詞、增加內容外，無論分篇、訓釋、用語等，均與《爾雅》全同，因此，分析《廣雅》對研究《爾雅》具有不可替代的重要作用；再加上代表清人小學成就高峰的王念孫為之作注，分析研究《廣雅》相對於《爾雅》

便更容易些，也看得更清楚些。周公是西周初年周文王時代的人，加上攝政，歷經三代。張揖秉承孔子尊周公的傳統，在《表》中濃墨盛讚周公，認為周公作《爾雅》一篇，也就是王念孫考證的一卷，即那時的《爾雅》是一卷，到了劉向、班固時才是三卷，並分為上、中、下。由於卷數的差異和成書材質的合理推斷，即使是周公所作，其內容也應該比後世見到的三卷二十篇少，甚至少很多，所以才有了後人增補的說法。張揖認為周公所作的依據是《禮·三朝記》和《春秋讖》的《元命包》，《三朝記》中的"爾雅"被北周盧辯注為"依於《雅》、《頌》"，王念孫以對文依據認為"盧說為長"，因而張揖的話便顯得似是而非，由於《元命包》早在東漢就有張衡批評為"虛偽之徒"所作，可信度是個問題，或不當為據，於是，張揖之論便被認為是依託之詞而不能成立。概括起來，此兩條證據都應該仔細甄別，去偽存真：《大戴》中的"爾雅"有一個認真分析，合理認識的問題，應當持之有據；讖緯之書出於哀平之世，流行於東漢，是迎合時政的非"正統"之術，充滿了神秘色彩，但既然作為那一時代的流行之作，或剟其瑕礫，搴其蕭稂，亦"必有可觀者焉"：

> 至于圖中訖于成帝，一卷之書，互異數事。聖人之言埶，無若是，殆必虛偽之徒以要世取資。往者侍中賈逵摘讖互異三十餘事，諸言讖者皆不能說。至於王莽簒位，漢世大禍，八十篇何為不戒？則知圖讖成于哀平之際也。且《河洛》、《六藝》篇錄已定，後人皮傅，無所容簒。
>
> 《續四部叢刊》本《後漢書·張衡列傳》

> 褒既受命，乃次序禮事，依准舊典，雜以五經、讖記

之文，撰次天子至於庶人冠、婚、吉、凶、終、始制度，以為百五十篇，寫以二尺四寸簡，其年十二月奏上。

《續四部叢刊》本《後漢書·張曹鄭列傳第二十五》

從張衡所説和曹褒所做的情況看，讖緯之圖書雖"殆必虛僞之徒以要世取資"之作，也不可因虛僞之徒所作而一概虛僞之，曹褒"依准舊典，雜以五經、讖記之文"的做法應當借鑒。或以圖讖出於哀平之際，論定《爾雅》最終成於哀平時，證據與結論之間似無必然聯繫[①]。張揖上《表》所説"今俗所傳三篇《爾雅》"，應該是真實地反映了《爾雅》在整個漢代的基本流傳情況：從《毛傳》到《史記》，再到《方言》，整個西漢時期的《爾雅》也許只是"俗所傳"而已，符合先秦古籍在漢代流傳的一般特徵，也符合今文經學如日中天的西漢學術實情。司馬遷作《史記》，用《爾雅》式的訓詁使用先秦舊籍，揚雄據《爾雅》作《方言》，也都只是把它作為一般古籍使用而已。《方言》中兩處提到"雅"，對"雅"的爭辯，或始於後人不滿於郭璞的注釋，直到今天大概也沒有統一認識。根據揚雄的史跡和作《方言》的情況，《方言》與《爾雅》內容的比照，其間的"雅"當與《爾雅》相關，或較為合理。

二、揚雄《方言》

今以《四部叢刊》本戴震《方言疏證》本為據，周祖謨《方言校箋》及別本為參考，作分辨嘗試。郭注括弧為引用所加：

《方言》：敦、豐、厖、夼、憮、般、嘏、奕、戎、京、奘、將，大也。凡物之大貌曰豐。厖，深之大也。東齊海岱之

① 參看周祖謨《問學集·爾雅作者及其成書之年代》。

間曰豐，或曰幠；宋、魯、陳、衛之間謂之嘏，或曰戎。秦晉之間凡物壯大謂之嘏，或曰夏。秦晉之間凡人之大謂之奘，或謂之壯。燕之北鄙、齊楚之郊或曰京，或曰將，皆古今語也。初別國不相往來之言也，今或同。而舊書雅記故俗語，不失其方，而後人不知，故為之作釋也。

郭璞注：（皆古今語也）語聲轉耳。（不失其方）皆本其言之所出也。雅，《小雅》也。（為之作釋也）《釋詁》、《釋言》之屬。

戴震《方言疏證》："雅記故俗"謂常記故時之俗。郭注："雅"，《爾雅》也，以"雅記"對"舊書"，失之。《方言》此條，自明其作書之意：謂舊書所常記故習之俗，所語本不失其方，而後人不知，是以作《方言》以釋之。郭璞不達其意，以為指《爾雅》《釋詁》、《釋言》，亦失之。

《續四部叢刊》本戴震《方言疏證》

王念孫《方言疏證補》：敦、大，語之轉。幠，各本訛作憮，今訂正。"雅記故俗"謂常記故時之俗。郭注：雅，《尒雅》也，以"雅記"對"舊書"，失之。尒，古爾字，各本訛作小，據下云"《釋詁》、《釋言》之屬"，當作"尒雅"甚明。《方言》此條，自明其作書之意，謂舊書所常記故習之俗所語，本不失其方，而後人不知，是以作《方言》以釋之。郭不達其意，以為指《爾雅·釋詁·釋言》，亦失之。介、夏、幠、厖、嘏、奕、戎、京、壯、將，《爾雅·釋詁》亦云大也。夵、介，古通用。《說文》厖，石大也；夵，大也；嘏，大遠也；奕，大也；奘，駔大也。《廣雅》寷、般、敦，大也，義本此。豐、寷古通用。

《六府文藏》本王念孫《方言疏證補》

錢繹《方言箋疏》：雅，當如郭氏解。若以“雅”為“常”，下節“古雅”訓“古常”，尤不成辭，且“舊書”二字亦不類漢人句法。盧氏云：“書雅”當連文，“記”謂“記載”，“故”謂訓故，俗語，鄉俗之語。為之作釋，乃自明其作書之意，此則不當如郭所云耳。

《六府文藏》本清錢繹《方言箋疏》

《方言》：假、狢、懷、摧、詹、戾、艐，至也。邠，唐、冀、兗之間曰假，或曰狢；齊、楚之會郊或曰懷；摧、詹、戾，楚語也；艐，宋語也；皆古雅之別語也，今則或同。

郭璞注：雅，謂《風》、《雅》。

中華書局1993年本周祖謨校箋《方言校箋》，p. 5

此兩處“雅”均有爭議，由揚雄“而舊書雅記故俗語不失其方”所引發。前述戴震、盧文弨、王念孫、錢繹、黄侃等，句讀各異，文意不明。黄侃《論學雜著·聲韻略說》認為七字連讀，“言舊書雅記中所載故時之俗語也”①，似圓通而句義無據。先恩師劉君惠先生、學長李恕豪、楊剛、華學成合著《揚雄方言研究》，客觀公允評價郭璞《方言注》，並以《方言》自身體例中肯地指出其存在的問題：

《方言》“大也”條、“至也”條：郭氏認為“雅記”之雅乃“《爾雅》也”，“古雅”之雅“謂風雅”也，“作釋”之釋是“《釋詁》《釋言》之屬”，殊失《方言》之旨。這兩條是子雲自明作《方言》的意圖的話，上一句的意思是：本條上

① 黄侃著《論學雜著》，上海古籍書店1980，p. 102。

列的各個詞都是古今語，當初也許是各地互不相通的話，現在有的已經一樣了。舊書中用雅言記載的故時俗語沒有失去本來面貌，而後人已經不懂，所以替他們做解釋。後一句的意思是：本條上列的各詞都是古代雅言的分別語，現在有的就一樣了。關於這兩句話，清代學者，如戴震、丁傑、盧文弨、劉台拱、王念孫等人都有自己的解釋（詳見《方言疏證》、《重校方言》、《方言補校》、《方言疏證補》），近人吳予天也提出了自己的看法（見《方言注商》），可謂眾說紛紜，莫衷一是，其實沒有一人能完全說對的。

巴蜀書社 1992，p. 291–292

郭璞的意思是：《詩》中言語，其來有自，後人不知，所以《爾雅》之類的"雅書"為之訓詁，即所謂"《釋故》、《釋言》之屬"。依文意，兩個"雅"的含義應該是一致的：揚雄的意思應該是"舊書雅記故俗語""不失其方"，不是《詩》之《大雅》、《小雅》"記故俗語""不失其方"。戴震明《方言》體例，獨具慧眼，讀為"舊書常記故時之俗"，"語"屬下讀，似待商榷，且訓"雅"為"常"，似強為之說。盧文弨"書雅"連文，"記"訓"載"，"故"訓"訓故"，句義為"舊書雅記載所訓釋的鄉俗之語"，則"書雅"既無着落又無先例，"鄉俗之語"或與揚雄的"方言"所指有誤，也與今所見《方言》的實際不符。王念孫訓"雅"為"常"，讀為"謂舊書所常記故習之俗所語"，斷句為"語"屬上讀，則"雅記"讀為"恒常記載"，亦似強為之說。錢繹贊同郭璞所言，但沒有理由。黃侃"七字連讀"，讀為"言舊書雅記中所載故時之俗語也"，則實際上是讀成"舊書、雅記"和"故俗語"，句義上"所載"沒有着落，是人為增添的。先恩師、學長們《揚雄方言研究》讀“雅”為“雅言”，則“雅記”讀為“用雅言記載”，另出新說。從《方言》行文文意看，“初別國不相往來之言也，今或同”和“皆古雅之別語也，今則或同”是評論的話，是針對所列字詞說的：所解字詞都是先前別國不相往來時的用字用詞，都是故書、故《雅》中的別國之語，現在差不多都一致了；“而舊書雅記故俗語，不失其方，而後人不知，故為之作釋也”，才是作《方言》之所由，也就說，“後人不知”的是“不失其方”的“舊書雅記故俗語”。細讀起來，《方言》“大也”條當有幾層意思：“豐”、“大”揚雄時代都是雅言，只是“豐”只對“凡物大”而言，“大”則一切之大，外延有差異；其間又有“深之大”、“凡物之壯大”、“凡人之大”的地方語，這些都是古語並被沿用至今，即所謂“古今語也”，都是當初各個諸侯國之間不相往來所操的本地方言，眼下這些地方說的話有的已經不再分別了，不過，先前流傳下來的舊書、舊《雅》所記載的過去那些方言俗語，都有實在的國別來源，但這些具體的國別，後來的人卻不知曉其來由了，所以才將這些字詞列舉出來進行解釋。下文“皆古《雅》之別語”，與本條相呼應，也是“皆古今語也”、“初別國不相往來之言也，今則或同”，這些“別國語”都保存在“舊書”、“舊雅”中，“古《雅》”即“舊《雅》”，“古雅之別語”即“古代《雅》書中所保存的別國語”。揚雄所謂“語”，指的是當時人所操之語，以及依據當時各地實際的發音而對應的漢字，所列舉的漢字讀音也就是當時各地的實際讀音。以此讀之，或合文意。用現代標點來讀，或當讀為：“而舊書、雅”、“記”、“故俗語”，意為“不過古代一般書籍及特定“雅書”，比如《爾雅》、《小爾雅》之類，所記載的先前列國地方語”，漢時《小爾雅》也直呼《爾雅》，《汗簡》“琼”在今《小爾雅》[1]；“舊”分別修飾“書”和“雅”，指的是“舊書”、“舊雅”。其中“故俗語”即“舊方言”，是《方言》一書的詞語來源，符合據《爾雅》作《方言》的實際，也符合“今或同”、“今則或同”的文意。錢繹所謂“且‘舊書’二字亦不類漢人句法”，或為不審。其實，將先前之書或文章通稱為“舊書”，不僅符合漢人句法，且《左傳》已有先例，《詩·周頌·文王》則有“周雖舊邦”；東漢荀悅《前漢紀》的序言、《孝哀皇帝紀·下》也是將先前古籍概稱為“舊書”的，范曄記載曹褒“次序禮事”，也是將典籍稱為“舊典”；這個“典”與常璩《華陽國志》記載揚雄“典莫正於《爾雅》，故作《方言》”的“典”，含義是相同的：

楚令尹圍請用牲，讀舊書，加於牲上而已。

杜預注：舊書，宋之盟書。楚恐晉先歃，故欲從舊書加於姓上，不歃血，經所以不書盟。

《四部叢刊》本《春秋經傳集解·昭元第二十》

中華書局《十三經注疏》p. 2020上

竊惟其宜，謹約撰舊書，通而敘之，揔為帝紀。

《四部叢刊》本漢荀悅撰《前漢紀·前漢高祖皇帝紀·卷第一》

歆奏請立《左傳》、《毛詩》、《逸禮》、《古文尚書》，諸儒緘不聽。歆移書太常博士，責讓之曰：《尚書》、《左氏》皆古文舊書，並藏于秘府。

此數家之事，皆先帝所親論。今上所考，視其為古文舊書，皆有明驗，內外相應，豈苟而已哉。

《四部叢刊》本《前漢紀·前漢孝哀皇帝紀下·卷第二十九》

① 《汗簡》p. 24上：“力向切，見《古爾雅》”，在今《小爾雅》。

可見，將先前流傳下來的古籍乃至一份盟書稱為“舊書”，若被看重，則稱為“舊典”，是有歷史傳統的。揚雄是根據《爾雅》創作《方言》的，這已經成為常識，甚至公論，抑或近於事實，只是出發點與編排體例不同而已，兩書相較，真相自現。現存最早的地方誌，晉常璩的《華陽國志》，關於揚雄作《方言》有專門的記載：

> 以經莫大抡《易》，故則而作《太玄》；傳莫大抡《論語》，故作《法言》；史莫善抡《蒼頡》，故作《訓纂》；賦莫弘抡《離騷》，故反屈原而廣之；典莫正抡《爾雅》，故作《方言》。初與劉歆、王莽、董賢同官，並至三公，雄曆三帝，獨不易官。年七十一卒。自劉向父子、桓譚等，深敬服之。其玄源淵懿，後世大儒張衡、崔子玉、宋仲子、王子雍皆為注解。

《四部叢刊》本《華陽國志·卷十上》；又，劉琳校注本《華陽國志》巴蜀書社 1984，p. 705 ，此本目前最善。

劉琳校注本“《訓纂》”下有“箴諫莫美于《虞箴》，故作《州箴》”句；校注以為“其玄”句“玄”上脱“玄”字，當作《玄》，校注是。張衡、崔瑗所注無考，《續四部叢刊》本《隨書·經籍志》有《太玄經》宋衷注、王肅注。由“典莫正於《爾雅》”可以知道，到了晉代，《爾雅》是作為典籍而遵從的。從鄭玄“以釋“六藝之言””、王充“五經之訓故，儒者所共觀察”的話來看，東漢也應該是作為先前典籍來遵從的。從漢初到西漢末年的揚雄，人們對待《爾雅》，如同對待其他古籍一樣，比如經書以外的別的先秦流傳下來的古籍，只是重視其功用，並不刻意追究其作者、年代之類的問題，這對推究《爾雅》作者和年代是一個應該注意到的重要因素。或以《爾雅》哀平之際才顯現於世為據，論定《爾雅》最終寫定或成書於此，證據與結論之間似有瑕疵。

三、鄭弦、王充說

西漢如此，東漢更是如此。今天所知的最早直接涉及《爾雅》作者與年代的是東漢的鄭玄，在說到《爾雅》作者和成書年代時，使用了十分謹慎的語氣。鄭玄的“《爾雅》作者、年代說”，見於唐孔穎達疏《毛詩·黍離》時的引用，從孔穎達疏《毛詩·汝墳》的引用才知道是鄭玄《駁五經異義》中的話，原著已失，只能根據孔穎達的引用進行分析：

> 玄之聞也，《爾雅》者，孔子門人所作，以釋“六藝”之言，蓋不誤也。
>
> 《十三經注疏》上冊，《毛詩正義注疏》p. 330 下

鄭玄生於東漢順帝永建二年（西元 127 年），卒於東漢獻帝建安五年（西元 200 年），是著名的經學大師，享有極高聲譽，其學史稱“鄭學”，代表了東漢經學的高峰，更是漢代今古文經學的集大成者。他一生遍注群經，兼及其它古籍，其注有《詩》、《書》、《易》、《禮》、《春秋》、《論語》等 60 餘種、350 餘卷（篇），其訓詁與訓詁學成就也首屈一指①。在訓詁上，率先集中使用日常用語進行訓釋，預示着訓詁方法的變革，為後來郭璞訓詁所繼承。鄭玄卒後 20 年，東漢滅亡。孔疏《毛詩》，所引用鄭玄《駁五經異義》的話，其他如《大雅》之《靈臺》、《生民》、《臣工》等，皆作“玄之聞也”，可見鄭玄治學之嚴謹。鄭玄的話是對《爾雅》作者

---

① 參看王振民主編《鄭玄研究文集》，齊魯書社，1999 年。

與年代、功用與目的表述，或可以看作是整個東漢時期人們對《爾雅》的實際看法，或為真實情況。“蓋不誤也”是推斷的話，代表了鄭玄的傾向性意見。其實在鄭玄之先，王充“疾虛妄”而作《論衡》，就涉及到了《爾雅》，主要集中見於《是應篇》，雖只是涉及了《爾雅》的功用，卻道出了《爾雅》在東漢使用的基本情況。下引自《四部叢刊》本，別本為參考：

> 《爾雅·釋四時章》曰：“春為發生，夏為長嬴，秋為收成，冬為安寧；四氣和為景星。”夫如《爾雅》之言，“景星”乃四時氣和之名也，恐非著天之大星。《爾雅》之書，五經之訓故，儒者所共觀察也，而不信從，更謂“大星”為“景星”，豈《爾雅》所言“景星”與儒者之所說異哉！
>
> 《四部叢刊》本王充著《論衡》卷十七《是應篇》

王充所引《爾雅》文，今《四部叢刊》、《十三經注疏》本在《釋天》的“祥”類，其內容仍說的是“四時”，與前文“四時”的內容相一致，但說的是四季之“風”；《尸子·仁意》也有此語，但說的是四季之“氣”，到了漢代，“氣”是具有特定含義的用語，或為術語；與王充“四時之氣”的說法相合，但稱謂有異：

> 春為發生，夏為長嬴，秋為收成，冬為安寧。
>
> 四時和為通正，謂之景風。
>
> 《爾雅·釋天》
>
> 春為發生，夏為長嬴，秋為方盛，冬為安靜；
>
> 四氣和為通正，此之謂永風。
>
> 《四部叢刊》本清孫星衍輯《尸子》；

汪繼培輯本作“其風春為發生”，見《二十二子·尸子》上海古籍出版社1986，p. 371下。

王充的說法與鄭玄相一致，反映出那時只是將《爾雅》作為先前的舊書、典籍，並應用於解經，至於作者、年代之類，則並不關心或根本不知道；荀悅記載的“皆古文舊書”、直至張揖的“今俗所傳”，應該正是那一時代的真實寫照。由此觀之，《爾雅》在整個漢代只是代代相傳，具體運用而已，即使是史家、經師、專家等，如司馬遷、鄭玄、揚雄，也既不關心抑或也不知道《爾雅》的真正來源。王充、《爾雅》、《尸子》的三處文字互有出入，比較起來，今所見《爾雅》的記載稍優：

> 穹蒼，蒼天也。天形穹隆，其色蒼蒼，因名云。春為蒼天，萬物蒼蒼然生。夏為昊天，言氣皓旰。秋為旻天，旻，猶湣也，湣萬物雕落。冬為上天。言時無事，在上臨下而已。四時春為青陽，氣青而溫陽。夏為朱明，氣赤而光明。秋為白藏，氣白而收藏。冬為玄英，氣黑而清英。四氣和謂之玉燭。道光照。春為發生，夏為長贏，秋為收成，冬為安寧。此亦四時之別號。《尸子》皆以為太平祥風。四時和為通正，道平暢也。謂之景風。所以致景風。甘雨時降，萬物以嘉，莫不善之。謂之醴泉。所以出醴泉。
>
> 祥《四部叢刊》本晉郭璞注、晉闕名撰音釋《爾雅·釋天》

《爾雅》的記載整齊劃一，與《爾雅》通篇的體例一致。上引內容是一種理想狀態，反映的是《爾雅》作者對無害季節的追求和嚮往：“四時”說的是四季中天的名稱，“氣”說的是四季中氣候、天氣的稱謂，“風雨”是人們對季節最典型的感受，直接影響作物的生長與收成，這是農耕文明的命脈。王充的“景星”說邏輯上不如《爾雅》的“景風”，《尸子》的“安靜”顯然晚於《爾雅》的“安寧”，這可以從叔向、成鱄解《詩》及其它先秦古籍中得到印證。《尸子》原書已佚，轉相稱引，錯亂難免。

四、郭璞說

張揖以後，郭璞“沉研鑽極二九載”作《爾雅注》，成為今天能見到的最早的《爾雅》完注本，先前的各種注釋從此逐漸消失殆盡，因此，郭璞的《爾雅注》實際上代表了《爾雅》研究一個時代的終結和另一研究時代的開始，成為後世閱讀和研究《爾雅》的重要橋樑，具有里程碑的重要意義。郭璞對《爾雅》作者和年代的考察和研究，其結論存於《爾雅注·序》中，採用了較之張揖更為圓通的說法，用的也是不加肯定的委婉語氣。為了便於與張揖比較，詳為引出，仍以《四部叢刊》本為據，別本為參考：

> 夫《爾雅》者，所以通詁訓之指歸，敘詩人之興詠，總絶代之離詞，辯同實而殊號者也。誠九流之津涉，六藝之鈐鍵，學覽者之潭奧，摛翰者之華苑也。若乃可以博物不惑，多識於鳥獸草木之名者，莫近於《爾雅》。《爾雅》者，蓋興於中古，隆於漢氏。豹鼠既辯，其業亦顯。英儒贍聞之士，洪筆麗藻之客，靡不欽玩耽味，為之義訓。璞不揆檮昧，少而習焉，沈研鑽極，二九載矣。雖注者十餘，然猶未詳備，並多紛謬，有所漏略。是以復綴集異聞，會粹舊說，考方國之語，採謠俗之《志》，錯綜樊孫，博關羣言：剟其瑕礫，搴其蕭稂；事有隱滯，援據徵之；其所易了，闕而不論。別為《音圖》，用祛未寤。輒復擁篲清道，企望塵躅者，以將來君子為，亦有涉乎此也。

《四部叢刊》本郭璞《爾雅注》

北京市中國書店 1985 年影印光緒十年上海同文書局本《爾雅音圖》

兩《序》相較，張揖重在《爾雅》的沿革，郭璞重在目的與功用。郭璞首先言及的是《爾雅》的著述目的：通訓詁，敘興詠，聚離辭，辯名實；其次是功用：讀諸子，解經傳，讀書為文，博物不惑；其次是模糊的《爾雅》年代和流傳；最後是作《爾雅注》的原因、方式和期望。郭璞所謂"蓋興於中古，隆於漢氏"，是概括《爾雅》距當時以前前兩代的話：漢氏為近古，中古只能是先秦。"興"是"興起"的意思，"隆"是"興盛"的意思；原文看不出有"周公所作"的意思[①]，陸德明《爾雅音義》"中古，謂周公也"的說法或有誤，據《經典釋文·序錄》"張楫論之祥矣"的話[②]，抑或依於張揖而論定為周公。原文將"中古"、"漢氏"依次排列，"中古"確指為先秦，文意是十分明確的，坐實於周公，或非郭璞原意。與郭璞同時代人左思作《蜀都賦》，則是將"上世"、"中古"依次排列，"漢氏"為近古，也是十分明確的：

左思《蜀都賦》：夫蜀都者，蓋兆基於上世，開國於中古。

六臣注：惠王二十七年，使張若與張儀築成都城。其後置蜀郡，以李冰為守。《地理志》曰："蜀守李冰，鑿離堆，穿兩江，為人開田，百姓饗其利。"是時，蜀人始通中國，言語頗與華同。故言"開國於中古"也。

《四部叢刊》本六臣注《文選·卷第四·左太沖蜀都賦》

郭璞所謂"興於中古，隆於漢氏"，指的是《爾雅》產生於先秦，至遲產生於戰國；到了漢代，《爾雅》便廣泛流傳開來，主要表現為習得和注釋，"注者十餘"當自犍為文學以降，意思應該是明白無誤的。郭璞對《爾雅》產生年代和流行漢世的判斷，應該是

① 中華書局1983年本陸德明《經典釋文》，p. 407上。

② 中華書局1983年本陸德明《經典釋文》，p. 17下。

"沈研鑽極，二九載矣"的結果，據前述《大戴禮》、《史記》、《方言》、王充、鄭玄、張揖等的史實，郭璞的結論應當是可信的。至此，從《大戴禮記》到張揖，關於《爾雅》的作者與年代，並沒有實在的、有據可查的確切記載，在整個西漢時期，這一問題也沒有人專門考證，《爾雅》在這一時期的流傳狀況，與其他先秦古籍在此時的流傳情況相一致；東漢時期《爾雅》的流傳、使用、研究的情況充分顯現出來，這應該與今文經學的式微與古文經學的興起有關，鄭玄、張揖的《爾雅》作者與年代說只是根據"聽說"；自王充始，他們都並不清楚《爾雅》作者與年代的真實情況，也無史可依，無據可查。西漢是今文經學如日中天的時期，其特點是師承與家法，容不得半點越距行為，《爾雅》解經因不合時宜而不成氣候，雖也研習《爾雅》，也只是"俗所傳"而已；東漢今文經學式微，師承、家法斷裂，學習理解先秦經典注重原文原意漸成氣候，古文經學由此興盛，《爾雅》用於解經成了時代需要，有必然性，這在客觀上極大提高了《爾雅》的地位，王充的"《爾雅》之書，五經之訓詁，儒者所共觀察"，應該正是這一時代的真實寫照。這一時期學者們的共識是：《爾雅》不是漢代的作品，而是先秦的產物，應該是十分清楚的。

第二節　清以前時期

一、歐陽修說

宋代是中國歷史上一個重要時代，經濟、文化、科技發展空前繁榮，中國特有的統治思想學說的"經學"，也在這時發生了重大轉折，關於《爾雅》作者與年代，也於此時出現新説，讓人耳目一新。率先對漢以來“《爾雅》作者、年代説”大膽提出質疑的是北宋歐陽修，“説《詩》博士解詁”的話一出，不僅在當時產生巨大影響，甚至後來最具權威的清代《四庫全書》的權威編撰者們也受其影響。歐陽修的《爾雅》作者、年代説的提出，是從質疑的角度説出來的，不是專門針對《爾雅》作者、年代進行研究而得出的結論，這一點在引用歐陽修説時，應該予以重視。《詩本義》針對漢以來的權威學説，指出《毛詩》、《鄭箋》的錯誤和不足，探求《詩》的本來面目，著作名“詩本義”即為著述目的。《詩本義》的成就空前，影響巨大，直至今日的《詩》學研究，《詩》之本義也是出發點和立足點，可見其影響之深遠[①]。但必須再次強調，歐陽修提出的“秦漢説”，並不是專門、客觀論證《爾雅》的作者與年代，而是在批評毛、鄭時“順便”就此一説。歐陽修提出《爾雅》非聖人所作的質疑，首先針對的是《毛詩》、《鄭箋》所釋的“鴟鴞”：

> 諸儒用《爾雅》謂“鴟鴞”為“鸋鴂”。《爾雅》非聖人之書，不能無失。其又謂“鸋鴂”為“巧婦”，失之愈遠。今鴟多攫鳥子而食，鴞，鴟也。
>
> 《四部叢刊》本，歐陽修著《詩本義·卷五·鴟鴞》

《爾雅·釋鳥》原文：“鴟鴞，鸋鴂。”《爾雅》原文只是列出了“同實而異名”，目的或為“多識於鳥事草木之名”，並未作任何具體解釋，應該沒有什麼錯誤。今人動物學家郭郛作《爾雅注

① 參看陳冬根《歐陽修“詩本義”的詩學闡釋》，河南省社會科學院《中州學刊》2007年第2期。

證》，對此條進行了考察：

> 《詩》傳及《說文》用《爾雅》孔疏引舍人曰：鴟鴞，一名鸋鴂。韓詩傳及陸機疏均同鴟鴞。郭郛注：鴟（chī）、鴞（xiāo），鴟鴞科（Strigidae），通名貓頭鷹；鸋（níng）鴂（jué）、啼鵙、大杜鵑（cuckoo，Cuculus cunorus），鵑科，生殖季節鳴叫。啼鴂又可釋為貓頭鷹類，屈原《離騷》：恐啼鴂之先鳴，百草為之不芳。啼鴂是貓頭鷹類或杜鵑類，鳴聲引人厭惡。
>
> 郭郛著《爾雅注證》，商務印書館 2013 上下冊本，下冊 p. 649

在沒有任何證據證明"鴟鴞"、"鸋鴂"究竟為何物的情況下，根據《爾雅》原文，後人只能從中獲取"二名同實"的資訊，不可能比舍人"一名鸋鴂"的資訊更多：如果鴟鴞是貓頭鷹，鸋鴂也只能是貓頭鷹或類似貓頭鷹。倒是《爾雅》的另一類訓釋，由於有特徵描述，後人容易根據特徵進行比對，比如關於"熊貓"的爭論：

> 《列子·天瑞篇》青甯生程，程生馬。《釋文》引《尸子》云："程，中國謂之豹，越人謂之貘"，又引《山海經》云："南山多貘豹"，郭注云："貘是豹之白者，今本《西山經》"豹"作"猛豹"，注曰："猛豹似熊而小，毛淺有光澤，能舐食銅鐵，出蜀中。"與《列子》、《釋文》所引不同。蓋貘有二義，故郭注兩釋之，而後人遂刪其一也。然正文既言貘豹，則是白豹之別名，而非食銅之獸矣。貘、猛古字通，猶蚝蛨之為蚝蜢。此皆《爾雅》所謂貘也"；《說文》："貘似熊而黃黑色，出蜀中"，未嘗以為《爾雅》之白貘；《字林》："貘似熊而白黃，出蜀郡；一曰白豹"；然則似熊而白黃，出蜀郡；一曰白豹，然則似熊而白黃者，非白豹明矣。

《四部叢刊》本《詩本義卷二十八》

歐陽修以此非"《爾雅》非聖人之書"，積極意義是"別迷信《爾雅》"，僅此而已；至於到底是不是"聖人之書"，則只有斷言，沒有證據。從歐陽修的原話看，話語的重心在於"俗儒"生搬硬套《爾雅》，拿"聖人之言"嚇唬人，而不在於論證《爾雅》不是聖人之書；因為《爾雅》不是聖人之書，所以不能拿"不能無失"的《爾雅》當金科玉律。可見，歐陽修批判的是"俗儒"的不當行為，而不是貶斥《爾雅》這部書，或許正是為了剝去"俗儒"神聖外衣才這麼說的，因為在那時，即使是歐陽修，也不敢說出"聖人有失"的話。從歐陽修全部有關《爾雅》的評論看，針對的都是"俗儒"，不是《爾雅》，這其實是"神仙掐架，百姓遭殃"，《爾雅》夾在中間，不過是"受害者"罷了。《詩本義》引用和評論《爾雅》，集中見於卷二、卷五、卷十和卷十二，共十一處，涉及評論《爾雅》的除卷五外，還有卷十的"文王"條：

> 《詩》屢言"緝熙"，毛、鄭常以為"光明"，不知其何據也。《爾雅》云："緝、熙，光也。《爾雅》非聖人之書：考其文理，乃是秦漢之間學《詩》者纂集說《詩》博士解詁之言爾。凡引《爾雅》者，本謂旁取他書以正說《詩》之失。若《爾雅》止是纂集說《詩》博士之言，則何煩複引也？《頌·敬之》云："學有緝熙于光明"，毛、鄭說以為"學有光明"，"于光明"，謂賢中之賢，此穿鑿之尤甚者。許慎《說文》："熙，燥也。"孔安國傳《尚書》："熙，廣也。"他書或訓為"安"，或為"和"，隨文義各自不同。而此"熙"訓"廣"，近是矣。緝，績也；績者，接續而成功也。"緝熙"云者，接續而增廣之也。

《四部叢刊本·詩本義卷十》“文王”條

“緝熙”，《詩》、《書》之常語也，而毛、鄭常以為“光明”。至於此《頌》云：“學有緝熙于光明”，然則“緝熙”不為“光明”可以悟矣。而二家對執遂云：“學有光明于光明”，“謂賢中之賢”，此豈為通義哉！“示我顯德行”者，成王荅羣臣見戒之意爾。

《四部叢刊》本《詩本義卷十二》“敬之”條

“鴟鴞”條和“文王”條是直接評價，“敬之”條是對批駁“緝熙”的補充。“鴟鴞”條的核心是“《爾雅》非聖人所作”，因而“不能無失”：《爾雅》有失，因非聖人所作，所以不能全信或全依《爾雅》，這應該是歐陽修此段話的核心。歐陽修“非聖人之書”的理由，大概是針對周公而言的，否認的是“聖人所作”和“聖人之書”。客觀地説，破除迷信心理應該有積極意義，而作為《爾雅》作者與年代的論定依據則是有問題的，或許歐陽修此條的本意並沒有學術意義上斷言《爾雅》作者與年代的意思。“文王”條是歐陽修對《爾雅》作者、年代、內容的具體評判：“考其文理”是依據，依據不成立，結論就不能成就；“秦漢間”是年代，“説《詩》博士”是作者，“解詁之言”是內容。所謂“考其文理”，即考察、審視《爾雅》的行文特徵、內容構成之類，根據其行文方式、用字用語、內容特點等，研究、發現其時代特徵，從而推斷其產生或出現的時代。歐陽修所見之《爾雅》是否與今之所見相同，未可知。今天見到的《爾雅》，經過宋以來歷代學者的研究，均不能通過“考其文理”而確定其時代，只能得到一個初步印象：不像是秦漢人所為。拿張揖《廣雅》對照，這種印象便更加鮮明：雖然張揖完全仿照《爾雅》，所用訓釋用語也無增減，但顯露的漢代烙印卻非常清晰，與《爾雅》的區別十分顯明。據當代著名學者王甯的研究，結論是：不能貿然依據《爾雅》所載進行斷代[①]。所謂"秦漢間學《詩》者纂集"，也與所知歷史事實有衝突：在短命的秦朝，《詩》在全國範圍內從法律上被禁絕；漢武帝以前全社會不具備學《詩》的氛圍和學《詩》致用的社會條件，叔孫通就是例證；《爾雅》體例完備，包羅萬象，規模宏大，不是《詩》可以涵蓋的，《史記》"通一經之士不能獨知其辭"足可以證明。"說《詩》博士解詁之言"，說的是《爾雅》的內容構成。已知的博士定名[②]，始於戰國末年，作為官職應該始於漢武帝時的公孫弘，從"末世口說流行"的戰國末到漢武帝之間，並沒有說《詩》博士的社會生存空間，也沒有可以提供編撰《爾雅》這樣鴻篇巨制所需"解詁之言"的能力，作為秦漢兩朝博士的叔孫通的史跡可謂典型。可見，歐陽修所謂"非聖人之書"、"秦漢間學《詩》者纂集"，不過"就此一說"，並沒有像樣的根據。或許歐陽修此話的本義只是看輕《爾雅》，提醒俗儒別太過迷信《爾雅》而已，不能作為論定《爾雅》作者與年代的定論。下文"若《爾雅》止是纂集說《詩》博士之言，則何煩複引也"的話，或正道出了歐陽修並非真要論定《爾雅》作者、年代的真實意思。至於"緝熙"的理解，歐陽修贊同叔向的解釋，叔向的解釋見於《國語·周語下》，"緝"、"熙"分讀，訓為"光明而加厚"。後人注《爾雅》多以"緝熙"為一

① 參看王寧《訓詁學原理》，中國國際廣播出版社，1996 年，p. 163–168。
② 參看王國維《觀堂集林·漢魏博士考》中華書局四冊本，第一冊，p. 174–217。

語，傳承毛、鄭的解釋，訓為光明，包括它的引申義[①]。“緝熙”一語，《詩》凡四見，或非均為連讀，或當根據章節、內容、背景等，詳考之而後論定，此處或以叔向分讀為長：

《詩》：於緝熙亶厥心。

叔向：緝，明也；熙，廣也。

《詩》：於緝熙亶厥心。

叔向：緝，明也；熙，廣也。其終也，

廣厚其心，以固龢之。

《四部叢刊》本，韋昭解《國語·周語下》；上海書店影印出版社 1987 年影印商務印書館 1934 年版，韋昭解《國語·周語下》，p. 39，40

《詩·大雅·文王》：穆穆文王，於緝熙敬止。

《詩·周頌·維清》：維清緝熙，文王之典。

《詩·周頌·昊天有成命》：於緝熙單厥心，肆其靖之。

《詩·周頌·敬之》：日就月將，學有緝熙于光明。

《四部叢刊》本《毛詩》

叔向解《詩》之“緝”字，後世未見到先秦古籍中有“明”的意思，自《毛傳》始即連讀為“光明”，所以歐陽修譏為“學有光明于光明”。僅就今天唯一能見到的“緝，明也”而言，如果沒有“字訛”之類的傳抄原因，又沒有證據足以正誤的話，叔向訓為“明”，或許只能看作是自有依據，只能看作是那一時代就是這麼理解的。王觀國“蓋詩非一人之所作，其用字各有旨趣，亦不可一概

---

① 參看清王闓運撰《爾雅集解》，撰者連讀，點校者黃巽齋分讀，嶽麓書社 2010，p. 33；徐朝華撰《爾雅今注》，南開大學出版社 1987；胡奇光《爾雅譯注》，上海世紀出版股份有限公司，2012；郭郛《爾雅注證》，商務印書館，2013。

論也”的話[1]，應該很有參考價值。《國語》記載的是周靈王二十三年，即孔子出生前一年的西元前550年，晉大夫叔向聘於周的事蹟，叔向所解可以看作是那一時代的典型訓例，也是那時人們讀《詩》中“緝、熙”的基本見解。《詩》中“緝、熙”，除《文王》外，都出現在《周頌》，其語言應該就是雅言，可能還是“文學語言”，“緝、熙”連用，或為“古之成語”，為文人常用。《爾雅》“光也”條用“光”作為訓釋語，是經過概括而選定的用語，被訓釋字詞只是它的一部分或一個方面：

《爾雅·釋詁》：緝、熙、烈、顯、昭、皓、熲，光也。

“烈”的意思是“火勢猛烈”，也就是“烈火強光”，以“光”訓“烈”，則“烈”表示的是“光的一種”，也就是強光；“顯”是“突出易見”的意思，是“光”的顯明義，也是引申義；“昭”是“照亮”的意思，是“光”的作用或結果；“皓”是“白光”的意思，在光線強弱上傾向於強烈；叔向將“緝、熙”釋為“明、廣”，“明”是光的作用，“廣”則是“光”的特徵之一，是隱藏義，譬如“光被四表”；因此，《爾雅》“光也”條，按叔向的解釋，讀為“緝、熙”，也並沒有什麼不妥。至於後世無“緝”為“光”者，或不能作為《詩》中“緝”沒有“光”義的反證，因為許多用字、詞語，後世並沒有延續，不止於“緝”，而《周頌》又是《詩》中最古的詩，均為西周作品，不少產生於西周初年，時間大約在西元前1100至950年，對叔向來講，都已經是四五百年前事的了。用叔向“明”、“廣”和《爾雅》“光”的解釋去讀《詩》中四處“緝、熙”，應該也沒有什麼不妥：《毛傳》、《鄭箋》

① 見王觀國《學林》p. 76。

籠統地訓為“光明”，也並不錯，只是如果説明所釋依據，或許不至於後人難以理解，甚至誤解。從詞語發展看，由於《詩》四處連用，毛、鄭均籠統訓為光明，後人直接將“緝熙”以“光明”用之，屬於古語的沿用，反映出“緝熙”在沿用時期的情況。叔向的“明”與“廣”，核心仍然是“光”，與毛、鄭籠統的“光明”並無本質差異，根據具體文義，選用不同詞語進行解釋，不偏離其核心意義，應該不是曲解詩意。程俊英《詩經譯注》，就採用了分讀、連讀不同的方式，只是於《敬之篇》分讀，釋“緝”的“字義”為“續”，特別注明與《昊天有成命》之“緝熙”訓“光明”不同義。於《詩》論，可另當別論，而於訓詁，則需論證[①]。

二、鄭樵説

與歐陽修不同，生於北宋末的鄭樵雖也否定《爾雅》為聖人所作，但認為《爾雅》產生於《六經》之後、漢代傳注風行之前，這是一個很長的模糊時段。“俱犇走六經者也”的話，是延續了東漢王充以降的觀念。鄭樵於“緝熙”則連讀，舉例正是歐陽修非難毛、鄭的“學有緝熙於光明”：

> 大道失而後有六經，六經失而後有《爾雅》，《爾雅》失而後有箋注。《爾雅》與箋注，俱犇走六經者也。但《爾雅》約，箋注勞。《爾雅》者，約六經而歸《爾雅》，故約；箋注者，散《爾雅》以投六經，故勞。有《詩》、《書》，而後有《爾雅》，《爾雅》馮《詩》、《書》以作，往往出自漢代“箋”、“注”未行之前，其孰以為周公哉？

① 參看程俊英譯注《詩經譯注》，上海古籍出版社 1985，p. 490、622、625、644。

《四部叢刊》本鄭樵注《爾雅注·序》《爾雅·釋詁》:“緝、熙,光也”條

鄭樵注:《詩》曰:“學有緝熙于光明”,又曰:“休有烈光”。

《四部叢刊》本鄭樵注《爾雅注·釋詁》

作為史學家,鄭樵既注《爾雅》,又作《通志》,於史實當有依據與考證,其“往往出自漢代‘箋’、‘注’未行之前”的話,應當不是隨口而言,較之今天見到的《爾雅》,或應該是事實。鄭樵《爾雅注》在《爾雅》研究中應當引起必要的重視,著名學者周祖謨在《書鄭樵爾雅注後》[①] 一文中予以肯定,或為中肯:“其能不溺於世俗,不違於古,而別有發明者,惟鄭樵爾雅注一書而已”:

夫爾雅一書自清代邵郝兩家注疏出,學者於宋儒之作多已屏置不觀,以為疏略無足取。然余以謂此書能不依傍舊注,別裁新解,其治學之術,誠有足多者。

周祖謨著《問學集·書鄭樵爾雅注後》,中華書局 1981 年上下冊本,下冊,p. 688

鄭樵的“六經之後”、“傳注之前”的論說,用於非“周公所作”,目的也在於剝去“聖人所作”的“神聖”外衣,於客觀的研究《爾雅》,有積極意義。鄭樵研究《爾雅》,有紀傳體中國通史《通志》的背景,其中《七音略》、《藝文略》[②] 等是傳統小學的重要成果,有時代標志的意義,他的評判,較之歐陽修,或更具可信

---

① 參看周祖謨著《問學集·重印雅學考跋》,p. 689;標點依舊。

② 見上海古籍出版社《通志略》,1990;參看薄守生著《鄭樵傳統語言文字學研究·第二、三、四章》中國社會科學出版社,2012。

度，應當引起足夠的重視。

三、《四庫提要》說

清代是傳統經學與小學全面復興的時期，自漢以來經學的三大學派，今文經學、古文經學、理學，相互滲透、融合，走上了頂峰；小學也登峰造極，《爾雅》研究也成就空前，以乾嘉學者為標誌的清代小學站在了歷史的最高峰，並預示着傳統時期的結束，新時期的開啟。關於《爾雅》作者與年代，較之漢代的先秦“周公說”與“孔子門人說”、宋代歐陽修的“秦漢間說”和鄭樵的“六經後、傳注之前說”，卻並沒有新的突破，以《四庫全書總目提要》為代表的官方意見，則受了歐陽修的影響，採取了較為折衷的說法。為了便於後文討論，也特意詳細引出，小字為原文注釋：

> 案：《大戴禮·孔子三朝記》稱：“孔子教魯哀公學《爾雅》”，則《爾雅》之來遠矣，然不云《爾雅》為誰作。據張揖《進廣雅表》稱：“周公著《爾雅》一篇，案：《經典釋文》以揖所稱一篇為《釋詁》。今俗所傳三篇，案《漢志》：《爾雅》三卷，此“三篇”謂“三卷”也。或言仲尼所增，或言子夏所益，或言叔孫通所補，或言沛郡梁文所考，皆解家所說，疑莫能明也。”於作書之人，亦無確指；其餘諸家所說，小異大同。今參互而考之，郭璞《爾雅注·序》稱：“豹鼠既辨，其業亦顯”，邢昺《疏》以為漢武帝時終軍事。《七錄》載《犍為文學〈爾雅注〉》三卷，案：《七錄》久佚，此據《隋志》所稱“梁有某書，亡”，知為《七錄》所載。陸德明《經典釋文》以為漢武帝時人，則其書在武帝以前。曹粹中《放齋詩說》曰：案此書今未見傳本，此據《永樂大典》所引。“《爾雅》毛公以前其文猶略，至鄭康成時

則加詳。如‘學有緝熙于光明’，毛公云：‘光，廣也’，康成則以為‘學於有光明者’，而《爾雅》曰：‘緝熙，光明也’；又‘齊子豈弟’，康成以為‘猶言發夕也’，而《爾雅》曰：‘豈弟，發也’。薄言觀者，毛公無訓；‘振古如茲’，毛公云：‘振，自也’；康成則以‘觀’為‘多’，以‘振’為‘古’，其說皆本於《爾雅》；使《爾雅》成書在毛公之前，顧得為異哉？”則其書在毛亨以後。案：《詩傳》乃毛亨作，非毛萇作，語詳《詩·正義》條下。大抵小學家綴緝舊文，遞相增益，周公、孔子，皆依託之詞。觀《釋地》有“鶼鶼”，《釋鳥》又有“鶼鶼”，同文複出，知非纂自一手也。其書歐陽修《詩本義》以為“學詩者纂集博士解詁”，高承《事物紀原》亦以為“大抵解詁《詩》人之旨”，然釋《詩》者不及十之一，非專為《詩》作。揚雄《方言》以為孔子門徒解釋“六藝”，王充《論衡》亦以為五經之訓故，然釋五經者不及十之三四，更非專為五經作。今觀其文，大抵采諸書訓詁、名物之同異，以廣見聞，實自為一書，不附經義。如《釋天》云：“暴雨謂之涷”，《釋艸》云：“卷施艸，拔心不死”，此取《楚辭》之文也；《釋天》云：“扶搖謂之猋”，《釋蟲》云：“蒺藜，蝍蛆”，此取《莊子》之文也；《釋詁》云：“嫁，往也”，《釋水》云：“瀵，大出尾下”，此取《列子》之文也；《釋地·四極》云：“西王母”，《釋畜》云：“小領，盜驪”，此取《穆天子傳》之文也；《釋地》云：“東方有比目魚焉，不比不行，其名謂之鰈；南方有比翼鳥焉，不比不飛，其名謂之鶼鶼”，此取《管子》之文也；又云“邛邛岠虛負而走，其名謂之蟨”，此取《呂氏春秋》之文也；又云：“北方有比肩民焉，迭食而迭望”，《釋地》云："河出昆侖虛"，此取《山海經》之文也；《釋詁》云："天、帝、皇、王、后、辟、公、侯"，又云："洪、廓、宏、溥、介、純、夏、幠"，《釋天》云："春為青陽"至"謂之醴泉"，此取《尸子》之文也；《釋鳥》曰："爰居，雜縣"，此取《國語》之文也。如是之類，不可殫數。蓋亦《方言》、《急就》之流，特說經之家，多資以證古義，故從其所重，列之經部耳。璞時去漢未遠，如"遂幠大東"稱《詩》，"釗我周王"稱《逸書》，所見尚多古本，故所注多可據。後人雖迭為補正，然宏綱大旨，終不出其範圍。昺《疏》亦多能引證，如《尸子·廣澤篇》、《仁意篇》，皆非今人所及睹；其犍為文學、樊光、李巡之注，見於陸氏《釋文》者，雖多所遺漏，然疏家之體，惟明本注，注所未及，不復旁搜；此亦唐以來之通弊，不能獨責於昺。惟既列注文，而《疏》中時複述其文，但曰"郭注"云云，不異一字，亦更不別下一語，殆不可解，豈其初《疏》與《注》別行歟？今未見原刻，不可複考矣。

《續四部叢刊》本《四部備要書目提要》卷一

又，《十三經注疏》中華書局 1983 上、下冊本，下冊 p. 2563

《四庫全書》及其《總目提要》的編撰，集中了當時官方主流學者的智慧，對《爾雅》的研究，空前詳盡、深刻和全面，其"武帝以前"、"大抵小學家綴緝舊文，遞相增益，周公、孔子，皆依託之詞"、"非纂自一手"、"大抵采諸書訓詁、名物之同異，以廣見聞，實自為一書，不附經義"等的結論，既對先前的研究作了總結，又引發後人思考，產生了極大的影響。至於其間不足，余嘉錫著《四庫提要辨證》有詳細的辨證，得出的結論是：《爾雅》是漢代作品，在哀平以前[①]。《提要》以考察《爾雅》文句而斷代，採納的是曹粹中《放齋詩說》的方法，此法或當細察，方可對應出處，若過於機械，有失偏頗，反倒是釋《詩》、《書》“不過十之一”、“十之三四”、“實自為一書，不附經義”的結論，或反為事實而可信。曹粹中的《放齋詩說》早佚，朱彝尊的《經義考》也引有此段話，並加有案語：

> 案：平帝元始四年，王莽始令天下通《爾雅》者詣公車，固出自毛公之後矣。朱翼曰：《爾雅》非周公書也。郭璞《序》云：“興於中古，隆於漢氏”，未嘗指為周公，蓋是漢儒所作，亦非中古也。

《續四部叢刊》本朱彝尊《經義考·〈爾雅〉一》卷二百三十七

曹粹中“毛公以前其文猶略”的話，顯然是據張揖“一卷”的話而來，“至鄭康成時則加詳”的話則是武斷的推論，並沒有像樣的證據。所用的方法則是鄭箋與《爾雅》的比較，由毛公、鄭箋、《爾雅》的差異而斷言。此結論應有的前提是，毛公、鄭箋均一字不差的據《爾雅》以注《詩》，否則便不能成立，且所引“緝熙，光明也”也不是《爾雅》的原文，倒是所證鄭箋據《爾雅》而箋《詩》，還有些說服力。用《爾雅》與早期傳注比較，進而發現可資參考的資料，對後世研究有啟發意義，或為可取，“不存在誰抄誰”的結論[②]，或為此種方法取得成果的可信例證；若進一步以此斷代，則嫌證據不足，因為證據與結論之間缺乏內在的必然聯繫。《提要》在此基礎上進一步以《爾雅》內容與先秦典籍比較，

① 參看余嘉錫著《四庫提要辨證》，中華書局 1980 四冊本，第一冊 p. 86-95。
② 參看趙振鐸先生《訓詁史略》。

根據語句的相同或相似便斷言某句一定出於某書，中間缺少了必要條件，比方該語句出處的唯一性，“取自”的必然性證據或論證；據此又更進一步認為是《方言》、《急就》之流，以為《爾雅》收羅傳注而成，“大抵小學家綴緝舊文，遞相增益，周公、孔子，皆依託之詞”，則完全是臆測，走得更遠。朱彝尊據曹粹中的話推斷為“蓋是漢儒所作，亦非中古也”，也只是臆測，不是結論。比如“謂吾舅者，吾謂之甥”，除了能反映出《爾雅》與《禮記》的記載有相同性或相似性的外，並不能由此得出《爾雅》抄自《禮記》的結論，要證明“抄自”，至少必須具備“抄自”的證據和充分論證。《提要》對《爾雅》的研究，代表了清代研究的成果，較之前人，立場更為客觀，尤其是“實自為一書，不附經義”的斷言，在那樣的年代是需要勇氣的，當屬難能可貴，其間許多重要的論斷，對今天的研究可引發思考，應當充分尊重，但拘泥不是尊重。

第三節　現代時期

20 世紀 80 年代以來，《爾雅》研究隨訓詁學中興而復蘇，《爾雅》作者與年代仍是不可回避、必須解答的問題。研究結果的基本情況是，漢代甚至哀平以前的說法，沒有新證據；“先秦說”倒是證據迭出。或受到《提要》“大抵小學家綴緝舊文”的啟發，清末以來循此斷言《爾雅》作者與年代的亦有之。學者們總結歷史，竭力發掘，問題日趨明朗：大抵“戰國說”多有成效，“漢世說”並無新論。

一、周祖謨説

“漢世説”可以周祖謨《問學集》中的論斷為代表，該書收集了作者從1934年到1962年間共44篇論文、序跋，其間論及《爾雅》的有5篇[①]，標點仍之：

然則舊以為爾雅為周公所作之説，自葛稚川而發其誤；舊以為孔氏門徒所述之説，至歐陽修而正其妄。其書蓋為漢人所撰集。

其成書蓋當在漢武以後，哀平以前。

周祖謨著《問學集·爾雅作者及其成書之年代》，中華書局上下冊本，下冊p.672、675，該文初發表於1946年10月

《爾雅》一書，蓋漢時經生所纂，所以疏通故訓，系類繁稱，辨别名物，取資多識者也。古今言異，方國語殊，釋以雅言，故名爾雅。言近正也。

周祖謨著《問學集·重印雅學考跋》下冊，p.689

“稚川發其誤”、“歐陽修正妄”，是《爾雅》“漢世説”的依據，

歐陽修説前面已述，晉葛洪的説法見於《西京雜記·卷三》，稚川假託漢劉歆之口以説《爾雅》，全段如下：

郭威，字文偉，茂陵人也。好讀書，以謂《爾雅》周公所制。而《爾雅》有“張仲孝友”，張仲，宣王時人，非周公之制明矣。余嘗以問楊子雲，子雲曰：孔子門徒游夏之儔所記，

---

① 分别是：《爾雅之作者及其成書之年代》、《爾雅郭璞注古本跋》、《郭璞爾雅注與爾雅音義》、《書鄭樵爾雅注後》、《重印雅學考跋》；周祖謨著《問學集》，中華書局上下冊本，下冊。

以解釋《六藝》者也。家君以為《外戚傳》稱：史佚教其子以《爾雅》，《爾雅》小學也。又《記》言：孔子教魯哀公學《爾雅》，《爾雅》之出遠矣。舊傳學者皆云"周公所記"也，"張仲孝友"之類，後人所足耳。

《四部叢刊》本漢劉歆撰、晉葛洪錄《西京雜記第三》

《西京雜記》舊題漢劉歆撰、晉葛洪錄，學界認為實乃葛洪搜羅漢魏以來諸書、傳說編輯而成，劉歆不過是假託而已，此或已為公論。但書中內容並非都是胡編亂造，編篡者偽，不意味著所用資料也偽，20 世紀 80 年代以來學者多有研究，雖瑕瑜互見，其價值恒存。關於《爾雅》的成書，僅見於上述所引。全段大約說了三層意思：至"明矣"，交代事由；至"遠矣"，權威說法，包含葛洪的意見；最後是結論。可見，葛洪的意見是同意"家君"周初史佚"教其子以《爾雅》"的意見的：《爾雅》周公所作，歷來如此，"張仲孝友"之類，後人竄入，即所謂"所足"；因此，"發其誤"的說法與所引證據恐未相符。犍為文學《爾雅注》也是《爾雅》"先秦說"和"漢世說"各自作為依據的材料，《問學集》認為：

舍人，蓋亦後漢人矣。

周祖謨著《問學集》，下冊 p. 675

將犍為文學與舍人聯繫起來，起因是陸德明《經典釋文 · 序錄》有這樣的話："犍為文學注三卷，一云犍為郡文學卒史臣舍人，漢武帝時待詔，闕中卷"；《隋書 · 經籍志》有"梁有犍為文學《爾雅》三卷，亡"的記載，《漢書 · 東方朔傳》有"郭舍人"，於是二人遂被比附；但孔穎達《左傳正義》"文學"、"舍人"互見，又或實非一人。班固《漢書 · 匈奴傳》、《王莽傳》記載匈奴王改為單名、王莽上書"令中國不得有二名"，所以"《後漢書》人名惟一字，無以二字為名者”[①]，因而斷“舍人”為後漢人，或與史載不符；即使是人名，抑或不當在後漢。由於《爾雅》凸顯，世人都用來解釋經典，注者還敢冒天下之大不韙，起了個世人所鄙視的二名，赫然去注釋《爾雅》，而且是在眾目睽睽下破天荒第一次，當時人卻都不知道，無論如何都讓人難以置信，其可能性應該幾乎不存在。陸德明原話是說“有一種說法”，只是存異聞，僅此而已，並沒有說一定是舍人所作；倒是“闕中卷”的話可以證明《犍為文學注》真實存在過。對這一問題，或當材料充分，證據可信，論證合理，而後方可論定，匆匆斷言，或不可取。同樣的情況是成書於哀平之際說，與史實衝突也是顯而易見的，哀平時一般人已經讀不懂《爾雅》，則有史為證：

> 太僕王惲等八人，使行風俗。師古曰：行音下更反。宣明德化，萬國齊同，皆封為列侯。征天下通知逸經、古記、天文、曆算、鐘律、小學、史篇、方術、本草及以五經[②]、《論語》、《孝經》、《爾雅》教授者，在所為駕一封軺傳，遣詣京師，至者數千人。

《續四部叢刊》本班固《前漢書·平帝紀第十二》卷十二

> 征天下通一藝、教授十一人以上，及有逸禮、古書、《毛詩》、《周官》、《爾雅》、天文、圖讖、鐘律、月令、兵法、史篇文字通知其意者，皆詣公車。網羅天下異能之士，至者前後

---

① 參看王觀國《學林》p. 91-92。

② 此“古記”可與《六國年表》和《楚元王傳》中的“記”相互印證，指的是先秦流傳下來的《記》；“史篇”很可能是泛指，“五經”是五本書，或不宜加書名號，下引“月令”同。參看蔣宗福《中華版校點古籍書名號失誤舉正》，載蔣宗福《語言文獻論集》，巴蜀書社，2002 版。

千數。

《前漢書·王莽傳第六十九上》卷九十九

若以哀平為下線，上溯至《大戴·小辯》，雖然許多具體的細節已經泯滅，但《爾雅》在整個兩漢的流行概況，大致應該還是清楚的：綜合證據都指向先秦，《爾雅》出於漢世的觀點，缺乏證據支撐。

二、現代諸家説

隨着研究的深入，“漢代説”仍舊沒有新證據，倒是“先秦説”的證據不斷被發掘出來。20世紀80年代中期，何九盈《中國古代語言學史》問世[①]，全面分析了先秦諸子語言理論、名物釋義，深入解析了《爾雅》內容，特别補充了《爾雅》星名與出土的曾侯乙墓二十八星宿的比較證據，證明《爾雅》成書於戰國末，作者為齊魯儒生，《爾雅》為教科書的性質，此或為首次以證據分析證明《爾雅》的確切年代、作者與性質之作。同年，張永言先生《訓詁學簡論》出版，審慎地採納了較為圓通的結論：

現在可以肯定的是：《爾雅》的作者不是一人所作，先秦已有雛形，最後寫定在西漢時。

見張永言先生《訓詁學簡論》，華中工學院出版社 1985，p. 76

兩年後，徐朝華《爾雅今注》面世，為目之所及第一部今注本，《爾雅》的成書年代與作者寫入了《前言》：

因此，大體上可以斷定，《爾雅》最初成書當在戰國末年，是當時的一些儒生彙集各種古籍詞語訓釋資料編纂而成，並非

① 河南人民出版社 1985 年。

一人之作。

見徐朝華注《爾雅今注·前言》南開大學出版社 1987，p. 2

次年，趙振鐸先生在他的《訓詁學史略》中，從先秦教育與訓詁的角度和《爾雅》的編纂情況，強調了成書於戰國末的主張[①]。顧廷龍、王世偉《爾雅導讀》，應該是用於普及和教學的原因，結論是審慎的：《爾雅》作者與年代的確定，有待進一步研究和考古新發現，目前可以肯定《爾雅》非一人一時所作[②]。王寧《訓詁學原理》辟專章全面深入進行了辯證，結論是：

粗具規模的時代大約在西元前 400—300 年左右的戰國時期，漢代古文經典的傳注發達起來後，又經過一度增補潤色，才成為我們今天所見的樣子。

王寧著《訓詁學原理·爾雅及其性質辨正》，中國國際廣播出版社 1996，p. 164

胡奇光、方環海撰《爾雅譯注》[③]，在前人的基礎上，也以《前言》的形式進一步全面深入進行了分析論證，得出“初稿”與“定稿”兩階段論的結論。“初稿”的尺度是《爾雅》中可以標識特定時代文物制度的“有特色的詞條”，參照物是《尸子》和《呂氏春秋》，結論是成書於《呂氏春秋》（前 235）問世以後，秦始皇“焚書坑儒”（前 213）之前；“定稿”的理據是對“初稿”的文字、體制加工、提高的需要，時間是漢高祖時“漢家儒宗”的叔孫通制定漢“禮儀”之後，漢文帝置《爾雅》博士之前。除上述外，其他研究著作也多有闡述，以各大學為主體的專門研究文章或可謂

① 中州古籍出版社 1988 年，第一和第二章。

② 巴蜀書社 1990 年。

③ 上海古籍出版社 2012 年《國學經典譯注叢書》本。

鋪天蓋地，“戰國說”日趨共識。

三、《爾雅》的年代特徵

《爾雅》的年代特徵，指的是《爾雅》從內容到形式所呈現出的基本特點與具體歷史時代特點的吻合程度。一般說來，一部著作，無論它使用什麼手法，表現什麼內容，或明顯，或隱晦，總是逃不出時代的限定，也就必然會帶着時代的印記，打上時代的烙印，整體的而不是支離的，全面的而不是局部的看待《爾雅》的基本面貌，應該是論定《爾雅》年代的基礎。全面論證《爾雅》的時代特徵，當以專文。從今天見到的“爾雅”一語出現的情況看，《禮·三朝記》是先秦遺留下來的古文，雖不清楚它產生的具體時間，但絕不能以《大戴禮記》的成書或編者去論定《禮·三朝記》的年代，則是可以肯定的。《禮·三朝記》的篇章命名，像《論語》一樣，也符合先秦著作篇章命名的慣例，今天見到的篇目，很可能是後人編輯的時候才加上去的[①]。《史記》和前、後漢正史使用“爾雅”，司馬遷和班固不過是沿用“古之成語”罷了，在司馬遷和班固的語言時代，沒有看到可以產生“親近夏言”的“爾雅”的語言條件，秦漢之際也就不可能合成這樣的“爾雅”。在《小辯》中，在司馬遷和班固筆下，“爾雅”都是以著作名稱出現的，說明“爾雅”這個“古之成語”的流傳，是因《爾雅》的流傳才流傳下來的。後人，至少在唐以前，人們使用或解釋“爾雅”為“近正”，都是針對《爾雅》進行的解說。《禮·三朝記》之前，今

① 參看張舜徽《中國古代史籍校讀法》，上海古籍出版社，1980 年，第一編第二章“熟悉古代書籍的一般情況”，p. 57—79；第三編第二節“有些書本沒有篇題和書名”，p. 190—193；余嘉錫《古書通例》，上海古籍出版社，1985 年。

之所見先秦古籍均不見使用，因而極大可能是《爾雅》編纂者特意組合而成，賦予了它特定的含義。“爾雅近夏”的內涵，傳達的是先秦王庭的思想，不受諸侯國別、諸子學派的影響：即放眼天下，以天下為己任，這至少是孔子以降先秦的“士們”、“子們”的共同特徵。所以在《爾雅》中，凡屬於大小諸侯領地的“邦”、“國”、“家”之類，都不收錄；訓釋的內容也不反映諸子百家某個或某幾個學派的主張，即使儒家也是如此。比如“仁、義、禮、智、信”是儒家思想的根基，但《爾雅》並不收錄，有訓釋語的“禮”，也只是泛泛的“踐行”或“踐行的規矩”。整部《論語》的“禮”，也是圍繞“踐行”或“踐行的規矩”來說的，這種做法，與直至戰國末的荀子一致，與漢代的《白虎通德論》迥異：

林放問禮之本。鄭玄曰：林放，魯人也。子曰：“大哉，問禮！與其奢也，寧儉；喪與其易也，甯戚。苞氏曰：易，和易也；言禮之本意，失於奢，不如儉也；喪失於和易，不如哀戚也。

《四部叢刊》本魏 何晏集解《論語集注·八佾第三》卷第二

子曰：君子博學于文，約之以禮，亦可以弗畔矣夫！

鄭玄曰：弗畔，不違道也。

《論語·公冶長第五》

子曰：君子義以為質，禮以行之，遜以出之，信以成之。君子哉！

《衛靈公第十五》

履，禮也。

《爾雅·釋言》

禮者，人之所履也。

《荀子 · 大略》

禮者，庶于仁，文質而成體者也。

卷二“竹林第三”

禮者，繼天地，體陰陽，而愼主客，序尊卑、貴賤、大小之位，而差外內、遠近、新故（案，他本故作舊）之級者也。

卷九“奉本第三十四”

《四部叢刊》本漢董仲舒撰《春秋繁露》

禮者，陰陽之際也，百事之會也，所以尊天地、儐鬼神、序上下、正人道也。

卷二“禮樂”

《諸子百家叢書》本　班固《白虎通德論》。卷二“禮樂”。

上海古籍出版社 1990，p. 16 下、17 上

《爾雅》的訓釋可能有倒文，本或作“禮，履也”，但不影響理解。《論語》孔子雅言“執禮”，“禮就是踐行”，所以才會有“禮，履也”的訓釋，這是時代使然，也是“禮”在先秦的樸素思想內涵的反映。班固所作《紀要》對“禮”的解釋，也是時代使然，賦予了時代的含義，打上了時代的烙印。《爾雅》反映出的“放眼天下”的思想，上可以到西周，下止於秦，尤其符合孔子及以後諸子百家著作所反映的“士們”、“子們”的活動特徵。這種“以天下為己任”的思想和眼界，同樣是時代使然：面對“禮崩樂壞”的現實，孔子率先將教育直接普及到民間，並首先在“文化人”的“士”這一階層推廣，至少直到秦統一六國之前，無論哪家哪派，這些“士們”和“子們”都是在這樣的觀念指導下進行活動的。反觀秦漢之際，以叔孫通的經歷為代表，養門徒、帶弟子之風尚存，但他們的目光集中於朝廷，先秦時輔佐君王“兼天下而

有之”的追求，變成了輔佐皇帝而謀得一官半職。從時代發展看，這時“夏”的觀念已經消亡，再“兼天下而有之”，就不僅僅是不合時宜的問題，而是無異於推翻朝廷了，顛覆國家，實屬首惡。因此，“爾雅”的“近夏”思想，可以斷言，不可能由漢代乃至短命的秦朝學者提出來。《爾雅》内容的選取、體例的設定、訓釋的方式方法、目的的預期等等，必然受到《爾雅》作者時代和時代需求的限定，《爾雅》作者不可能“揪住自己的頭髮離開地球”，也就不可能不留下所處時代的印記。《爾雅》内容與其產生的時代必然緊密相連，其間流露出的作者的思想、觀念、意圖、用語、用字等等，一定是《爾雅》產生時代特徵的必然反映。漢語用字具有鮮明的語言時代的普遍性特徵，儘管歷經數千年，輾轉傳抄謄寫，《爾雅》的先秦用字情況，仍有可以追尋的痕跡，若是秦漢人仿古，應該不可能達到如此天衣無縫的地步。探討《爾雅》的年代特徵，還可以與《小爾雅》、《廣雅》比較。《小爾雅》是擴充《爾雅》的，從全文看，更像是作者讀書筆記的整理和歸納。《小爾雅》的真偽在於是否為孔鮒所作，因為《孔叢子》考定為偽書，《小爾雅》因之受到牽連，如同《西京雜記》一樣，作者偽，不意味着作品亦偽。綜合迄今為止的研究結果，《小爾雅》為先秦末、至遲漢代初的作品，應該可信。《小爾雅》全書，從内容到編排，都有漢代早期的痕跡，較之《爾雅》與《廣雅》可以更清晰。《廣義》說的是“人之不宜”，司馬遷作“義”，班固用“誼”，劉熙以“誼”釋“義”，《小爾雅》用“義”不用“誼”；《廣名》的“名”不是“名實”的“名”，而是“諱名”之名，“諱”起於西周而盛於秦漢[1]；“廣物”的“物”指的是莊稼，其中“禾穗謂之穎”的“穎”，《安世房中歌》正是用了古語作“含秀垂穎”；“豬”入《廣獸》，與《爾雅》認識同；度量衡是秦統一後所強調的，《小爾雅》也有意“規範”，等等。《廣詁》增加“封、巨、莫、莽、艾、祁”六個“大”義字詞，全是漢代人的訓釋[2]，後四個詞語《廣雅》未收；《廣訓》收《詩》句，表明言《詩》之風仍存；“大行”諱死，最早或起於秦，《史記·李斯傳》有“今大行未發，喪禮未終”語，等等。《小爾雅·廣言》與《廣雅·釋言》比較，《釋言》收羅武帝以後陰陽五行盛行的解釋非常明顯，而《小爾雅》增廣分量最重的《廣言》則如同《爾雅》，只是平實客觀地進行解釋，保留着天人感應、陰陽五行盛行之先的樸實風格。《小爾雅》的這些現象應該與其作者所處年代有關，總體上應該是時代特徵的反映。《小爾雅》在《廣言》中增加“釋，解也”的訓釋，應該是針對《爾雅》篇名進行的：《爾雅·釋詁》沒有篇名的解釋，以“懌、釋”同條訓為“服”，表明解釋的“釋”是通假，不是“釋故”之“釋”。“釋”的義項中，用於“解釋”義，先秦古籍中多見於《左傳》、《國語》，《爾雅》則通篇用作“解釋”：

> 春王正月，公在楚，釋不朝正於廟也。
>
> 疏：解釋公所以不得親自朝正也。
>
> 《左傳·襄二十九年》
>
> 請君釋憾於宋。
>
> 《左傳·隱公五年》

---

① 參看王觀國《學林》“名諱”，p. 77–80。

② 參看胡承珙《小爾雅義證》，根據胡注，可以看到《小爾雅》的漢代痕跡非常明顯。

（夫差）乃使行人奚斯釋言於齊。

乃使行人奚斯釋言於齊。

注：釋，解也。以言自解。

《國語·吳語》

也就是說，“釋”的“解釋”義是常用義，一般人都知道，並沒有要刻意新增的別的理由，但先前雅言多以“釋”，那時則多以“解”，所以補充。《小爾雅》擴充《爾雅》，其內容顯示，並非純粹為讀經解經而作，應該包括了其他古籍，也包括一般的讀書為文。司馬遷時代以“通一經”為常態，之後便進入了今文經學時期，這樣，《小爾雅》也就失去了產生的社會條件。《小爾雅》的擴充，包括內容與編排，也都是綜合性的基礎知識，表明那時人們也是將《爾雅》作為基礎讀本看待的。以秦博士叔孫通的活動為代表，秦末漢初的社會條件比武帝後更適合《小爾雅》的出現。《說文》的訓釋及稱引《爾雅》文，與今《爾雅》異，與《小爾雅》同，證明那時《小爾雅》尚有篆文寫本。漢魏人稱《小爾雅》但稱《爾雅》，反映出那時的人已視《小爾雅》為古籍了：

涼，薄也，从水京聲。

中華書局本《說文解字》p. 236 上

“㾄”，事有不善言薄也。《爾雅》：“㾄”，薄也；從旡京聲。

《說文解字》p. 181 上

菲、涼，薄也。

按：漢魏諸儒引《小爾雅》者，直稱《爾雅》，世儒謂漢人不取以說經，非也。

胡承珙《小爾雅義證》p. 41；遲鐸《小爾雅集釋》p. 120

“㾼”，力向切，見《古爾雅》。

郭忠恕《漢簡》，見《漢簡　古文四聲韻》p. 24 上

《說文》“涼”訓“薄”，與《小爾雅》同；引《小爾雅》直稱《爾雅》，可知揚雄“舊書、雅”、“皆古雅之別名”的說法，更大的可能應該是概指的“雅”系著作；《爾雅》、《小爾雅》都流傳於漢代，習慣上看成一類書，並不加以分別。《漢簡》搜有《古爾雅》“㾼”字的古文字體，則《爾雅》、《小爾雅》都可能有宋人所稱的古文的寫本，《小爾雅》的誕生不晚於秦末漢初，應該可信，如是，則《爾雅》必在先秦。

四、《爾雅》的“詩教”

至少自孔子始，《詩》在先秦的社會活動中就佔有十分重要的地位，孔子甚至認為：“不學《詩》，無以言也”，到了百年後的孟子，“言必稱《詩》”，則成為時尚。拿孔子、孟子、荀子相較，《詩》在教學和推行主張過程中的重要性，大致始於孔子，盛於孟子，止於荀子。從解釋整句《詩》的情況看，《爾雅》大量，《小爾雅》仍存，《廣雅》消失，這應該是《詩》之時代風尚的反映，甚至是必然。現存《詩》三百零五篇，《論語》也說“《詩》三百”，其間《爾雅》式的《詩》句則以萬計，說明《爾雅》解釋《詩》句，是有精選的；分析這些訓釋，或可看出《爾雅》的“詩教”，看到其作者的時代痕跡。《爾雅》解詩，主要保存在《釋訓》中，可以分為兩類：大量的是詞語解釋，如“張仲孝友：善父母為孝，善兄弟為友”，“有客宿宿：言再宿也；有客信信：言四宿也”；可以反映出“詩教”特徵的是解釋用意和喻義，喻義本質上是解詩者的“寓意”，此法當始於孔子；用意如《左傳》、《國語》

中成鱄和叔向解詩。孔子的喻義來源於孔子“學《詩》以致用”的觀念：

子曰：誦《詩》三百，授之以政，不達；使於四方，不能專對；雖多，亦奚以為哉？

《四部叢刊》本何晏集解《論語·子路第十三》

喻義是《論語》“詩教”的特點，也是孔子“興觀群怨”觀的反映：

子曰：“小子何莫學夫《詩》？”苞氏曰：小子，門人也。《詩》可以興，孔安國曰：興，引譬連類。可以觀，鄭玄曰：觀，觀風俗之盛衰。可以群，孔安國曰：群居相切磋也。可以怨；孔安國曰：怨刺上政。邇之事父，遠之事君，孔安國曰：邇，近也。多識於鳥獸草木之名。子謂伯魚曰：“女為《周南》、《邵南》矣乎？人而不為《周南》、《邵南》，其猶正牆面而立也與？”馬融曰：《周南》、《邵南》《國風》之始，淑女以配君子，三綱之首，王教之端；故人而不為，如向牆而立。

《陽貨第十七》

了貢口：“貧而無諂，富而無驕，何如？”子曰：“可也。孔安國曰：未足多也。未若貧而樂道，富而好禮者也。”鄭玄曰：樂，謂志於道，不以貧賤為憂苦也。子貢曰：“《詩》云：‘如切如磋，如琢如磨’，其斯之謂與？”孔安國曰：能貧而樂道，富而好禮，能自切磋琢磨者也。子曰：“賜也！始可與言《詩》已矣！告諸往而知來者也。”孔安國曰：諸，之也。子貢知引《詩》以成孔子義，善取類也，故然之。往告以貧，而樂道來荅，以切磋琢磨者。

《學而第一》

子夏問曰：“‘巧笑倩兮，美目盼兮，素以為絢兮’何謂也？”馬融曰：倩，笑貌；盼，動目貌也；絢，文貌也。此上二句在《衛風·碩人》二章，其下一句，逸也。子曰：“繪事後素。”鄭玄曰：繪，畫文也。九畫繪，先布眾色，然後以素分其間，以成其文。喻美女雖有倩盼，美質亦須禮以成之也。曰：“禮後乎？”孔安國曰：孔子言“繪事後素”，子夏聞而解，知以素喻禮，故曰“禮後乎”。子曰：“起予者，商也！始可與言《詩》已矣。”苞氏曰：予，我也。孔子言子夏能發明我意，可與共言《詩》已矣。

《八佾第三》

解詩的用意，特徵是根據詞語或詩句在詩中的作用進行解釋，如叔向的“夙夜，恭也”，成鱄的“賞慶刑威曰君”；解詩的喻義則完全離開了詩，將從中得到的“啟發”用來進行解釋，屬於詩句詩意的“提取”，原則上不是詩的本義或詩意所指。這種解釋與《毛詩》或漢代的詩學不同，比如《鄭箋》和三家《詩》，並不立足於《詩》而生發開去。以下是《爾雅》中喻義解詩的情況：

顒顒卬卬，君之德也。《大雅·卷阿》

丁丁、嚶嚶，相切直也。《小雅·伐木》

藹藹、萋萋，臣盡力也。

噰噰喈喈，民協服也。《大雅·卷阿》

佻佻、契契，愈遐急也。

宴宴、粲粲，尼居息也。《小雅·大東》

哀哀、淒淒，懷報德也。《小雅·蓼莪》、《小雅·杕杜》

儵儵、嘒嘒，罹禍毒也。《小雅·杕杜》、《小雅·小弁》

晏晏、旦旦，悔爽忒也。《衛風·氓》

皋皋、琄琄，刺素食也。《大雅·召旻》、《小雅·大東》

懽懽、愮愮，憂無告也。《大雅·板》、《王風·黍離》

憲憲、泄泄，制法則也。

謔謔、謞謞，崇讒慝也。《大雅·板》

翕翕、訿訿，莫供職也。《小雅·小旻》、《大雅·召旻》

速速、蹙蹙，惟逑鞫也。《小雅·正月》《小雅·節南山》

如切如磋，道學也。

如琢如磨，自修也。

瑟兮僩兮，恂栗也。

赫兮烜兮，威儀也。

有斐君子，終不可諼兮。道盛德至善，民之不能忘也。《衛風·淇奥》

其虛其徐，威儀容止也。《邶風·北風》

例出《四部叢刊》本郭璞注、無名氏音釋《爾雅》；參看徐朝華《爾雅今注》、南開大學出版社 1987；胡奇光、方環海《爾雅譯注》上海古籍出版社 2012《國學經典譯注叢書》本；程俊英《詩經譯注》，上海古籍出版社 1985。公木、趙雨《名家講解詩經》，長春出版社 2007。

上列《爾雅》喻義解《詩》，集中起來主要是兩類：時政和自修。時政中希望出現有德之君是核心，與“臣盡力、民協服也、道盛德至善、民之不能忘也”構成君臣民和諧的理想社會；“愈遐急也、尼居息也、罹禍毒也、刺素食也、憂無告也、制法則也、崇讒慝也、莫供職也、惟逑鞫也”等都是諷喻無德之君的，即孔安國的“怨刺上政”，是“君之德”的反面；“悔爽忒也、相切直也、道學也、自修也、恂栗也、威儀也”等都屬於自修的範疇。《釋訓》中的疊音疊字，除喻義外，認定出自《詩》，應當確定出處的唯一性，否則，理據便不充分。《禮記·大學》中曾子的話也有《淇奥》詩句的解釋，與《爾雅》同，照理《爾雅》就又抄自曾子了。《爾雅》喻義解《詩》，應該是《爾雅》作者時代“《詩》風”的反映，《爾雅》作者選取《詩》句，也是經過斟酌、篩選才寫入的，可以認為是《爾雅》時代“詩教”的反映。拿孔子的“授《詩》觀”相較，不僅與其“興觀群怨”、“事父事君”的觀念相同，也與孔子痛恨“禮崩樂壞”和嚮往西周的政治體制觀相吻合，或可認為，《爾雅》的“《詩經》觀”與孔子有着承襲關係，即教學上的內在聯繫。孟子時代“《詩》之用”蔚然成風，一部《孟子》，無一篇章不引《詩》句，其解《詩》和用《詩》的方式，多與叔向、成鱄同，而與喻義解《詩》異，抑或那時的“《詩》之用”明顯表現在兩個方面：孔子、《爾雅》的教學和叔向、孟子的諷喻。教學的喻義，無需精研，重在“師說”和“心得”，《爾雅》歸入“釋訓”也很可能是存“師說”，作動詞，“訓”是說教，名詞就是說教的內容，比如“古訓是式”；詞語解釋和用意解釋則需“通經”，非獨到鑽研而不可為。教學方面，到了《小爾雅》時代，一息尚存，諷喻方面，自《毛傳》以後遂走上了經學的道路。

五、敦煌寫本《爾雅》

歷史上究竟流傳過多少種《爾雅》的版本，已不可考，今存郭璞注最早的寫本可能是敦煌寫本。周祖謨《爾雅郭璞注古本跋》認為該敦煌寫本為初唐的本子，並且是根據篆文抄寫的，標點依舊：

> 此本爾雅正文形體，有很多都是根據篆文而寫的。例如“雍”作“雝”，“明”作“朙”，……這是書寫上的一個特點。另外，又有些字是古字或別體異文，與唐石經及宋刻本不同。
>
> 周祖謨著《問學集》下册，p. 677，後附有原件影印樣本。

該寫本與今之所見完注本即唐開成石經本有不少差異，甚至影響到對詞語的正確認識，如從風從京的“飆”。唐寫本的存在表明，很可能郭璞時代仍有篆文本《爾雅》流傳，而郭忠恕、夏竦所稱的“古爾雅”、“古文爾雅”，則應該是同時或更早的古文寫本，因為《漢簡》、《古文四聲韻》所搜字體不合於篆文，卻每每合於戰國古文，是今天研究戰國古文的重要資料①。歷史上古文寫本《爾雅》的存在，邏輯上應當是可信的。許慎《說文》“旡”部收有“㔴”字，《說文》訓為“事有不善言涼也”，其小篆字形與《汗簡》不同。《說文》小篆“㔴”字注引《爾雅》云：“㔴，薄也”，今在《小爾雅》，據遲鐸《小爾雅集釋》考察，漢哀平時《小爾雅》已流行於世②；郭忠恕《汗簡》、夏竦《古文四聲韻》皆搜有“古爾雅”從京從風之“飆”字③，而今《爾雅·釋天》作“飆”，敦煌寫本與“古爾雅”同，陸德明《經典釋文》也證實“本或作古‘飆’字，同”；可見今《爾雅》的“涼”是隸古定以後的事，《爾雅》成書於秦漢的說法與此矛盾。一如段玉裁《說文解字注》謂《說文》引《爾雅》“㔴”字為“淺人所增耳”，貌似言之鑿鑿，其實並沒有任何憑據：

按：《爾雅》無此文。“爾雅”二字，淺人所增耳。

段玉裁《說文解字注》，上冊，p. 439 下

“㔴”與“飆”的“涼”有不同意義：《汗簡》從旡者與《說文》同，《小爾雅》訓“薄”，《廣雅》訓“䵽”；《爾雅·釋天》“北風謂之涼風”，按傳統造字原則，從風者或為專指“風”之字，

① 郭忠恕、夏竦撰，李零、劉新光整理《汗簡·古文四聲韻·出版後記》。

② 中華書局 1983。遲鐸著《小爾雅集釋·前言》，中華書局 2008；清胡承珙撰、石雲孫校點《小爾雅義證·整理說明》，黃山書社，2011。

③ 中華書局 1983 本夏竦、郭忠恕《汗簡 古文四聲韻》，《汗》p. 24 上、36 下，《古》26 下；又，上海古籍書店 1981 本明閔齊伋輯、清畢弘述篆訂《訂正六書通》p. 119、439。

或與風相關，其義或不止於“寒”義。《爾雅》所謂“北風謂之涼風”，也應該不僅僅止於一般的“寒風”義；“北風謂之涼風”，也應該理解為“北風一定稱作涼風”，並不能由此傳達出“只有北風才能稱作涼風”的意思；事實上，只要符合“颼颼作聲、寒冷刺骨”等的特徵即可稱作“涼風”，而不論其來自何方，具體來自何方則與所處的實際地理位置、地形地貌等有關：

北風其涼，雨雪其雱。

《詩·邶風·北風》

（孟秋之月）涼風至，白露降。

《禮記·月令》

西南曰涼風。

《淮南子·地形訓》

見徐朝華《爾雅今注》p. 203

“古文爾雅”本為從風從京之“飆”，到了《毛傳》時成了“涼風”，訓為“寒涼之風”，僅保存了“涼”的基本意義或核心意義，其“涼風颼颼”之類的含義隨之泯滅，《北風》中的“北風其涼”也因之只剩下了無血無肉的骨架了。從“旡”的“㥧”和從“風”的“飆”，可以是同一詞語的不同義項，比如引申義；也可以是不同的詞語，如果“薄”與之沒有引申之類的關係的話；而皆作“涼”，這種關係便被淹沒了。敦煌寫本《爾雅》作為旁證，為《爾雅》的產生年代提供了另一條線索，可以深入研究。

六、趙岐《孟子題辭》

漢興，除秦虐禁，開延道德，孝文皇帝欲廣遊學之路，《論語》、《孝經》、《孟子》、《爾雅》皆置博士，後罷傳記博士，獨立五經而已。

《四部叢刊》本趙岐注《孟子章句》

趙岐是注釋《孟子》的第一人，也是第一個明確指出《論語》、《孝經》、《孟子》、《爾雅》於文帝時設置傳記博士的人。由於趙岐活動於東漢末，又没有正史材料充分證明其可靠性，加上漢初黄老之術為正統思想，對趙岐的話，嚴謹的學者將信將疑，不敢貿然采信，反對者則認為孤證不可信，棄之不顧。漢初尚無為，文帝時黄老之術佔據統治地位，應該是歷史的真實；但不應該忘記另一個方面，以“孝”治天下同時也是那一時期的重要統治思想，甚至是發揮更大作用的統治手段。孔子、儒家自漢代始成為兩千年來的正統思想，事實上肇始於漢高祖劉邦，以皇帝身份祭祀孔子，劉邦也是第一人①。劉邦的尊孔崇儒，與漢武帝“罷黜百家，獨尊儒術”有着歷史、血緣、政治和現實等的必然聯繫。文帝時，秦始皇所禁之書紛紛重現，設置傳記博士應該是“偃武修文”的必然。王國維《漢魏博士考》，考定《爾雅》為漢時中學教材；《史記·孝文本紀》載有立公孫臣為博士，則“《爾雅》博士”説並非妄語，“傳記博士”説也非空穴來風：

高皇帝過魯，乙太牢祠焉。諸侯、相至，常先謁，然後從政。

《續四部叢刊》本漢司馬遷撰、唐司馬貞撰、宋裴駰集解《史記·孔子世家》

十一月，行自淮南，還。過魯，乙太牢祠孔子。

① 參看劉降渝著《文武興邦——走近漢高祖》，四川出版集團 四川科學技術出版社，2011年。

《四部叢刊》本漢班固撰、唐顏師古注《前漢書·高帝紀下》

《詩》、《書》所以復見者，多藏人家；而《史》、《記》獨藏周室，以故滅。惜哉！惜哉！

《續四部叢刊》本《史記·卷十五·六國年表》

魯人公孫臣上書，陳終始，傳五德事。

索隱：五行之德，帝王相承傳《易》，終而復始，故云“終始傳五德之事”。傳音轉也。

言方今土德時，土德應，黃龍見，當改正朔、服色、制度。天子下其事與丞相議。丞相推以為今水德，始明正十月上黑事，以為其言非是，請罷之。十五年，黃龍見成紀，集解：韋昭曰：成紀縣屬天水。

天子乃復召魯公孫臣，以為博士，申明土德事。

《續四部叢刊本》本《史記·孝文本紀》

孝文時頗徵用，《正義》：言孝文稍用文學之士居位。然孝文帝本好刑名之言，及至孝景不任儒者，而竇太后又好黃老之術，故諸博士具官待問，未有進者。

《續四部叢刊》本《史記·儒林列傳》

中華書局本冊十 p. 3117

《漢舊儀》曰：“武帝置博士，取學通行修、博識多藝、曉古文《爾雅》、能屬文章者為之。”

《四部叢刊》本李昉等撰《太平御覽·卷二百三十六·博士》

上引各例可以相互印證。武帝以前設置傳記博士應當可信，文帝、竇太后好道術，立公孫臣為博士，即傳記博士，對儒家諸博士則是立而不任，“諸博士具官待問”，是說雖設置了博士但並未任用，並不是沒有設立博士，趙岐說也並非孤證。從漢高祖和武帝的史跡看，《舊漢儀》的說法也應當真實可信，犍為文學於武帝時為之作注，可信度也極高。“漢承秦制”，《史記·秦始皇本紀》載秦始皇立博士七十人，漢末應劭《漢官儀》稱文帝時也有七十餘人；秦博士為諸子百家博士，置而不任，文帝時也是如此：

《秦始皇本紀》云：“使博士為《仙真人詩》”，又有占夢博士。殆諸子、詩、賦、數術、方伎皆立博士。

“漢興，因秦制，員至數十人”。《漢官儀》（《大唐六典》·卷二十二“國子博士”注引）：“文帝博士七十餘人”。案：此漢初之制，未置五經博士前事也。員數與秦略同，亦不盡用通經之士。如高帝二年即以叔孫通為博士，通非專經之士也；又，文帝時，齊人公孫臣上書，陳終始五德傳，文帝召以為博士，臣亦非專經之士也。蓋猶襲秦時諸子百家各立博士之制。

王國維著《觀堂集林》，中華書局 1984 四冊本，第一冊 p. 175—176

博士雖七十人，特備員弗用。

《史記·秦始皇本紀》

至孝文皇帝，始使晁錯從伏生受《尚書》。《尚書》初出於屋壁，朽折散絕。今其書見在，時師傳讀而已，《詩》始萌芽。天下眾書往往頗出，皆諸子、《傳》、《說》，猶廣立於學官，為置博士。

《四部叢刊》本《前漢書·楚元王傳》

鄭天挺主編《漢書選·劉歆傳》p. 257，中華書局 1979《中國史學名著選》豎排本

上引可知，《論語》、《孟子》、《爾雅》漢初都是被列為傳記的，都被“廣立於學官，為置博士”，趙岐注《孟子》，稱傳記博士先立後罷，也必當確有其事，而非空穴來風。這樣，《爾雅》於

漢時流傳的脈絡也依稀可見：先秦流傳下來的《爾雅》僅僅是一部介乎於識字與經書之間的基礎教材而已，凡識文斷字、讀書為文，皆以此為基礎，像先秦六經一樣，原本並不為儒家所專，此或為西漢時《爾雅》並未顯露於世的重要原因。武帝以後，經學昌明，以《爾雅》讀經是很自然的事，但由於今文經學的原因，《爾雅》不合時宜；西漢末以降，特別是東漢，古文經學興起而興盛，《爾雅》才逐漸受到重視而顯現，郭注以前的五家《爾雅》漢注便是明證；但是，即使在東漢，《爾雅》並未顯赫到與經同日而語的地步，張揖所謂"俗所傳"則是真實寫照；王充所謂"學者共觀察"以解經，則是古文經學的社會需求造成的，《爾雅》解經便是人為將《爾雅》用於解經，且從此形成習慣甚至規矩；由此可見，並不是《爾雅》自身為解經而作，而是解經者將《爾雅》用於解經，"掇拾"解經之訓詁而成的說法也就失去了依據。

七、《大戴》與《爾雅》

《小辯》中孔子按照名分將社會階層劃分為五等，名分等級不同，其職責範圍也不同。這種劃分在《大戴禮記》的其他篇章也有：

> 昔者天子日旦思其四海之內，戰戰唯恐不能乂；諸侯日旦思其四封之內，戰戰唯恐失損之；大夫、士日旦思其官，戰戰唯恐不能勝；庶人日旦思其事，戰戰唯恐刑罰之至也。
>
> 《曾子立事第四十九》
>
> 故天子昭有神于天地之間，以示威於天下也。盧辯注：《祭法》曰：有天下者，事百神。
>
> 諸侯修禮于封內，以事天子；大夫修官守職，以事其君；

士修四衛，執技論力，以聽乎大夫。

盧辯注：四衛，四方之職。《曲禮》曰：地廣大荒而不治，此亦士之辱也。

庶人仰視天文，俯視地理，力時使以聽乎父母。

此唯不同等，民以可治也。

《少閑第七十六》

天子曰崩，諸侯曰薨，大夫曰卒，士曰不祿，庶人曰死。

《千乘第六十八》

這種劃分，是以當時社會階層的普遍認知進行的劃分，是那一時代社會狀況的真實寫照。《朝事》以“命”與“爵”分為兩類，鄭玄注為“命者五，爵者四”，《左傳》、《周禮》對這種宗法制度有描述，《爾雅·釋水》進行了同樣的劃分：

命：上公、九卿為伯，其國家、宮室、車旗、衣服、禮儀，皆以九為節；諸侯、諸伯七命，其國家、宮室、車旗、衣服、禮儀，皆以七為節；子、男五命，其國家、宮室、車旗、衣服、禮儀，皆以五為節。王之三公八命，其卿六命，其大大四命，及其封也，皆加一等；其國家、宮室、車旗、衣服、禮儀亦如之。

禮，大行人以九儀別諸侯之命，等諸臣之爵，以同域國之禮，而待其賓客。

王聘珍解詁：禮，謂《周禮》也。鄭云：“九儀，謂命者五，公、侯、伯、子、男也；爵者四，孤、卿、大夫、士也。”聘珍謂：“域國”《周禮》作“邦國”。《說文》云：“或，邦也”；又作“域”，云：“或又从土”。《周禮·小司徒》“乃分地域”，鄭云：“故書‘域’為‘邦’”。

《朝事第七十七》

九儀：謂命者五，公、侯、伯、子、男；爵者四，孤、卿、大夫、士。

《四部叢刊》本鄭玄注《周禮 · 卷第十》

天子建國，諸侯立家，卿置側室，大夫有貳宗，士有隸子弟。

《四部叢刊》本清洪亮吉撰《春秋左傳詁 · 桓公二年》

天子艁舟，諸侯維舟，大夫方舟，士特舟，庶人乘泭。

《四部叢刊》本宋邢昺　等奉敕撰《爾雅疏》

崩、薨、無祿、卒、徂落、殪，死也。

《爾雅 · 釋詁》

這裏有關"君"的劃分與《爾雅 · 釋詁》"君也"條的劃分完全一致，這種劃分應當是那一時代的特徵，是時代共識的反映。比較張揖《廣雅》"君"的劃分應該可以得到證實，後人應該很難跨越當代需求去迎合前代而進行劃分，這或許對考察《爾雅》產生的時代有所幫助。今存於《大戴禮記》中的《禮 · 三朝記》有劉向從中抽出單列和大戴收入兩說，但該七篇為先秦流傳下來的一個整體則為不爭的事實，其年代為"七十子"及其後學所傳，也應該可信。《小辯》中孔子以"侯"以上為"君"，與成鱄解《文王》中"賞慶刑威曰君"、杜預注"作威作福，君之職也"，所反映的時代特徵是完全一致的。昭公二十八年，即西元前五一四年，時孔子正當年，早於尸子、商鞅約兩百年。《爾雅 · 釋詁》"君也"條的歸類，也正是用了同樣的標準，與《小辯》、《少閑》反映的應當是相同的時代特徵。那時，所謂諸子百家尚未形成，也不成氣候，各家各派的學說也未出現。孔子的忠恕仁愛、老子的道德無為、孟子的仁義性善、墨子的兼愛非攻、法家的尚法崇勢，等等，在《爾雅》中均不見蹤跡，更不用說後世的仁義禮智性、天人感應之類了。通篇《爾雅》，並不反映某家某派的觀念、主張或傾向，也並不局限於某書某著，這是探討《爾雅》成書應當或必須考慮的因素，甚至是重要因素。《爾雅》劃分與《小辯》的相同性，反映的是相同的先秦社會現實：由於“大夫”與“士”具有鮮明的依附性，屬於“替人辦事”的角色，不在具有“賞慶刑威”、“作威作福”的“君”的範疇，故不稱“君”，也不能稱“君”。這裏使用什麼標準確定“君”的範圍，並不是詞語意義本身所能決定的，而是特定時代的社會共識所決定的。《爾雅》“君也”條的“君”的劃定，依據的也是權威而不是稱謂，這與後來張揖《廣雅》以稱謂定位的“君”，不是同一標準，“君”的含義也就不同。今本《爾雅》中，“死”的等級稱謂次序被打亂了，應該是傳抄所致。採用什麼標準劃分詞語，與著述性質和著述目的有密切關係，《爾雅》教人認識社會人生、自然萬物，所以以社會現實劃分“君”；張揖“發百家之訓詁”，所以以稱謂劃分“君”，正是旨趣各異決定的。

“宮室”在《大戴禮記》中往往連用，《爾雅》用互訓解釋，從詞義的角度看，兩書中“宮”與“室”的含義是相同的：無論貴賤，整個建築物或建築群稱“宮”，引申則有“環繞”義，所以《爾雅》有“大山宮小山”句；建築內人之所居則稱“室”，大於其內的“家”；外延上“宮”大於“室”，可以包括“室”與“家”，所以《爾雅》篇名作“釋宮”：

> 故曰：無市而民不乏，無刑而民不違，畢弋田獵之得不以盈宮室也。
>
> 《主言第三十九》

太古無遊民，食節事時，民各安其居，樂其宮室，服事信上，上下交信，地移民在。

《千乘第六十八》

上服周室之典，以順事天子。

《四代第六十九》

郟室割雞於室中，有司亦北面也。

《諸侯釁廟第七十三》

宮謂之室，室謂之宮。牖戶之閑謂之扆，其內謂之家。

宮中之門謂之闈。

室中謂之時。

《爾雅·釋宮》

《大戴》中的“宮”與“室”的使用，跟《爾雅》中的解釋是一致的，即只有在統稱的“居所”義上是相同的，所以“宮室”連用，概稱居所，這類似於今天可以概稱“泰王宮”或“泰王室”一樣。但從詞義歸納的角度看，“宮”與“室”並不同義：一個是建築整體，一個是建築內部。在《詩經》時代，“宮”與“室”的這種“義別而用同”的情況就存在了，典型的例證是《鄘風·定之方中》的“作于楚宮”、“作于楚室”，詩人為了語言優美、避免單一而替換用詞，同樣是基於“概指”的建築物。那時這兩個詞語在詞義上也應當有別，所以分別為兩個不同的詞語，只是實際使用中允許有條件替換，用於表達相同的意思。為了變換詞語“概指”中央王庭統治中心，也可以使用“王室”、“王庭”稱代，但這種稱代並不意味着“室”與“庭”具有辭彙意義上的同義性，不能作為《爾雅》是在解釋同義詞的證據。一般以為《爾雅》乃同義互訓或訓釋同義詞，或有違《爾雅》原意，也與先秦語言實際不符。相比之下，今存《爾雅》的內容，除個別條目和詞語外，整體上也都沒有秦漢的影子。秦漢間或秦漢的人要想跳出自己時代圈子，穿越到先秦，而且是為了解經，卻又不留下時代烙印的痕跡，應該是不可思議的。《史記》中漢武帝仿古作詩，已經弄得滿朝精英揮汗如雨，某個人或某群人把自己偽裝成古人，站在先秦人的立場上，神不知鬼不覺地編纂、完成這樣一部《爾雅》，既不露出馬腳，也不留下姓名，這種可能性也應該是不存在的。

八、《尸子》與《爾雅》

《尸子》因"大也"的歸納與《爾雅》"君也"、"大也"條類似，而引起重視。《尸子》早佚，作者也有魯人、楚人、晉人之爭，清汪繼培分為整章流傳、歷代稱引、存疑三部分輯錄，最善，今人可見一斑。今所見《尸子》，基本上是先秦的作品，則可以肯定。由於《尸子》中的一些記述與今《爾雅》所載相似或相同，兩書相較，可以提供參考。金德建以考證名，其《尸子作者與爾雅》初發表於民國二十二年，後收入金德建著《古籍叢考》，斷定《尸子》中的"訓詁成分""絕對不是前漢所應有"，認定《尸子》非先秦之書；又因《爾雅·釋天》文"宜即《爾雅》采自前此《尸子》"，"訓詁學根本是漢代的蜀學"，間接論定《爾雅》至多出於東漢①。該文摘錄了作者認為與《爾雅》相同的文句，今比較如下，標點依舊：

《仁意篇》：

① 見中華書局 1941 年本，1986 年中華書局、上海書店以《中華文史精刊》復印，豎排本。

燭於玉燭，飲於豐泉，暢於永風。春為青陽，夏為朱明，秋為白藏，冬為玄英，四時和正光照，此之謂玉燭。甘雨時降，萬物以嘉，高者不下，下者不多，此之謂豐泉。其風春為發生，夏為長贏，秋為方盛，冬為安靜，四時和為通正，此之謂永風。

《爾雅·釋天》《疏》引

又如《廣澤篇》：天地皇后辟公弘廓宏溥介純夏幠塚晊昄昄皆大也；十有餘名，而實一也。

這種訓詁的文體，與《爾雅》完全相同。其他如：大牛為犉七尺，大羊為羬六尺，大豕為豟五尺。

《爾雅·釋畜》《疏》引

五尺大犬為猶。

《顏氏家訓·書證篇》引

卵生曰琢，胎生曰乳。

《文選·東征賦》注引

地中有犬名曰地狼，有人名曰無傷。

《搜神記》十二引

木之精氣為必方。

《類聚》八十八引

木之奇靈者為若。

《山海經》二注引

春華秋英，其名曰桂。

《初學記》三引

鄭人謂玉未理者為璞。

《文選·演連珠》注引

天地四方曰宇，古往今來曰宙。

《世說·排調篇》注引

日五色，至陽之精，象君德也。

《御覽》三引

春為忠，東方為春，春動也，是故鳥獸孕孳，草木華生萬物咸遂，忠之至也。夏為樂，南方為夏，夏興也，南任也，是故萬物莫不任興，蕃殖充盈，樂之至也。秋為禮，西方為秋，秋肅也，萬物莫不肅敬，禮之至也。冬為信，北方為冬，冬終也，北伏方也，是故萬物至冬皆伏，貴賤若一，美惡不減，信之至也。

《類聚》三及《御覽》二十七引

虹霓為析翳。

《文選·西都賦》注引

彗星為欃槍。

《開元占經》五引

《仁意篇》所引，今見於《爾雅·釋天·祥》，但說法有異，"四時和為通正"，王充引《爾雅》作"四氣和為景星"，與今《爾雅》異；汪繼培輯《尸子》作"氣"不作"時"；《爾雅·釋天·祥》前作"四氣和謂之玉燭"，此作"四時和為通正，謂之景風"。《法苑珠林》卷七引東漢末李巡《爾雅注》："景風，太平之風也"①，則漢末時《爾雅》如此。關於季節，屬於社會常識性說法，當因時地不同而有不同：諸侯各國地域不同，氣候不一，習俗各異，說法自然不同，應該不存

① 《四部叢刊》本唐釋道世撰《法苑珠林》卷七。

在誰抄誰的問題。《廣澤篇》“皆大也”，《爾雅》分為“賞慶刑威”之君與“大也”兩條，歸類標準不同，《廣雅》“大也”條標準與《尸子》同，皆以稱謂為標準，取向不同而已。《尸子》“皆大也”的話，是針對諸子各派皆出於“私”而相非說的，舉例說明他們“皆弇於私”：

墨子貴兼，孔子貴公，皇子貴衷，田子貴均，列子貴虛，料子貴別囿也，數世矣而已，皆弇於私也。

《二十二子》p. 372 上

“而已”有問題，或有脫文。依此似屬上讀稍妥。

《尸子》以歸納概括的方式指出各派都具有“私”的本質，正如那些詞語名異而實同一樣，在名實辨中的所謂“異名同實”。名實問題春秋末老子、孔子發其端[①]，由“名實”相符、“正名”起因，墨子以後引向哲學之辯，荀子集大成。但是，在此種“異名同實”中，“實”的概括性越高，“名”所失去的具體個性特徵就越多，甚至會引發質的變化。《尸子》此兩段反映的是戰國中期的“名辯”思想，那時的爭辯已經走向頂峰，對相同的問題各家都有不同說法，應該不存在誰抄誰的問題[②]，也不能成為《爾雅》抄自《尸子》的證據。戰國中後期諸子活動的總體情況構成 個特定的時代背景，《爾雅》內容的總體情況與該時代背景的吻合程度，則可以作為論定年代的參考。《爾雅》的編纂，既用了歸納概括的方式，也用了辨析分釋的方法，其同異分別應該是以著述目的為准的

① 參看周及徐《孔子和老子：不同的社會基礎及文化》，載四川師範大學漢語研究所《語言歷史論叢》（第四輯），巴蜀書社，2011。

② 參看九所高等師範學院校《中國哲學史稿》編寫組編著《中國哲學史稿》，河北人民出版社，1981；楊榮國著《中國古代思想史》，人民出版社 1973。

的。歸納概括的認識論方法，老子、孔子就有了，而他們不可能憑空產生，不過是繼承而已。與英語相較，漢語名稱中歸納概括的詞語既是特色，又是思想方法在語言中的反映，比如“人”、“車”之類。至於“天地”等皆以“大”解釋，取向與“私”相同，可以證明至少戰國中期就已經出現了這種訓釋方式，但與“《爾雅》抄《尸子》”的結論之間，並沒有必然聯繫。曹粹中以“片言折獄”方式斷言《爾雅》年代，與先前“張仲孝友”之類，在方法上有承襲關係，其缺陷是極為明顯的：《西京雜記》“後人所足耳”。此法可以用於識別個別條目的時限或真偽，但不能以偏概全，《爾雅》真實年代的痕跡，在於《爾雅》的主體，而不是隻言片語。正如《尸子》的“宇宙”觀非常精確，而相同的話，老子就已經說過了。精確一定“後出轉精”，先時一定“前修未密”，應該是事物發展的一般規律。胡奇光、方環海撰《爾雅譯注·前言》認為《爾雅》中《釋天》、《六畜》“均以《尸子》有關訓詁為依據”，又認為“豐泉”的解釋《爾雅》更精練，所以《爾雅》後出。事實上，二者相較，“高者不下，下者不多”，當是對“豐泉”的進一步認識，反而更加精確。《尸子》“天地四方曰宇，往古來今曰宙”，而《爾雅》“宇”訓“大”，沒有“宇宙”的觀念，以此為據，可以得出《爾雅》在老子之先的結論？應該說《尸子》關於“宇宙”的話，《文子》、《莊子》、《淮南子》等都有，核心內容有相承關係，同一問題或觀念，各有各的說法，可以看出相承關係，卻不能得出抄襲的結論，除非有別的證據足以證明：

《莊子》首句任本作“上下四方”，《升庵外集》：一作“上下四旁”。按：《文子·自然篇》：“老子曰：往古來今謂之宙，四方上下謂之宇”，《淮南子·齊俗訓》同《莊子》，《庚桑楚篇》《釋文》引《三蒼》亦云："四方上下為宇，往古來今曰宙"；"上下四方"之訓，皆本《文子》。

汪繼培輯《尸子》，見上海古籍出版社 1987《二十二子·尸子》p. 373 中

從中可以看出，"宇宙"的觀念最早來自老子，如果老子確實長於孔子的話，是因為我們已經確定了他的時代，所以可以論定年代，還可以確定今天"宇宙"一語的源頭：老子時代，"宇"與"宙"的次序是隨意的，不固定的，或許是"宙宇"的次序；最早採用先"宇"後"宙"的空時次序的是莊子，成了今天"宇宙"一語的直接源頭。同樣的情況是金德建所引《尸子》語，能相對應的《爾雅》中的訓釋如下：

馬八呎為駥。

牛七尺為犉。

彘五尺為豟。

雞三尺為鶤。

《爾雅·釋畜·六畜》

彗星為欃槍。

螮蝀謂之雩。螮蝀，虹也；蜺為挈貳。

《爾雅·釋天·風雨·星名》

可見《尸子作者與爾雅》所引《尸子》，多不在《爾雅》中，即使相似或個別相同的，都是因時地不同而可能有多種說法的常識性訓釋，以此認為《爾雅》抄自《尸子》，斷言《爾雅》年代，證據並不充分；能夠證明的只能說《爾雅》式的訓釋，那時已經運用自如，極為普遍了，僅此而已。有參考意義或值得重視的倒是《尸子》"皆大也"的歸納，為《爾雅》戰國中期成書的可能性提供了可以參照的證據。今所見輯本《尸子》，如上所引，有許多秦漢後

的痕跡，很可能是歷代傳抄走樣造成的，須考定《尸子》而後比較《爾雅》，但曹粹中似的“片言折獄”而論定年代的做法則應當審慎，於個別訓釋可證，於整體須酌：《爾雅》“謂吾舅者吾謂之甥”，《儀禮》“《傳》曰：謂吾姑者吾謂之姪；謂吾舅者吾謂之甥”[①]，據此便説《爾雅》抄自《儀禮》，其間有“《傳》曰”的話，據考或唐以後才加上去的[②]，又可以説《傳》抄《爾雅》，可《爾雅》又並沒有説“謂吾姑者吾謂之姪”，究竟誰抄誰，仲由再，未必折。倒是《史記·樂書》給人啟發：“春歌青陽，夏歌朱明，秋歌西暤，冬歌玄冥。世多有，故不論”[③]，所例皆尋常語，“世多有”，並不一定誰一定抄了誰。

---

① 中華書局1983影印上下冊本《十三經註疏》上冊 p. 1114 中、1120 上、中。

② 參看楊天宇《從漢簡本〈儀禮〉看〈儀禮〉在漢代的傳本》，載上海社會科學院歷史研究所主辦《史林》2009，04。

③ 中華書局本《史記》冊四《書》p. 1178。

第四章 《爾雅》的性質

《爾雅》的性質，也就是《爾雅》究竟是一部什麼著作，或者說，《爾雅》究竟應該是一部什麼樣的書，才更符合已經掌握的《爾雅》的實際情況。一部著作的性質，在很大程度上與它的編纂目的有關，即為什麼而作，寫成此書要用來幹什麼。目前主流的觀點是“最早的詞典”，進而認為是“同義詞典”和“百科詞典”，但便於翻檢使用是詞典的必要條件，這是詞典的本質，甚至是詞典的生命，離了翻檢，詞典就失去了價值，而《爾雅》不具備最起碼的翻檢便利；況且除了前三篇，後十六篇與其說收入的是詞，不如說收入的是事物；或許我們至多可以說《爾雅》有類似於後世詞典的地方，能起到類似的作用，可以視作源頭，甚至進一步說開了詞典的先河，卻不能再進一步說它就是詞典。如同《爾雅》可以用來解釋經典一樣，事實上自漢以來至有清一代，《爾雅》都被用來解釋經典，這是不爭的事實，但我們卻不能或不應該以此認定《爾雅》的性質是解釋經典，儘管歷史上經學家們都這樣說。揚雄據《爾雅》作《方言》，僅僅以卷數次序分列，也反映出西漢時人注重的是內容，而不是翻檢，倒是到了東漢的許慎，其《說文解字》

客觀上具備了翻檢的便利，可以看做歷史上第一部字典，但不能以此認定性質是字典，許慎是在為編纂字典而作《說文解字》[①]。又如訓詁家尊《爾雅》為鼻祖，這一觀點有着久遠的歷史，重要的原因是《爾雅》通篇以訓詁的方式寫成，據現有先秦史料，可以說《爾雅》集先秦訓詁之大成，但僅憑寫作方式和存留訓詁就認定《爾雅》的訓詁性質，則是證據表像與性質結論之間的不對稱，為訓詁而作與運用訓詁寫成，達到別的目的，應該不是一回事。詞語解釋是另一種流行的觀點，並且認為《爾雅》訓釋詞語，是在訓釋詞語的意義，進而又有同義詞或語義學的引申。可是，只需稍稍用心，十分明顯，除前三篇直接針對詞語外，後十六篇針對的都是事物，都是對事物的說明和解釋，而不是對事物詞語的解釋。在現有史料中，至少自東漢起，《爾雅》用於解經，是顯而易見的事實，王充、鄭玄都認為為解經而作，事實上，經學是董仲舒以後才有的事，即使《爾雅》成書於所謂秦漢之間、抑或周秦之際，也不可能與經學搭上關係。在兩千年的歷史長河中，經學是集中反映統治思想的“時事政治學”，其他學問，或多或少、或疏或密，都要受到影響，不可避免。訓詁與訓詁學受到牽連，被認為是“經學附庸”，便有其歷史的必然性，直到《四庫全書總目提要》出，這個觀點才被打破：“實自為一書，不附經義。”因此，《爾雅》解經，雖為事實，卻只是表像，不是本質。20 世紀 80 年代以來，由於訓詁與訓詁學的復蘇，更由於“西學”的語言學理論再次成為時尚，用現代西方語言學、包含於“普通語言學”中的詞彙學、語義學等理論衡

① 參看趙振鐸先生《論字典》，載《漢語大字典論文集》p. 423–435，湖北辭書出版社、四川辭書出版社，1990 年。

量傳統小學，同時冠以“科學”的桂冠，再加上字、詞典的研究和編纂，《爾雅》的詞典性質幾乎已成定論，訓詁與訓詁學也被塞進了語義學、詞彙學、語文學等的框架。然而，可喜的是，較之先前的灰飛煙滅，傳統學術研究則漸有燎原之勢，眾說紛紜的好處之一，便是可以引起重視，引發思考。何九盈《中國古代語言學史》在深入研究《爾雅》的基礎上，提出了教科書性質的新解，認為其目的是“名物釋義”和解釋經典；趙振鐸先生《訓詁學史略》深入研究先秦教育的實際情況，認為與教育密切相關，成書於戰國末，等等，應該正是這樣思考的成果，但這種觀點似乎影響有限，或研究不夠深入。怎樣看待《爾雅》、訓詁，乃至傳統的以小學為代表的漢語語言研究，不僅對《爾雅》，對傳統訓詁與訓詁學產生影響，進而對古代漢語研究產生影響，甚至影響到整個漢語語言研究和語言學的研究。訓詁是漢語研究的傳統手段和方法，取得過傲世的成就，客觀地看待訓詁的實際，看待《爾雅》的實際，或有助於客觀地審視漢語研究的傳統與現狀，得出符合實際的結論，進而可以建立起符合漢語自身實際的漢語語言學。相較於《爾雅》成書確切年代的認定，考察《爾雅》的性質，可以有兩個現成的最基本的切入點：《爾雅》的內容和流傳的歷史。若將它客觀上可能起到的作用、人為的觀念之類剝離開去，或許可以較為清楚地看到它的實質，更接近於真實。

第一節　《爾雅》的篇章

包羅萬象，不相雜廁，分類明晰，整齊劃一，是今之所見《爾雅》最明顯的基本特徵。這樣的編排，邏輯上只可能是在編纂之初就定型了的，不大可能是同代或異時的拼湊，即使是“非一人之手”，也必定有“一人”牽頭；即使是“非一時之作”，必定遵守同一時期的同一個標準；否則，雜而不亂、整齊劃一的結果就不可能出現：

> 現存《爾雅》的結構完整，編排合理，可以明顯看出，在成書前是經過作者縝密設計，系統安排，整個架構在成書之初已定。但這並不排除歷代有遞相增益的成分，不過這種增益只是在原有框架內增詞釋義而已。
>
> 參看洪成玉《漢語詞義散論》，商務印書館 2008；
>
> 上海交通大學出版社 2010 版，許威漢編著《訓詁學讀本》

這樣的結構和編排，可以視為《爾雅》的封閉性和排他性，無論是同時或異時，還是個人或集體，都不允許逾越規矩，否則，這種體系性結構就會遭到破壞，就不可能是今天見到的樣子。另一方面，在封閉性和排他性的前提下，由於採用的是列舉的方式，其分篇、立條、收詞又都具有開放性的特徵，對篇章、條目、詞數等的增減，客觀上又沒有限制。篇章是開放的：可以有單篇的整體增減，而不能有現成分篇的標準的重新設定；篇章的條目數量和單條字詞數目是開放的：可以有條目數和字詞數的增減，而不能與設定標準有衝突。由於流傳至今的《爾雅》具有這兩方面明顯特性，出現下列情況，也就有了必然性：一方面主體架構和基本內容沒有發生質的變化，另一方面條目和字詞可能有損益。根據已知的《爾雅》的流傳情況，流傳於漢代的《爾雅》與今之所見沒有質的差異，應該是合理的判斷，抑或近於事實，魏張揖的《廣雅》便是一個重要的參照物。《廣雅》據《爾雅》也分為三卷而廣之，其基本架構與《爾雅》全同，那麼，可以斷言，止於張揖時代，《爾雅》

就已經是今天的這個樣子了。郭璞注《爾雅》，基本架構與《廣雅》也完全相同，加上散見的漢人注釋，也没有見到所謂“序篇”的影子，因此，所謂“序篇”，最大可能是發生在這之後，且很像是注釋者的“序”，並不是《爾雅》編纂當初就另設了“序篇”，以合於班固“三卷二十篇”之數：

今《爾雅》十九篇，愚意以為《釋詁》文多，舊分二篇。

宋翔鳳《爾雅義疏·序》，北京中國書店 1982 影印郝懿行《爾雅義疏》三冊本，一冊

雖然宋翔鳳不能肯定，接着又説“《爾雅》尚有《序篇》，今亡之矣”，比較起來，《釋詁》析為兩篇的可能性更大，較之“序篇説”也更為合理。郝懿行作《爾雅義疏》，《釋詁》分為上、下，就是這麼做的[①]。“序篇”之説始於孔穎達《爾雅疏》，陸德明《經典釋文》不見所謂“序篇”的影子：

釋曰：釋，解也；詁，古也；古今異言，解之使人知也。《釋言》則《釋詁》之别，故《爾雅·序篇》云：“《釋詁》、《釋言》通古今之字，古與今異言也。”

《十三經注疏》下冊 p. 2568 上

孔穎達引用《序篇》的目的，是為了證明自己對前三篇分篇解釋的正確性，但何以析為《釋詁》、《釋言》兩篇，則語焉不詳。從文句上看，《序篇》的話不像是原著編者的話，倒像是後來解者的話，即傳抄、編輯、出版或授課於人，分析前兩篇的内容而編寫的。再者，《序篇》將前兩篇渾而言之，不僅違背了《爾雅》的分

① 參看北京中國書店影印郝懿行《爾雅義疏》三冊本，《釋詁下》被編入第二冊，或排版印刷有誤，或本來如此；《六府文藏》本則分為“上之一”和“上之又一”。

篇原則，渾而言之，語焉不詳，還露出了《序篇》與《爾雅》不同時代的破綻，反倒是後來的鄭樵還能夠清晰的辨別。據陸德明《經典釋文》的記載，包括郭璞在內和之前的漢代注家，除樊光為六卷外，其餘都是三卷，看來，遵從原樣應該是共識。今本《爾雅》十九篇，篇章的安排有刻意的主觀意圖的痕跡，表現為篇章的次序安排，篇章內首尾的完整性等：比如由人及物，秩序井然。又比如前三篇屬於語言類，將語言詞語作為一個"事物"區別於其他事物，"事物"的劃分標準十分明確。再如《釋詁》的由始而終，《釋言》的由中而終，等等，較之許慎《說文》的"始一終亥"，刻意編排或為事實：

> 《爾雅》儘管非出自一人一時之作，但它的析卷分篇和次序排列卻包含了作者的一些主觀意圖，有著一定的邏輯關係。

參看顧廷龍、王世偉著《爾雅導讀》p. 12，巴蜀書社 1990《中華文化要籍導讀叢書》本

《爾雅》十九篇的篇目安排是經過精心策劃依次排列的，是編排本身反映出的客觀實際：從語言開始到第七篇《釋樂》，是人的社會活動，所釋都是與人的社會活動密切聯繫、息息相關的內容；《釋天第八》以下，是人對大自然的認識，天地山水、草木蟲魚，順序清楚，次序井然；最後以《釋畜》結尾，是人對動物的馴化，或有呼應開始的社會活動的意圖。從分類看，十九篇就是十九個類，但它們的關係不是平列的，作者使用了二級標準進行劃分：前三篇是一個類，用時間和單兼的二級標準進行再分類，所以成了三篇；最後一篇，是在前兩篇《釋鳥》和《釋獸》的基礎上，使用了馴化的標準劃分出的《釋畜》，這種安排應該也是有意為之。這樣，《爾雅》的內容實際上是十六類、十九篇。這種劃分與歸類，

跟老子、孔子的“名實論”有交叉：墨子時代爭論推向高潮，荀子集其大成；跟《易·繫辭》“方以類聚，物以群分”為典型代表的事物認識論觀點有緊密聯繫，同劉熙總結的“名之於實，各有義類”的語言認識論密切相關；和《史籀篇》的編纂應該有着直承關係：秦漢識字課本都據此而來，以今存的漢《急就篇》推測，《史籀篇》也應該是有分類的，無論顯明還是隱晦，客觀的要求便是便於分類誦讀和記憶。人對一切客觀事物的認識，都是事物自身特徵在頭腦中的反映，都是如荀子所說的“緣天官”的結果，但認識依據事物特徵進行歸類，要受到認識本身的制約，要受到思維、文化、需求等的制約，因而劃分和歸類的結果也就可以不同，甚至大不相同。《爾雅》與《小爾雅》、《爾雅》與《釋名》篇章不一，歸類不同，正是這種認識和需求不同的反映。《爾雅》全書所編纂的內容，構成了滿足需求的完整的知識體系：十六類、十九篇的編纂，決定了獲取這些知識的途徑和方法。內容上，張揖歸納為四類：包羅天地、綱紀人事、權揆制度、發百家之訓詁。郭璞增加一類：博物不惑，多識於鳥獸草木之名。可以看到它的廣泛性，同時又反映出它的基礎性。廣泛性表現為知識範圍的廣狹，基礎性表現為知識程度的深淺。編排上，《爾雅》以類分篇，篇名即是類名，這種“歸於統緒”的編排，決定了獲取《爾雅》知識的途徑和方式：只能是誦讀並分類記憶；如果“平時不燒香，臨時抱佛腳”，要想像字詞典那樣去拿《爾雅》來救急，則十分困難，甚至不大可能。後十六篇可以根據要查找的東西知道在哪一篇，但具體在什麼位置，原則上只能逐條逐字的查找，而前兩篇甚至不知道是該在“故”還是在“言”。《爾雅》編纂以語言開始進行排列，將語言作為一個類與其他類並列，特意編排在首要位置，其內容又佔了社會人文的絕大部分，在全書中舉足輕重，這就決定了《爾雅》編纂的立足點在語言，語言類客觀上成了全書的基石。語言的習得和運用，最直接的目的就是“辯言”，通過“辯言”提高語言能力，通過提高語言能力而提高知識水準；滿足“辯言”的需求，客觀上成為前三篇編纂的直接目的，也決定了它註定與訓詁學搭上了關係，與語言研究和語言學研究搭上了關係。縱觀世界語言研究，研究之初都表現為不自覺的“自發”行為，並不像今天這樣自覺地、有意識地特意針對語言進行專門的語言研究，在這一點上，無論古印度還是古希臘，無一例外。《爾雅》每篇皆以“釋”命名，還透露並決定了編纂者“先生”的角色和立場：面對受眾，傳播知識，解惑答疑；透露並決定了它只能是編纂教材的特殊目的和《爾雅》教科書的特定性質，其內容也就具備了知識性的典型特徵。由於編寫教材，傳播知識，客觀上就必然要求編纂者採用不偏不倚的解釋原則，“釋”的結果一般也應該是社會的普遍認知，而不受限於某類人群，這或許正是《爾雅》內容並不具體反映某派某家觀點的根本原因。通觀《爾雅》內容，無論前三篇的語言還是後十六篇的事物，作者的解釋都一如既往的不偏不倚，樸實無華，也應該正是《爾雅》作為知識性讀本的必然反映。正如古書不著撰者是先秦的通例[1]，受到知識性的客觀限制，編纂者的時代烙印和傾向性觀點，也就只能“流露”而被發現了。

---

① 參看余嘉錫《古書通例》，上海古籍出版社，1985 年；吳孟復《古書讀校法》，安徽教育出版社，1983 年。

第二節　《爾雅》的分篇

《爾雅》的分篇總體上是事物的分篇，不是語言中詞語的分篇，語言只是作為其中一個事物而與其他事物相並列。前三篇的分篇，是使用了兩個標準進行劃分的結果：時間標準劃分出語言的古今，一般與個別劃分出語言的普遍與特殊。《故》、《言》、《訓》既是各自類的代表，也是各篇內容的概括，其餘各篇也是如此。《爾雅》的語言分類，應該是《爾雅》時代人們對語言的認識的反映，也應該是那時語言習得的分類反映。《爾雅》傳至宋代，史學家鄭樵以自己獨到的理解和方式，全面深入分析和研究了《爾雅》的分篇，應該是迄今為止首個最早、最全面的分篇研究成果：

《爾雅注·釋詁第一》：

詁，故也，古人之言也，故從言。以古人之言於今有訛轉，故作《釋詁》；以五方之言於此有異同，故作《釋言》。然古人之言，亦有五方之異，五方之言亦有古今不同，故《釋詁》、《釋言》二篇，雖各有注，其義互通。

《釋言第二》：

音發為言，一音為一言。《釋詁》者，古言也，格之以今；《釋言》者，今言也，格之以正。

《釋訓第三》：

訓者，不可明言也，但形容其義耳，故此篇只釋《詩》之言、貌、狀後，始及其說焉。

《爾雅注·序》：

古人語言，於今有變生，今之世何由識古人語，此《釋詁》所由作。五方言語不同，生於夷，何由識華語，此《釋言》所由作。物有可以理言者，以理方之；有不可以理言，但喻其形容而已；形容不可明，故借方之訓以為證，此《釋訓》所由作。宗族、婚姻、稱謂不同，宮室、器樂命名亦異，此《釋親》、《釋宫》、《釋樂》所由作。人之所用者，人之事爾，何由知於之物，此《釋天》所由作。生於此土，識此土而已，九州之遠，山川、丘陵之異，何由曆，此《釋地》、《釋丘》、《釋山》、《釋水》所由作。動物、植物、五方所產，名有名古、今，所名亦異謂，此《釋草》、《釋木》、《釋蟲》、《釋魚》、《釋鳥》、《釋獸》、《釋畜》所由作。

《六府文藏》本鄭樵撰《爾雅鄭注》

鄭樵的理據和結論或可商榷，但他第一次全面分析研究了《爾雅》的分篇，發掘出所作之由，則是應該充分肯定的。《爾雅》的篇名結構一律，無一例外，是篇名的基本特點："釋"是解釋的意思，《小爾雅》、《說文》同，是及物動詞，與後面的類名構成動作涉及到物件的動賓結構，這種結構不因所釋物件的不同而不同；後面的類名都是名稱，不因篇章不同而改變性質，因此，"詁，訓故言"、"訓，道物貌以告人"的解釋，都違背了《爾雅》篇名命名的原則，也與篇名命名的含義不合。根據陸德明的記載，《爾雅》首篇在漢代寫作"釋故"，漢人的注釋也作"故"，作"詁"應該是郭璞擅自改動的，鄭樵以"詁"作釋，是被誤導的結果：

釋詁第一（詁），音"古"，又音"故"，樊光、李巡本作"故"。《說文》云："詁，故言也"，《字林》同。張揖《雜字》云："詁者，古今之異語也。"

《四部叢刊》本陸德明《經典釋文·爾雅音義》

又，中華書局陸德明《經典釋文》p. 407 上

詁，訓故言也；從言古聲，《詩》曰："詁訓"。

中華書局 1981 影印本許慎《說文解字》p. 52 下

"古"、"故"、"詁"在"過去"的意義上，實際上是不同語言時代的同一個詞語，從詞族看具有同族關係，使用三個不同的字是時代造成的：《詩經》時代作"古"，至少西漢及之前作"故"，"詁"的普遍使用是東漢及以後的事情；從漢字的角度看，為了別義，"故"與"詁"的意義都是從"古"離析而來的，"訓故言"的"詁"則是專為"訓故言"的意義而造，屬於字的孳乳，郭璞改字，客觀上掩蓋了它們的時代特徵。《毛詩故訓傳》也被改成了"詁"，據此說"訓詁"一語始於《毛詩》，則與鄭樵一樣，立足於"詁"字說"釋故"，也應該是被誤導的結果。《釋故》中的"故"與"古訓是式"中的"古"含義相同，核心意義都是"過去"，這裏是"過去之言"的意思，也就是"古語"、"故言"、"絕代語"等的意思。"釋故"就是解釋古語，包括古語的用字。也就是說，對《爾雅》作者來說，"釋故"所解釋的字詞，都是先前流傳下來的古代詞語和用字，所以叫做"故"。從孔子開始的"六藝"，也就是六種課藝所指的六部經典，《易》、《詩》、《書》、《禮》、《樂》、《春秋》，自漢武帝始被稱為六經，孔子稱"藝"而"遊於藝"，莊子稱"經"，自然也在解釋之內。從今天見到的《爾雅》看，《釋故》的來源顯然不止於此，被用於解釋經書，顯然是後來

的事[①]。事實上，即使包括今天能見到的先秦諸子及其它古籍，《釋故》與之也不能全然對上號。以此觀之，或許不能肯定地說《爾雅》還搜有其他古籍，但說《釋故》所搜並不限於六經，則是明擺着的事實。《釋言》與《釋故》的劃分標準是時間，鄭樵“音發為言，一音為一言”的論斷是正確的，但認為是專門解釋方言的，則需要證據和論證。《釋言》的被訓釋字詞，都是常用字，郝懿行“約取常行之字，而以異義釋之”的話，很有參考價值。《釋言》內容的來源，粗略分析大致有三類：來自古語，如“將，齊也”；來自方言，如“逆，迎也”（比較《釋故》的“迓，迎也”）；來自口語，如“宅，居也”、“師，人也”，拿《小爾雅》、《廣雅》的次篇相較，可以看得更清楚。《釋言》的解釋，重點在被解釋字詞特別需要解釋的意義，很多很可能是非常用義，所以基本上是一對一進行解釋，解釋的方法與《釋故》正好相對。以徐朝華《爾雅今注》統計，在總共二百八十條訓釋中，僅有五十餘條是一對二，極個別一對三[②]；《小爾雅》增廣《爾雅》，其《廣言》的訓釋情況很有參考價值；《廣雅》補《爾雅》“所未悉備”，其《釋言》也是如此，也是收集日常用語及其用字，訓釋的意義都有時代痕跡。可見，所謂“釋言”，即《爾雅》時代仍常用的字詞，但因古語、方言、用字“規範”和慣例等原因而表示不同意義，或其他需要特別指出的，便歸為“言”類。以鄭樵“音發為言，一音為

---

① 許威漢引用認為《爾雅》解《尚書》、《詩經》佔了57%，未見其書，不敢妄加評論，但先決條件首先必須是在確定了《尚書》、《詩經》和《爾雅》的用字真實性、對應的唯一性基礎上，結論才可能成立；參看上海交通大學出版社2010年版，許威漢編著《訓詁學讀本》p.51；參看洪成玉《漢語詞義散論》，商務印書館2008年。

② 作者歸類時，有將兩條併入一條者，所以條數有出入。

一言”觀之，“釋言”的含義便是“解釋當下之言”，以“爾雅”觀之，應當是雅言及其用字。“逆，迎也”之類，不過是方言被吸收進雅言而已，如同今天“搞”、“整”、“鬧”等詞語進入普通話一樣。《釋故》、《釋言》的一個共同特點是只解釋單音字詞，雙音或多音不在解釋之列（個別有例外，如“權輿”），單音詞語是《爾雅》時代漢語的基本特徵，是那時最小語言單位的基礎。《爾雅》前兩篇《釋故》、《釋言》時間標準進行劃分，歸類依據是古今，應該是清楚的：“故”的類別意義是古語，即古代字詞；“言”的類別意義是今語，即當下使用的字詞。“故”在《爾雅》中凡兩見，一作訓釋字詞，一作被訓釋詞語：

治、肆、古，故也；肆、故，今也。

《爾雅·釋故》

“治”，未詳。“肆”、“古”，見《詩》《書》。

“肆”既為故，又為今；今亦為故，故亦為今；此義相反而兼通者，事例在下而皆見《詩》。

《四部叢刊》本郭璞《爾雅注》

“治”當為“始”，《益稷》云：“在治忽”，《史記》作“來始滑”，《漢書·律曆志》引作“七始詠”，是“治”、“始”二字相溷也。《墨子·經》篇云：“始，當時也”，是“始”即“故”也；“肆”為發端之詞，故為申釋之詞，其義相通；“古”、“故”以聲為義也。

《六府文藏》本邵晉涵《爾雅正義》

《書·大禹謨》：肆予以爾眾士，奉辭代罪。《傳》：肆，故也。

《詩·大雅》：肆不殄厥慍，亦不隕厥問。《傳》：肆、故，今也。

《康熙字典》中華書局 1984，p. 1972

郭璞"'肆'既為故，又為今；今亦為故，故亦為今"，此"義相反而兼通者"的話有問題："今"用作虛詞，先秦常見。與"古"相較，"故"訓的是實義，"今"訓的是虛義，不應該混為一談；《爾雅》作者接着又將"肆、故"單列，是別義的需要，也反映出作者特別區分的用意，目的是為了說明它們還有別的意思；《爾雅》中其他相似的安排，都可以看出這種相同或相似的用意。《爾雅》以"故"為訓釋字詞，與篇名同義，是作者時代的常用字詞；以"今"為訓釋字詞，則《爾雅》作者時代"今"仍可用作虛辭，且為雅言，秦漢以後才成了古語的沿用：

其丕能誠於小民，今休。

王厥有成命，治民今休。

《尚書·召告》

夏德若茲，今朕必往。

《尚書·湯誓》

齊宣王為大室，三年而未能成，春居諫王。王曰："寡人請今止之。"

《呂氏春秋·驕恣》

十日之內，數萬之眾，今涉魏境。

《戰國策·韓策》

(項羽)"吾屬今為之虜矣。"

《史記·項羽本紀》

《爾雅》以"故"釋"古"，以"今"釋"故"，應該是刻意而為之，旨在闡明它們的不同。郭璞以晉時"今"的實義讀之，所以有了“義相反而相通”的誤解，後人又因之而為“反訓”的例證。

《釋訓》與前兩篇的劃分標準不同，用的是普遍與特殊的標準，“訓”與“古訓是式”的“訓”同義，動詞義是“教誨”、“教導”，名詞義則是“教誨、教導的話，包括內容、結果”等等，即《尚書》所謂“遺訓”之“訓”，這裏是名詞義。“訓”有“古之成語”義，拿今天的話說就是“固定的說法有固定的含義”，也就是孔穎達所引張揖《雜字》的“謂字有意義”。《釋訓》的內容大致包括三類：疊音疊字，《詩經》原文，雙音詞語；《廣雅》補充一、三類，可以看出“引《詩》論辯”的風氣已經衰亡；《小爾雅》擴展後兩類，其“不肖”為特意安排：

無念，念也；無寧，寧也；不顯，顯也；不承，承也；不肖，不似也。

《續四部叢刊》本胡承珙撰《小爾雅 · 釋言》

又，上海古籍出版社《諸子百家叢書》本影印《孔叢子》p. 33 下

陸德明《爾雅音義》引有張揖的話，對理解“釋訓”很有啟發意義：

張揖《雜字》云：“訓者，謂字有意義也”

《四部叢刊》本陸德明《經典釋文 · 爾雅音義》

中華書局 1983 黃焯斷句本《經典釋文》p. 413 上

所謂“有意義”，意思是“有特定含義”：凡言，在胸為“意”，在言為“義”。也就是說，這些字詞不能從字面得出其意義，因為它們都有特定的含義，或先前流傳，或約定俗成，總體上或為“師說”，即所謂“訓義”。篇中喻義解釋疊音疊字詞語和《詩》句，解釋“甹夆”、“勿念”之類，也都是這種特定的“訓

義”。由於本篇劃分標準不同，所收內容也就不能以古今方俗之類為界，常用口語自然也就不會被排斥在外。叠音叠字不僅在《尚書》、《詩經》中是較為突出的語言現象，自《論語》以降都有這種特點，或許《爾雅》作者時代的口語應該也是如此，所以才有了這樣的劃分標準。

《釋親》以下是各種事物類别的基本常識，雖然也是在解釋，但由於立足點的不同，解釋也就不同：前三篇立足於詞語，以下立足於事物，撰寫的手法就主要是列舉事物並加以描述，使用的也是敍述性語言。立足點的不同，決定了行文方式和解釋方式的不同。立意不在字詞本身，也就不是解釋詞語及其意義，而是敍説或説明該事物是什麽，叫什麽。《釋親》、《釋天》、《釋地》、《釋丘》、《釋水》、《釋獸》和《釋畜》有小類，進行了進一步的劃分，反映出當時人們對事物的認知程度和認知習慣。從《釋親》到《釋水》，主要採用描述的方法，《釋草》以下則主要是列舉不同的稱謂，與孔子“多識於鳥獸草木之名”的作用相同，即不在於認識或識别鳥獸草木自身，而在於瞭解掌握有哪些不同的稱謂。一般研究《爾雅》者常常指出《爾雅》的不足甚至錯誤，有的應該是評論者的衡量標準有誤，比如拿詞典的標準，如果《爾雅》本來就不是詞典，卻以詞典去點評，其結論其實與《爾雅》本沒有關係；比如拿“同義詞”的眼光去看待，如果《爾雅》本不是編寫“同義詞匯”，“古人同義的觀念比今天寬泛”，就只能是一種自我解嘲；有的是拿了今天“科學”的標準去看待動物分類，卻忘記了《爾雅》並不是在做“科學”的動物學分類，而是耳目所致，習慣使然。事實上，評論者自己仍然“習慣使然”地把哺乳的叫做“鯨魚”，管爬行的叫“鱷魚”。《爾雅》的不足甚至錯誤，或當建立在其真實性質基礎之上，才可能得出合理的評判。以下是流行的說法之一，看似頭頭是道，實則沒有根基：

> "爾"或作"邇"是"接近"、"走近"的意思；"雅"字從牙從隹，"牙"指前排上下齒，用於咬文嚼字；"隹"原指尖嘴鳥，在此表示"錐形"；"牙"與"隹"聯合起來表示"錐形牙"，即"犬齒"。古人視犬齒為"基準牙"，故"雅"有"基準"、"標準"的意思，通"正"。"雅言"就是古代的官方語言，就是標準語、規範語。"爾雅"就是"使人們的語言接近標準"之意。《爾雅》是後代考證古代詞語的一部著作。

"連類以及"是《釋親》以下各篇的另一特點，《釋宮》說到踱步規矩和道路，《釋器》類及飲食，《釋樂》順帶演奏，《釋天》連出祭祀講武，《釋水》飄出舟船，等等，都是與該類別息息相關的，或許這正是《爾雅》作者時代人們社會活動的真實寫照，反倒彌足珍貴。

《爾雅》十九篇構成了一整套完備的、自成體系的知識結構系統，知識性和系統性是《爾雅》最鮮明的兩大特徵：知識性既會留下時代痕跡，也與其著述目的緊密相連；系統性既反映社會現實需求，也與編纂者的組織形式密切相關。

第三節 《爾雅》存疑

今本《爾雅》總體上結構完整，體例劃一，內容極為豐富，構成一套完整的系統性知識體系，這樣的特徵決定了它的記載不一定、也不需要與其他古籍完全一致。從"爾雅"的命名看，作者是

其實，“人”至今仍是最常用詞語，意義變化並不大，其具體內涵因時代不同而有異，但它的“才人”或“人才”義仍保留在今天的“人物”中：

《論語·述而》：“子曰：三人行，必有我師焉。擇其善者而從之，其不善者而改之。”

“三人行”，並不是隨便三個一般的人走在一起，而是有才幹的才可以為師，這應該是《論語》的原意。《論語》的“人”的詞義可以歸類為“在位的仁人賢人、不在位的仁人賢人、善士或人才、君王諸侯卿大夫、一般人”等五類①。宋永培統計“人”出現一百三十四次，與楊伯峻出入稍大；“人”與“民”有別，四十七次“民”大多與“君”之類的意義相對照，楊伯峻統計為四十八次；《孟子》“民”出現一百九十九次，其用義與《論語》大致相同，只是《孟子》的“人”在“泛指一般人”的意義上較之《論語》更為普遍，這既是詞語意義的發展變化，也是百年來社會發展變化在語言中的反映。由此，《爾雅》“師，人也”，當指“有道德、情操、知識、特殊技能等可以為表率等的人”，與孔了“三人行，必有我師焉”的“師”、與先秦“樂師”等的“師”同義；用“人”訓釋“師”，解釋的是“師”的“才人”義，表明《爾雅》作者時代的“人”，仍保留着孔子、孟子時代的人才義，並且是常用詞和常用義，這樣的解釋，或符合《釋言》的分篇和訓釋原則。郭璞注“師”為“眾人”，則表明到了郭璞時代，“人才”義的“人”已經消亡或不常用，或為別的詞語所替代，抑或疏忽。

① 參看宋永培《論語民人之別》，載宋永培《〈說文〉與上古漢語詞義研究》p. 274-314，巴蜀書社出版社 2001 年。

《釋訓》第三

這裏的“訓”是“道”的名詞義，與《詩經》的“古訓是式”、《尚書》的“遺訓”同義，意思是“遺留的、公認的、固定的說法”等的意思。在前三篇中，本篇是以語言的一般與特殊的標準劃分的結果，內容包括叠音叠字、《詩經》原文和語形上不同於前兩篇的詞語，也就是荀子基於“單”的“兼語”：

> 單足以喻則單，單不足以喻則兼。（楊倞注）單，物之單名也；兼，復名也；喻，曉也。謂若止喻其物，則謂之馬；喻其毛色，則謂之白馬、黃馬之比也。盧文紹曰：注“復名”，宋本作“複名”。案：“復”亦與“複”通用。
>
> 《諸子集成》本清王先謙《荀子集解·正名》
>
> 《中華國學文庫》本沈嘯寰、王星賢整理簡化字本，中華書局 2012
>
> 梁啟雄《荀子簡釋》（原作“柬釋”）中華書局 1983

根據篇名的歸類，篇旨為：本篇的意義都是特定的和特指的，不能從字面去認識和理解。對《詩》而言，則是讀《詩》規範：其解說義就是要求讀者這樣去理解的《詩》義。《小爾雅》歸類和解釋與《爾雅》同，《廣雅》有增類增項。由於本篇特徵突出，衍文、錯簡、竄入等情況就顯得很刺眼，如：“凡曲者為罶”，“鬼之為言歸也”等等。叠音語言單位是漢語的特徵之一，在口即叠音，在書即叠字，正由於這種“即音用字”的原因，所以寫出來便出現各自不同用字的情況。所叠之音、所叠之字與所包含或所表達的意義之間，有的有聯繫，有的沒有：穆穆、肅肅，敬也；廱廱、優優，和也。這些叠音叠字不一定都來自於《詩經》，其他古籍，如《尚書》、《論語》、《孟子》等都有，作者時代的實際口語也應當有，相對應的也應當有實際用字，除非僅見於《詩》，否則就沒有理由認為一定搜自《詩》。對這一類的解釋方法，都是指出產生這種狀態的來由，被訓釋與訓釋之間不是詞義之間的關係，而是動作、行為、狀態、性質 、名稱等呈現出來的模樣，所以歷來有“釋形貌”的說法。自“顒顒昂昂”開始，解釋《詩》句原文，從中可以看出《爾雅》作者對詩句的理解和怎樣讀《詩》：顒顒昂昂，君之德也；藹藹萋萋，臣盡力也；噰噰喈喈，民協服也。這一類的解釋不是詩句中詞語的意義，也不一定是詩句在原詩中的本來含義，而是作者認為詩句表達的是這個意思，應該這樣去理解詩句。這應該是先秦《詩》教化作用的表現，也是孔子“邇之事父，遠之事君”的“詩教”的反映，是《爾雅》作者加入了說教者讀《詩》的主觀願望，因而解釋的是被認為的詩句的“用意”。這種讀《詩》的方法對漢代今文經學的《詩》學有直接影響，也是導致後來歐陽修作《詩本義》，探求《詩》客觀意義、反對漢以降以《詩》說教的客觀原因，更是《詩本義》的價值所在。但是，這一時期的“用意”的讀《詩》法，自有它先秦樸實的特徵，與漢代尤其是今文經學以微言大義引申開去、無限發揮，有着本質的不同：

《詩》曰：唯此文王，帝度其心。莫其德音，其德克明。克明克類，克長克君。王此大國，克順克比。比于文王，其德靡悔。既受帝祉，施於孫子。

成鱄解詩：心能制義曰度，德正應和曰莫，照臨四方曰明，勤施無私曰類，教誨不倦曰長，賞慶刑威曰君，慈和徧服曰順，擇善而從（之）曰比，經緯天地曰文。九德不愆，作事無悔，故襲天祿，子孫賴之。主之舉也，近文德矣，所及其遠哉。

《續四部叢刊》本孔穎達撰《春秋經傳集解》卷第五十二

"之"在這裏可能是衍文，或受《論語》"擇其善者而從之"的影響，傳抄、刊印時"習慣"地加了進去，使得句子不相稱了。《十三經注疏》下册 p. 2119 上、中，《左傳》所解釋的《詩》，見於《詩·大雅·皇矣》第四節，標點依程俊英《詩經譯注》酌定 p. 510，上海古籍出版社 1985；《毛詩·皇矣》首句作"維此王季"，"莫"作"貊"，"大國"作"大邦"，是《毛詩》與《韓詩》的用字差異。

《十三經注疏》上册 p. 520 中、下

其詩曰：昊天有成命，二后受之。成王不敢康，夙夜基命宥密。緝熙亶厥心，肆其靖之。

叔向解詩：是道成王之德也。成王，能明文昭，能定武烈者也。夫道成命者，而稱昊天，翼其上也；二后受之，讓於德也；成王不敢康，敬百姓也。夙夜，恭也。基，始也。命，信也。宥，寬也。密，寧也。緝，明也；熙，廣也。亶，厚也。肆、固也。靖，龢也。其始也，翼上德讓，而敬百姓；其中也，恭儉信寬，帥歸於寧；其終也，廣厚其心，以固龢之。始於德讓，中於信寬，終於固龢，故曰"成"。單子儉敬讓咨，以應成德，單若不興，子孫必蕃，後世不忘。《詩》曰："其類維何，室家之壼。君子萬年，永錫祚胤。"類也者，"不忝前哲"之謂也。壼也者，廣裕民人之謂也。萬年也者，令聞不忘之謂也。祚胤也者，子孫蕃育之謂也。單子朝夕不忘成王之德，可謂"不忝前哲"矣。

《四部叢刊》本韋昭解《國語·周語下》卷第三，《國語》上海書店 1987 復印商務印書館 1934 年本，p. 39-40，其中"終於固和"作"和"，原文如

此;"亶厥心",程俊英《詩經今譯》"亶"作"單",《十三經注疏·毛詩》作"單";下段引《詩》,見於《詩·大雅·既醉》第六章,《十三經注疏·毛詩》作"其類維何",末句作"永錫爾類"

這兩條是迄今所見解釋《詩經》整章詩最早的資料,從訓詁的角度看已經很成熟了:既解釋整句,也解釋詞語,既解釋用意,也解釋詞義,恰到好處,運用自如。由於《左傳》、《國語》記載的是人物的對話,其中解釋的話也就是成鱄、叔向實際說出來的話,是實際語言在書面上的存留,應該是作者搜集流傳的資料寫入,而不應該是向壁虛造。成鱄和叔向都是孔子時代的人,他們解詩的做法應該正是那一時期的一般狀況。成鱄、叔向解《詩》,很明顯,首先是深入鑽研的結果,否則不可能爛熟於心,脫口而出。那時學《詩》解《詩》的目的都在於"學以致用",都在於"邇之事父,遠之事君",所以《詩》的喻義十分重要:夙夜,恭也。喻義的確定除了《詩》的客觀限制外,還要受到用《詩》句者的用意的制約,用意不同,解釋的結果就會不同:"心能制義"是成鱄賦予"度"的用意,是"度"的"思量"、"考慮"義的具體化和被認為的用意,"夙夜"則是叔向賦予了"夜以繼日"的"夙夜"的用意,傳達的是具體化了的"恭"的態度意義。"事父事君"的喻義學《詩》,是那時"士"們的時尚:《詩》有着社會公認的權威性,引《詩》為證便有着無可辯駁的說服力和信服力。喻義解《詩》有着鮮明的時代特徵,跨越了時代便不合時宜,不被接受。《爾雅》喻義解詩的方法,在孟子時代也有充分的展示,"斷章取義"成了時代的特徵。最能說明《爾雅》觀點和方法的是整句解《詩》和喻義解釋詞語,分析這些喻義,對探索《爾雅》年代有參考價值,也對理解"釋訓"解釋"訓義"有所幫助。"明明、斤斤,察也",

郭璞注為“皆聰明鑒察”，也就是耳聰目明、明察秋毫的意思；這個“明”跟“光明”或有引申義的關係，是“使顯露”、“無隱藏”之類的意思，因而不能單從字面去理解，也就是所謂“訓義”。下面是《尚書》和《詩經》的例子：

明明揚側陋。堯知子不肖，有禪位之志，故明舉明人在側陋者，廣求賢也。肖，音笑。說文云：肖，骨肉相似也。不似其先，故曰不肖。

《四部叢刊》本漢孔安國傳、唐陸德明音義《尚書·堯典第一》卷第一

明明我祖，萬邦之君。有典有則，貽厥子孫。君萬國為天子。典，謂經籍；則，法；貽，遺也，言仁及後世。貽，以之反；遺，唯季反。

《五子之歌》卷第三

終始慎厥與，惟明明後。明慎其所與，治亂之幾，則為明王、明君。

《太甲》卷第四

羣後之逮在下，明明棐常，鰥寡無蓋。羣後，諸侯之逮在下國，皆以明明大道輔行常法，故使鰥寡得所，無有掩蓋。棐，音匪，又，芳鬼反。

《呂刑》卷第十二

明明上天，照臨下土。箋云：明明上天，喻王者當光明如日之中也。照臨下土，喻王者當察理天下之事據。時幽王不能然，故舉以刺。

《四部叢刊》本漢毛亨傳、漢鄭玄箋、唐陸德明音義《毛詩·小明》卷第十三

明明在下，赫赫在上。明明，察也。文王之德，明明於下，故赫赫然著見於天。箋云：明明者，文王、武王施明德於天下，其徵應照晢見於天。謂三辰效驗。赫，呼伯反，恐也。應，應對之應；照，章遙反，本或作灼。晢，之設反。見，賢遍反。

《大明》

赫赫明明，王命卿士。南仲大祖，大師皇父。整我六師，以修我戎。赫赫然，盛也；明明然，察也。王命南仲於大祖皇甫為大師。箋

云：南仲，文王時武臣也。顯著乎，昭察乎，宣王之命卿士為大將也。乃用其以南仲為大祖者，今大師皇父是也。使之整齊六軍之眾，治其兵甲之事，命將必本其祖者，因有世功，於是尤顯。大師者，公兼官也。赫，火百反，字又作焃。大，音泰。下及注大師、大祖，皆同。將，子匠反。第一章注同。

《蕩》

夙夜在公，在公明明。箋云：夙，早也，言時臣憂念君事，早起夜寐，在於公之所，但明義明德也。《禮記》曰：大斈之道，在明明德。大，音泰。

《有駜》

自彼成康，奄有四方。斤斤其明，鐘鼓喤喤。自彼成康用彼成安之道也。奄，同也。斤斤，明察也。箋云：四方，謂天下也。武王用成安祖考之道，故受命伐紂，定天下為周，明察之君，斤斤如也。斤，紀覲反。

《執競》

上例中“明明”都屬於“聰明鑒察”之列，“斤斤”僅《詩》中一例。其中的“明明”都不能用字面上“照臨四方”去理解和解釋，而是“聰明監察”，這便是《爾雅》的“詩教”，也是“顒顒卬卬”被釋為“君之德也”的原因。《爾雅》以“察”訓“明明、斤斤”，顯示出歸納概括的功夫，不應該得出《爾雅》作者“收集故訓”而成的結論。“察”義的“明明”、“斤斤”在孔子以後很少使用，比如《論語》、《孟子》、《墨子》、《莊子》、《荀子》等，均不見“明明”的蹤跡，顯示出訓“察”的“明明”帶有鮮明的時代性特徵。詞語出現的時代性和喻義解釋詞語的時代性，與《爾雅》編纂的時代性之間，應該有客觀上的限定性，應該對考定工作有啟發意義。“明明”大量出現於《書》、《詩》，還告訴我們，《爾雅》中的詞語語句是置身於語言時代和時代生活的大背景之中的，斷言《爾雅》為釋某書而作，或如漢人所言為解經而作，都有不顧語言事實的嫌疑，於分析也有誤導的嫌疑。成鱒、叔向嫺熟地整章解《詩》，可以折射出那一時代訓詁的發達程度：與“萌芽於先秦”的觀點相左，與“興於中古，隆於漢室”的觀點相合。

另一類詞語是特殊的雙音詞語，它們總是連在一起使用而區別於前兩篇，至於是否符合現代意義上的“詞”的要求，則是現代人的事，應該對“詞”進行研究、界定。《釋訓》三部分內容及其解釋，即為篇名“訓”的含義：需要專門訓釋的語言現象，這些現象都有特定的含義，所謂“道物貌以告人”，不過是以偏概全罷了。

《釋親》第四

本篇不是針對稱謂用語進行的解釋，而是針對稱謂關係本身進行的解釋，說明什麼樣的關係應該稱作什麼。作者以“自已”為中心，分父系、母系、夫妻、姻親四類加以說明，形成一整套稱謂規範。這套體系可以是曾經或現實存在的真實，也可以是作者歸納或認為應該如此的規範性體系，對《爾雅》的作者、年代、性質等，客觀上具有指向性作用，可以作為考定的因素。“父為考，母為妣”立於篇首，起着引領下文的作用。其中，“父”當為口語，“考”當為書面語，從下文“父之考”可以知道，“考妣”沒有生死的區別，所反映的時代早於《禮記 · 曲禮》反映的時代。父系上到父以上三代，下到“己”以下八代，與《禮記 · 雜記》“子子孫孫，引無極”的觀念相一致，是“重後世”思想的反映；母系上到母之上兩代，下止於與“己”同代，這是“男子中心”思想的反映；婚姻上及一代，下及一代。全篇使用敘述的語言，並不是解釋具體詞語的含義：“女子之夫為壻”，並不是說“壻”的詞義是“女子之夫”，而是說“女子之夫”稱作“壻”，比較“婦之父母、壻之父母相謂為婚姻，兩壻相謂為亞”。論定《爾雅》年代的有“謂吾舅者，吾謂之甥”是抄《儀禮·喪服》的說法，其實這是一句十分平常的話，一種習慣表達方式，應該不存在誰抄誰的問題。事實上，《儀禮》也是引用先前的習語，並不是《儀禮》作者的發明創造：

《傳》曰：甥者何也？謂吾舅者，吾謂之甥。

《傳》曰：侄者何也？謂吾姑者，吾謂之侄。

《四部叢刊》本漢鄭玄注《儀禮》卷第十一

即使這個《傳》是後人加上去的，《爾雅》釋“姑”，也應把“吾謂之侄（姪）”一並抄全了。從《爾雅》、《儀禮》的記載中，我們得到的資訊應該是：《儀禮》時代、《儀禮》所稱的《傳》的時代、《爾雅》時代都有這種表述，可以認為是先秦時代或帶有普遍意義的說明或表述方式，不應該得出誰抄誰的結論。《儀禮》引自《傳》是明白的，《傳》是什麼，與《爾雅》有無關係等，卻是空白；可以認為《儀禮》時代也有稱謂體系，《爾雅》也有，二者有無關係，有何種關係，僅此，得不到答案；設若《傳》真是後人所為，反倒可能是《禮記》抄了《爾雅》，仲由再，未可折。

《釋宮》以降

本篇是關於居所及其相關聯事物的基本常識。與《釋親》一樣，整篇仍使用敍述語言，篇章寫法與安排跟前一篇也相同：“宮謂之室，室謂之宮”是引領下文，不是同義詞。根據“宮”在《釋宮》中使用的情況歸納，其詞義是指人之所居的單個建築或建築群；“室”是建築內部的房間，兩個詞語的意義並不相同。《大戴禮記》、《詩經》中的用法與《爾雅》同，證明它們只有在概指“居所”的時候，才不分彼此，這只是特定條件下某一義素或義項的相同，不是詞義的相同，也不是可以把“宮”叫做“室”，把“室”叫做“宮”。“連類以及”是《釋宮》及以下各篇的特點，可以清楚地看到，作者的歸類反映當時的認識習慣，習慣不同，標準不一，結果便不同，比較西周以降的識字課本、《小爾雅》、《釋名》、《廣雅》，可以一目瞭然。“室中謂之時，堂上謂之行，堂下謂之步，門外謂之趨，中庭謂之走，大路謂之奔”，應該是“行為規範”的要求或行為習慣，而不是環境的限制，跟“食無言，寢無思”本質相同：“堂上謂之行”，說的是在堂上可以來回地走；“堂下謂之步”，說的是在堂下可以踱步；“門外謂之趨”，說的是在大門外可以快步走；“中庭謂之走”，說的是在中庭可以跑步走；“大路謂之奔”，說的是在大路上可以疾行奔跑。《史記》叔孫通操練儀仗隊，門外的指令正是“趨”。如同“食無言，寢無思”，並不是說因為吃飯的限制所以說不了話，因為睡覺的限制所以想不了事情，而是說：吃飯時別說話，睡覺時別思考才合乎禮儀，才有利於健康。

《釋器》第六不是身邊器物名稱的解釋，而是對器物的敍說與辨識；《釋樂》第七是基本樂器、音律和演奏的介紹。《釋天》是關於自然的天及人與天有關的活動，人對天的認識及天對人的影響，是人的社會生活所需關於天的常識，不是學科意義上的天文學知識。篇中十二小類，前九類是四季天氣、日月星辰等的知識，後三類祭祀、講武、旌旗是人與天密切相關的活動。行文方式也是以“穹蒼，蒼天也”引領全篇，然後分類介紹。《釋地》第九與《釋天》對應，是關於天之下的常識，七小類中，首類的“九州”涵蓋當時人們認為的“天下”的全部，統領全篇。天地兩篇因與其他古籍的可比性而受到探討《爾雅》成書的重視，但無一完全相同。

相比之下，《爾雅》成套命名，體例完備，系統性極為顯著，這種自成體系的總體特徵不應受到局部與它書的相似而遭到破壞，不應當割裂體系性而以某種相似，甚至某句話相同而斷言《爾雅》抄自某書。《爾雅》的總體或基本狀況總是與一定時代的基本特徵相吻合的，任何一部著作，應該都不能逾越時代，不能不打上時代的烙印。《呂氏春秋》出自“雜家”眾人之手，其內容的“龐雜”與《爾雅》的“單一”形成鮮明的對比，斷言《爾雅》非一人一時之作，與《爾雅》自身知識的系統性和體例的整齊劃一，不相適應。《釋丘》第十以下各篇，同樣是各類知識的介紹，都使用敘述的語言：“水潦所止，泥丘”、“卷心草，拔心不死”、“檟，苦荼”、“有足謂之蟲，無足謂之豸”、“鯢，大者謂之蝦”、“倉庚，黎黄也”、“兕，似牛”、“雞，大者蜀”，十分清楚，《爾雅》行文並不是針對詞語而是針對物體進行的解釋，其目的就只能是達到擴大知識面，“多識於鳥獸草木之名”之類：行文反映的不是“泥丘”的語義是“水潦所止”，而是大水到此受阻，這種丘叫做“泥丘”，這是依據特點認識泥丘；卷心草的特性是“拔心不死”；“檟”又叫做“苦荼”，則是稱謂的不同等等。這種描述跟詞義沒有關係，客觀上只能與它對應什麼事物、有幾種叫法有關係，告知的僅止於“同實而異名”：作者並不是判定“檟”與“苦荼”是同義詞，更不是同義詞研究，而是告知“檟”這種植物就是“苦荼”。可見，後十六篇的主體情況僅僅是對各種事物相關知識的簡介和説明，針對的是事物，不是詞語，其性質也就只能是語文基礎知識，而不能是專項的詞語研究。縱觀《爾雅》內容，跟《史籀》、六藝等相較，從語文基礎知識連貫性的角度看，僅僅只是“讀書人”讀書為文應當掌握的基礎知識，是進一步進行語文研究應當具有的知識高度和廣度，僅此而已。

《爾雅》知識性的另一個重要特點是，這些知識應該明顯多來自書面、傳承等，而非實地考察，很多應該只是代代相傳保存下來的，其正確與否，不決定於作者，而決定於知識來源，決定於作者知識性的取向，而不是進行專業的研究。由此可以知道，《爾雅》的著述目的，只是滿足“讀書人”具備系統知識的需要：由於這些知識只是泛泛的介紹，通過誦讀、記憶就能獲取和掌握。這種泛泛而談、點到為止的知識性特徵，決定了它的基礎性，即這些知識只是進一步深入探索研究的必要條件，比如研究六藝；只是進一步讀書為文的必要條件，比如作為“刀筆吏”。這一特性同時決定了《爾雅》是知識的準備，必須獲取並掌握，而不可能是詞典式的備用，正因為如此，作者的分篇、劃類、成條等，也就都表現為為滿足誦讀和記憶的需要而編制，並不為便於翻檢而設置，自然不提供翻檢的便利。

《爾雅》的知識性特徵，決定了它普及性的教科書性質，體系性特徵，則決定了它編纂的組織形式。與《史籀》以下識字課本相較，《史籀》解決識字問題，處於入門階段，《爾雅》則建立在識字基礎之上；與閱讀研究古今文獻、提筆為文相較，則處於基礎知識階段。也正是因為這種基礎性，到了漢代，劉向父子才將《爾雅》編排於傳記的《孝經》類，班固《漢書》從之；這種編排，應該正是《爾雅》知識的基礎性和性質的教材性的必然反映。從知識鏈的角度看，《爾雅》在《七略》、《藝文志》中處於識字與研經之間，《論語》、《孟子》等傳記是經典的思想性基礎，被漢人認為是解釋經典的傳記；《孝經》是普及性教材，解決“孝”的思想教育問題；《爾雅》對於經典來說是語文基礎知識，對於傳記來說也是語文基礎知識，因而附於《孝經》，是有其內在根據的。至於《爾雅》設置於人才培養的小學、中學或大學某個階段，只是教育階段的設置問題，並不影響《爾雅》客觀上知識性、連貫性的地位。以徐朝華《爾雅今注》所附訓釋與被訓釋字詞簡單統計，《爾雅》總字量只有3000多一點，其中850來個不止一種訓釋，360來個是非單音字詞，因而《爾雅》3000來個用字總量的情況，也決定了它只可能屬於語文基礎知識範疇，這也正是《爾雅》訓釋所用詞語有1000多個不在被訓釋之列的必然。記得20世紀80年教授語文課時，初中語文課本後附需要學生掌握的常用漢字字量記得是3755個；以今天出現頻率95%以上統計，基礎性常用漢字總量也就在3500左右，這應該既是漢語與漢字對應規律的反映：字量與詞語之間最佳、最簡的動態平衡。《爾雅》的知識性和基礎性，與《爾雅》用字字量的情況是吻合的。據徐朝華《爾雅今注》統計，全書字數共計13113字；胡奇光、方環海《爾雅譯注》統計，全書收詞語4300多條，普通詞語近一半；洪成玉《漢語詞義散論》統計，在《爾雅》解釋用語中所用的詞語，有1252個是被訓釋詞語中所沒有的[①]；不僅《爾雅》字量，字數和詞條數也指向基礎讀物。解釋用語有1200多個不在被訓釋詞語之列，正說明《爾雅》的被訓釋字詞是經過了精心篩選的，不是隨便彙集或遞相增益的，更不是在編纂詞典，如果是編纂詞典，這種情況的出現是不可思議的。《爾雅》的體系性決定，它不大可能是由"非一人一時"和"遞相增益"彙集的："非一人一時"必須在事前的精心構思、精

① 參看徐朝華《爾雅今注》，胡奇光、方環海《爾雅譯注》"前言"；洪成玉《漢語詞義散論》"第二章第三節"，商務印書館2008年。

心組織下，其體系性才可能出現，竄入與增益不是同一性質；“遞相增益”的結果，一方面是量的無窮盡，另一方面會像《呂氏春秋》一樣“龐雜”，這與《爾雅》的知識性所呈現出的體系性相矛盾。“非一人一時”也好，“遞相增益”也好，都必定有“樣”在先，有“葫蘆”在前，然後才可能“依樣畫葫蘆”，“依葫蘆畫瓢”，而且還得技藝高超，否則會被一眼識破：秦始皇據“朕”為己有，秦人作《爾雅》膽敢說“我也”，不可想象。

第六節　《爾雅》的功用

跟性質相較，《爾雅》的功用是它的“副產品”，由它的知識性和體系性所決定。功用的多寡強弱取決於價值，取決於價值與使用者需求之間存在的可能性和必然性，但價值不能決定性質，性質也不因價值而改變。《爾雅》的價值首先表現為教育價值，通過它，可以瞭解那時語文基礎知識教育內容，可以探討漢語語文教材內容設定的普遍性和必要性，可以探討漢語語文基礎知識在漢語教學中存在的客觀規律。語文基礎知識內容教育，包括它的設定和編纂，首先是由漢語的特點決定的，儘管隨着語言發展和社會需求的不斷變化而有所不同，但其基礎性特徵則始終存在着：一定的字量和相適應的內容。尊重並強化語文基礎知識，具備牢固的語文基礎知識，其他的學習、研究、提高才成為可能。語文基礎知識不夠，知識建築的根基就不牢，語文基礎知識欠缺，就只能是空中樓閣，這大概可以看作語文教育的一般規律。《爾雅》的語文基礎知識，客觀上保存了其內容所反映的那個時代的社會狀況，為史學研究提供線索，因而又具有史學價值。《爾雅》的行文，通篇使用了先秦普遍存在、自由運用的訓詁的方式寫成，跟先秦其他古籍正文中的解釋和叔向、成鱄解《詩》的情況相較，《爾雅》集其大成，成為標誌，因而具有語言研究價值，即訓詁與訓詁學價值。從使用的角度看，《爾雅》內容和形式所決定的價值就表現為使用價值，使用價值的實現，便表現為功用；功用的強弱取決於價值的高低，價值越高，功效就越強大。簡單地說，《爾雅》功用就是《爾雅》用途可能性的實現，人們根據需要使用《爾雅》，實現意圖，達到目的。另一方面，無論《爾雅》價值、功用的高低強弱，都不能掩蓋甚至替代《爾雅》的性質，也不能混為一談。以下是需要特別列出的《爾雅》的功用，也常常與性質相混。

一、解釋經典

解釋經典是《爾雅》傳播史上最強大、最顯赫的功用，其功效發揮到了淋漓盡致的地步，以致在兩千年的歷史長河中幾乎淹沒了它的真正價值。經學誕生之前，以《毛傳》、司馬遷的使用為代表，人們根據《爾雅》去閱讀、解釋古籍，依照《爾雅》去讀書為文；經學誕生以後，至少王充的說法之後，《爾雅》幾乎僅僅服從並服務於經學，其影響直到有清一代。就《爾雅》自身的因素看，作為基礎知識教材，《爾雅》內容與經學古籍之間，是基礎知識與提高昇華的關係，也是《爾雅》編纂要達到的重要教育目的之一，但經學據《爾雅》為己有，則是社會政治使然，是人為的和武斷的，不是《爾雅》自己的。正是《爾雅》與經典之間這種基礎與提高的知識鏈結關係，“階路”、“梯航”之說也才有了依據。據劉向、劉歆父子《七略》和班固《漢書·藝文志》記載，《爾雅》附於《孝經》，應該正是由知識鏈和教育進程的原因決定的。《藝文志》從經典到小學的排列順序為：五經、傳記、小學，小學的主要內容是識字，五經的主要內容是經學研究，是建立在傳記、小學基礎之上的最高學問；《論語》是經學的基礎，《孝經》是那時的“政治思想”教材，《爾雅》是閱讀和理解《論語》、《孝經》及經典的語文基礎知識；從知識鏈的角度看，《爾雅》是在完成小學識字教育的基礎上的知識的提高和擴充。《爾雅》解經，是《爾雅》內容及其訓詁的效用，是《爾雅》知識性的運用與社會需要相結合的產物。以董仲舒“《公羊》學”為標誌，西漢今文經學興盛，由於今文經學師承、家法的限制，《爾雅》語文基礎知識的作用及其重要性並未在社會上凸顯出來，用於解經的情況隱藏於今文經學的說解之中，這可以從《公羊傳》、《穀梁傳》等的解說中看到，其中《穀梁傳》的字詞解釋較多。西漢末年，以鄭玄為代表，今文經學式微，古文經學興起，以文字為標誌的古文經典和古文經學治學方式的需要，客觀上與《爾雅》的知識性結合了起來，《爾雅》的解經功用才逐漸顯現出來，並對後世產生了極大的影響，這應該是鄭玄認為“以釋六經”的根本原因。由於經學在兩千年歷史中的統治地位，“《爾雅》解經”，也就必然天經地義了。唐代陸德明《經典釋文》認為“至於訓釋墳典，其實一焉”的觀點，是《爾雅》解經功用的擴充，也是《爾雅》保存的古代知識功用的強化。從孔子聚徒講學的情況看，六經的本質只是古代流傳下來的典籍，孔子也只是吸取其中思想用於教學而已；六經的內容是其所處時代的反映，具有史料價值，只有在這個意義上，“六經皆史”[①] 的說法才能成立。《爾雅》保留了先秦語言材料及其訓釋，其功用擴充為訓釋墳

① 參看《續四部叢刊》本清章學誠撰《文史通義·內篇一·易教上》卷第一。

典，實際上是《爾雅》功用的回歸，是從武斷的僅僅服務於經學回到它原本可以服務的典籍，但因此而認為《爾雅》只是解釋古籍，或只用於解釋古語，這種觀念，本質上與無端地用於經學沒有差別，於真理，向前跨越了一步。事實上，《爾雅》解釋語言，並不僅限於古語，當時的今語、方言也都在解釋之列；《爾雅》的解釋對象與《爾雅》訓釋墳典，應該是兩回事，不應該混為一談。

二、詞典編纂

《爾雅》解釋語言現象，是以截取最基本語言單位為立足點和出發點的，客觀上就必然保存了大量的這種語言單位，這使得詞典編纂受到啟發，甚至可以成為詞典編纂可以追溯的源頭。從世界語言學史的規律看，任何“自發”的涉及語言的研究，都自然而然的以最小、最容易被感知的具體的最基本語言單位為物件，古印度的語法、古希臘的語法等，無一不是從它們開始的。《爾雅》立足於語言單位與具體事物對應關係進行歸納和歸類，編纂內容和編纂方式為後來的“字書”編纂，包括詞典編纂，開了先河，因而產生影響：《方言》參照《爾雅》搜羅方言，採用了隱含分類的方法；《說文》從漢字入手，對漢字及其代表的詞語進行了字典似的編纂；《釋名》參照《爾雅》，根據時代特點和需求分類解釋，等等。對漢語來說，由於漢語語言單位與漢字之間的特殊關係，字詞典除了立足點與出發點的差異外，並沒有編纂上的本質區別，這應該是漢語及其漢字特徵決定的：語言中的一個最小單位，原則上就表現為寫下來的一個漢字，寫下來的一個字，原則上就是語言中的一個最小語言單位；字音原則上就是最小語言單位的語音，語音原則上都可以用漢字寫下來，這便構成了它們各自的三大規律，構成了三大規律之間的交叉規律；從這個意義上說，漢語言單位的形音義關係是漢語最小的“關係配列”①，是漢語研究之“核”，也是漢語與別的語言內在的區別性特徵。因此，從語言單位的角度看字典，字典也就是詞典，只是角度不同而已。《爾雅》提供了詞典編纂的可能性，與它自己從事詞典編纂，並不是一回事：《爾雅》的編纂只是提供了誦讀和記憶的便利，並不提供查找或檢索的便利，不通過誦讀和記憶而使用《爾雅》，像使用字詞典那樣去解決問題，可以有偶然性，卻沒有必然性。

“同義詞”詞典的說法，首先必須解決“同義”和“詞”的問題，同義詞或許只有建立在詞彙學基礎上才有意義，其“同義”應該是辭彙意義上的同義，而不應該是詞語使用的意義，同義的詞語之間至少應當具有概括性和穩定性。其次，應當限定“義”的內涵與外延，廣義的“義”，比如訓詁學意義上的“義”，指的是除音與形以外的一切，而同義詞的“義”，首先必須是詞義，不能是別的意義，或可稱為狹義的“義”；“義”的個數也應當進行限定，只有具備義項資格才能是“一個意義”；同義詞之間，應當是基本意義的相同或相近，這種相同或相近應當具備普遍性特徵：包括詞語的適用範圍和使用者共同認知的普遍性，也就是約定俗成性；音節的對稱性是同義詞的形式要求，不對稱可以構成同義，但不應該構成一對同義詞：“偉大”與“大”或許構成同義詞意義上的一種同義，但它們不應該是一對同義詞；同義詞的語言範圍也應有界定，比如雅言與方言，同義詞應呆在自己的語言範圍裏或許才有同

① “配列”是結構語言學的說法。參看霍凱特著，索振羽、葉蜚聲譯《現代語言學教程》，北京大學出版社1987年上下冊本，上冊第十四章、十六章。

義詞的價值，普通話的“吃”與四川話的“整”可以構成某種同義關係，但應該不能構成同義詞，因為在普通話裏，“吃”與“整”從來就不同義，更不是同義詞，所謂“方言同義詞”的說法應該值得商榷。拿這個觀點看待《爾雅》中訓釋與被訓釋之間的關係，它們可以有同義詞意義上的同義而構成同義詞，比如“初”與“始”，也可以有非同義詞意義上的同義而不構成同義詞，比如“基”與“始”。訓詁學意義上的同義，不限於辭彙意義上的同義，它包括語言現象所呈現出的一切意義，辭彙的和非辭彙的，聚合的和組合的，恒常的和臨時的，假借的和比喻的，詞義的和用意的，義項的和義素的，顯明的和隱含的，等等，因為訓詁所解決的是認識途徑和認識結果的合理性，或說科學性，並不解決是不是同義詞的問題。初期的訓詁，或說直解訓詁，也就是以字解字、以詞解詞的訓詁，訓釋與被訓釋之間客觀上要求必須具備某種相同性，否則訓釋便不能成立，但並不限於詞義之間、同義詞之間的相同：“哉”與“才”，以“才”訓“哉”，指的是“哉”由於音的原因或別的原因替代了“才”所代表的語言單位，從而臨時或在實際使用過程中“具有”了“才”所擁有的意義；“廓”與“大”，《孫子兵法》的“廓地分利”與《史記》的“大其門”之間具有抽象的“擴大”意義的相同性；“王”與“君”在“賞慶刑威”意義上有相同性，“王”屬於“君”的權威和稱謂範疇，具有權威和稱謂上的相同性，等等；這些詞語，應該不能一概以同義詞論之。

三、訓詁研究

漢語的研究是從訓詁開始的，這是漢語自身特點決定的，正如古印度與古希臘從語法研究的開始一樣，也是其語言特徵決定的。

漢語不同於其他語言的另一重要特徵，是它的語言及其文字的歷史延續性和地域差異性：世界上再沒有第二種語言及其文字像漢語這樣“一成不變”的從古走到今，沒有一種文字像漢字這樣從一開始到現在“一成不變”的“統一”其間所有方言。古印度語與古希臘語的共特徵都是語言單位的形態變化，形態成了其最小語言單位天然的分界標誌，所以書面上並不分詞書寫，也不會影響人們對最小語言單位的詞的劃分；由於形態在其語言單位組合過程中的突出表現，依據形態歸納，便誕生了語法。世界語言研究史表明，“自發”的語言研究總是從發現其語言最突出特徵入手的，出發點的不同，原則上決定了研究過程和結果的不同。漢以後被稱之為訓詁的漢語的研究，交際中音節與事物的對應、字與音義的對應等，包括時間的和地域的，為了交際，解釋就成了必然。《爾雅》使用語言解釋事物，語言也是事物之一，通篇用解釋的方式寫成，有意或無意對先前出現的解釋物件、原理、方法、方式等，進行或形成了對解釋的歸納，為後來定名為訓詁並進一步發展提供了可能，這便是成為“訓詁鼻祖”的根源。但即便是有意歸納，很明顯，它並不是有意的語言研究，而是用了訓詁的方式編寫教科書，目的是傳授“事物”知識，不僅僅是語言知識，因此，訓詁不是它的性質，只是它的內容和功用之一。

《爾雅》的功用是隨着人們對《爾雅》的認識和對《爾雅》的需求不斷顯現的，也將隨着這種認識和需求不斷增加，隨着認識和需求有所側重，但無論增加或減少，都不能掩蓋或替代它的性質：

> 這部書便於閱讀，不便於翻檢，大概是周朝史官教學童的字書。
>
> 參看羅君惕《漢文字學要籍概述》p. 3，中華書局 1984

《爾雅》有什麼或有哪些功用，由《爾雅》內容與社會需求所決定，由《爾雅》的價值所決定，比如普通語言學的、詞彙學的、語義學的、語法學的、哲學的、史學的、天文學的、地理學的、社會學的、人類學的等等，隨着對《爾雅》研究的深入，新的功用也將隨之被發掘出來，但是，價值、功用與性質應該不是一回事。

訓詁論略

“什麼是訓詁”？自 20 世紀 80 年代訓詁與訓詁學復興以來[①]，有關訓詁與訓詁學的文章、著作、教材，猶如雨後春筍，讓人應接不暇。大概自黄侃訓詁就是“解釋”的論斷出來之後，差不多得到了學界的一致認同，儘管各自的具體描述或解説不盡相同，實則大同小異，少有本質上的差別[②]。“什麼是訓詁”的問題，或許本來就不應該是什麼問題，它從誕生到今天，雖有起落興衰，卻是自在地、獨立地、持續不斷地存在和發展，持續了至少兩千年，取得過驕人的、輝煌的、不可磨滅的巨大成就，這在世界上其他有關語言的研究史中，起碼是不多見的。“西學東漸”以後，中國人的眼界大開，自在地發展了兩千多年的訓詁，被用“現代科學”學科的眼光嚴加審視，有着兩千年輝煌歷史的訓詁這才出了問題。人們用現

① 參看王寧《訓詁學原理》中國國際廣播出版社 1996 年，“訓詁學重返當代的原因”p2—4；許威漢《訓詁學讀本·前言》上海交通大學出版社 2010 年。

② 王寧認為是“訓詁工作和訓詁資料”，可謂獨樹一幟，但“訓詁工作”本身大概仍然是“解釋工作”。參看《訓詁學原理》【訓詁原理概説·訓詁與訓詁學】p. 32。

代語言學科學和學科的尺度衡量，發現訓詁不僅無處不是問題，甚至從根本上就不符合現代科學和學科的標準，弄得搞訓詁的人自己也似乎底氣不足，總是試圖在“現代科學學科”中給它找到一個合適的位置，結果差強人意，有的甚至乾脆縮回古代，將訓詁塞進“故紙堆”，儘管“故紙堆”是必須進行訓釋的。訓詁學與“現代科學學科”的結合，應該有兩個必要條件，一方面，被稱為“現代科學學科”的確是科學的，是符合漢語實際的，都做了什麼，怎麼做的；另一方面，在兩千年裏訓詁到底都做了什麼，究竟怎麼做的，通過比較，或許才能真正得到答案。觀察訓詁的起源，可以從形式和內容兩方面進行。形式上，訓詁有着自己鮮明的訓釋方式：由被訓釋語和訓釋語構成解釋性關係，其間可以有解釋性特別用語作為標誌；內容上，訓釋總是針對被訓釋直接回答被訓釋語是什麼和為什麼。自孔子以後，“說教”之風興起，或主動解答，或被動應答，訓詁逐漸被大量使用，給人以訓詁起源於“說教”的印象。自孔子始至於荀子，或推行主張，或聚徒教學，“說教”貫穿於先秦“子”們、“士”們活動的始末，而無論儒墨各家。“說教”對訓詁的發展起了重要的推動作用，但之前訓詁就已經出現了，起源應該另有原因，《爾雅》對“丁”、“乙”、“丙”的解釋很可能是遠古的遺留[①]。分析被訓釋語之所以被訓釋，主要是兩種情況：在交際過程中，主動解釋使人知曉，孟子“畜君者，好君也”；因問詢被動解釋使人知曉，孔子“其恕乎，己所不欲，勿施於人”。這樣的解釋，直接解決語言交際過程中表達與理解之間的一致性問

① 魚枕、魚腸、魚尾的說法，很可能是早期漢字訓釋留下的痕跡，見《爾雅·釋魚》。參看何九盈《中國古代語言學史》第一章第二節；濮之珍《中國語言學史》第三章，上海古籍出版社 1987 年；郭沫若《甲骨文字研究·釋干支》人民出版社 1952 年。

題，將表達者的意思準確、完整的展現給理解者，準確、完整的獲取、理解表達者的意思，這便是傳通作用。從語言表達看，文明史以來，語言無外乎口頭和書面兩種方式，利用聲音交際，由於聲音的原因，可以叫做“瞬時交際”；利用文字交際，可以叫做“恒久交際”；無論哪種方式，都存在表達與理解的傳通問題，這應該是訓詁產生的根本原因。在漢語内部“自然而然”產生訓詁，在古希臘語内部“自然而然”產生語法，是由各自語言實際決定的。至少自文明史以來，漢語歷史悠久、代代相傳、雅言為主、方言各異，就是漢語存在和發展的基本狀態，時至今日，這種狀態依舊存在，並沒有發生根本性變化，漢語實際的古今雅俗、口語書面，決定了訓詁產生的必要性和必然性。

第一章　訓詁的起源與發展

訓詁起源於先秦，初興於先秦，《爾雅》集大成；繁盛於兩漢，以《毛傳》、《小爾雅》、《方言》、《說文》、《釋名》、《廣雅》等為標誌，郭璞的“興於中古，隆於漢室”，應該不是推斷。

考察訓詁在先秦的情況，有兩個非常突出的特點讓人印象深刻：“說教”與“解釋”。定名於西漢末、東漢初的“訓詁”本身，正是“說教”與“解釋”的凝固，這是“訓詁”與先秦“說教”和“解釋”的內在聯繫。至少從孔子開始，為了宣傳自己的主張，無論是教學還是遊說，“讓人明白”、“使人覺悟”的意圖就表露得非常明顯，這種意圖，借用後世儒家的說法，就是“教化”。如果說“說教”表現為意圖的話，“教化”則可以表現為目的或收到的效果。到了孟子以後的戰國時代，無論是說《詩》者還是論辯者，其“說教性”就更加突出。在“說教”的過程中，涉及到語言，尤其是詞語，無論古代的還是當代的，雅言的或方言的，只要“說教”者認為有必要，就會做出相應的解釋。今天所見到的，比如孔子說“政者，正也”，孟子說“洚水者，洪水也”，就是這種“說教”過程中的解釋，也就是較早時期的訓詁。從孔子時代周王室“禮崩樂壞”到孟子以後的王室“形同虛設”，從孔子所處的王室與諸侯之爭到孟子以後所處的諸侯與諸侯之爭的三百年間，中國歷史上第一次思想大解放成就了諸子百家，後世的思想文化，大多可以在這裏找到源頭，考察訓詁，也得從這裏開始。

第一節　“訓詁”定型

在先秦，至少是今天能見到的材料，“訓”和“詁”是分開使用的，但它的實際表現與後來定名的“訓詁”，情形一樣的，本質相同。由於東漢許慎《說文解字》在漢語研究中的重要性和權威性，一般解釋“訓詁”，往往請出許慎：

訓，說教也；从言川聲。

詁，訓故言也；从言古聲。《詩》曰：詁訓。

故，使為之也，从攴古聲。

《四部叢刊》本《說文解字》

許慎《說文解字》p. 51 下，52 下、67 下中華書局 1981 年重印版

關於“詁訓”，參看段玉裁《說文解字注》成都古籍書店 1981 年影印上下冊本，p. 97 該條注釋。

說教者，說釋而教之，必順其理。

故言者，舊言也。十口所識前言也。訓者，說教也。

訓故言者，說釋故言以教人，是之謂詁。

今俗云“緣故”是也。凡為之必有使之者，使之而為之則成故事矣。引申之為“故舊”，故曰“古，故也”。《墨子·經上》曰：故，所得而後成也，許本之。

《續四部叢刊》本段玉裁《說文解字注》，成都古籍書店 1981 年影印上、下冊本《說文解字注》上冊 p. 95 下、97 下、129 下；《墨子·經上》見《二十二子》p. 256 中，上海古籍出版社，1987 年第二次印刷：畢元注釋說："或與'固'同，事之固然，言已得成也。"

許慎和段玉裁認識的一致性，正反映了訓詁史的實際：兩千年來，人們對"訓"和"詁"實際上就是這麼認識、理解和使用的。《說文》依據的字體是小篆，而小篆是秦代的字體，儘管西漢初年或許還在使用，許慎訓釋"詁"字，如果不出意外的話，說明"詁"字在秦代就已經存在了，但可惜，秦代是一個短命的朝代。《說文》是從解釋漢字字形入手的，字形是《說文》的立足點和出發點，是對漢字形、音、義解釋的基礎，音和義的"理據"是"形"，"形"出了問題，別的一定會出問題，比如一般熟悉的把"為"訓為"母猴"。"訓"是一個形、音、義整體，"說教"是它的"義"，"从言川聲"是它的字形理據，"言"是它的義類，"川"是它的讀音。如果"得意忘形"，回到實際語言中，"說教"就是"川"這個音節運載的"義"，"川"就是"說教"賴以傳達的音，二者不離不棄，不可分割，無論在實際口語中還是寫在書面上，都表現為一個整體；如果劃分單位，就是一個整體單位，而且最小。為了研究和敍述的方便，學術界一般將《說文》中的"義"稱為"《說文》本義"，即"《說文》的造字義"，或簡稱"本義"或"字本義"。從總體上說，漢字是漢語的書面系統，"《說文》本義"連同這個字的全部，在書面表現漢語的時侯，是整體發揮作用的：在"寫"下"義"的同時也"寫"下"音"，"寫"下"音"的同時也"寫"下"義"。也就是說，一個漢字寫下的最小漢語語言單位，是一個自然分界的音節的音和義的全部，而不是其間的音或義的分解：既不是單獨寫音，也不單獨寫義，運載的是“零意義”，如果真有所謂“零意義”的話，那麼，它也寫下這個“零意義”。這一點至關重要，它既是漢字書寫漢語的客觀事實，也是認識、理解、研究漢字的客觀基礎，更是對漢字下判斷、做結論的必要前提。從這個意義上說，漢字是漢語的書面定型化形式，與英語之類的文字或說字母所起的作用有着極其明顯的區別：英語的字或字母，只寫下其 word 的一個音位，而不是這個詞語，在構成字母群的 word 之先，甚至算不得是一個字，跟語言沒有關係①。許慎總結漢字構造的時候，漢字書寫漢語的歷史至少還有鐘鼎文（為了敍述的簡要和方便，小篆以前至甲骨文之間的所有文字均包括在內）和甲骨文，也就是說，許慎所解釋的每一個漢字，包括在許慎的實際語言中使用的那個漢字，也就代表了它在語言中的一個自然分界的音節的音和義的全部，引用別人的說法，就是那個別人時代的漢語的一個自然分界的音節的全部；其“本義”也代表的是“本義”時代的實際語言的自然音節的全部，因此，許慎說：“訓，說教也”，與漢語實際口語中說“訓”這個單位，在這一點上，是完全一致的。換句話說，口語說“訓”，一定與書寫的“訓”相一致，也一定是“說教”的含義，除非實際語言已經變化，或許慎的解釋被質疑或挑戰。就現有的文字資料看，漢字書寫漢語從未違背這一基本規律，這也正是曾經有人“創造性”地把“千瓦”寫成一個字，註定會被淘汰的根本原因。至於將“招財進寶”之類寫成一個字作為招牌之類，不屬於漢字書寫漢語的範疇，而是文化在漢字用

① 文字只有跟語言結合才成其為文字，字母在進入語言之先大概除了符號，什麼都不是。參看愛德華·薩丕爾著《語言論·第二章語言的成分》，陸卓元譯、盧志韋校訂，商務印書館 1985 年。

途上的反映，又另當別論。

瞭解“訓詁”在先秦的實際情況，不用刻意地搜尋，就可以進行驗證：翻開身邊幾本常讀的書，查一下“訓詁”出現的實際情況或許就可以了。這樣做，不是為了進行全面論證，而是給自己一個提示，其間的年代之類的問題，完全可以大而言之，只要知道大致情況就可以了。《論語》與《孟子》的時間差可以以孔子和孟子的年齡差計算，大致在一百年；《左傳》的時間目前不好說，也許在《論語》前後，也許在《孟子》之後；《爾雅》的確切時間也不好說，但它應該不是所謂“秦漢之間”的產物，或有着較為充分的證據。這樣，就可以得到先秦時期語言時代大致情況的一個粗略樣本，分析這個樣本，可以看到大致的情形究竟如何：

《論語》沒有“訓”字，也沒有“詁”字，“故”字凡十一見，作為名詞，意思是“已有的”（一見：“溫故而知新”）、“事故、過錯、罪惡”（一見，“故舊無大故”）、“緣故”（一見，“文獻不足故也”），作為連詞表示結果凡七見，立於句首“無義”一見。《孟子》中“訓”僅一見，動詞，在《孟子·萬章》中，萬章請教孟子關於傳位於賢還是傳位於德的問題：“三年，太甲悔過，自怨自艾，於桐處仁遷義，三年，以聽伊尹之訓己也。”《孟子》同樣沒有“詁”字，而“故”字凡百見，“苟求其故”之類九見，用於連詞八十七見。《左轉》中的“訓”，名詞、動詞兩用：“訓諸司以德”、“君之訓也”；沒有“詁”而有“故”字，主要用於名詞和連詞[①]。《爾雅》對“訓”的解釋見於《釋詁》“道也”條：

迪、繇、訓，道也。

---

① 參看楊伯峻《論語譯注》、《孟子譯注》、《春秋左傳詞典》。

徐朝華《爾雅今注》的解釋是名詞和動詞同條，與《釋訓》的篇名可能有意義上的關聯；“詁”字僅見於《釋詁》篇名而沒有解釋。“故”字兩見，均見於《釋詁》：

“治、肆、古，故也。”

“肆、故，今也”條。

前一條是名詞表示“原來”之類意思的訓釋，後一條是虛詞的訓釋。

與《爾雅》相關的可以比較魏張揖的《廣雅》，其體例、樣式、訓釋等全依照《爾雅》，其間“訓”和“詁”都有解釋。“訓”凡兩見，“詁”一見，都在《釋詁》中：

巛、巺、娓、隨、理、猷、訓、悌、婉、扺、敕、倫、揗、摩，順也；

訓、誨、諷、誥、譔、校、勸、學，教也；

誦、悻、語、議、話、詁、訛、曰，言也。

《續四部叢刊》本王念孫《廣雅疏證》

中華書局王念孫纂、鍾宇訊點校本《廣雅疏證》

“順也”條主要是動詞意義，包括“順着、理順、遵循”之類的意思；

“教也”條也主要是動詞意義，包括“說教、教化”之類的意思；“言也”條名詞、動詞意義都有，包括“說話、說的話”之類的意思。《廣雅》所反映的“訓”的情況應該代表了整個漢代“訓”的實際情況。

由此，我們可以得到一個大致的印象：“訓”可以是名詞，也可以是動詞，大致意思是“說教”；“詁”字在先秦時期大概還沒出現或還沒普遍使用，與之相當的寫成“故”，至少是很少用作動詞。一般認為，今天見到的最早的“訓詁”二字連言，是《毛詩故訓傳》，其中的“故訓”就是“詁訓”，也就是後來的“訓詁”。段玉裁在“詁”字下接着解釋說：

> （訓和詁）分之則如《爾雅》析“詁”、“言”、“訓”為三，三而實一也。漢人傳注多稱“故”者，“故”即“詁”也。《毛傳》云“故訓”、“傳”者，“故訓”猶“故言”也，謂取故言為傳也。取故言為傳，是亦“詁”也。賈誼為《左氏傳》訓故，“訓故”者，順釋其故言也。
>
> 據段玉裁上下文意理解，所以“故訓”被看作是一個單位，括弧為引用所加。

唐代陸德明《經典釋文》卷五《毛詩音義上》在《故訓傳第一》下總體解釋後又加案語強調說：

> 舊本多作“故”，今或作“詁”，音“古”，又音“故”；“傳”音直戀反。案：“故”、“詁”皆是“古”義，所以兩行，然前儒多作“故”解，而章句有“故言”。郭景純（璞）注《爾雅》則作“釋詁”，樊（光）、孫（炎）等《爾雅》本皆為“釋故”。今宜隨本，不煩改字。

《四部叢刊》本唐陸德明《經典釋文·爾雅音義》，見於陸德明《經典釋文》p. 53 上，中華書局校勘本，1983 年。另有 1980 年首版 1983 年第二次印刷黃焯的《經典釋文彙校》與之配套；括弧、標點為引者所加。

陸德明好像也將“故訓”作為一個單位理解，那麼，“故訓”就相當於後來的“訓詁”，就是解釋故言。《爾雅》在傳到他那個時代的時候，首篇是寫作“釋故”的，今天見到的《爾雅》寫作“釋詁”，是郭璞擅自改動的，而陸德明的態度是仍之為長，存其原貌。

另一種意見認為，“故”、“訓”、“傳”是三種注釋體，其中“傳”的含義沒有爭議，即解說內容、補足史實事例之類，而“故”和“訓”的區別基本說不清楚：如果“故”單指“訓故言”，那麼“訓”就是“故言”以外的其他訓釋，比如當時的口語、俗語或方言。不過，實際區分起來非常困難，也很難服人。無論是兩種還是三種，無論是訓釋故言也好，訓釋別的什麼言也好，“故”、“訓”、“故訓”實際上就是解釋，通過解釋而說教，也就是許慎說的“訓故言”、“說釋而教之”，段玉裁說的“說教”、“說釋故言以教人”。“訓詁”連言，真正能說明問題的應該是東漢班固的《漢書》，只是裏面的這一用語一律寫作“訓故”，不是“訓詁”：

《漢書·藝文志》：“漢興，魯申公為《詩》訓故，而齊轅固生、燕韓生，皆為之傳。”

《續四部叢刊》本班固撰、顏師古注《前漢書》，陳國慶《漢書藝文志注釋彙校》，中華書局1983“二十四史數據叢刊”本，p. 41

不過，《漢書》多古字古訓，到了東漢晚期就出現了注釋，大概班固遵循“正統”，堅持寫成“訓故”，或掩蓋了當時用字的實際情況；或本來如此，寫成“訓詁”是後來的事。從尊重史實的角度講，擅自改動，實質上就是“摻假”，而無論有多少種理由[①]。彙集隋代以前二十三家注釋的唐顏師古，在他的《漢書注》的《藝文志》“魯故二十五卷”的注釋中，也本着“師古”的“正統”原則，認為是“俗改”：

① 參看L. R. 帕默爾著《語言學概論》p. 99-100，李榮、王菊泉、周煥常、陳平譯，呂叔湘校，商務印書館1983年。

故者，通其指義也，他皆類此。今流俗改《毛詩》“故訓傳”為“詁”字，失真耳。

劉歆的《劉歆與揚雄書》和揚雄的《答劉歆書》中則直接寫作“訓詁”，從中或可以發現“詁”字使用年代的線索：

當使諸儒共集訓詁，《爾雅》所及，五經所詁，不合《爾雅》者。嘗聞先代輶軒之使奏籍之書，皆藏於周秦之室。及其破也，遺棄無見之者。獨蜀人有嚴君平，臨邛林閭翁孺者，深好訓詁，猶見輶軒之使所奏言。

《續四部叢刊》本戴震《方言疏證》；上海古籍書店本錢繹《方言箋疏》；《四部叢刊》本晉常璩《華陽國志》；巴蜀書社 1984 年劉琳校注《華陽國志校注》本 p. 221，實際用字情況，可以對照影印本或別的版本。

晉常璩《華陽國志》談到揚雄、嚴君平、林閭翁孺的情況時說：“林公孺訓詁玄遠”，也寫作“訓詁”；《漢書》以後，魏晉人陳壽作《三國志》、晉人范曄作《後漢書》，都寫作“訓詁”，不再寫作“訓故”。這種情況表明，大致東漢以後，“訓故”淡出，“訓詁”定型，直到今天。先秦的時候有“訓”無“詁”，定型後的“訓詁”的“說解”意義在先秦主要是由“訓”來承擔的，漢代以“說教”來解釋，強調了他的“教育”、“教化”的意義；“詁”的意義原來是由“故”承擔的，它在後來“訓詁”中的“故言”、“訓故言”等的意義，是由“先前”、“原來”、“古言”之類的意義發展而來的；“訓故”連言，最直接的證據是從“訓故”演變而來，班固寫作“訓故”，反映的至少應當是西漢的一般狀況或“正統”狀況，東漢及其以後，“訓故”消亡，“訓詁”通行。從源頭上看，訓詁作為語言的認識手段，至少孔子時代就如此了，《爾雅》以解釋的方式編纂教材，對這種方法進行了整理歸納，從而成為先秦解釋的集大成者，但作為正式定名，則是從西漢“故訓”、“訓故”發展而來的，東漢定名為“訓詁”，至今沿用。從訓詁一語定名之前到定名之時，也就是從六藝、《論語》、《孟子》直到西漢末，訓詁的本質都是解釋，即對語言現象進行解釋，黄侃“以語言解釋語言”，正是對訓詁本質的歸納和總結。訓詁定名之後，直至今天，無論有多少種說法，訓詁的本質並不因之發生任何改變。從定名的“訓”和“詁”來看，“訓”的物件沒有限制，無論古今方俗，無論文字詞語，也無論段落篇章，都在“訓”之列；“詁”是由“古”、“故”演變而來的，所以專門針對古語，其直接來源就是對古籍的解釋，因而它的名詞義是“故言”、“古語”，動詞義就是“訓故言”。“訓詁”定名後，在今天的語言時代，一般已經不能作為及物動詞使用，需要及物時往往用“訓釋”替換，其結構是“訓”和“詁”的並列。由此，訓詁的定名正是根據它解釋的特徵和解釋的對象、內容等而定名的，這在客觀上對訓詁研究確定了內容和性質，也規定了方向。

第二節 訓詁與“說教”

瞭解訓詁工作的實際情況，無論是作為一個名稱還是作為一種行為，考察它的歷史，應該看它的實際表現，依據就是先秦著作裏的記載。訓詁的實際表現，最直觀的、可以進行辨別和分析的，是它的格式，也就是現在一般訓詁學著作或教材所說的訓詁的“格式”或“樣式”。早期的典型形式是：“‘洚水’者，洪水也。”為了方便行文或說明，今天的訓詁學著作通常用公式加以說明：“某，某也”，其中“洚水”就是“需要進行解釋”的物件，“洪水也”

就是“根據需要進行解釋”的結果；或者在兩個“某”之間，也就是解釋和被解釋之間，加進具有標誌性意義的詞語“曰”、“為”“謂之”之類，成為“某曰某”、“某為某”、“某謂之某”等等，這些用語是今天見到的先秦時期最為普遍的用語。隨着時代的進程和訓詁的發展，訓詁的用語或說術語逐漸增多，甚至出現混亂，以致“整治訓詁用語”不得不作為一個嚴肅的課題被提了出來。不過，也正是這些用語的花樣翻新所留下的時代痕跡，才給追溯訓詁的歷史源流提供了線索，比如“之言”和“之為言”。訓詁的典型格式據說最早可以追述到甲骨卜辭：

帝於東方曰析。

參看周大璞主編高等學校文科教材《訓詁學初稿》，武漢大學出版社 1987 年，後來再版時據說取消了這些例證。該書 p. 15 頁例舉了甲骨卜辭兩類八例，都是這種格式；所舉《尚書》正文八例“惟”句，與訓詁典型格式有明顯的差異，如“濟河惟兗州”，像敍述而不像解釋。

至於這到底是不是解釋，或訓詁格式可以追溯的先例，可以討論，但到了西周以後，至少在孔子時代，這種解釋和格式就大量存在了，卻是不爭的事實：

季康子問政於孔子。孔子對曰：政者，正也。子帥以正，孰敢不正？

《論語·顏淵》

“政者，正也”確實是“某，某也”的典型格式，從單章行文看，孔子也的確是在對“政”進行訓詁式的解釋；針對不同的人，即使是同一問題，孔子總是會根據具體的人和事作出不同的解釋，這大概正是孔子“因才施教”、“因人說教”的先進教育和教化思想的具體體現。

> 子張問政。子曰：居之無倦，行之以忠。
>
> 《論語 · 顏淵》
>
> 子路問政。子曰：先之勞之。請益，曰：無倦。
>
> 仲弓為季氏宰，問政。子曰：先有司，赦小過，舉賢才。
>
> 葉公問政。子曰：近者悅，遠者來。
>
> 子夏為莒父宰，問政。子曰：無欲速，無見小利。
>
> 欲速，則不達；見小利，則大事不成。
>
> 《論語 · 子路》

孔子對“政”的解說，問的人不同，回答便不同，是典型的“說教”，其間“政者，正也”的說教格式，後來成了訓詁中典型的定義式解釋格式。“政者，正也”的原意雖是“為政者，正也”，但後人均以“正”訓“政”，“政者，正也”便成了源頭，並將“正”作為名詞“政”的意義來理解和解釋，雖與孔子的解釋有着語言學意義上的本質差異，卻成了後世對“政”的正確解釋，這應該正是約定俗成作用於語言的必然：將錯就錯，“負負為正”。翻開《說文解字》，許慎的解釋正是“政，正也。从攴从正，正亦聲”。段玉裁的注釋也正是“《論語》孔子曰：‘政者，正也。’”也就是說，儘管孔子並不是針對“政”這個稱謂解釋的，解釋的內容也並不是“政”這個稱謂或這個字本身的含義，但是，這種解釋的影響是巨大而深遠的，巨大到“正”不僅是“政”這個詞語的含義，還是“政”這個字的“《說文》本義”，即“《說文》造字義”，深遠到影響數千年，即使在今天也還有它的時代進步意義。對這樣的說解現象，作為閱讀者，尤其是研究者，一方面應當弄清孔子的真實表達，弄清後來許慎、段玉裁說“政者，正也”是從孔子暗含的

“為政”而來的，另一方面，這樣的解釋一旦被接受並運用，也就成了從此以後的“正確”解釋了，就必須予以尊重，因為在以後的語言現象中人們都這樣理解、使用和解釋了。

樊遲問仁。子曰：愛人。問知。子曰：知人。樊遲未達。子曰：舉直錯諸枉，能使枉者直。樊遲退，見子夏曰：曩也，吾見於夫子而問知，子曰：舉直錯諸枉，能使枉者直，何謂也？子夏曰：富哉言乎！舜有天下，選於眾，舉皋陶，不仁者遠矣。湯有天下，選於眾，舉伊尹，不仁者遠矣。

顔淵問仁。子曰：克己復禮為仁，一日克己復禮，天下歸仁焉。為仁由己，而由人乎哉？

《論語·顔淵》

孟懿子問孝。子曰：無違。

《論語·為政》

子貢問曰：有一言而可以終身行之乎？子曰：其恕乎！己不欲，勿施於人。

《論語·衛靈公》

孔子是教育大家，說教是本分，說教過程中進行解釋，應該是“自然而然”的事，其中對“恕”的解釋，相當於後來訓詁中的義界，對後來的影響也是巨大的。在孔子那裏，說教用於“講說道理”，解釋針對具體言辭，“仁”、“知”、“孝”、“恕”就是這種解釋。僅憑《論語》，我們沒有足夠的理由說孔子深諳訓詁，並已經自覺地大量使用了，但我們卻一定可以說，訓詁的發展應該與孔子說教有關，因為孔子是讓教育從森森官府走向民間的第一人，他不僅教弟子，而且從事教化，大量的解釋是必可少的。對古籍的解釋也同樣如此，孔子聚徒講學，對古籍應該有所整理，講解古籍，一定對古籍原文有解釋，而其中應當有訓詁式的解釋；雅言與方言俗語、古語與今語，在孔子時代是客觀存在的，“言語異聲，文字異形”的情況並不是戰國時代突然冒出來的；孔子雅言、方言並用，而且周遊列國，“釋俗以雅、釋雅以俗”應該是可以想見的。

德行：顏淵、閔子騫、冉伯牛、仲弓；言語：宰我、子貢；政事：冉有、季路；文學：子游、子夏。

《論語·先進》

子所雅言，《詩》、《書》、執禮，皆雅言也。

《論語·述而》

孔子對“六藝”進行整理並用為教材，聚徒講學是分“專業”的，雖然不知道所謂“德行”、“言語”、“政事”、“文學”等的具體情況，其間所謂“言語”，根據目前瞭解的那時使用“言”、“語”或“言語”的一般狀況，一定跟語言或說話有關，大致是可以肯定的。“言語”這個科目，應該指的是善於言辭，能言善辯，也就是長於言辭，與《大戴禮記》中“辯言”的“治言”和“善辯”兩個意義相同；司馬遷《史記·仲尼弟子列傳》記載的宰我和子貢，一個是“利口辯辭”，一個是“利口巧辭”，正是言語科的代表者。孔子時代有共通的雅言存在，孔子在教學和遊說時用雅言，日常用自己的“母語”曲阜話，大而言之則是“魯國話”，這種推斷，或為合理，近於真實。孔子在教學時大量進行解說、說教或“說釋以教人”，在周遊列國和宣傳自己主張的時候，對其中實際使用的語言或引用古籍的語言，包括雅言與方言等，據《論語》的情況看，都應該有過訓詁式的解釋。《論語》是孔子及其弟子的言行錄，其記載與當時實際的口語相差至少不應該很大，口中說的話或書面寫的話，古代的話或當時的話，雅言或方言等等，都應該是如實的載入。百年之後，孟子出，這種解釋在《孟子》裏不僅非常普遍，也更加成熟了，單是其間對詞語的解釋就已經是自覺的和隨時的了。孟子也聚徒講學，孔子講學的古籍和內容大致也是他講學的古籍和內容，尤其是《詩》，以"斷章取義"、"言必稱《詩》"為特徵，不僅普遍，而且成了那個時代的基本特徵了：

是故明君制民之產，必使仰足以事父母，俯足以蓄妻子，樂歲終身飽，凶年免於死亡，然後驅而之善，故民之從之也輕。今也制民之產，仰不足以事父母，俯不足以蓄妻子，樂歲終身苦，凶年不免於死亡。此惟救死而恐不贍，暇治禮義哉？

《孟子·梁惠王上》

其《詩》曰："蓄君何尤？""蓄君"者，好君也。

《孟子·梁惠王下》

齊宣王問曰："人皆謂我毀明堂，毀諸？已乎？"孟子對曰：夫'明堂'者，王者之堂也。王欲行王政，則勿毀之矣……老而無妻曰鰥，老而無夫曰寡，老而無子曰獨，幼而無父曰孤。此四者，天下之窮民而無告者。"

《孟子·梁惠王下》

（孟子）曰："賊仁者謂之'賊'，賊義者謂之'殘'；殘賊之人謂之'一夫'；聞誅'一夫'紂矣，未聞'弒君'也'。"

《孟子·梁惠王下》

在《孟子·梁惠王》中，孟子先前跟齊宣王說"蓄妻子"，後又舉齊景公與晏子的對話，引"蓄君何尤"作結，並解釋"蓄君"就是"好君"，前後兩處的"蓄"是一致的；這裏的"蓄君"之"蓄"，跟《尸子》"畜天下"和《詩·小雅·節南山》"以畜萬邦”的“畜”也是一致的；也跟韓非子所説的“蓄其臣”的“蓄”是一致的。“蓄”和“畜”除了先後用字上的不同外，所表示的語言並沒有區别：

此父母所以畜子也……則天下之畜亦然矣，此堯之所以畜天下也”。

《續四部叢刊》本《尸子》

又，見《二十二子》p. 371 上

夫所謂‘明君’者，能畜其臣者也。

《韓非子 · 忠孝》

《二十二子》p. 1187 中

孟子所謂“蓄君”，實際上説的是“蓄民人之君”、“蓄天下”之君、“畜其臣”之君，即前文對齊宣王説的“明君”。“明君”是對使民“事父母、蓄妻子、凶年免於死亡”講的；“蓄君”是引《詩》直接讚美齊景公並用於“諷喻”齊宣王的，也是間接證明前文“明君”的：“明君”是今語，像是“正式”用語；“蓄君”是古語，至少來自於齊景公時代；“好君”也是今語，更像是口頭話，不那麽正式。由於看不到《徵招》、《角招》中“蓄君何尤”的前後文，只好將“蓄君”放到《詩》中去比照。《詩》中不見“蓄君”，也不見“蓄”，如同《尸子》一樣，也一律寫作“畜”，凡五見：

父兮母兮，畜我不卒。

《邶風 · 日月》末章

爾不我畜，復我邦家；爾不我畜，言歸斯復。

《小雅 · 我行其野》章一、章二

式訛爾心，以畜萬邦。

《小雅 · 節南山》章十

拊我畜我，長我育我。

《小雅·蓼莪》章四

“畜我不卒”，《毛傳》無訓，《鄭箋》訓“養”；兩處“爾不我畜”，前一“爾不我畜”《毛傳》訓“養”，後為反復；“以畜萬邦”《鄭箋》訓“養”；“拊我畜我”，《毛傳》無訓，《鄭箋》訓“起”，這大概因《毛傳》已將上文的“鞠”訓為“養”，所以《鄭箋》另尋別解：此章詩句是以“我”的成長經歷連續述說的，涉及“生”、“鞠”、“拊”、“畜”、“長”、“育”、“顧”、“復”等用語的準確理解和解釋，但就《詩》的一般情況言，“畜”不當訓“起”。從《詩》中五例“畜”的情況看，“畜”的使用整齊劃一，除《鄭箋》言“起”外，其餘均以訓“養”為長，以“長養”讀之，可以“一通百通”。結合《孟子》上下文的對話及其具體內容，應當可以證明孟子所謂“蓄君”之“蓄”當訓為“養”。儘管趙岐將《梁惠王》分為上下，但從對話的內容看，前後雖不同時，內容卻一致。應當看到的是，孟子所謂“好君”，是針對“蓄君”說的，即“蓄君”是作為一個整體被解釋的，並不是以“好”訓“蓄”；“蓄妻子”之“蓄”訓為“養”，“蓄君”之“蓄”也當訓為“養”，“蓄天下”之“蓄”同樣是“養”；“好君”是對“蓄民人”、“畜天下”、“蓄其臣”的“蓄君”的評價，與前文“明君”的評價一致，或許這才是《孟子》的原意。這裏的“蓄君何尤”的“尤”，正是後文“君無尤焉”的“尤”。或引“蓄君者，好君也”，以為聲近為訓：“蓄”、“好”同聲，曉母；“幽”、“覺”對轉，或非孟子原意。類似的情況如一般訓詁著作或教材常常引用的例證：“‘元年’者何？君之始年也。”這是《公羊傳·魯隱西元年》的話，原文是：“元年，春，王正月。‘元年’者何？君之始年也。”一般引此例證認為是“元，始也”的例證，儘管《爾雅》訓“元”為“始”，儘管後來一般也的確如此訓釋：“元，始也”，如許慎《說文解字》，但這並不能說明《公羊傳》的原意是“元，始也”。依據原文，公羊高的意思應該是：“‘元年’是什麼？是魯隱公稱王計年的第一年”，“元年”也是作為一個整體來解釋的，即用“始年”解釋“元年”，而不是用“始”解釋“元”。徐彥《疏》認為：以“元年”稱，是天子的權利，魯隱公“讬王於魯，以隱公為受命之王，故得稱‘元年’矣”。原文緊接着又解釋說：“‘春’者何？歲之始也”（從行文看，“年”與“歲”是被嚴格區分的），很顯然，“春”是由“歲之始”解釋的，而不是說“春，始也”。至於《說文》訓“元，始也”，大概只是“元”“恰好”引申出了“始”義，並被人們使用而成為習慣，直至今天仍保存在“元旦”之類的詞語中；而“春”卻並沒有“恰好”引申出“始”義，並被訓為“始也”，為人們所慣用而成為習慣，儘管它的的確確是一年的開始，並可以暗含有“始”義。“元”的更早的意義當是“頭”，轉義可以特指“面龐”，如《孟子·滕文公》：“勇士不忘喪其元”，《左轉·僖公三十三年》：“先軫入狄師，死焉。狄人歸其元，面如生”等，這個意義在今天的“元老”之類中還保留着，但“元首”的“元”大概是表示芸芸眾生的“元元”的“元”，產生的時間或許晚於“元旦”之“元”①。孟子對詞語的解釋是非常精到的，言簡意賅，定義準確，王力在《理想的字典》中談到“中國字典的良好基礎”時，認為孔子對“恕”的解釋的形式正符合“理想的字典”的一個條件，認為孟子“鰥、寡、孤、

① 參看劉又辛、李茂康《訓詁學新論》p. 9，巴蜀書社 1989 年。

獨”的解釋極為準確：

咱們現在如果要解釋這四個字，也不能比《孟子》說得更明白。

王力《龍蟲並雕齋文集》全二冊本，第一冊 p. 347，中華書局 1982 年第二次印刷本

最後一例中，孟子不僅解釋了“賊”、“殘”、“一夫”、“誅”、“弑”等五個詞語的含義和區別，也讓人清楚地看到所謂詞性變換使用的真實情況，“誅”與“弑”還是同義詞中適用範圍與褒貶態度的細緻辨析，但這在當時，卻是以“辯名實”的形式表現出來的：墨子主張“非攻”，有人拿“禹征有苗、湯伐桀、武王伐紂”非難他，墨子反駁說：

子未察吾言之類，未明其故者也。彼，非所謂‘攻’，謂‘誅’也”。

見《二十二子》p. 240 下

《爾雅·釋言》的“誅”用於解釋“殛”，徐朝華的《爾雅今注》與孟子、墨子的解釋相同。可以說，訓詁在孟子時代不僅已經非常普遍，而且自覺運用了，判定訓詁在先秦已經成熟或趨於成熟，應該是很有根據的。翻開先秦諸子的著述，像孟子式的訓釋，已不勝枚舉了：

到了春秋戰國時期，文獻正文裏的訓詁，就遍及群書，不勝枚舉了。據張新武的《先秦文獻正文中詞義訓詁輯錄》的統計，《周易》、《孝經》、《左傳》等三十一部古籍中共有一千五百六十二條。

周大璞《訓詁學初稿》p. 16；又，p. 292

不僅如此，今天見到的《爾雅》式的訓詁，那時也已經出現了：

墨子貴兼，孔子貴公，皇子貴衷，田子貴均，列子貴虛，料子貴別囿。其學之相非也數世矣而已，皆弇於私也。天、帝、皇、后、辟、公、弘、廓、宏、溥、介、純、夏、幠、冢、晊、昄，皆大也，十有餘名，而實一也。若使兼、公、虛、均、衷、平易、別囿一實也，則無相非也。”

《尸子·廣澤》

《尸子》將“尊大”的“天、帝、皇、后、辟、公”與表示一般的“大”都用一個“大”來解釋，或許正是當時歸類訓釋情況的真實反映，那時人們的“類”的標準，大約與孟子“弑”與“誅”、墨子“攻”與“誅”儘管“同義”卻不同“類”相一致。“二訓同條”，或為後人的理解:《廣雅·釋詁》“大也”條列舉了五十八個字，王念孫又增補“浩羕”一語，其間就仍包括了“尊大”的天、地、王、皇[①]。《廣雅》全依《爾雅》，這種歸類的一致性，應該恰恰就是當時歸類訓釋的真實情況。張揖擴充《爾雅》，對《爾雅》歸類訓釋的理解，應該代表了那時人們對《爾雅》歸類訓釋的普遍認識。從《尸子·廣澤》全篇的行文看，《尸子》所謂“皆大也，十有餘名而實一也”，說的是所列詞語雖不同，即說法不同，但它們的實質都是“大”，“大”也就是所謂“實”。換句話說，前面列舉的不同說法或寫成不同的漢字，都由“大”這個“實”一以貫之。這裏的“大”，正是上文“愛之大也”的“大”:

匹夫愛其宅，不愛其鄰；諸侯愛其國，不愛其敵；天子兼天下，而愛之大也。

《尸子·廣澤》

① 參看中華書局本王念孫《廣雅疏證》p. 5。

這個“大”，既有性質的“大”也有狀態的“大”，既有實義的“大”也有虛義的“大”，既有詞義的“大”也有義素的“大”，既有顯明的“大”也有隱含的“大”等等。從“天”到“昄”“十有餘名而實一也”的表述，與從“兼”到“別囿”“一實也”的表述完全一致，也是一以貫之：一實為“大”，一實為“私”。此所謂“實”，從“意義”的角度看，或許可以叫做“共同義”。從訓詁的角度看，或許可以叫做“同訓義”。墨子的“攻”、“誅”不同類，區別在於“正義”與“非正義”，說的是詞語的社會屬性，那時對“類”的分別，並不都從詞語意義本身的角度劃分，而是以詞語運用為標準，並且一直影響到後來詞類的劃分，比如動靜虛實，那時的“實”與今天所謂“義”，是有差異的，甚至有本質差異。由此，認識古代的訓詁，是原上枝頭、古以觀古，還是今以度之、今以則之，其結果也許大相徑庭。《爾雅》、《廣雅》、《尸子》以“大”歸類的“不科學”，大概恰是當時人們認識事物的客觀真實，恰好是這種認識在語言實際使用中的客觀真實反映。“尊大”也好，“宏大”也好，都可以用“大”表示，所以“天大”、“地大”，“君亦大”，並不區分表示性質的“尊大”或表示狀態的“宏大”。儘管我們今天可以認為是不合理、不科學，但作為社會生活的真實反映，對這種所謂“不合理”、“不科學”卻一定會在當時語言現象中“不合理”、“不科學”、真實表現出來，要想“合理”地、“科學”地認識和訓釋，或許首先要“不合理”、“不科學”地看待，才會看清它的原貌，也才會作出“正確”的判斷，得出“正確”的結論，合理地、科學地服務於今天的訓詁與訓詁學。

訓詁在先秦時代的全部情況需要另行綜合研究，才可能看到它的全貌，但上述從孔子、孟子到尸子或《爾雅》的情況，則可以是一個粗略的線條，其間的解釋性和說教性特徵都十分明顯。解釋性是訓詁自身顯示出的基本特徵，說教則是“教化”意圖在訓詁中的反映，也就是進行訓詁的人將訓詁的目的用於說教：孔子說“政者，正也”，是字面上通過對“政”的“為政”含義的解釋，從政治立場出發，對為政者的為政行為進行的說教。可見，解釋是訓詁自身呈現的特徵，是訓詁的本質性特徵，而說教則是進行訓詁的人運用或利用解釋所要達到的目的。教化是有傳統的，並不始於孔子，儘管孔子破天荒第一次將教育從深宮裏解放出來，一生致力於教化。《詩經·大雅·烝民》：“古訓是式，威儀是力”，反映的是仲山甫輔佐周宣王的政績，其間就有遵從古訓，所以尹吉甫作詩讚美他。從教化者的角度講是進行說教，從受教化的角度看就是遵從。“說教”，可以看成是廣義上的教育，是“八歲入小學”之後的昇華，周人為鞏固統治而制禮作樂進行教化[①]，孔子以後，“說教”盛行，在“説釋以教人”的過程中大量使用訓詁進行解釋，在這個意義上，訓詁的發展跟學校教育、聚徒講學密切相關[②]；跟推行主張密切相關，是有史實根據的。儘管“說教”跟訓詁關係密切，並在很大程度上促進了訓詁的發展，但它應該不是訓詁產生的根源。自老子、孔子後有關正名引發的名實大辯論，直至戰國末年的合縱連橫，先秦諸子的大論戰，客觀上都對訓詁的發展起了促進作用，對詞語的解釋有的甚至到了縝密、精准的地步，但很顯然，訓詁並不是因為論戰的需要而產生的。

---

① 參看蘇志宏《秦漢禮樂教化論》，四川人民出版社 1991 年；李耀先《先秦儒學新論》，巴蜀書社 1991 年。

② 參看趙振鐸先生《訓詁史略》；何九盈《中國古代語言學史》。

第二章　訓詁與傳注

廣義地說，先秦傳注是說教的書面化，是說教者的教化目的在一部著作或一篇文章中的表現。具體形式則表現為專門針對原著進行故實的補充、篇章的說解及字、詞、句等的解釋。與“傳”相類的還有“說”、“解”之類，漢以後的稱謂逐漸複雜起來，一般訓詁書都有介紹，並概言之為“傳注”。從語言的角度看，口耳相向的交際是直接交際，是語言的最基礎功能，它的特徵是說了就完了，除了心理印記，留不下痕跡，也傳不到遠端；進入文明史後，以書面形式彌補了不足，由暫態交際延伸為永久交際，由近距離交際延伸為遠距離交際，這是文字之所以成其為文字的本質，離開了這一點，文字便不會產生，也不會存在。從交際的角度看，口頭交際的表達與理解是在瞬時完成的，表達與理解的不一致也在瞬時被傳通；當時間被延續，交際被拉長，傳通就只能從理解這一端入手進行梳理，針對特定作品，按照傳統，這就是傳注。跟口頭交際相較，訓詁的目的仍然是語言的傳通，除了更為複雜，本質並沒有區別。從表現上看，傳注一定是依附於具體作品的，沒有原著，也就無所謂傳注；訓詁不依附於具體作品，只是表現為傳注的語言傳通手段，傳注一定要使用訓詁，訓詁則不僅僅用於傳注；可見訓詁並不因傳注而產生，也不為傳注而發展。訓詁與傳注關係密切，歷史上有相為表裏的認知，由於大量的訓詁資料都保存在傳注中，字書和傳注就構成了訓詁歷史的兩大主體，但這並不能成為訓詁產生於傳注或傳注可以替代訓詁的理由。

第一節　訓詁與注釋

最早出現對原著進行說解的著作體叫做“傳”，或補充故實，或說解原文，包括其間語句和啟迪，但並不是嚴格意義上的注釋。如同訓詁產生的確切時間一樣，“傳”產生的確切時間也很難斷言，但《孟子》三次提到“傳”，說明在孟子時代“傳”就已經存在，在孟子以前就已經產生了：

齊宣王問曰：文王之囿方七十里，有諸？孟子對曰：於《傳》有之。

趙岐注：於《傳》文有是言。

齊宣王問曰：湯放桀，武王伐紂，有諸？孟子對曰：於《傳》有之。

趙岐注：于《傳》文有之矣。

《四部叢刊》本趙岐注《孟子章句·梁惠王下》

周霄問曰：古之君子仕乎？孟子曰：仕。《傳》曰：孔子三月無君，則皇皇如也。

《四部叢刊》本趙岐注《孟子章句·滕文公下》

從對話的情景看，孟子所謂“傳”，應該就是《傳》，從齊宣王的問話看，該“傳”很像是《左傳》一類偏重於補充故實的傳。

《詩》是先秦影響最為廣泛的前代流傳下來的詩歌總集，至少從孔子開始，對它的說解就從未間斷，如果彙集起來，就可以有孔子、孟子、成鱄、叔向的"《詩》傳"。特別是在孟子時代，引《詩》說事，不僅習以為常，而且成為時尚。《左傳》一般認為是《春秋》的"事傳"，又稱"內傳"，重在補充《春秋》的故實，間或也有訓詁式的解釋，也不乏對《詩》進行的解釋。《國語·周語下》的叔向解釋《詩經》，是現存古籍裏面解釋整章《詩》最早的記載之一，他的說明章旨、逐字解釋的注《詩》方式，為後世《毛傳》所承襲，叔向"基"以下九個詞語的解釋《毛傳》全部採用，也與存於今《爾雅》的解釋相同，學術界關於《毛傳》、《爾雅》誰抄襲誰的爭論本不應該是問題①。關於《左傳》與《國語》，與流傳至今的先秦其他古籍一樣，存在着這樣或那樣的疑點，相關的爭論也從未停息過②，但它們是先秦古籍而且較早，其內容大致可信，則是可以肯定的。"傳"也是"傳通"的意思，只是它針對整部著作，而訓詁針對語言。"傳"又是一種著作體，作者藉以發表自己的見解，提出自己的主張。早期的諸子作品還有自己給自己作品作傳的，《墨子》有經有"說"，而《韓非子》則編入給《老子》作的傳，《解老》。自孔子後，《詩經》在先秦有着巨大的影響力，孟子時代差不多言必稱《詩》，《左傳》、《國語》裏的人物，凡引《詩》，差不多都有解釋，《詩》傳應該很普及，一直持續到荀子時代。《毛詩故訓傳》是現存最早、最完整的一部《詩》注，

---

① 參看趙振鐸先生《訓詁史略》p. 7–8。

② 參看楊向奎《論〈左傳〉之性質及其與〈國語〉的關係》，原載於1936年北平研究院《史學集刊》第二期，後收入《繹史齋學術文集》，上海人民出版社1983年p. 174—214。

對後世訓詁的影響極大，一般將它與《爾雅》看作是訓詁學發生、發展相為表裏的源頭：

> 在訓詁學史上《毛傳》有重要地位，這不僅是因為它的成書較早；而且在兩漢的經傳中，它比較全面的概括了訓詁的內容和方法。
>
> 趙先生振鐸《訓詁學史略》p. 42（標點全依原文）

張永言先生全面分析歸納《毛傳》和《鄭箋》，認為《毛傳》的主要內容，包括瞭解釋題意、離析章句、說明章旨、解釋語句、記述典章制度、引證故實和解釋詞義，其中解釋詞義是《毛傳》的最主要內容；《鄭箋》的主要內容包括注釋《詩序》、申述和補正《毛傳》等三方面的內容①。據趙振鐸先生的研究，《毛傳》最主要的內容也是釋詞：

> 《毛傳》共四千八百餘條，其中解釋詞義的三千九百餘條，佔總數百分之八十以上，比重是相當大的。這些解釋使前代訓詁的用語和格式更加定型。
>
> 參看趙振鐸先生《訓詁學史略》p. 43

《毛詩》的重要性是沒有爭議的，今人要理解《詩》，《毛傳》是最重要的基礎，離開了《毛傳》，理解起來會非常困難。簡而言之，《毛詩》的一個極為重要的特點，是它繼承了“老而無妻曰鰥”一類的訓詁傳統，雖然也解釋詞語在文中的“用意”，卻更加注重解釋詞語自身的意義：解釋“用意”可以“見仁見智”，也會因師承或家法不同、角度不同、用意不同等而其說各異，這便是“心能制義曰度”一類的說解。“水中可居者曰洲”似的說解則必

---

① 參看張永言先生《訓詁學簡論》p. 70–75。

須是一般公認的詞語的意義，即“約定俗成”的，是要受到大家認可的制約的，自然就會減少主觀隨意性，這或許正是“古文經學家”最終能夠站穩腳跟，其學説一直流傳下來的一個極為重要的原因。以“用意”和“自身意義”加以區分，可以十分清楚地看到“用意”不是詞義，“自身意義”也不能完全等同於今天的詞義：

叔在藪，火烈具舉。

毛傳：藪，澤，禽之府也；烈，列；具，俱也。

箋云：列人持火俱舉，言眾同心。

韓詩：禽獸居之曰藪

《四部叢刊》本《毛詩·鄭風·大叔于田》

七月食瓜，八月斷壺。九月叔苴，采荼薪樗，食我農夫。

毛傳：壺，瓠也；叔，拾也；苴，麻子也；樗，惡木也。

箋云：瓜瓠之畜，麻實之糝，幹荼之菜，惡木之薪，亦所以助男養農夫之具。

《毛詩·豳風·七月》

《毛傳》對“藪”的解釋有兩個：“澤”是解釋詞義，“禽之府”解釋的是“叔于藪”的原因，即詩句中的具體含義；以“列”解“烈”、以“俱”解“具”都是以本字釋借字：《詩經》時代寫成“烈”、“具”，《毛傳》時代寫成“列”、“俱”，從文字學看，“烈”、“俱”當後出；《韓詩》“禽獸居之”不是“藪”的詞義，而是“藪”的特徵之一，也是針對“叔于藪”的原因説的。《毛傳》以“瓠”解“壺”，也是本字解借字，以“拾”解“叔”是解釋“叔”在詩中的詞義，也是“叔”的早期字義和詞義；以“麻子”解“苴”是用口語解釋古語；以“惡木”解“樗”，是解釋“樗”的類別屬性，不是“樗”的詞義。兩處《鄭箋》的補充，可以證明和強化對《毛傳》的理解。《毛傳》的訓詁不僅解釋詞義，還解釋具體含義，不僅解釋詞語，還解釋用字，這應該是訓詁針對語言書面形式進行解釋的原因決定的，凡書面形式有需要傳通的地方，都會進行解釋，才能完成傳通語言、規範理解的任務。從語言交際的角度看，書面交際較之於口頭交際，是跨越時空的遠端交際，表達者交際的完成，要由理解者依據語言的理解規範才能達成，而訓詁就是這種理解規範的代表者和執行者，這應該是訓詁極為重要的本質特徵之一，也是訓詁伴隨漢語交際數千年的根本原因。漢語的書面交際是由漢字承擔的，它的用途是書寫漢語，但它的功能卻是作為漢語的書面形式而承擔書面交際任務的。特定語言時代的書面形式表現為特定的書面規範體系，從文字的角度看，就是包括形體在內的一定的字量與漢語書面交際需要的相互適應，特定的漢字對應特定的漢語言單位，從而構成該語言時代約定俗成的書面規範體系。剔除可能的別的原因，《大叔于田》時代表示"列隊一起舉起火把"的"一起"使用"具"、《七月》時代用"壺"充當"瓠瓜"的書面形式，到了《毛傳》時代則用"俱"和"瓠"，所以拿它們進行解釋，這是不同語言時代之間的差異。《毛傳》作為迄今保存最早、最完整的訓詁實踐著作，可以看作是訓詁"隆於漢室"的標誌，從注釋的角度看，又可以是注釋的代表性著作。20 世紀 80 年代，學者開始探索成立專門的注釋學學科，並漸成氣候。最早的"注釋學"概念應該是朱星率先提出來的，許嘉璐有《注釋學芻議》[①]，20 世紀以來，陸續有了《注釋學》著作出

① 參看《古漢語論集》第一輯，湖南教育出版社 1988 年；《語言文字論文集》，商務印書館 2005 年。

現[1]，應該初見成效了。單從《毛傳》算起，歷朝歷代，無論經史子集，但凡重要的著作都有注釋，而且注又有注，無論從文獻研究還是語言研究來看，都是一道奇觀，抑或絕無僅有；注釋學的誕生，應該有必要性，也有沃土，可以大有作為。但進一步認為注釋"替代"訓詁，訓詁學"發展"成為注釋學，則與史實不符，很可能是混淆了手段與目的的結果。訓詁是"自發"產生於漢語內部的語言傳通手段，由漢語古今雅俗、口頭書面交際的需要所決定；注釋由原著決定，原著的價值決定注釋的價值，注釋可以高於原著的價值，但原著一定不能沒有價值。訓詁研究的是漢語，並不局限於書面，訓釋的範圍也不限於原著。從世界語言研究史看，一切"自發"的語言研究都是從各自語言的最基本特徵開始的，古希臘語、拉丁語的形態特徵使得語言研究走上了以形態為根據的語法學道路，形態是語法的根基，因而學習古希臘語、拉丁語，閱讀古希臘語、拉丁語作品，都是從語法入手的[2]，英國人並不因為給莎士比亞原著作注，而用注釋去替代語法；定名於西漢末的訓詁，是漢語的研究方法和研究傳統，是傳通漢語古今雅俗、口頭書面的有效手段，也是閱讀先前原著的必由之路，並不因名稱的變更而改變；四川歷來享有"天府之國"的盛譽，數千年來主要以川西坪地為代表，曾被想當然以"東方伊甸園"打造成都市"城市新名片"，據說被會見的外國客人堅持要參觀熊貓出沒的森林大都會而下不了臺。從現代學科的角度看，注釋將訓詁用於文獻解釋，訓詁不過是注釋的必要手段而已，其必要性在於，以文獻語言為注釋對象，離

① 參看汪耀楠《注釋學》，外語教學與研究出版社 2010 年。

② 參看 L. R. 帕默爾《語言學概論》第四章，商務印書館 1983 年。

開了訓詁，注釋將寸步難行，一事無成。作為一種文獻研究手段和著作體，注釋的文獻價值大概是兩類，一類是發揮文獻的當代價值，如《史記》的《索隱》、《集解》和《正義》，一類是賦予文獻新的價值，如典型的《水經注》；訓詁只有在訓釋文獻語言時才與注釋有交叉，但訓詁的文獻語言研究成果首先是語言研究成果，適用於一切以語言為對象和介質的所有研究，用於注釋，只是其中之一；傳統上以字書為對象的注釋與一般的注釋有着本質區別，原因是字書本質上首先是漢語研究的理論集成和理論樣本，正如古印度、古希臘列舉形態詞條為樣本一樣，王念孫《廣雅疏證》的成果並不是注釋成果，“假《廣雅》以證其所得”證的也是訓詁所得，所以是古代訓詁學理論的歸結和支撐理論的語言樣本，適用於以漢語為對象和介質的一切研究，注釋應該是以語言為介質的文獻學的研究。注釋要真正取得成果，利用訓詁手段僅僅可以解決原著的語言傳通問題，解決注釋的最基本問題。北魏酈道元的《水經注》，有稱為古代“四大名注”之一的[①]，字數數十倍於原著，被譽為價值遠在原著之上，概而言之，取得成就卻得益於“勘察”[②]：不是原著語言文字的爬疏，而是廣徵博覽加以解說，引書可達四百餘種，所引訓詁也主要是對引例的解釋，這是文獻“勘察”；實地對照，不在原著則補充，補充至一百三十多條河流，凡流域所及，地理人文悉數載入[③]，功夫實在注外，所以取得成就。可見，訓詁與

① 指酈道元《水經注》、裴松之《三國志注》、李善《文選注》和劉孝標《世說新語注》，人以為錢穆提出，實則錢穆只是說，那時史注盛行，授課時講了這幾部而已。參看錢穆《中國史學名著》，三聯書店 2005 年 p. 136–146

② 參看陳橋驛點校本《水經注》，上海古籍出版社 1990 年，或為當代讀本中之善者。

③ 參看陳橋驛《水經注研究》，天津古籍出版社 1985 年。

注釋是有區別的，而且區別很大。訓詁以漢語的古今雅俗、口頭書面研究為己任，這是主體；訓詁因為研究書面漢語而被用於注釋，這是功用；主體不因功用而改變，也不因功用的強大而湮沒。至於有說"實踐訓詁學""發展"成為注釋學，應該是一種誤解。作為學問，訓詁有理論與實踐兩個方面，而不是有理論和實踐兩種訓詁學。齊佩瑢《訓詁學概論》的確有"實用的訓詁學"和"理論的訓詁學"的章節①，是放在"淵源與流派"裹說的，"實用的訓詁學"說的是具體的訓詁工作，以注釋為主要承載方式；"理論的訓詁學"說的是訓詁的理論歸納工作，主要以字書為承載方式。這相當於今天說訓詁，指的是針對具體語言現象進行解釋的行為，說訓詁學指的是訓詁這門學問的理論體系，顯然並不存在兩種訓詁學的問題。

第二節　訓詁與經學

由傳的問題連帶，不能不順帶簡要說一下經學，尤其是今、古文之爭。兩漢數百年間的今、古文之爭，本質上是依託於古籍解釋，明裹暗裹爭寵的政治鬥爭。漢武帝以後，被立於學官而既得利益的今文學家們，取得了學術權威的資格，靠的是命懸"師承"、"家法"，訓詁雖參與其中，如《公羊》、《穀梁》，但受到"師承"和"家法"的嚴格限制。兩派爭鬥的實質和激烈程度，可以從劉歆身上略知一二：劉歆提出將《左傳》、《毛詩》、逸禮、《古文尚書》等立於學官，招致以執政大臣為首的群儒攻擊，貶為河內太守。由於古文經是以漢代以前的文字寫成的，古文經學家沒有"師承"和

① 參看中華書局1984年版，p. 179–209。

“家法”的根基，因而“古文家以考證為先務”，法寶就是訓詁，也可以說是“命懸訓詁”。胡朴安作《中國訓詁學史》，正是從今、文之爭開始的，便可見訓詁之於古文經學的重要程度[①]。其實，無論今文或古文，只要坐實於具體的語言文字，識字辨義總是第一道門檻，就一定少不了訓詁的手段。尤其是西漢末年到整個東漢，今古文之爭對訓詁的發展，客觀上起了重要的推動作用，站在社會學的立場上看，訓詁在漢代，是應社會的需要，尤其是政治的需要，發展並興盛的。但另一方面，儘管歷史上確有“儒者”，甚至是大家，將訓詁看成是經學的附庸，是專門為經學服務的，但這僅僅是歷史時代的表象，不是訓詁的本質，一旦失去時代這一條件，表象也隨之被揭開[②]。任何學術或學科，訓詁與訓詁學也不能例外，總是存在於一定的社會，一定的時代，也就一定會受到當時社會和時代的制約，它的存在與發展，比如興衰或“獨立”與否，往往並不取決於它自身，而取決於社會，取決於時代，取決於時代政治。就學術或學科本身言，訓詁與訓詁學跟經學有聯繫，但不是一回事，不存在誰依附誰的學術或學科的必然性，何況所謂經學，不過是以古代著作為表象，人為歪曲了的“時事政治學”罷了。漢武帝以後，經學昌明，曾有過它不可磨滅的社會進步意義：順應了社會大一統要求思想大一統的時代的需要，成就了大漢的時代輝煌。走在世界前列的民族，高處不勝寒，回頭向後，向自己的祖宗討教，是可以理解的；再加上“法先王”的思維和文化傳統，“以古為經”，

① 參看《中國訓詁學史》上海書店 1984 年復印商務印書館 1939 年版，編為“中國文化史叢書”第二輯，“古文家以考證為先務”見“訓詁學初興時代”一節，p. 3－12。

② 參看張舜徽《中國古代史籍校讀法》第一編，上海古籍出版社 1986 年。

效法先王，無可厚非：著名的“文景之治”，正是傳說中的舜“無為而治”的真實再現。在今天看來，一方面，以學術與政治的關係言，所謂“經學的附庸”，不過是時代政治對學術的“綁架”，經學對訓詁的“綁架”；另一方面，那時的訓詁，直至清末，設若不服從並服務於經學，一定不會有它的今天。經學，包括形式上由此而產生的手段，比如科舉，只有到它對社會的進步產生制約和阻礙的時候，才是腐朽的，應該被唾棄的。相似的情況如先秦的“六藝”，為儒家所獨專，不過是人為的結果，它們本來就是後來被稱作漢民族祖先的智慧的結晶；所謂“儒家經典”，並不是儒家自己的著作，而是自孔子始，由儒家“正統”地繼承罷了。其他諸子百家，只好“另起爐灶”，自己著書立言以立足，比如道家尊老子的《道德經》，墨家尊《墨子》，法家尊《法經》等等。訓詁也是這樣，它從產生、發展直至今日，儘管有着鮮明的時代特徵，也應當有鮮明的時代特徵，但從未被所謂政治、哲學、邏輯、經學、口語或書面語、古語或今語、雅語或方言，或別的什麽所獨專，這就是事實，也是應有的實事求是的訓詁史觀，也才不會被時代所誤，以致掩蓋了它的本來面目。訓詁與注釋的情況也是這樣，依附於原著的“傳”的稱謂，後來被“注”所代替，而且注又有注，說法也由此生發開去，名目也多了起來，但訓詁並未由此而被注釋所替代。總括訓詁的歷史，訓詁最初服務於說教，後來服務於經學，注釋發達後又服務於傳注，如果按傳統的說法，將《爾雅》、《小爾雅》、《方言》、《說文》《釋名》以降都叫做字書的話，直至今天的字詞典編撰，那麽，訓詁又服務於字書，可以看到，對它們來說，訓詁不過是工具而已。事實上，訓詁正是在這些服務中，並伴隨這些服務，誕生、發展、興盛起來的，從這個意義上說，一部訓詁史，就是一部訓詁的服務史。

第三章 《爾雅》訓詁

《爾雅》一書全以訓詁的方法寫成，所以每篇都以“釋”命名，傳遞出作者是知識傳授者身份的訊息。如果說《爾雅》的價值在於它的內容，在於它的知識性，訓詁就是其價值的靈魂，正是由於訓詁，這些內容才被有機的連接起來。《爾雅》成書於先秦，從六藝到《荀子》正文中的訓釋，如果說處於自在使用狀態的話，《爾雅》的訓詁則已經是自覺的了。從方式方法的角度看，《爾雅》的訓詁已經完備，成為體系，後世的訓詁，尤其是漢代的訓詁，都可以從中找到例證。訓釋物件的明確，訓釋方式方法的完備，從中體現出的訓釋的依據和目的，拿學科的觀點看，《爾雅》已經具備了獨立學科的特徵，從這個意義上講，《爾雅》是訓詁學誕生的標誌，應該是合乎實際的。概括地說，學科是指相對獨立的知識體系，“相對獨立”說的是它的排他性，與別的學科相較，具有它自身的本質特徵，從而與別的學科相區分；“知識體系”說的是它的體系性和完備性，是構成其本質特徵的要素。具體地說，則是具有自己的研究的對象、研究目的和方式方法。拿這個觀點看待《爾雅》，作為一門學科，《爾雅》的要件已經具備。

第一節 訓詁的方式

訓詁的方式，指的是進行訓詁時的語句所呈現出的樣式，可以從不同的角度劃分出類別。根據《爾雅》全文，以解釋為標準，可以分為解說式和敍說式兩類，解說式是主流；不使用訓詁用語和使用訓詁用語兩類，不使用是主流：

素錦綢杠，纁帛縿，素升龍於縿，練旒九，飾以組，維以縷。

《釋天·旌旗》

魯有大野。

《釋地·十藪》

河南華，河西嶽，河東岱、河北恒，江南衡。

《釋山》

解說式又有判斷式和標誌性用語式兩類，判斷式是主流。《爾雅》前三篇都是判斷式，也是後來傳注體訓詁的典型格式，即"某，某也"式，《釋詁》、《釋言》的部分、《釋訓》的大部，可以看作這種格式的的擴充，《釋天》以下，以《釋草》、《釋木》、《釋鳥》、《釋獸》等為代表的"蒤，虎杖"之類，可以看做是縮略。郭注《爾雅》常用判斷式，句尾多有"也"字，今本往往缺失①，《爾雅》"縮略式"原文是否也有這種現象，難以查考，但普遍現像是不用。《爾雅》訓詁用語的使用也是經過精心挑選的，一篇或小類之內往往不相雜廁：《釋器》、《釋樂》是"謂之"的代

① 參看周祖謨《問學集》下冊《爾雅郭璞注古本跋》。

表；《釋山》是“為”的代表，《釋天·野》是“曰”的代表，《釋天》則是判斷、謂之、為、曰雜用的代表。《爾雅》的訓詁用語中，“謂之”使用最多，其次是“為”和“曰”。從誕生先後看，“曰”最早，類似解釋格式的“曰”，甲骨文中已經出現。“謂之”是《爾雅》具有代表性的用語，考察它的使用情況，可以幫助瞭解《爾雅》。“謂之”在先秦的含義，常用的大概是兩種：“對……說”，後面不緊跟詞語，如《曲禮·檀弓上第三》的“公子重耳謂之曰：子蓋言子之志於公乎”；“謂之”後緊跟詞語，但不是用於解釋，如《曲禮上第一》的“見父之執，不謂之進，不敢進；不謂之退，不敢退；不問，不敢對”，這是謂之的常態。用於解釋的“謂之”，後來成為訓詁的專門用語，《論語》中已經見到，但頻繁而熟練使用則始於孟子。遵從“例不十，法不立；例不十，法不破”的原則，下引各書盡可能挑選可以與《爾雅》用例相比較的稍典型的用例，其中《論語》最早，《孟子》最普遍，“三禮”中《禮記》最普遍：

孔子曰：“侍於君子有三愆：言未及之而言謂之躁，言及之不言謂之隱，未見顏色而言謂之瞽。”

《四部叢刊》本何晏集解《論語堯曰第二十》

不教而殺謂之虐，不戒視成謂之暴，慢令致期謂之賊，猶之與人也，出內之吝謂之有司。

何晏集解《論語集解·衛靈公第十五》。《論語》中的謂之，多是平常用語，只是當後面是詞語的時候，才與訓詁同。

從流下而忘反謂之流，從流上而忘反謂之連，從獸無厭謂之荒，樂酒無厭謂之亡。

《四部叢刊》本趙岐注《孟子·梁惠王章句下》，下同分人以財謂之惠，教人以善謂之忠，為天下得人者謂之仁。

《孟子·滕文公章句》

責難於君謂之恭，陳善閉邪謂之敬，吾君不能謂之賊。

《孟子·離婁》

用下敬上謂之貴貴，用上敬下謂之尊賢，貴貴、尊賢其義一。

《孟子·萬章章句》

徐行後長者謂之弟，疾行先長者謂之不弟。

《孟子·告子章句下》

五十非帛不暖，七十非肉不飽，不暖不飽謂之凍餒。

《孟子·盡心章句上》

故今日即位，明日射人，忠諫者謂之誹謗；深為計者謂之訞誣。

《四部叢刊》本北周盧辯注《大戴禮記卷第三保傅第四十八》。

一穀不收謂之饉，二穀不收謂之旱，三穀不收謂之凶，
四穀不收謂之饋，五穀不收謂之饑。

《四部叢刊》本《墨子·七患第五》

是非不得盡見謂之蔽，見而弗能知謂之虛，知而弗能賞謂之縱三者亂之本也。

《續四部叢刊》清孫星衍輯《尸子·發蒙》

中國謂之豹，越人謂之貘。

《師曠》，此條也未進行解釋

不慎其事，不掩其情，賊乃將生。弒其主，代其所，人莫不與，故謂之虎。處其主之側為奸臣，聞其主之忒，故謂之

賊。

《四部叢刊》本“闕名注”《韓非子 · 主道第五》

又，梁啟雄《韓子淺解》，中華書局 1985 年第四次印刷上下冊豎排本，上冊 p. 31。這種解釋應當是處於一般解釋與詞語解釋的過渡時期。

目不能決黑白之色，則謂之盲；耳不能別清濁之聲，則謂之聾；心不能審得失之地，則謂之狂。

《解老第二十》

李兌曰：“語言辨，聽之說，不度於義，謂之窕言；無山林澤谷之利而入多者，謂之窕貨；君子不聽窕言，不受窕貨，子姑免矣。

《難二第三十七》

為君不能禁下而自禁者謂之劫，不能飾下而自飾者謂之亂，不節下而自節者謂之貧。

《難三第三十八》

齊、聖、廣、淵、明、允、篤、誠，天下之民，謂之八愷。

《續四部叢刊》本杜預集解《春秋經傳集解 · 文公下第九》

善人富謂之賞，淫人富謂之殃。

《襄公五第十八》

日至之景，尺有五寸謂之地中。

《四部叢刊》本漢鄭玄注、唐陸德明音義《周禮 · 地官司徒第二》

掌三族之別，以辨親疏，其正室皆謂之門子，掌其政令。

《春官宗伯第三》

士合三而成規句者，謂之弊弓。

《夏官·司馬下》

邦畿方千里，其外方五百里，謂之侯服。

《秋官司寇下》

坐而論道謂之王公；作而行之謂之士大夫；審曲面執以飭五材、以辨民器，謂之百工；通四方之珍異以資之，謂之商旅；飭力以長地財謂之農夫；治絲麻以成之謂之婦功。

《冬官考工記第六》

圭九寸謂之桓圭；公守之命，圭七寸謂之信圭；侯守之命，圭七寸謂之躬圭。

《冬官考工記下》

傳曰："甥者何也？謂吾舅者吾謂之甥。"

傳曰："侄者何也？謂吾姑者吾謂之侄。"

《儀禮·喪服第十一》

修身踐言謂之善行

《四部叢刊》本漢鄭玄注、唐陸德明音義《禮記·曲禮上第一》

少而無父者謂之孤，老而無子者謂之獨，老而無妻者謂之矜，老而無夫者謂之寡；此四者，天民之窮而無告者也，皆有常餼。

《王制第五》

故國有患君死社稷，謂之義，大夫死宗廟，謂之變。

《四部叢刊》本漢鄭玄注、唐陸德明音義《禮運第九》

故不問而告謂之傲，問一而告二謂之囋。

《續四部叢刊》本唐楊倞注、清盧文弨同校、清謝墉　同校《荀子·勸學篇第一》

變化代興謂之天德

《不苟篇第三》

道過三代謂之蕩，法貳後王謂之不雅。

《王制篇第九》

故生之來謂之精，兩精相搏謂之神，隨神往來者謂之魂，並精而出入者謂之魄，所以任物者謂之心，心有所憶謂之意，意之所存謂之志，因志而存變謂之思，因思而遠慕謂之慮，因慮而處物謂之智。

《四部叢刊》本《黃帝素問靈樞經·本神第八》

引例中的“謂之”有兩類，大多是詞語解釋，另一類是一般的解說，如“邦畿方千里，其外方五百里，謂之侯服”，比較《爾雅》“宮中之門謂之闈”。從“謂之”用語的使用情況看，《爾雅》的使用方式與以《孟子》為代表的使用情況是相一致的，這應該有啟示意義。自引“張仲孝友”說《爾雅》成書始，至《四庫提要》集其成，以為《爾雅》內容有與某書相同或相似，便斷言出自某書，或抄自某書，恐有輕言之嫌。以後更有人以為《爾雅》“謂我舅者，吾謂之甥”抄自《禮記》，其實文不在《禮記》，《儀禮》文也不是自己的話，而是引用《傳》的話，所引之《傳》可能是《爾雅》，也可能是別的什麼《雅》；王念孫《廣雅疏證補正》引臧庸的話，以為叔孫通引《爾雅》入《禮記》[①]，也用了“謂我舅者，吾謂之甥”的例證，且斷言引自《爾雅》，或忘了“於《傳》有之”的話。相同格式“侄”的說法尚有“謂吾姑者吾謂之侄”，正

---

① 見中華書局王念孫《廣雅疏證·附錄》，王氏所引臧在東的話，見《六府文藏》本臧庸撰《拜經日記第二》“大戴禮有爾雅條”。

說明這一類說法或為普遍現象，不過是常識而已，大家都這麼說。《四庫提要》所謂《爾雅》抄自某書的引例，大多為常識性和習慣性說法，在現實社會中可以相同，可以相似，也可以不同，一定要說成是取某書文，理由並不充分；而以此進一步去證明《爾雅》的成書，甚至是《爾雅》的"初稿"，則顯得先天不足。《史記·樂書》四季之歌的情形或能說明問題：

> 春歌《青陽》，夏歌《朱明》，秋歌《西皞》，冬歌《元冥》。世多有，故不論。
>
> 《續四部叢刊》本漢司馬遷撰、宋裴駰集解、唐司馬貞撰《史記》卷二四

四季之歌歌什麼，各地可以相同，也可以不同，司馬遷不過記了一般情況而已，"世多有，故不論"的話，正是這種情況的反映。反觀《爾雅》中一些常識性和習慣性的說法，比如《釋天》有關四季、災祥一類，各地應該都有類似的說法，寫進書裏，就表現為不同的記載，沒有理由說明一定是取自某書。"取自某書文"的重要理論根據是，《爾雅》為解經而作，所以"蓋亦《方言》、《急就》之流，特說經家資以證古義"，因而凡遇《爾雅》文與所釋之經相同或相似的，便認定為抄自某書，其實大概是混淆了《爾雅》性質與功用、忽略了"世多有"的緣故。《爾雅》的訓詁用語應該是經過精選或規範的，比如《論語》有"巍巍乎"，《孟子》有"欣欣然"，《荀子》更普遍，但尚未用於解釋用語，《毛傳》則用於訓詁，如卷第一《樛木》注有"詵詵然眾多"；又如"貌"，《論語》、《孟子》沒有用於"詞尾"的，《毛傳》則用於解釋，如《關雎》注"萋萋"為"茂盛貌"。《爾雅·釋訓》雖被後人認為是"釋形貌"，但《爾雅》作者都是以實義釋之，並不使用"然"、"貌"之類的說法；或許在《爾雅》作者看來，"明明、斤斤"所

表達的意思就是“察”，而不是“察貌”，即“察”的動作本身，屬於“察”的類別，而不是“察”的樣子。訓詁用語的精選或規範，應該是《爾雅》作者有意為之，或為時代特徵的反映，即那時的訓釋都是如此，這種情況也很難與“非一人一時”、“遞相增益”掛上鉤來，反倒更加指向《爾雅》“規範”在先，後人“竄入”於後。

第二節　訓詁原則和方法

《爾雅》的訓詁原則是指貫穿全書遵從的訓釋準則，即以今釋古原則，雅言釋方言原則，以易釋難原則。訓詁方法，是指採用什麼樣的手段進行解釋：可以分為訓同法、訓異法、描述法和訓名法四類。

《爾雅》訓釋原則是由訓詁的解釋特點客觀規定的，是由《爾雅》著述目的所規定的，也是訓詁工作的最基本原則。在《爾雅》中，原則上所有的訓釋詞語都是今語、雅言和常用語，以這個原則讀《爾雅》，可以讀出今本的一些疑問，如《釋故》的“妃，媲也”，違背了簡易原則：都是雅言，都是常用，但“妃”簡“媲”難：

> 《文選·廣絶交論》注引《爾雅》作：“媲，妃也”，今作“妃，媲也”；《爾雅》諸文輾轉相訓，其義俱通，多此類也。
>
> 《續四部叢刊》本郝懿行《爾雅義疏》

訓同法是《爾雅》訓詁的重要特色，也是《爾雅》最重要的訓釋方法，更是引發“同義詞”論、“二義同條”等的重要原因。《釋故》除極個別外、《釋言》前五六十條、《釋訓》疊字疊音等都是這種方法，訓釋語從字、詞、義等的角度對所列字詞進行概括，其中“義”是核心，但不限於詞義，不能蓋以今天同義或同義詞的觀念去看待。張永言先生《訓詁學簡論》深入分析了這種“義”的情況，並告誡“必須通過分析研究才能辨識清楚”：

有的是一般同義詞，如：“征、邁，行也。”有的是方言同義詞，如：“斯，離也。”“鏝謂之杇。”有的是一般同源詞，如：“迓，迎也。”“竟，彊也。”“遇，偶也。”“蒹，薕也。”有的是方言同源詞，如：“逆，迎也。”“燬，火也。”“茦，刺也。”“不律謂之筆。”有的是異字同詞，如：“迺，乃也。”“瑳，嗟也。”所謂解釋經典文字假借的也可以歸在這裏，如：“甲，狎也。”“務，侮也。”“葵，揆也。”

參看張永言先生《訓詁學簡論》華中工學院出版社 1985 年，p. 78。

以“始也”條為例，從“義”的角度講，被訓釋的“義”有詞義，如“初”與“始”；有假借義，如“哉”與“始”；有隱含義，如“祖”與“始”；有比喻義，如“權輿”與“始”；有“轉義”，如“落”與“始”。“君也”條，有動詞義與名詞義，如“林”與“君”；“病也”條與疊音疊字各條，有關連義，即所謂共名與別名，主體與特徵，等等。訓同法客觀上解決的是被訓釋與訓釋之間的“共同點”的問題，好處是可以一以貫十，提供認識線索，便於誦讀和記憶：這可以從《爾雅》別義和《墨子》、《尸子》的情況得到答案：

悠、傷、憂，思也。

懷、惟、慮、願、念、惄，思也。

《釋詁》

前一條說的是愁思，共同義是痛苦，是“思”義類別中最強烈的；後一條是一般的思念，兩條之間便構成了一般與個別的區別關係，可以讓讀者通過比較加深記憶。也就是說，在《爾雅》作者看來，兩種"思"是不同的類，如同墨子的"攻"、"誅"不同類一樣。閱讀《爾雅》此類解釋，或應當尊重其普遍性，在引例作解時，所引例證也需斟酌。此條有的今注本不加以區別，如引《小雅·小弁》"我心憂傷，惄焉如擣"的解釋，"惄"為一般的"思"義，其痛苦的程度深，是由"擣"的比喻而加強的，此或為詩句的原意：

《方言》：懷、惄、惟、慮、願、念，思也。

念，常思也；東齊海岱之間曰靖，秦晉或曰慎；凡思之貌亦曰慎，或曰惄。

郭璞注：（慎）謂感思者之容。

《四部叢刊》本漢揚雄撰、晉郭璞注《方言》

《爾雅》舍人注：惄，志而不得之思也。

《續四部叢刊》本郝懿行《爾雅義疏》

《方言》此條排列同《爾雅》，揚雄、郭璞都訓為一般的"思"，可見此條的"思"的引例，不當引作"愁思"的用例。這種區分與歸類，有着時代的特徵，不應以今天的思維模式去"規範"它，墨子曾經批評此種情況是"未察吾言，未明其故"：

子墨子曰：子未察吾言之類，未明其故者也。彼非所謂"攻"，謂"誅"也。

《四部叢刊》本《墨子·非攻下第十九》卷之五

墨子的歸類有他自己的標準，此處是以"正義"、"非正義"為標準，而不是詞義：此處的"攻"與"誅"都有"興師問罪"的意思；孟子解釋"誅"與"弒君"的"弒"，與墨子同，這裏的

“誅”與“弑”都有“殺死”的意思。《尸子》以“私”歸納各流派，是“本質”的歸納，“皆大也”是“實”的歸納，也就是《爾雅》中“共同點”的歸納，顯然不能局限於詞義來理解，去解說。訓同法的基本特徵是求同以瞭解概況，與《爾雅》教科書性質相結合，對《釋故》而言，其效果就是“觀古辯言”，“觀古”的方式，正如“觀樂”，要做的只是“握其大要”而已。

被訓釋詞語與訓釋詞語具有不止一個意義，《爾雅》大都分别進行訓釋，王念孫認為這是與一般注釋的區别性特徵：

“怕”通作“泊”，今本“怕”上無“漠”字，《文選》張華《勵志詩》及盧諶《時興詩》注，並引《廣雅》“漠，泊也”，今據以補正。又案，今本無“漠”字者，後人以此“漠”字為重出而删之也；下文“毓，長也”、“毓，稚也”、“曩，久也”、“曩，鄉也”、“陶，喜也”、“陶，憂也”、“濘，清也”、“濘，泥也”，皆删去後一字，正與此同。不知《廣雅》屬辭之例，皆本於《爾雅》：《爾雅·釋言》之文，每因一字而引伸其義，有因上一字而連及之者，若“爽，差也”、“爽，忒也”、“基，經也”、“基，設也”之類是也；有因下一字而連及之者，若“流，覃也”、“覃，延也”、“逮，征也”、“征，召也”之類是也。《廣雅·釋言》亦用此二例：若上文“羌，乃也”、“羌，鄉也”、“奮，訊也”、“奮，振也”之類，皆因上一字而連及之者也；若“廁，閑也”、“閑，非也”、“況，兹也”、“兹，今也”及此條“莫，漠也”、“漠，怕也”之類，皆因下一字而連及之者也。凡如此者，或義同而類及，或義異而别訓，屬辭比事，各有要歸。若改其文云“羌，乃也、卿也”、“莫，漠也、怕也”，則是傳注解經之體，非《爾雅·釋言》之例矣。後放此。

《續四部叢刊》本王念孫《廣雅疏證·釋言》卷第五上；中華書局本 p. 153 上

《爾雅》訓異法主要表現為兩種：訓釋字詞不止一個意義，分別統領不同的訓釋條，被訓釋字詞具有相同的情況，則分別排入不同的訓釋條；同一個被訓釋字詞不止一個訓釋，則在同一篇或其他各篇進行解釋。所以，訓異法區分的是訓釋和被訓釋字詞的不同訓釋，大量的是被訓釋字詞有不止一個訓釋：

遘、逢，遇也。

郭注：謂相遭遇。

遘、逢、遇，遻也。

注：轉複為相觸遻。

遘、逢、遇、遻，見也。

注：行而相值卽見。

永、悠、迥、違、遐、逷、闊，遠也。

永、悠、迥、遠，遐也。

《續四部叢刊》本宋邢昺等奉敕撰、清阮元撰《爾雅疏證》

希、寡、鮮，罕也。

注：罕亦希也。

鮮，寡也。

注：謂少。

尸、職，主也。

注：《左傳》曰："殺老牛，莫之敢尸。"《詩》曰："誰其尸之"又曰"職為亂階"。

尸，寀也。

注：謂寀地。

寀、寮，官也。

注：官地為寀，同官為寮。

正義：尸既為陳，又與職俱為主其事者；是又訓為寀，寀、寮又俱為官；轉相訓也。

《六府文藏》本清邵晉涵撰《爾雅正義》

騖、務、昏、暋，強也。

注：馳騖、事務皆自勉強，《書》曰："不昏作勞，暋不畏死"。

正義：強當作強，即勉也；騖、務聲近義同。

勞、來、強、事、謂、翦、篲，勤也。

《釋故》

競、逐，強也。

強，暴也。

郭注：強梁淩暴。

《釋言》

木豆謂之豆，竹豆謂之籩，瓦豆謂之登。

《釋器》

《六府文藏》本清邵晉涵撰《爾雅正義》

《釋器》的訓異，多為傳統所謂"屬中求別"。"遇"條的三個訓釋，按照郭璞的注釋，顯然不是今天所謂詞義的區別，即詞的義位或義項的區別，而是這些詞語的"附加意義"的差異："遇也"條說的是"不想見而見"，所以說"遭遇"，成語"不期而遇"最初或有此義；"遻也"條說的是"遇而驚遻"，《說文》訓"遻"為"相遇驚也"；"見也"條說的是一般的偶遇。"遠也"條和"遐也”條很可能是書面語與口語使用上的區別，意義上並沒有區別。“罕也”條是一般的稀少、罕見，是概括義，“寡”說的是數量少。“主也”條訓釋的是“尸”的動詞義；“寀也”條，經傳多作“采”，說的是“尸”的名詞義；“官也”條則可以看作是對名詞義的專門補充訓釋。“勤也”條的“強”是“努力”的意思，“強也”條是“努力爭勝”的意思，“暴也”條依郭注是“強力使用過分”的意思，《大雅·烝民》“不侮矜寡，不畏強禦”，即是這個意思。可見《爾雅》訓異法的着眼點不在詞義本身，而在於這些詞語的使用差別，這些差別的區分與孟子“誅”與“弒”墨子“攻”與“誅”的差別區分一樣，帶有鮮明的時代特徵，也是時代文化在語言中的真實體現。這種分類，對理解傳統上劃分詞語的類別有啟發意義，劃分的角度是漢語交際中詞語的運用，或可叫做詞語的訓詁分類，進行這樣的分類對漢語語法研究的詞語分類應該有參考意義，對引發為什麼漢語“自發”研究的分類與形態語言的詞類不同的思考，也應該有啟發和參看意義。

描述法和訓名法是《釋親》以下的主要方法，描是針對實物的大小、性狀、顏色、強弱、雌雄、長幼之類的說明，述是針對事物的陳述和說明，二者往往混而用之。《釋親》是典型的述，《釋宮》、《釋器》是典型的描述。《釋草》、《釋蟲》是典型的訓名法，使用通常的名稱對被訓釋進行解釋，被訓釋名稱應該是古籍中的和書面的，訓釋名稱應該是常用的和口語的，所以往往表現為雙音節詞語解釋單音節詞語。

> 男子先生為兄，後生為弟。男子謂女子先生為姊，後生為妹。
>
> 《釋親》

牖戶之閑謂之扆，其內謂之家；東西牆謂之序，東北隅謂之宧，東南隅謂之窔。

《釋宮》

肉謂之敗，魚謂之餒；肉曰脫之，魚曰斮之。

《釋器》

藿，山韭；茖，山蔥；葝，山䪥；蒚，山蒜。

《釋草》

檟，苦荼；椴，大椒。

《釋木》

螯，天螻；蜚，蠦蜰。

《釋蟲》

鯤，魚子；蟒，王蛇。

《釋魚》

虪，白虎；虦，黑虎。

《釋獸》

鱣，大鮦；小者鮵。

《釋魚》

麋，牡，麔；牝，麎；其子䴠，其跡躔；絕有力，狄。

《釋獸》

《四部叢刊》本郭璞注《爾雅》

“敗”、“餒”是對肉、魚變質的描述，“脫”、“斮”則是加工肉、魚的說明；“蒚”，是古語或書面語，“山蒜”是常用語或口語等等。訓名法以“藿，山韭”之類為典型，作者針對的是“藿”一類的名稱的訓釋，而不是針對這種事物的訓釋，即以口語或日常用語去解答古語或書面語，兩個名稱可以替換；描述法如“麋，牡，麐”之類，很明顯不是針對名稱而是針對該“事物”進行的解釋，所以才有雌雄、大小之類的說明。以此觀之，《爾雅》是解釋詞語或詞義的看法，顯然不夠全面，或以偏概全。

第三節 二義同條

二義同條是解釋詞義的觀點衍生出來的問題，指的是同訓條的訓釋字詞具有不止一個意義，訓釋條中的一個或幾個被訓釋字詞由訓釋字詞的不同意義訓釋。王念孫或最早明確指出同一訓釋條中存在二義現象，應該加以區別。下面是王念孫關於二義說解的主要訓釋條，“從容”的訓釋可謂代表。標點為引用所加，括弧中字為王念孫增補：

喘、喙、呬、氣、欶欭、歌、奄、䰯，息也（餽）。

王念孫疏證：此條“息”字有二義：喘、喙、呬、欶欭、歌，

為喘息之息；氣、奄、䰯，為休息之息。

鬱、悠、慎、靖、噆、憛、憮、恁、侖，㥯也。

疏證：《爾雅》云：郁、陶、繇，喜也；又云：繇、憂也；則“繇”字即有憂、喜二義，郁陶亦猶是也。

是故喜意未暢謂之郁陶：《檀弓正義》引何氏《隱義》云：“郁陶，懷喜未暢意”，是也；憂思憤盈亦謂之郁陶，《孟子》、《楚辭》、《史記》所云是也。

擷、挻、挺、遂、畺、畍、吭、畢，竟也。

疏證：此條“竟”字有二義：擷、挻、挺、遂、畢，為究竟之竟；畺、畍、吭，為邊竟之竟。邊竟之竟，亦取究竟之義

也。

斂、欿、匃、貸、誣、誝、授、施、裨、稟、付、畀、埤、分、越、以、气、遺、予，(與) 也。

疏證：案：此條與字有二義：一為取與之與，斂、欿、匃、貸、授、施諸字是也；一為與共之與，誣、誝、越、以，四字是也。

䟿、剄、堅、剛、者、鬓、毦、劮、莫、憚、憸、摛、鈔、倞、悖、快，強也；

《六府文藏》本三國張揖撰《廣雅·釋詁》

䟿、勁、堅、剛、者、鞼、鬓、彍、劮、莫、憚、憸、摛、鈔、倞、悖、快，強也；

中華書局本

疏證：此條強字有二義：一為"剛強"之強：《說文》作"強"云："弓有力也"；一為"勉強"之強：《說文》作"勥"云："迫也"；《集韻》、《類篇》引《廣雅》並作"勥"；"強"、"勥"、"強"，古多通用；《爾雅》"競、逐，強也"，郭璞注云："皆自勉強"，是"勉強"之"強"與"剛強"之"強"，義本相通也。

䟿者，《說文》："䟿，馬強也"，《玉篇》音巨支切；又，居企切，與"翨"同音；《說文》："翨，鳥之強羽猛者"；義與"䟿"同也。勁，各本訛作"剄"，凡隸書从力从刀之字，往往訛溷；曹憲音古鼎反，則所見本已訛作"剄"；案：諸書無訓"剄"為強者，《說文》、《玉篇》並云"勁，強也"；今據以訂正。

者者，《逸周書·謚法解》云："耆，強也"；《昭二十三年左傳》“不懦不耆”，杜預注云：“耆，強也”。㔩者，《說文》：“㔩，𠠔也”；《漢書·陸賈傳》：“屈強于此”，顏師古注云：“屈強謂不柔服也”；“屈”與“㔩㔩”古同聲：《左氏春秋文十年》：“楚子蔡侯次於厥貉”，《公羊》作“屈貉”，是其例矣。

𫓷、莫者，《方言》：“侔、莫，強也；北燕之外郊，凡勞而相勉若言努力者謂之侔”；“莫”、“侔”與“𫓷”通：《淮南子·繆稱訓》：“猶未之莫與”，高誘注云“莫，勉之也”；案：𫓷之言茂也，《爾雅》“茂，勉也”；莫之言慔也，《爾雅》“慔慔，勉也”；合言之則曰“𫓷莫”矣。

憚、憸者，《方言》：“皮傳、彈憸，強也。秦晉言非其事謂之皮傳，東齊陳宋江淮之閑曰彈憸”，郭璞注云：“謂強語也”；“彈”與“憚”通。

擄、鈔者，《方言》：“虜，鈔，強也”，注云：“皆強取物也”，“虜”與“擄”通，“虜”、“鈔”略同義：故《方言》又云“略，強取也”。

倞者，《說文》：“倞，強也”；《爾雅》：“競，強也”；“競”與“倞”通，“倞”、“競”、“強”聲並相近，強取謂之“掠”，音力向反，聲與“倞”亦相近也。

悖、怏者，《方言》：“鞅、侼，強也”，注云：“謂強戾也”；悖侼、怏鞅並通。怏各本譌作“快”，惟影宋本不譌。

《續四部叢刊》本王念孫撰《廣雅疏證》

以上《釋詁》

從容，舉動也。

案：“從容”有二義：一訓為舒緩，一訓為舉動。其訓為舉動者，字書、韻書皆不載其義，今詳引諸書以證明之。《九章·抽思篇》云："理弱而媒不通兮，尚不知余之從容"；《哀時命》云："世嫉妬而蔽賢兮，孰知余之從容"；此皆謂己之舉動，非世俗所能知與《懷沙》同意。《後漢書·馮衍傳·顯志賦》："惟吾志之所庶兮，固與俗其不同；既俶儻而高引兮，願觀其從容"；此亦謂舉動不同於俗，李賢注云："從容，猶在後也"，失之。《中庸》云："誠者不勉而中，不思而得，從容中道，聖人也"，"從容中道"謂一舉一動，莫不中道，猶云"動容周旋中，禮也"；《韓詩外傳》云："動作中道，從容得禮"，《漢書·董仲舒傳》云："動作應禮，從容中道"，王褒《四子講德論》云："動作有應，從容得度"，此皆以"從容"、"動作"相對成文；《中庸正義》云："從容閒暇而自中乎道"，失之。《緇衣》云："長民者，衣服不貳，從容有常"，引《都人士》之《詩》云："彼都人士，狐裘黃黃，其容不改，出言有章"，"從容"與"衣服"相對成文：狐裘黃黃，衣服不貳也；其容不改，從容有常也；《正義》以從容為舉動，得之。《大戴禮·文王·官人篇》："言行亟變，從容謬易，好惡無常，行身不類"，"從容"與"言行"相對成文；"從容謬易"，謂舉動反復也；盧辯注云："安然反復"，失之。《墨子·非樂篇》云："食飲不美，面目顔色不足視也；衣服不美，身體從容不足觀也"；《莊子·田子方篇》云："進退一成規，一成矩；從容一若龍，一若虎"；《楚辭·九章·悲回風》云："寤從容以周流兮"，傅毅《舞賦》云："形態和神意協，從容得志不劫"，《漢書·翟方進傳》云："方進伺記陳慶之從容，語言以詆欺成罪"；此皆昔人謂舉動為從容之證。自動謂之從容，動人謂之慫慂，聲義並相近，故“慫慂”或作“從容”：《史記吳王濞傳》：“鼂錯數從容言吳過，可削”，“從容”即“慫慂”；《漢書·山王傳》：“日夜縱臾王謀反事”，《史記》作“從容”。《續四部叢刊》本王念孫撰《廣雅疏證·釋訓》匾榼謂之椑。

《說文》以為圜榼，《廣雅》以為匾榼，凡器之名為椑者，皆兼此二義。

《釋器》p. 220 下

中華書局鍾宇訊點校本王念孫《廣雅疏證》與《續四部叢刊》本有字異，上引各條為《四部叢刊》本，所標注頁碼為中華書局本，分別見於 p. 50 上、p. 65 下、p. 75 下、p. 98 下、p. 193 上、p. 220 下

對待“二義同條”，如同對待“同義”一樣，應當區分其義才能準確認識訓釋與被訓釋，才能準確把握這些字詞在實際的語言環境中的真正含義，但似不當拿今天所謂詞義去衡量訓釋的正誤，因為所謂“二義”，並不全都是今天所謂不同的詞的意義。《爾雅》訓同法，訓的只是被訓釋字詞與訓釋字詞之間的共同點，這些“點”並不局限於今天所謂詞或詞義。“從容”的舉止合乎禮的狀態，即言行中規中矩的狀態，與中規中矩的動作是一個詞的兩個方面，猶如《釋訓》的疊音疊字的訓釋，即今之所謂形容詞義與動詞義；“圜榼”和“匾榼”的區別是形狀，“榼”是訓其種類，即二者“榼”的共性，形狀的區別並不構成“榼”區分為兩個詞的要件：“喜意未暢”與“懷喜未暢意”被分別為兩個意義，“郁陶”卻並不因此而分為兩個詞語，其區別僅僅在於：一是“喜”意猶未盡，一是“喜”不得而發。今天的“鬱悶”保留了“未盡”和“未發”兩個意義，但範圍擴大了，不限於“喜”。王引之在此基

礎上，更進一步確定為訓詁的條例，並率先使用“二義不嫌同條”的說法，對詞語意義研究有進步意義：

“林、烝、天、帝、皇、王、后、辟、公、侯，君也”條：

引之謹案：“君”字有二義：一為君上之君，天、帝、皇、王、后、辟、公、侯是也；一為羣聚之羣，林、烝是也。古者“君”與“羣”同聲，故《韓詩外傳》曰：“君者，羣也”。故古“羣臣”字，通作“君臣”：《管子·大匡篇》“桓公使鮑叔識君臣之有善者”，《問篇》“君臣有位而未有田者，幾何人”，皆“羣臣”之假借也。《呂氏春秋·召類篇》曰：“羣者，衆也”，《白虎通義》曰：“林者，衆也”，此篇下文曰“烝，衆也”，林、烝、羣同為衆多之義，故曰“林、烝，羣也”。林、烝二字連文而不與下文相錯，亦可以知其別為一類矣；不然，君上至尊，豈得以林、烝稱之乎？自毛公釋《詩》之“有壬有林”、“文王烝哉”，始誤以林、烝為君上之君，而《漢書·律曆志》之說“林鍾”，《楚辭·天問》注之說“伯林”，《表記》注之說“武王烝哉”，並仍其誤。案：《小雅·賓之初筵》云：“百禮既至，有壬有林”，上曰“百禮”，下曰“有林”，則“有林”正取衆盛之義，不得訓為國君，使文義參差也。林、鍾之義，《周語》以為“和展百事，俾莫不任肅純恪”，韋注曰“林，衆也，言萬物衆盛也”，則“林”字正取衆盛之義，故訓之曰“百事”；故《淮南·時則篇》謂“林鍾”為“百鍾”，不得如《漢志》君主種物之說也。《天問》之“伯林雉經”，不知何指。王叔師見《晉語》有太子申生雉經之事遂以“伯林”為申生而訓為“長君”，實無明據也。至《大雅·文王》有聲之“文王烝哉”，則《韓詩》訓“烝”為

“美”，其説確不可易，不得如《毛傳》訓為君上之君也。下文有“王后烝哉”、“皇王烝哉”，若訓“烝”為“君”，則與王后、皇王字義相複矣。偏考經傳之文，未有謂“君”為“林”、“烝”者，則“林”、“烝”之本訓為“羣”明矣。天、帝、皇、王、后、辟、公、侯為君上之君，林、烝為羣聚之羣，而得合而釋之者，古人訓詁之指，本於聲音，六書之用，廣於假借，故二義不嫌同條也。如下文台、朕、賚、畀、卜、陽，予也：台、朕、陽，為予我之予，賚、畀、卜為賜予之予；頢、竢、替、戾、底、止、徯待也：頢、竢、徯為竢待之待，替、戾、底、止為止待之待；治、肆、古，故也：治、古為久故之故，肆為語詞之故；載、謨、食、詐，偽也：載、謨、食為作為之為，詐為詐偽之偽；昌、敵、強、應、丁，當也：昌為當理之當，敵、強、應、丁為相當之當；棲、遲、憩、休、苦、齂、呬息也：棲、遲、憩、休、苦，為止息之息，齂、呬為氣息之息；郡、臻、仍、乃、侯，乃也：郡、臻、仍為仍乃之乃，乃、侯為語詞之乃艾；曆、覷、胥，相也：艾為輔相之相，曆、覷為相視之相，胥為相保相受之相；際、接、翜，捷也：際、接為交接之接，翜為捷疾之捷。義則有條而不紊，聲則殊塗而同歸，此《爾雅》所以為訓詁之會通也。魏張稚讓作《廣雅》猶循此例，自唐以來，遂莫有能知其義者矣。

《續四部叢刊》本王引之《經義述聞》卷二十六“君也”條

王引之《經義述聞》對“二義同條”有較深入的分析，比較這些例證，可以對所謂“二義”看得較為清晰。“光”的“光輝”與“廣大”是本體與效果的關係，詞典可以列為兩個義項，但不是兩個詞；“蠱”，《爾雅》訓為“疑”，是動詞的“使人疑惑”的意思，王引之讀為“故”，是通假，訓為“事”，是“故”有“事”義；“軌”的“車轍”、“車轊頭”，“鄉大夫”的“鄉老”等義與“卿大夫”、“師長”的“公卿”與“士”，“施捨”的“免繇役”和“佈德惠”，這些二義是詞語實際使用時內容所指的不同；“謫”的“譴責”義是對“被謫”而言的動詞義，“過愆”是行為的名稱義，即名詞義；“霆”的“霹靂”和“電”二義，是同一事物的兩種特性，一作用於聽覺，一作用於視覺。下面是王引之《經義述聞》中的主要例證：

王引之《經義述聞》卷一“光”條：

引之謹案《易》言“光”者，兼“光輝”、“廣大”二義；“蠱”條：“蠱”，《正義》引梁褚仲都《講疏》曰：“蠱者，惑也。物既惑亂，當須有事也；故《序卦》云：蠱者，事也；謂物蠱必有事，非謂訓‘蠱’為事。”《集解》引伏曼容注亦曰：“蠱，惑亂也。萬事從惑而起，故以蠱為事也。”引之謹案：訓詁之體，一字兼有數義：“蠱”為“疑惑”，《爾雅》曰：“蠱，疑也。”《昭元年左傳》曰：“女惑男謂之蠱”，此一義也；“蠱”又為“事”：《釋文》曰：“蠱，一音故”，“蠱”之言故也。《周官》：“占人以八卦，占筮之八故”，鄭注曰：“八故，謂八事”，《襄二十六年左傳》：“問晉故焉”，《昭三十年公羊傳》：“習乎邾婁之故”，杜預、何休注並曰“故，事也”。“蠱”訓為“事”，故大元有事，首以象蠱卦，此又一義也。二義各不相因。褚氏、伏氏不解訓“蠱”為事之意，乃謂“事”生於惑，且曰“非謂訓蠱為事”，是不達訓詁之體也。

卷五“濟盈不濡軌”條：

"軌"字自有二義：其訓為車轍者，《中庸》"車同軌"是也；其訓為車轊頭者，則《少儀》之"祭左右軌範"是也；

卷十"遂以摯見於鄉大夫鄉先生"條：

凡言"鄉大夫"有二義：一則《周禮》之本鄉、鄉老、鄉大夫、闕以下州、長、黨、正、族、師、閭、胥也、鄉大夫也、鄉老公也，舉鄉大夫以上闕公下闕士也；一則本鄉之仕為大夫在朝者，亦舉大夫以闕公士也。《鄉射禮》注曰："遵者，鄉之人仕至大夫者"，又曰："鄉先生、鄉大夫致仕者也。"此"鄉大夫"三字，所謂同一鄉之人仕至大夫者，同一鄉而仕至大夫曰"鄉大夫"，每鄉卿一人，亦即大夫之一也。

卷十八"旅有施捨……"條：

引之謹案：古人言"施捨"者有二義：一為免繇役，一為佈德惠（引用時有整理）；"師不陵正旅不偪師……"條：引之謹案：經傳言"師旅"者有二義：一為士卒之名，一為羣有司之名；卷二十"無謫"條，"謫"有二義：一為譴責，一為過愆；卷二十一"師長士"條：引之謹案：經傳言"師長"者有二義：有訓為公卿者，有當訓為士者；卷二十五"電霆也"條，古人言"霆"有二義：一為"霹靂"之別名，一為電之別名。

"二義同條"的"二義"是要件，訓釋字詞不止於一個意義，一般又都是常見意義，且有例可循。上述例證可以說明，訓詁中的"二義"包括了不同詞語之間、同一詞語義項之間、同一意義在具體使用過程中的具體所指內容之間等的意義，與詞彙學或詞典學上的所謂"一個"或"多個"意義有交叉，也有不同。另一個重要問題是，確定是否"二義"，被訓釋字詞的例證應當甄別，應當精選，應當符合訓釋字詞語意義的要件，因為由於歷史、地域、使用者用字、傳抄等的因素，一個漢字在古籍中的分佈之中，一般都不止一個意義，用例錯了，結果一定成問題。“君”的“群”義，先秦古籍中沒有將“君”用為“群”的，除了《詩經》中因訓釋不同而引發爭議外，再無例證，以“群”訓“君”便有問題。事實上，“君”訓為“群”集中見於漢代，比如《白虎通義》，先秦並無此用例。“君”的這種“群”義，或可以斷言是漢人所為，且不會早於漢武帝。王引之用例中的“群臣”、“君臣”引例，本為不同意義的兩個詞語，且該義在文中文從字順，或不當強為之說。《管子》二十四卷中共有十三卷出現二十來條“君臣”，含義共兩類：“君與臣”，“君之臣”，以卷一為典型；以“群臣”之說讀《管子》皆不能通；以“君之臣”讀王引之所謂“群臣”，則無任何障礙：

> 《管子》：士聞見、博學、意察而不為君臣者，與功而不與分焉。
>
> 注：此人學以為君之臣也，然以高尚其事而不為；若此者，預食農收之功，而不受力作之分也。
>
> 《續四部叢刊》本唐房玄齡注、唐劉績增注《管子》

用例正確了，分析錯了，其結論也會有問題。在“文王烝哉”中，《韓詩》訓為“美”，訓的是“用意”，即“烝哉”是美譽之辭，也就是讚美的意思，因而《韓詩》的“美”，是動詞“美之”的意思，並不是訓“君”為“美”。《詩》中的“烝哉”正是“君哉”的意思，“文王烝哉”是讚美文王“真是人君啊”，以“君”訓“烝”與文王並不衝突。“林”訓為“眾”，訓的應當是字義，受了字形的影響，“林”為“臨”的假借說，長於以“林”為

“群”說。這種“二義同條”是動詞義與名詞義的區分，不是一個詞義與另一個詞義的區分。《爾雅》將“林、烝”淩駕於“天帝”，應該是有意為之，這可以從《爾雅》同訓條的安排上得到訊息，郭璞也注意到了這種情況；也就是說，《爾雅》作者在安排詞條的時候就知道這些意義的分別，所以在排列次序上特意作了安排。儘管歷經輾轉傳抄、刊刻，今本《爾雅》仍然還可以看出一些痕跡，比如“林、烝”立於條首。下面這些例子也如此，特意以分號隔開：

《爾雅》：台、朕；賚、畀、卜、陽，予也。

郭注：賚、卜、皆賜與也；與猶予也，因通其名耳。

《魯詩》：“陽如之何”，今巴濮之人自呼“阿陽”。

頢、竢；替、戾、底、止、徯，待也。

注：《書》曰：“徯”，今河北人語亦然；替、戾、底者，皆止也，止亦相待。

載、謨、食、詐，偽也。

注：載者，言而不信；謨者，謀而不忠。《書》曰：“朕不食言”。

棲、遟、憩、休；苦、㰦、齂、呬，息也。

注：棲、遲，遊息也；苦，勞者宜止息；憩，見《詩》；㰦、齂、呬，皆氣息貌。今東齊呼息為呬也。

《四部叢刊》本晉郭璞注、晉闕名撰音釋《爾雅》

“予也”條是緊接着“我也”條訓釋的，中間“身也”條是自稱，其特意分別訓釋的意圖應該是明顯的：“我”是雅言，常用語；“予”也是，其“我”義、“給予”義也是，其他各條的排列情況也同樣。看來，作者是有意將“二義”排列為一條的，並認為訓釋字詞的兩個意義可以分別進行訓釋；為了提起注意，特意將同一個意義的字詞排列在一起，猶如《小爾雅》的“不肖”的排列用意一樣，所起的作用也相同，或可以叫做“暗示”。因此，“二義同條”本質上是《爾雅》訓同法的類型之一，只是“始也”為代表的一般訓同是以一義訓多義，“二義同條”則是多義訓多義。如果分開，就成了條與條的訓異法：比較憂愁的“思也”條和思念的“思也”條，平易的“易也”條和懈怠的“易也”條。當然，如果有傳抄、錯簡、竄入等別的原因，又另當別論。《爾雅》傳至今日，由於輾轉傳鈔等原因，或應該經過分析、爬梳等研究，還其本真，而後論之。在這方面，王念孫《廣雅疏證》應該樹立了很好的榜樣。

第四節　關於反訓

反訓也是詞義訓釋觀衍生出的問題，二義同條是詞語不止一個意義，反訓則是二義恰好相反。反訓的起因大概是郭璞注《爾雅》有“義有反復旁通，美惡不嫌同辭”的話，後人據此生發開去，便有了反訓說，也因此而產生過大討論[①]。厘清反訓，當從根源上說起。郭璞注《爾雅》，典型的見於“存也”條：

徂、在，存也。

郭注：以徂為存，猶以亂為治，以曩為向，以故為今，此皆詁訓義有反復旁通，美惡不嫌同辭。

① 參看王寧《訓詁學原理·論“反訓”》p. 110—125；郭錫良《反訓不可信》、《反訓問題答客難》，前者原載《電大語文》1984. 5；後文原載《語文論集》（四），外語教學與研究出版社，1991；後均收入郭錫良著《漢語史論集》，商務印書館 1997，p. 251–265。

《四部叢刊》本郭璞注、陸德明音義《爾雅》

反訓的典型例證是美惡同辭的強烈對比，即同一詞語具有正反兩方面的意義，由於對比強烈，引起關注。"美惡同辭"一語，最早見於《春秋公羊傳》，說的是同一個詞語可以同時用於貴賤不同身份、讚美和厭惡不同態度的人，即所謂"《春秋》筆法"之一：

《傳》:《春秋》貴賤不嫌同號。

有起文，貴賤不嫌同號是也。

《傳》：美惡不嫌同辭。

注：若繼體君亦稱"卽位"，繼弒君亦稱"卽位"，若繼體君亦稱卽位，繼弒君亦稱卽位，皆有起文，美惡不嫌同辭是也。滕，微國，所傳聞之出未可卒，所以稱"侯"。而卒者，春秋王魯托隱公以為始受命王，滕子先朝隱公，《春秋》褒之以禮；嗣子得以其祿祭，故稱"侯"，見其義。

《四部叢刊》本漢何休學、唐陸德明音義《春秋公羊經傳解詁》

從義的角度講，"侯"指稱大而尊的齊國，也指稱小而微的滕國；"人"用於褒獎，也用於貶斥隱士；"卽位"用於以禮繼承王位，也用於非禮弒君篡位。這便是貴賤同號，美惡同辭。拿今天詞義的眼光看，"侯"、"人"、"卽位"都是中性詞，無所謂褒貶，但在《春秋》時代或確有褒貶："侯"是賞慶刑威之君，"卽位"是合乎禮的正常接班，有道德、能力、才幹等稱人，比如《論語》中"三人行，必有我師焉"。《公羊傳》的貴賤同號、美惡同辭，應該有啟發意義：詞語在使用過程中由於文化、心理、時代等的原因，在基本意義上會附加"社會意義"，是詞義學上語言以外的附加意義，有時會影響該詞語的基本含義。比如墨子的"攻"與"誅"，正義的討伐叫"攻"，《論語》"小子鳴鼓而攻之"即此義；中性的攻擊也用“攻”，如《淮南子·兵略訓》的“攻城掠地”；非正義的攻伐仍用“攻”，比如墨子的“非攻”。與墨子“非攻”之“攻”相對的就是“誅”，即正義的消滅，墨子認為它們不同“類”。郭璞所謂《爾雅》中的美惡不嫌同辭，注意到並指出了某些詞語的意義中可以含有相對立的兩個方面，僅此而已，應該看不出郭璞有意要建立“反訓”一說的意思。有關的例證，則需要甄別。以“徂”為“存”，毛傳、鄭箋訓為“存”，馬瑞辰、郝懿行以為通假，徐朝華以為虛詞無義。“徂”字在《詩經》中常見，鄭玄箋注多訓為“行”，與“往”同義，唯《鄭風·出其東門》訓為“存”，當依上句而訓：

雖則如雲，匪我思存。

毛傳：思不存乎相救急。

鄭箋：箋云：匪，非也；此如雲者，皆非我思所存也。

音義：思，如字，注及下皆同；毛如字，鄭息嗣反。

雖則如荼，匪我思且。

毛傳：無。

箋云：匪我思且，猶非我思存也。

音義：且，音徂；舊子徐反。

“匪我思且”箋：“匪我思且”猶“匪我思存也”。

瑞辰按：《爾雅·釋詁》：徂、在，存也。“且”即“徂”之消借，故箋謂“且”猶“存”；《釋文》且音徂，引《爾雅》“徂，存也”為證；《說文》：“在，存也”，《爾雅》既曰徂，往，又曰徂，存者，郭注謂“義取反復旁通”，《說文》：“追，往也，或從彳作徂，籒文作遣”；是“追”與“遣”皆“徂”字之異體。又通作“遣”，《說文》：“遣、且，往也”。

《續四部叢刊》本清馬瑞辰撰《毛詩傳箋通釋》

> 徂者，“且”之叚音也。《詩·出其東門》箋云：“匪我思且”猶“匪我思存也”，《釋文》“且”音”徂”，《爾雅》云“存也”，是“且”為本字，“徂”為叚音，其證甚明……郭蓋未明叚借之義，誤據上文“徂，往”為訓，而云“以徂為存，義取相反”，斯為失矣。殊不思“徂，往”之“徂”本應作“退”，“徂，存”之“徂”，又應作“且”耳。

《續四部叢刊》本郝懿行《爾雅義疏》

> ［案］在古籍中尚未發現“徂”有表示“存”義的。“徂，存也”，鄭樵、郝懿行等人都認為是解釋《詩經·鄭風·出其東門》中“匪我思且”的。他們認為“匪我思且”的“且”表示“存”義，“徂”通“且”，因而有“存”義。其實“匪我思且”的“且”為句尾助詞（見朱熹《詩集傳》、楊樹達《詞詮》），並無“存”義。從現有文獻資料看，“徂，存也”難以成立。

徐朝華《爾雅今注》p. 72

“且”在《詩》中多用於句中，句尾共有十二處[①]，多為虛辭；主要是兩音，一音子徐反，一音“徂”；“且”假為“徂”，訓“往”，《詩·溱洧》正如是：“女曰‘觀乎’，士曰‘既且’”，此處義為“去過”，因此，通假說有據，但且在前，而徂後出。上文說“雖則如雲，匪我思存”，此處說“雖則如荼，匪我思且”，屬於句義反復，即“匪我思存”與“匪我思且”表達的是同樣的意

① 參看陳宏天、呂嵐合編《詩經索引》，書目文獻出版社1984年；丁惟汾著《毛詩韻聿》，齊魯書社1984年。

思；“荼”、“且”押韻，“且”不當為虛字；詩人改換用字，是詩句修辭的需要，因而“且”通假說長於虛辭說。今天見到的《詩經》時間上跨越五百年，有的用例可能是孤例，應該是可以理解的，只要合乎文義，應該予以認同。郭璞但從字詞義的角度說“美惡不嫌同辭”，對辨析字詞義來說沒有什麼不對；從訓詁手段的角度討論有沒有單立“反訓”一說的必要，則是訓詁學應該討論的問題，以郭璞有反訓一說並據之為反訓的依據，則嫌證據有誤。從意義的角度看，一個字詞擁有正好相對相反的意思，不過是字詞義在發展過程中的一種現象而已，跟其他的引申、轉義、比喻等的意義發展，並沒有本質差異。訓詁中對意義的訓釋是多種多樣的，單是《爾雅》便有辭彙意義、比喻意義、義素意義、隱含意義、種屬意義、假借或通假意義等等，是否都如反訓一樣另立其名，則需斟酌。常用來作為美惡同辭的例子如“亂”，它的“治”、“亂”義是有歷史先後的：《尚書》共有四十九次，訓“治”的則有十七次[①]，而“《說文》本義”本訓“治”，則“亂”義後起。有的字詞本身就包含正反兩方面的可能性，如“抱布貿絲”，在詩句中“貿”的行為就包含了賣出和買進；其他如“市”、“賈”、“沽”等。“臭”本是“氣味”，本來就包括了“香”和“臭”；“祥”本是吉凶的預兆，而《爾雅》則單用作吉利之兆；《小爾雅》的“晏”一訓“陽”，一訓“晚”，如淳注《漢書·郊祀志》訓為“日出清濟為晏”，許慎《淮南子》注為“無雲之處”，則“晏”本為“天清”，日出天清為早晨，日落天清為黃昏，等等。應該說這類詞語大多在

① 參看顧頡剛主編《尚書通檢》，書目文獻出版社 1982 年；金兆梓著《尚書詮釋》中華書局 2010 年；李民、王健撰《尚書譯注》上海古籍出版社 2012 年；趙振鐸先生《訓詁學綱要》p. 177。

意義上存在或包含相對的兩個方面，本是詞語意義特色之一，本質上並沒有反訓正訓之分，即不是一定要從正反兩方面去進行訓釋，而是它自己存在着正反兩個方面的意義，訓詁不過是依據它的實際使用進行訓釋而已。但有的詞語則需要澄清，不能混為一談。"故"的"今"義不是現在或今天，並不與過去相對，郭璞將實義虛義混為一談。"亂"是詞義發展的縮小，並不是它包括了相對的兩個意義。從語言形式的使用看，也有這種情況：肯定和否定是相對的，這是通常情況，但在一定條件下則可以表達相同的意思：如"好容易來一趟"與"好不容易來一趟"，意義並無差別，其間的"不"的確是否定，強調的就是"不容易"，與《小爾雅》"不顯"的"不"不同，"不顯"的"不"並不起否定作用。在今天的語言使用中，"好容易"做某事，通常情況下表示的都是"不容易"，問題應該出在"好"上，去掉了"好"，"容易"無論如何不會變成"不容易"。如果一定要建立"肯定句"表達否定意思規則，則可能把問題複雜化，倒不如解決好"好"的問題來得簡明。

第四章　郭璞訓詁說略

訓詁工作的出現，至遲於孔子就開始了，百年後的孟子則成為普遍。自覺地使用訓詁的方法解釋古籍，至遲於叔向、成鱄就廣為運用了。春秋末期及整個戰國時期的三四百年間，訓詁工作應該是碩果累累，而《爾雅》集其大成，成為那一時代的標誌。秦漢時代，尤其是武帝以後，經學昌明，極大地推進了訓詁的發展，《小爾雅》、《方言》、《說文》、《釋名》、《廣雅》的出現，則豐富、完善了訓詁理論，並為後來的學科分立打下了堅實的基礎。總括三國以前的訓詁，以詞解詞是這一時期最主要、最基本的特徵，旨在"說明"被訓釋字詞"是什麼"，這樣的訓釋或可以叫做"直解訓詁"。直解訓詁是訓詁的最原始、最基本形態，基本原理是使用當代語言字詞直接解釋古代的、方言的、疑難的字詞和語句，重心則在詞語；其依據應該是解釋者對於被解釋字詞的瞭解和認識，水準的高低，取決於訓釋者個人的學識；好處是真實、客觀地保存了解釋者的語言實際，保存了那一時代對被訓釋字詞認識的一般狀況。由於直解訓詁最終取決於個人，因時代、需求、角度和學識等的原因，訓釋及訓釋結果往往因人而異，各家不同。以郭璞為代表的訓詁，跟直解訓詁相較，出現了明顯的變化，在直解的基礎上，增加了例證，用該被訓釋字詞在古籍中的用例、訓釋者當代“活”的語言的實例，對先前或自己的解釋進行證明，從而彌補了直解訓詁因人而異的某些不足。對郭璞訓詁的研究，自 20 世紀 80 年代以來，以各大學學報為主力，無論廣度還是深度，都可謂前所未有，而周因夢《博聞強記的郭璞》大概是建國以來最早較為全面的研究成果，其說廣為接受①。今天見到的郭璞的訓詁，集中見於保留至今的《爾雅》、《方言》、《山海經》和《穆天子傳》郭注中，是研究郭璞訓詁的直接材料。四書之中最能代表郭璞訓詁水準的應該是《爾雅注》，其他各注的訓詁情況都集中見於此，而瞭解郭璞時代的方言分佈情況則主要在《方言注》。從訓詁的角度看，《爾雅注·序》中“興於中古，隆於漢室”不僅是對《爾雅》研究的結論，也是對先前訓詁研究的結論，是符合歷史事實的。下引郭注以小字引出，以保存原樣，標點為引用所加：

爰、粵、于、那、都、繇，於也。《左傳》曰：“棄甲則那”，“那”猶今人云“那那”也。《書》曰：“皋陶曰：都”；繇，辭；於，乎，皆語之韻絶。

隕、磒、湮、下、降、墜、摽、蘦，落也。“磒”猶“隕”也，方俗語有輕重耳。湮，沈落也；摽、蘦，見《詩》。

《爾雅注·釋詁》

劑、翦，齊也。南方人呼翦刀為劑刀。

饙、餾，稔也。今呼餐飯為饙，饙熟為餾。

庇、庥，蔭也。今俗語呼樹蔭為庥。

① 參看周因夢：《博聞強記的郭璞》，《中國語文》1956 年 7 月號。

《釋言》

是禷是禡，師祭也；師出征伐，類於上帝，禡於所征之地。

既伯既禱，馬祭也；伯祭馬祖也，將用馬力，必先祭其先。

禘，大祭也；五年一大祭。繹，又祭也。祭之明日，尋繹復祭。周曰繹，《春秋經》曰："壬午猶繹。" 商曰肜，《書》曰"高宗肜日"。夏曰複胙。未見義所出。

《釋天》

《四部叢刊》本郭璞注《爾雅》

自關而西，秦晉之故都曰妍秦舊都，今扶風雍丘也，晉舊都今太原晉陽縣也。其俗通呼好為妍。五千反，妍，一作"忏"。

《方言注·卷一》

吳有館娃之宮，秦有㮚娥之台。皆戰國時諸侯所立也。㮚音七。稺，古稚字。

《卷二》

襌衣，江淮南楚之間謂之褋。《楚辭》曰"遺余褋兮澧浦"，音簡牒。

《卷四》

罃，靈桂之郊謂之瓬。今江東通名大瓮為瓬，其小者謂之瓶，周魏之間謂之甂。今江東亦呼罃為甂子。甂，陳魏宋楚之間謂之題。今河北人呼小盆為題子，杜啟反。

《卷五》

"蟲應"謂之寒蜩；寒蜩，瘖蜩也。按《爾雅》以"蜺"為"寒蜩"，《月令》亦曰："寒蜩鳴"，知"寒蜩"非瘖者也。此諸蟬名，通出《爾雅》而多駁雜，未可詳據也。"寒蜩"，螿也，似小蟬而色青。"瘖"音"應"。

《卷十一》

《四部叢刊》本漢揚雄撰、晉郭璞注《方言》

又東三百里曰堂。一作“常”。

《山海經注·卷一》

馬尾名曰羬羊今大月氏國有大羊，如驢而馬尾。《爾雅》云：“羊六尺為羬”，謂此羊。

《卷二》

又西七十里曰英山，其上多杻橿，杻，似棣而細葉，一名土橿；音“紐”；橿，木中車材，音“薑”。其陰多鐵，其陽多赤金，禺水出焉，北流注於招水。音“韶”。其中多鮮魚，音同“蚌蛤”之“蚌”。其狀如鱉，其音如羊。其陽多箭䈽。今漢中郡出䈽竹，厚裹而長節，根深，筍冬生地中，人掘取食。

卷二

《四部叢刊》本郭璞注《山海經》

天子乃奏《廣樂》。《史記》云：趙簡子疾，不知人，七日而寤，曰：“我之帝所甚樂，與百神遊於鈞天，《廣樂》九奏萬舞，不類三代之樂，其聲動心”，《廣樂》義見此。

《穆天子傳》卷之一

居二日半，簡子寤，語大夫曰：“我之帝所甚樂，與百神遊於鈞天，《廣樂》九奏萬舞，不類三代之樂，其聲動人心。”

《續四部叢刊》本漢司馬遷撰、宋裴駰集解、唐司馬貞撰《史記·趙世家》第十三。

天子之駿，駿者，馬之美稱。赤驥，世所謂騏驥。盜驪，為馬細頸，驪，黑色也。白義踰輪，山子渠，黃華騮，色如華而赤，今名馬。標赤者為棗騮，棗騮，赤也。綠耳。綠耳，曰北唐之君來見，以一驪馬，是生綠耳。魏時鮮卑獻千里馬，白色而兩耳黃，名曰“黃耳”，即此類也。八駿皆與此同，若合符契。

《卷之一》

《四部叢刊》本郭璞注《穆天子傳》

郭璞《爾雅·序》說："復綴集異聞，會稡舊說；考方國之語，采謠俗之《志》；錯綜樊、孫，博關羣言；剟其瑕礫，搴其蕭稂；事有隱滯，援據征之"，可以看做是郭璞訓詁的治學方法，也是郭注的特色。上引各條，可以看到，郭注已經注意到了版本用字、古今字等的不同，而且給字注音，這是先前直解訓詁所不具備的；實事求是的"未聞則闕"態度，則成為訓詁的優良傳統，王念孫"於所不知，蓋闕如也"，正是這種精神的繼承，也應該是漢語研究的治學標準和境界。而引用被訓釋字詞在先前古籍的用例加以證明、引用當時實際使用的"活"語言事實加以證明，成為郭璞訓詁區別於直解訓詁的本質特徵，可以看做是訓詁發展的標誌。郭注"今語證古"揭示了漢語古今劃分的實質，是同一"活"的語言自身時代延續的階段性劃分，有如一個人的幼年與童年，這應該嚴格區別於別的語種的語言研究，比如古希臘語、拉丁語等之於現代歐洲語中的英語。這應該是漢語研究與英語研究比較、借鑒的立足點和出發點，比如"語文學"的比較和"現代語言學"的借鑒。以郭璞訓詁為代表的訓詁研究，或可命名為"引證訓詁"，其特徵是引例加以證明，旨在用實例和"活"的語言事實"證明"該被訓釋字詞"是什麼"，就是或就應該是什麼，客觀上彌補了直解訓詁客觀性的不足，使得訓釋的結果有書為證，有據可查，因而更具說服力，也更具科學性。

第五章　《小爾雅》《廣雅》訓詁

《小爾雅》、《廣雅》雖然都是《爾雅》的擴充，都是為增廣《爾雅》而作，但是與《爾雅》的著述目的和著作性質並不相同。《爾雅》本為教學之用，目的在於知識性，是讀書為文的必要基礎，從這個意義上講，本無所謂備與不備，也不存在需不需要擴充的問題：需要擴充是《爾雅》自身不完備的原因，而應該擴充則是社會發展的要求，並不是《爾雅》自身不完備，這應該是兩個不同性質的問題。《爾雅》作為教科書，直接目的有兩個：一是親近雅言，一是必備知識，獲取這些知識的手段便是訓詁。隨着社會的發展，學術的昌明，要求的提高，《爾雅》式的知識需求量增加了，本質上是時代發展的要求。另一方面，秦漢以後，由於《爾雅》保存的是先秦的知識和訓釋，被用於解釋先秦古籍，是《爾雅》功用的強化，不是性質的改變。有人在讀書過程中，遇有《爾雅》"未備"，便記下來，再以自己時代的需求和習慣編纂，便形成了《小爾雅》，其目的在於閱讀文獻，"補《爾雅》之未備"不過是噱頭而已。《小爾雅》與《爾雅》篇目不同的原因，可以拿《急就篇》和《釋名》的分類和分篇進行比較，總體上是時代需求和分類習慣使然，

《爾雅》的分篇則是其知識性歸類的結果，所以趙振鐸先生說“它們是適應當時社會經濟的發展和交換頻繁的需要而建立的篇目”①。比如度量衡，在先秦，尤其是戰國，並沒有全天下的統一標準，反映到文獻中就是記載各異；秦代開始統一度量衡，因而《小爾雅》特別強調；到漢代則更甚之，因而《急就章》從小學開始就列入度量衡，這應該是《小爾雅》單列度量衡的社會原因。跟《爾雅》相較，《小爾雅》的訓詁並沒有質的變化，不同的只是類的擴充和訓釋字詞的增加：“廣義”是對“不誼”的訓釋，這個“義”的含義正是公孫弘“通古今之義”的“義”，也正是班固“通古今之誼”的“誼”；“廣名”是對名諱的訓釋，注重名諱起於西周而盛行於秦漢；“廣服”是對穿戴的訓釋，但雜有印璽、床笫和棋局；“廣器”則始於習武終於城池；“廣物”是對作物的訓釋；“廣鳥”訓釋幾種習見的鳥；“廣獸”則從豬到魚舍。可見《小爾雅》的編纂，“隨手記下”、“粗略歸類”的痕跡非常明顯。《小爾雅》的補充訓釋，除了分類的增加外，最突出的有兩點：一是“順帶訓釋”，如訓“寡”；一是依據上下文，如訓釋“嗚呼”：

凡無妻無夫通謂之寡。寡夫曰矜，寡婦曰嫠。妾婦之賤者謂之屬婦，屬，逮也，“逮婦”之名言其微也。

不直失節謂之慚。慚，愧也。面慚曰戁，心慚曰恧，體慚曰逡。

《廣義》

烏乎，籲嗟也；籲嗟，嗚呼也。有所歎美，有所傷痛，隨事有義也。

---

① 參看趙振鐸先生《訓詁史略》p. 36。

《廣訓》

治絲曰織。織，繒也。麻、苧、葛曰布；布，通名也。

《廣服》

《續四部叢刊》本胡承珙《小爾雅義證》

“寡”是先秦的常用詞語，“數量少”是常用義，所以《爾雅》用“寡”訓“鮮”，諸侯謙稱“寡人”，即“少德之人”；孟子訓“寡”為“老而無夫”，《小爾雅》則明顯是針對此訓而特意區別它的當代意義。“通名”是詞語的概稱或統稱的歸類，與墨子的達、類、私，荀子的共名、別名，有着本質的不同：墨子和荀子是名實分類，《小爾雅》則是語言自身的分類。先秦不見“通名”的說法，有爭議的《商君書》又文義不全，難以斷言：

民上無通名，下無田宅。

《續四部叢刊》本清嚴萬里撰《商君書》卷四，文義不全，當有脫文。

《小爾雅》此處“通名”的含義應該是“織、繒、麻、苧、葛”都可以叫做“布”，分類的標準是詞語自身，不是詞語與所代表的事物或內容的分類，但與後來揚雄作《方言》，以詞語通行的地域差異分類，也有所不同：

自關而西秦晉之故都曰“姸”，“好”，其通語也。

《四部叢刊》本漢揚雄撰晉郭璞注《方言》卷一

揚雄所謂“通語”，是“通行於不止於一地之語”，《小爾雅》的“通名”是“共同的稱謂”的意思。總體上看，《小爾雅》延續《爾雅》式的“樸素”訓釋，與《廣雅》相較，沒有西漢初、中期以後，特別是東漢的時代痕跡，將董仲舒的《春秋繁露》和班固的《白虎通義》相比較，《小爾雅》“樸素”的訓釋特點是十分明顯的。

《廣雅》增廣、擴充《爾雅》，其目的性十分明確，即為適應訓詁的需要而作，核心是《爾雅》內容量的不足：

> 若其包羅天地，綱紀人事，權揆制度，發百家之訓詁，未能悉備也。
>
> 中華書局本王念孫《廣雅疏證·上廣雅表》p. 3 下

《廣雅》"補"《爾雅》"未能悉備"，主要表現為原有內容的擴充和新內容的增加，基本情況大致如下：

兩著總字數為 18150 比 13113[①]；王念孫考訂本《廣雅》共有訓釋與被訓釋字詞 11101 個，是《爾雅》4465 個的兩倍半。以前兩篇為例，《釋詁》有詞語 5268 條[②]，是《爾雅》1134 條的 4. 65 倍，其中被訓釋字詞 4767 條，是《爾雅》被訓釋字詞 961 條的 4. 96 倍；《釋言》有詞語 1147 條，是《爾雅》668 條的 2. 18 倍，其中被訓釋詞語 786 條，是《爾雅》338 條的兩倍。新增內容最多的是《釋親》和《釋天》，《釋親》擴充了人體各部位名稱四十多條，《釋天》擴充年紀、九天、天度、宿夜等內容。另一種比較則可以看出《廣雅》分篇的依據，也可以反證《爾雅》的分篇依據。從訓詁的角度看，總體上與《爾雅》相同，但條目歸類標準與訓釋結果則不盡相同。如《釋詁》"君也"條，《爾雅》以"賞慶刑威"為標準，《廣雅》則以一般稱謂為標準，所以"夫君"也稱"君"，"心"也可以稱"君"；"大也"條與《尸子》一樣，包括

① 此為張揖原著字書，王念孫考定字數為 17326，見中華書局本王念孫《廣雅疏證序》；《爾雅》的字數參看王朝華《爾雅今注》。

② 此以下數字也統計於 1988 年至 1990 年，以讀書卡片方式累計，天長日久，或有散失、遺忘，不一定準確，十之八九吧。

了“道、天、地、王、皇”的隱含意義，等等。訓釋結果的不同，是社會和語言發展的必然結果。如《廣雅》“威”字訓，《爾雅》反映的是先秦的認識，《廣雅》則反映漢代的認識。《爾雅》正文“威”凡兩見，一見用於訓釋，《廣雅》凡五見：

《釋言》：威，則也。

郭注：威儀可法則。

《釋訓》：桓桓、烈烈，威也。

郭注：皆嚴猛之貌。

《四部叢刊》本郭璞注《爾雅》

《廣雅·釋詁》：踊、膂、墾、劢、威，力也。

《釋言》：威，德也。

《疏證》：《周頌·有客篇》：“既有淫威，降福孔夷”。

正義云：“言有德，故易福。”《風俗通義·十反篇》云：《書》曰：“‘天威棐諶’，言天德輔誠也。”《呂氏春秋·應同篇》引黃帝曰：“芒芒昧昧，因天之威，與元同氣。”

《釋言》：畏，威也。

《疏證》：《襄三十一年左傳》云：“有威而可畏，謂之威。《皋陶謨》：“天明畏，自我民明威”，馬融本“畏”作“威”，“威”“畏”古同聲而通用。

《釋親》：姑謂之威。

《疏證》：《說文》“威姑也”，引《漢律》“婦告威姑”，“威姑”即《爾雅》所謂“君姑”也。“君”與“威”古聲相近，《說文》“莙，從艸、君聲，讀若威”，是其例也。

《釋天·常氣》：蒼曰靈威仰，赤曰赤熛怒，黃曰含樞紐，白曰白招矩，黑曰葉光紀。

《疏證》：薛綜注《東京賦》引《河圖》云：蒼帝神，名靈威仰；赤帝神，名赤熛怒；黄帝神，名含樞紐；白帝神，名白招拒；黑帝神，名協光紀。《周官·大宗伯》疏引《春秋·運鬥樞》云："太微宫有五帝座星"，又引《文耀鉤》云："春起青受制，其名靈威仰；夏起赤受制，其名赤熛怒；秋起白受制，其名白招拒；冬起黑受制，其名葉光紀。季夏六月火受制，其名含樞紐。"

"拒"與"矩"同，"協"與"葉"同，字亦作"汁"。

《續四部叢刊》本、中華書局本王念孫《廣雅疏證》

《爾雅·釋言》訓為"則"，是"威"的引申義，指的是"賞慶刑威"的"威"；《廣雅》"力也"條是"用力"，王念孫"威"字無訓；"威也"條訓"畏懼"，是"威"的動詞義；"釋親"是語音的原因而用字不同，《釋天》用於名稱；《釋言》訓為"德"，則是漢武帝以後的認識，即"天德"、"君德"，而"威"的詞義卻並不因此發生變化，只是訓釋的角度不同而已。這種訓釋，唐宋人以"疏不破注"而為之申說，清人則因之。"威"訓"德"的引例，最多的是《詩經》，王念孫所引《尚書》、《詩經》、《黄帝》的"威"，與《爾雅》訓"則"的"威"，並無差異。《詩經》中"威"凡二十七見，除去重複和"威儀"連言等，共八見：

《采薇》：征伐玁狁，蠻荊來威箋云：方叔先與吉甫征伐玁狁，今特往伐蠻荊，皆使來服于宣王之威；美其功之多也。

《雨無正》：旻天疾威，弗慮弗圖。

箋云：慮、圖，皆謀也。王既不駿昊天之德，今旻天又疾其政，以刑罰威恐天下而不慮不圖。

《小旻》：旻天疾威，敷於下土。

《毛傳》：敷，布也。

箋云：旻天之德，疾王者以刑罰威恐萬民，其政教乃布於下土，言天下徧知。

《巧言》：昊天已威，予慎無罪。

《毛傳》：威，畏；慎，誠也。

箋云：已、泰，皆言甚也。昊天乎，王甚可畏；王甚敖慢，我誠無罪而罪我。

《蕩》：疾威上帝，其命多辟。

《毛傳》：疾，病人也；威，罪人矣。

箋云：疾，病人者，重賦斂也；威，罪人者，峻刑法也；其政教多邪僻，不由舊章。

《召旻》：旻天疾威，天篤降喪。

箋云：天，斥王也。疾，猶急也；瘨，病也。病乎幽王之為政也，急行暴虐之法，厚下喪亂之教，謂重賦稅也；病國中以饑饉令民盡流移。

《我將》：畏天之威，於時保之。

箋云：於，於時是也。早夜敬天於是，得安文王之道。

《有客》：旣有淫威，降福孔夷。

《毛傳》：淫，大；威，則；夷，易也。

箋云：旣有大則，謂用殷正朔，行其禮樂如天子也。

神與之福，又甚易也，言動作而有度。

《續四部叢刊》本《毛傳》

以上《詩經》的例證，“威”的詞義都不出《爾雅》“則”和“威武”的範圍，鄭玄將“天則”說成“天德”，顯然是“天”的人格化，是“天人感應”、“天人合一”的結果，可見“德”的意義是漢人附加上去的，顯露出鮮明的時代特徵，唐宋人及清段玉裁、王念孫、王引之皆為之申說。下引四條或可以說明問題：

故君雖尊，以白為黑，臣不能聽；聽，從。父雖親，以黑為白子不能從。黃帝曰："芒昧因天之威，一作'道'。與元同氣。""芒芒昧昧"，廣大之貌；天之威無不敬也，非同氣不協。曰同氣賢於同義，同義賢於同力，同力賢於同居，同居賢於同名。帝者同氣，同元氣也。王者同義，同仁義也。霸者同力，同武力也。勤者同居，則薄矣；同居於世。亡者同名，則觕矣。同名不仁不義粗惡也。

《續四部叢刊》本漢高誘注《呂氏春秋·應同》卷十三

芒芒昧昧，舊本皆不重。案《文子·符言·上仁篇》、《淮南·繆稱·泰族訓》及《御覽》七十七引皆重；此注亦然，今據改正。因天之威，舊校云：一作"道"。與元同氣。芒芒昧昧，廣大之貌，天之威無不敬也，非同氣不協。

《續四部叢刊》本漢高誘注、清畢沅校《呂氏春秋·應同》

《爾雅·釋故》郭注引《書》"天威棐忱"，《文選·幽通賦》李注亦作"威"。按，孔傳以"可畏"釋"威"，經文本作"威"可見也。《風俗通·十反篇》："《書》曰'大威棐諶'，言天德輔誠也"；《文選·班固幽通賦》曰："實棐諶而相訓"，李善注云："《尚書》曰：'天威棐忱'"；"諶"與"忱"古字通也。

《六府文藏》本清段玉裁《古文尚書撰異》卷十六"敬哉天畏棐忱"條

"有殷嗣，天滅威"，傳曰："有殷嗣子，紂不能平，至天滅亡，加之以威"，家大人曰"天滅"二字連讀，則與"威"不相屬，傳義非也；《廣雅》曰："威，德也。"

《續四部叢刊》本王引之《經義述聞》卷四"滅威"條

從詞義角度看，"威"的名詞義即"威力"，由於出自"賞慶刑威”者，所以引申為“法則”，“天威”即“天則”；將“天則”說成“天之德”，脱離了詞義，賦予了時代的人為意義，是解釋者的説教，不是客觀的詞義訓釋，因而打上了時代的烙印。比較《小爾雅》，《小爾雅》的訓釋遵循《爾雅》，没有人為説教而附加新的意義；《毛傳》也是如此，反應的是漢初及以前的樸素訓釋情況。大處着眼，即普遍現象和總體情況的比較，《爾雅》、《毛傳》、《小爾雅》、《廣雅》的時代先後次序應該是十分清楚的，漢武帝以後的時代特徵在鄭玄注和《廣雅》中的反映極為明顯，在《毛傳》和《小爾雅》中很難看到蹤跡，而《爾雅》的時代背景則至少與春秋戰國時代相吻合。

《廣雅·釋言》所列被訓釋字詞都是漢時的今言，絕大多數也是一對一的訓釋，説明張揖理解的《爾雅》“釋言”也是“解釋今言”的意思。如果説《爾雅》、《小爾雅》所列今言需要費一番周折，《廣雅》所列就要容易很多，只是多了漢時“山，宣也”、“民，岷也”之類聲訓的時代特徵。《釋言》開篇“央、極，中也”，也是始於一訓二的“中”，説明張揖見到的《爾雅》與今存《爾雅》基本面貌是一致的，由此上溯至王充，由於“儒者共觀察”，則漢代、至少在東漢，《爾雅》就是今天的這個樣子。《廣雅》的訓釋用語與《爾雅》全同，也没有“之為言”，“鬼之為言歸也”就一定不是《爾雅》的原文，如果此條郭注是真實的，則傳抄竄入在張揖之後。《廣雅》也没有所謂“序篇”，《爾雅》本無所謂“序篇”，應該是本來面目。

第六章　王念孫訓詁

清代訓詁的高峰當以“高郵王氏四種”為代表，最能體現王念孫訓詁成就的則應該是他的《廣雅疏證》。《爾雅》被用作解釋古籍之後，便出現了“補充未備”之作，《小爾雅》和《廣雅》就是這樣的作品。這種補充，是讀書之未備，不是《爾雅》自身之未備，它們都是依樣畫葫蘆，與《爾雅》的編纂有着本質的區別。“訓詁彙編”是《小爾雅》、《廣雅》的特徵，與《爾雅》本無幹係，不應該混為一談。從内容看，《小爾雅》主要反映秦至漢初的情況，或可稱為“秦漢間”；張揖作《廣雅》，則反映兩漢四百年的情況，所以王念孫才作如下評論：

> 魏太和中，博士張君稚讓，繼兩漢諸儒後，參考往籍，徧記所聞，分別部居，依乎《爾雅》；凡所不載，悉箸於篇。其自《易》、《書》、《詩》、《三禮》、《三傳》經師之訓，《論語》、《孟子》、《鴻烈》、《法言》之注，《楚辭》、漢賦之解，讖緯之記，《倉頡》、《訓纂》、《滂喜》、《方言》、《說文》之說，靡不兼載。蓋周秦兩漢古義之存者，可據以證其得失；其散逸不傳者，可藉以窺其端緒；則其書之為功於詁訓也，大

矣。

《續四部叢刊》本王念孫《廣雅疏證·序》

又，中華書局本

根據王念孫的研究，《廣雅》和《爾雅》所反映的內容，至少相差了一個語言時代。以語言現象基本特徵為標準，漢語的文明史大致可以劃分為六大階段，用語言研究的觀點則可以稱為六大語言時代：先秦、兩漢、唐宋、明清、民國和新中國。先秦是一個很長的時間段，由於去古已遠，“文獻不足故也”，只能據現存古籍、文物等知其大概，但與兩漢有着明顯差異，則應該是十分明確的；兩漢是大一統時期，文獻資料相對豐富，加之文字巨變，那時的語言現象便呈現出區別於先秦的明顯特徵；唐宋可以叫做“白話”時期，有別於明清的白話；明清可以叫做曲藝小說時期；民國可以稱為“國語”時期；新中國則是普通話時期。各個語言時代都有着自己獨特的語言現象特徵，由於語言變化是漸變的，語言時代之間的界限是模糊的，存在着很長的過渡時期；傳統有以朝代劃界的習慣，這是中國研究古代學問的特色，漢語研究也遵從這種習慣。拿《爾雅》與《廣雅》相較，誠如胡朴安所言：“可以見社會文化進步之跡”[①]，這種“社會文化進步之跡”反映到語言現象中，就正是語言時代之間的區別性特徵。比如前述“威”的訓釋，歸入“釋言”，表明張揖認為這是當時的常用字詞，即今語，但又與常用意義不同，所以收入“德”的訓釋。《廣雅》問世後，直到唐代的陸德明才有音義注釋，隋時因避諱而稱《博雅》，清代王念孫為證訓詁所得，為之作注，成為劃時代之作。總體上看，王念孫的訓詁

① 參看胡朴安《中國訓詁學史》上海書店 p. 95。

之所以取得巨大成就，之所以站在了歷史的高峰，根本原因是“得法”，即得益於新的訓詁方法，這是王念孫訓詁區別於先前訓詁的本質特徵，也是清代訓詁在先前直解訓詁和引證訓詁基礎上，發生質的飛躍的根本原因。跟先前的訓詁相區別，以王念孫為代表的清代訓詁，或可以叫做“論證訓詁”。這時訓詁的基本特點是，在總結先前訓詁的基礎上，綜合運用各種手段，客觀地、可以驗證地解釋和論證各種語言現象，不僅回答被訓釋物件“是什麼”的問題，還進一步回答“為什麼”的問題。王念孫新的訓詁方法，在他自己的《序言》中有概括和總結，縱觀九卷《疏證》，《序言》可以作為認識王念孫訓詁的綱領：

念孫不揆檮昧，為之疏證：殫精極慮，十年於茲。竊以詁訓之旨，本於聲音，故有聲同字異、聲近義同，雖或類聚羣分，實亦同條共貫；譬如振裘必提其領，舉網必挈其綱；故曰本立而道生，知天下之至嘖而不可亂也。此之不寤，則有字別為音、音別為義，或望文虛造而違古義，或墨守成訓而尟會通，易簡之理既失，而大道多岐矣。今則就古音以求古義，引伸觸類，不限形體，苟可以發明前訓，斯淩雜之譏，亦所不辭。其或張君誤采，博考以證其失；先儒誤說，參酌而寤其非；以燕石之瑜，補荊璞之瑕，適不知量者之用心云爾。

《續四部叢刊》本王念孫《廣雅疏證·序》

中華書局本 p. 2

從訓詁史的角度看，這篇《序文》既是王念孫對先前訓詁的總括，對自己訓詁工作的感悟，又是對不同於先前的訓詁方法的闡述，九卷《廣雅疏證》則是這種訓詁方法的具體實踐。正因為如此，所以段玉裁才說他是“假《廣雅》以證其所得”：

小學有形有音有義，三者互相求，舉一可得其二；有古形、有今形、有古音、有今音、有古義、有今義，六者互相求，舉一可得其五。

懷祖氏能以三者互求，以六者互求，尤能以古音得經義，蓋天下一人而已矣！假《廣雅》以證其所得，其注之精粹，再有子雲，必能知之。

《續四部叢刊》本段玉裁《廣雅疏證·序》

其子王引之則認為這種方法為“自來訓詁家所未有”：

校訂甚精，援引甚確，斷制甚明，尤善以古音求古義，而旁推交通，辟先儒之閫奥，作後學之津梁，為自來訓詁家所未有。

王引之《石臞府君行狀》，轉引自張永言先生《訓詁學簡論》p. 82

歷史發展到現代時期，《廣雅疏證》在訓詁界受到極大的重視，但評價的多，深入的少，所以沈兼士希望條分縷析，“著為通論，明喻後學以範疇”，吳孟復也希望著為專文：

獨王氏《廣雅疏證》，貫串該洽，賾而不亂，或許之如桃源仙境，窈窕幽曲，繼則豁然開朗，土地平曠，可謂妙喻。惜乎未嘗紬繹之，絜矩之，著為通論，明喻後學以範疇也。

沈兼士《積微居小學金石論叢·序》，中華書局1983，後收入《沈兼士學術論文集》，簡稱為《小學金石論叢序》，中華書局1986，p. 338；吳孟復《訓詁通論》安徽教育出版社，1983，p. 136引用時標點有改動

上述情況，可見《疏證》價值之一斑。粗略分析起來，王念孫的訓詁方法可以分為一般方法和直接訓釋方法兩大類，一般方法也可以叫做途徑，即怎樣着手去進行訓釋；直接訓釋方法依傳統，可以從形、音、義三個角度進行劃分。

第一節　一般方法

充分運用引證進行訓詁工作，在王念孫，可以説發揮到了極致，大凡訓釋，必定引證："口說無憑，有書為證"，以致成為訓釋古語的基本原則，也應該成為一般訓詁的基本原則。中華書局本王念孫《廣雅疏證》包括了三個部分：王氏父子《廣雅疏證》十卷、王念孫《博雅音校正》和《廣雅疏證補正》。從字數看，殷孟倫認為不下於五十萬言[①]，今統計為：王念孫《廣雅疏證》九卷約369880字，王引之一卷約114720字，《博雅音》約2萬字，《補正》約2.2萬字，共52萬字[②]。王引之字數多於其父的原因，在於解釋的方式多為對物體的描述，所以平均解釋一個詞語用了106字，而王念孫則僅有54個。

一、引文訓釋

王念孫《廣雅疏證》九卷的引證材料，原則上以《廣雅》之前為准，約佔總引書的十之八九，以後的書籍往往以旁證的面目出現。概括地以種類計算，可以對王念孫引書有一個清晰的總體印象，比如《說文》類，包括許慎《說文》及其各家注釋，據此統

① 見殷孟倫《讀廣雅疏證雜記》，載《語言學論文集》p. 15，新疆大學1980年編印，後更名為《王氏父子〈廣雅疏證〉在中國語言學史上的地位》正式刊印於《東嶽論叢》1980年第二輯，山東社會科學院出版。

② 據中華書局本統計。

計，王念孫九卷共計引用各種古籍 115 種、類[1]，14864 條例證。以下是基本概況：

字書類：《說文》及各家注 3035 條，《方言》1168 條，《爾雅》、《小爾雅》、《急就篇》（顏注本）、《釋名》、《匡謬正俗》、《廣韻》、《集韻》、《玉篇》、《龍龕手鑒》、《通雅》等及各家注 6765 條；

經類：除《爾雅》外的全部十二經及各家注等 3807 條，其中《詩經》1083 條，《禮記》894 條；

史類：《國語》、《戰國策》、《史記》、《漢記》、《漢書》、《後漢書》、《三國志》、《續漢書》、《續後漢書》、《晉書》、《隋書》、《舊唐書》、《新唐書》、《宋書》、《梁書》、《陳書》等及其各家注 1454 條；

子類：《二十二子》及《新語》、《鹽鐵論》、《尉繚子》、《微子》、《六韜》、《獨斷》、《風俗通義》、《說苑》、《論衡》、《白虎通義》、《鄧析子》、《吳子》、《鬼谷子》、《新序》、《吳越春秋》、《潛夫論》等及其各家注 1387 條，其中《淮南子》353 條，《吳越春秋》125 條；

集類：《文選》李善及六臣注、《楚辭》各家注等 1268 條；

其他：類書、藥書、方志等及其各家注 183 條。

語言總是表現為儲存和展示、備用和使用兩種狀態，這是語言的最基本特徵，兩種狀態的交替，便構成了語言的運動，語言就是在這樣的交替運動中不斷發展變化的。漢語語言單位形音義一體的

---

① 統計的目的是瞭解概況，所以進行了歸併，如《說文》，包括二徐、清四大家等，歸併為一個種類；所列資料皆讀書卡片記於 1988 年至 1990 年，不一定準確；詳細的引證材料可以參看張其昀的《廣雅疏證導讀·附錄》，社會科學文獻出版社 2009 年。

特點，決定了漢語言單位是最天然的儲存和使用單位，自發產生的訓詁以這個語言單位為基本訓釋物件，正是這種特點的必然反映，也抓住了漢語的最核心問題。由此出發，據音，考察語音並進入語音系統；據形，考察用字並進入文字系統；據義，考察意義並進入語義系統；由兼，考察組合並進入語法系統。引用書證，實際上就是將《廣雅》中字詞“還原”到實際使用的具體語言環境中去進行考察，弄清楚它為什麼有此訓，為什麼訓為此，發現其規律，從而做到客觀、準確、深入、全面：

> “通訓詁”就是要做好四項工作。那就是查本推源、繫詞聯義、較同辨異、尋形分字。有了查、聯、辨、分這四方面的工作，才能保證對文獻詞義探求得客觀、準確、深入、全面。

參看陸宗達、王寧著《古漢語詞義答問 · 代序》，甘肅人民出版社 1986，p. 8

字書類所收的訓釋是脫離了具體語言環境的儲存狀態的字詞，而引文中的用例則是這些字詞的實際使用狀態，由於字書所收，其來有自，而引文則不一定是字書所收的出處，所以對引例需要甄別；所收訓釋可能出現錯誤，所以需要盡可能的發現最多的用例，進行比較、研究，才可能得出客觀的、準確的、可以論證的結論。

二、字書訓釋

按照傳統，習慣上把從《爾雅》到《康熙字典》的一類書籍統稱為字書，相似於現在說的工具書，但認真起來，應該將它們的性質與功用嚴格區分開來，比如《爾雅》，才能看到其本來面目。進行訓詁工作，現成的工具書是最佳快捷方式，也是最快入手處。從訓詁史的角度看，漢魏及之前，從《爾雅》到《廣雅》的六部字書，直至後來的《康熙字典》，都既是訓詁實踐的彙集總結，也是訓詁自身的理論歸納。從一般語言研究的角度看，各個時代的字書，正是該時代語言研究狀況和研究水準的代表，其作者都可以稱得上是語言學家。因此，運用字書進行訓詁工作，實際上是利用和尊重前人的訓釋成果，不僅僅是訓釋快捷方式，有時甚至是必由之路。王念孫注釋《廣雅》，在利用字書方面，可以說樹立了很好的榜樣：

《廣雅》：……踚、遡、吉，行也。

《疏證》：《廣雅》之訓，多本《方言》。

《釋詁》卷一上"踚"注。

《廣雅》：……易、與，如也。

《疏證》：《廣雅》之訓多本《方言》。

《釋言》卷五上

《廣雅》：其罥謂之㯏。

《疏證》：《玉篇》、《廣韻》、《集韻》之訓，多本《廣雅》。

《釋器》卷七下

《廣雅》：鍴謂之鑽。

《疏證》：《廣雅》鍴謂之鑽，訓本《方言》。

《釋器》卷八上

《續四部叢刊》本王念孫《廣雅疏證》中華書局本依次見於 p. 15 下、139 上、225 下、255 上

由於種種原因，比如語言文字變化、古籍散失等，字書編纂所收集資料的來源，有的已經看不到了，僅僅保留在字書中；有的由於經傳少有使用等原因，作注的時候，有時只能僅僅引用字書的解

釋，沒有其他書證。這一類的訓釋，在王念孫九卷中，共有 651 條：

《廣雅》：劙，削也。

《疏證》：《玉篇》：劙，減也、削也；《説文》：削，挑取也。卷四云：削，剜也。

《釋言》卷五上

《廣雅》：……削，剜也。

《廣雅》：削亦剜也，聲有侈斂也，一曰窒也。

《釋詁》卷四下

《廣雅》：儭，仞也。

《疏證》：未詳。各本儭訛作襯，惟影宋本不訛。儭，曹憲音：親刃反；考《玉篇》：儭，音千刃切；

《廣韻》音七遴切；《集韻》、《類篇》音七刃切；並與親刃同音。若襯字，則音初覲反，不音親刃反；今定從影宋本。

《釋言》卷五上

《續四部叢刊》本王念孫《廣雅疏證》

中華書局本分別見於 p. 162 上、128 上、152 上

三、舊注訓釋

給古籍甚至同時代著作作注，是訓詁的實踐形式之一，注釋的發達程度幾乎到了無一古籍不被注釋的地步，有鑒於此，注釋學的建立或不是沒有依據的，只是應該作為一個分支，還是“升格”為獨立學科，需要論證和權衡。關於注釋，有兩個問題應該加以區分：訓詁與注釋，文獻注釋與字書注釋。訓詁表現為一種語言研究方法，表現為閱讀工具和注釋手段；注釋則表現為文獻研究方法，

其成果表現為一種著作體，訓詁實踐的一種形式；注釋的物件是文獻本身，訓詁的物件則是其間的語言；注釋的成果表現為被注釋著作的價值，訓詁的成果則表現為其間語言的研究價值。比如酈道元的《水經注》，注釋雖然依附於《水經》，其結果雖是注釋的價值遠高於原作，但原著是根基，沒了原著，注釋的價值便無從體現，而注釋高於原著的根本原因是訓詁而不是注釋。酈道元正是運用了訓詁對《水經》進行注釋，才使得注釋高於原著，即訓詁的優劣決定了注釋價值的高低。給字書作注，比如郭璞的《爾雅注》、《方言注》、清四大家的《說文》注、胡承珙的《小爾雅》注、王念孫的《廣雅》注等等，形式上雖仍表現為注釋和著作體，但本質上則是訓詁自身的研究，其行為表現為語言研究，其結果表現為語言研究的成果，而不是注釋或著作體的成果。語言研究成果可以直接形成語言斷代的和歷史的語言現象歸納，反映語言時代和語言歷史的基本規律，包括一般規律和特定規律。比如“且”的歷史演變及其在《詩經》中的分佈和使用，包括語音的和字音的、語形的和字形的、語義的和字義的。再比如先秦共名與別名的組合規律，如“蟲皇”之類，古文尚簡、今文趨繁的一般規律，本字與借字、字族與詞族等等語言現象。這一類訓詁的研究成果，還表現為訓詁理論的建立和訓詁工作科學性的提高，比如《爾雅》前三篇語言的劃分，“尸”的名詞義與動詞義的區別等，以及訓詁史上直解訓詁、引證訓詁、論證訓詁的建立及各自的理論依據，等等。可見，儘管訓詁與注釋相為表裏，聯繫緊密，但並不影響發達後的注釋分離出去，像歷史上文字、音韻分離出去一樣，各自成為獨立學科，分離之後，也並不影響訓詁作為獨立學科向前發展。究其原因，正在於訓詁的基礎性特性：只要涉及語言文字，無論向什麼方向發展，都離不開訓詁，都離不開訓詁工作；只有在訓詁疏通的基礎上，其他研究才成為可能。字之不識，音之未曉，義之不明，要進行研究，發展學科，只能是一句空話。一般說來，前人的注釋是那一時代的研究成果，應當充分尊重，應當說唐宋人這方面做得很好，但其"疏不破注"則是長短互見，儘管短處的比例很小：信以傳信、疑以傳疑是長處，而訛以傳訛且強為之說不但短，甚至誤導。王念孫注釋《廣雅》，在尊重故訓而不盲從方面，可以說為後世典範。充分利用前人注釋，如同充分利用字書，也是《疏證》的重要特色。王念孫九卷共引用舊注 5075 條，直接稱名道姓引用的注家超過 125 人，其中引用超過 200 條的依次是：鄭玄 945、郭璞 542、毛亨 462、玄應 368、王逸 251、陸德明 241、顏師古 238、高誘 237、李善 226，總計 3507 條，佔總數的 2/3 強。

四、人名訓釋

古人，尤其是先秦人，其名、字、號之間往往有着意義上相同相近、相承相因、相反相對等的關聯，將這種關係集中用於訓詁，應該是王念孫的一大發現，所以單列一條，值得說說。王引之作 290 人的《春秋名字解詁》[①]、黃侃作 25 人的《春秋名字解詁補遺》，顯然是受了王念孫的啟發[②]。九卷之中，王念孫共考察了 25 人的名、字、號的關係用於訓詁，並有意外收穫。如"紽"字注，其數目不詳，王念孫據春秋人陳公子，字五父的關係考察，使得"今失其傳"的"紽"的確數得以認定：

① 參看《續四部叢刊》本王引之《經義述聞》。
② 參看黃侃《論學雜著》，中華書局，1964 年。

《廣雅》：紽、摠、閱，數也。

《疏證》："紽"者，引之云："《召南·羔羊篇》素絲五紽、素絲五緎、素絲五總，《毛傳》云：紽，數也；緎，縫也；總，數也。緎訓為縫，本於《爾雅》，蓋取界域之義"。今案：三章文義，寔不當如《爾雅》所訓。"紽"、"緎"、"總"，皆數也。五絲為紽，四紽為緎，四緎為總；五紽二十五絲，五緎一百絲，五總四百絲，故《詩》先言五紽，次言五緎，次言五總也。《西京雜記》載鄒長倩《遺公孫弘書》曰："五絲為䌰，倍䌰為升，倍升為緎，倍緎為紀，倍紀為緵，倍緵為襚。"《豳風·九罭》《釋文》云："緵，字又作總"；然則，"緎"者，二十絲，"總"者八十絲也。孟康注《漢書·王莽傳》云："緵，八十縷也"；《史記·孝景紀》"令徒隸衣七緵布"，《正義》與孟康注同；《晏子春秋·雜篇》云："十總之布，一豆之食"；《說文》作"稯"云："布之八十縷為稯"，正與"倍紀為緵"之數相合。"紽"之數，今失其傳。案：《釋文》云："紽，本又作"佗"，春秋時陳公子佗，字五父，則知"五絲為紽"，卽《西京雜記》之"䌰"矣。

《續四部叢刊》本王念孫《廣雅疏證》卷四上

中華書局本 p. 115 上

人名訓釋本不是訓詁的任務，為了訓釋"紽"而扯上人名，人名中的這種關係本質上是文化在語言中的積澱，訓釋語言自然就得理清文化，這是訓詁與文化內在關聯的必然性。要使得人名訓釋成立，就得專門研究人名，作為下一次訓釋的依據，這或許正是王引之、黃侃作人名訓釋的訓詁學價值所在，也是傳統訓詁理論歸納的主要方式。訓詁要以文化為依託，甚至考察文化，並不意味着訓詁就是大雜燴，也不意味着訓詁不是訓釋語言而不屬於語言學範疇。人名訓釋是作為“紽”的訓釋依據面目出現的，是論證數量為五的論據，因而訓詁的對象是“紽”，人名是訓釋“紽”的需要而涉及的，並不是訓釋對象。總體上說，語言既是社會活動的產物，又是社會活動的積澱，語言運動的一切，最終受制於語言社會，要想將語言從社會活動中剝離出來，與文化截然分離，研究所謂“純粹”的語言，並冠以“現代語言學”，邏輯上是站不住腳的，因為語言自來就不“純粹”，自來就是承載和反映社會文明的，制約語言的因素不是語言，而是社會。王念孫旁徵博引，逐條訓釋，最後以人名關係訓釋“紽”，得出“五”的結論，論證的是《爾雅》此條訓釋不明，可以作為論證訓詁中駁論的代表。今《爾雅》此條雜入《釋訓》篇尾，跟後第二條、末兩條一樣，與全篇訓釋格格不入，不像是原貌。《羔羊》中三章“紽”、“緎”、“總”當有次序排列，分別對應“皮”、“革”、“縫”，當是作者有意為之，後兩句為了押韻而顛倒反復可以為證[①]。那麼，作這樣的理解或較為合理：表其毛曰皮、內其裹曰革、則“縫”為成衣之縫，分別與五絲、二十絲、一百絲相對應，這應該說的是羔裘的製作過程，“五”為絲線一横一縱；《國風》另有三首《羔裘》，可以相互印證，若皆理解為衣著羔皮外衣，則當皆為羔裘。至於對詩的理解，傳統有美、刺兩種理解，程俊英著《詩經譯注》延續刺的觀點，但應剔除其時代氛圍來看[②]；公木、趙雨著《名家講解詩經》採納“五絲”的解

① “羔羊之縫，素絲五總”，丁惟汾歸類為“遞轉韻”類，參看丁惟汾著《毛詩韻聿》齊魯書社 1984 年，p. 52；王力《詩經韻讀》三章分別押歌、職、東韻，並有擬音，上海古籍出版社 1980 年，p. 156。

② 參看上海古籍出版社 1985 年本，p. 30–31。

釋，延續了美的觀點，不過美的卻是周公，或有新意[1]。

五、今語訓釋

從訓詁的角度看，用當時的“活”的語言去解釋古籍語言，可以叫做“今語證古”；這種方法至少鄭玄就已經使用了[2]，郭璞、顏師古以後已經形成傳統。從漢語的角度看，這是古語留存與今語延續的關係，反映漢語自身的歷史延續性，有別於西方所謂“文獻學”中“死”的語言注釋與研究。使用“活”的實際語言的例證證明先前的古語，是語言研究觀和研究方法的質的飛躍，所謂古語，不過是現實“活”的語言的先前階段，不是死去的語言，它們仍然“活”在當下；訓詁研究漢語，從來就沒有局限於古語或書面，一開始就活躍在實際的口頭對話之中，漢以後利用古籍、經學昌明，不過被掩蓋罷了。歐洲語言研究直到十七世紀才開始研究現實“活”的語言，對他們來說，比如英語，不用說古希臘語，拉丁語也是古老而死去的語言，英語的歷史也就千年而已[3]。王念孫引證今語，常作“今俗語”，含義當為當今一般口語或日常用語，共150餘條：

《廣雅》：……潷、笮……，湿也。

---

① 參看長春出版社 2007 年本，p. 24–25。

② 參看唐文《簡論鄭玄在訓詁學上的成就》，載《河北師院學報》（哲社）1987 年第三期。

③ 參看愛德華·薩丕爾著，陸卓元譯、陸志韋校訂《語言論–言語研究導論·第七章語言，歷史的產物：沿流》，商務印書館 1985 年；L. R. 帕默爾著，李榮、王菊泉、周焕常、陳平譯、呂叔湘校《語言學概論·第七章　語言地理》，商務印書館 1983 年；（蘇）柯杜霍夫、常寶儒等譯、校《普通語言學·第三、第四章》，外語教學與研究出版社 1987 年；霍凱特著，索振羽、葉蜚聲譯《現代語言學教程·第四十三章》，北京大學出版社 1987 年上下冊本，下冊。

《疏證》：潷之言逼，謂逼取其汁也。《玉篇》："潷，笮去汁也"，《眾經音義》卷五引《通俗文》云："去汁曰潷"，又云："江南言逼"，義同。今俗語猶云"笮酒"、"笮油"矣。笮、醡、榨，並同義。

《續四部叢刊》本王念孫《廣雅疏證》卷二下

中華書局本 p. 68 下、69 上

"潷之言逼"，義為"潷"與"逼"兩個字讀音和意義相同或相近，所代表的兩個詞語音義相同或相近。今四川方言中仍保留着這個音義，以川渝為例，老成都及重慶話多說陽平，音［pí］21；年輕人多讀陰平，音［pī］44，而"逼"的逼迫義則音變為［piē］44，與壓榨義當有引申關係。"笮、醡、榨並同義"，在"榨取"這個意義上，它們實際上代表語言中的同一個詞語，現代規範漢字統一寫成了"榨"。

六、觸類旁通

"觸類旁通"是王念孫的一大法寶，也為"自來訓詁家所未有"，王力、何九盈認為清代學者，尤其是乾嘉學者，之所以取得巨大成就，是因為掌握了研究的法寶[①]。"觸類旁通"是王念孫最大法寶，本質上則是語言現象的歸納和利用，即詞語自身及與詞語之間的形、音、義相互關聯，構成客觀的形、音、義關聯鏈條，借用司法用語，就是證據鏈，是判罪量刑的客觀依據。這個"類"就是一個詞語的語音與別的詞語的語音、詞語的意義與別的詞語的意

① 參看王力《中國語言學史》山西人民出版社 1981 年、《漢語史稿》，中華書局 1982 年上、中、下三冊本；何九盈《乾嘉時代的語言學》，《北京大學學報》（哲社）1984 年第一期，又，《中國古代語言學史》。

義、寫下來的字形與別的詞語字形之間的關聯性，即詞語之間形、音、義的相同、相近或相似關係，由此出發，就可以擺脫所看到的具體字形的束縛和誤導，也正是《序》言中說的“引申觸類，不限形體”，這與黃侃說的“語言文字之系統與根源”、陸宗達說的“繫詞聯義”、一般所謂“據義繫聯”等，本質上是一致的，與段玉裁從文字的角度說的“舉一得二”、“舉一得五”也是一致的。“引申觸類”的結果，便構成了詞語形、音、義之間相互關聯的一組組詞語群，處於其間的每一個詞語都受到這個“字詞鏈”的客觀制約，因而是相對客觀的，可以論證的，讓人信服的。這種方法本質上與《爾雅》的同訓，應該有內在的淵源關係。從語音的角度可以看到相互聯繫，從而客觀的認定通假字；文字上可以看出古今、先後、異體、正俗、甚至錯誤等情況；意義上可以看到相同、相近、相通、引申、比喻、甚至語源等情況，從而客觀、準確地認識詞語。王念孫尤其強調語音，包括字音和詞音，以語音為綱，並將它作為訓詁的根基：“訓詁之旨，本於聲音”。究其原因，一方面，從語言的語音和語義看，是因為只有語音才是語言可分析地客觀依據，另一方面，由於物件是書面上的漢語，歷代訓詁及當時風氣受限於字形，拘泥於字形，往往出現強為之說的後果。因此，“訓詁之旨，本於聲音”，便有着振聾發聵的效果，方法上有着提綱挈領作用。但不應該被極端化，“本於聲音”的“訓詁之旨”，是針對拘泥於文字的不足甚至錯誤而強調聲音的重要性，並不是否定字形。事實上，訓釋古籍語言，字形既是立足點，又是出發點，王念孫自己大量訓釋漢字正是很好的說明。以形式和內容的二分法劃分語言，文明史以來的漢語交際就表現為語音的口頭交際和文字的書面交際，加上漢字的獨特性，就構成了漢語最小單位形、音、義之間相互交通的複雜關係，借用霍凱特的話就是“配列”①，是漢語最基本的核心配列，因而是自發漢語研究最自然的入手處和立足點。觸類旁通貫穿王念孫九卷《廣雅疏證》的始末，由此新增的詞語不下於7848個，不僅客觀上提高了《廣雅》的使用價值，更是《疏證》價值的又一重要原因。下文的“挅”字注，實際上訓釋了“挅、㛊、揣、㩊”四個詞語，加上“玷㩊”、“敁挅”和“敁掇”，則是七個。“揣”本有“量”義，因為陸德明《經典釋文》保留了“丁果反”的讀音，所以語音相同，又與“丁恬反”的“玷”相近，字形上《說文》的“㛊”則可能是借字。下引括弧內為王念孫所補：

《廣雅》：挅、斞、斛、程、斢，量也（槩）。

《疏證》：挅者，《說文》：“㛊，量也”；又云“揣，量也；度高下曰揣”。《昭三十二年左傳》：“揣高卑”，《釋文》音丁果反。《莊子·知北遊篇》：“大馬之㩊鉤者，年八十矣，而不失豪芒”，司馬彪注云：“㩊者，玷㩊鐵之輕重也”；《釋文》玷，丁恬反；㩊，丁果反。挅、斛、揣、㩊，並字異而義同。“玷㩊”或作“敁挅”，《集韻》：“敁挅，以手稱物也”；轉之則為“敁掇”，《玉篇》：“敁掇，稱量也”。今俗語猶謂稱量輕重曰“敁挅”，或曰“敁掇”矣。

《續四部叢刊》本卷三下

中華書局本 p. 104 上

王念孫自如地運用觸類旁通的方法，還突出表現在以“凡言”歸納條例，加案語闡明己見，言“失之”糾正謬誤：“凡言”條例

① 參看霍凱特《現代語言學教程》上冊。

共計不少於125條，案語不少於262條。尤其是匡正謬誤，不僅僅指出錯誤，更探究出錯的原因。像這樣的糾誤，九卷中不下於248處，所涉及的著作、人物，範圍之廣，可謂驚人。大體上除《爾雅》、《小爾雅》、《方言》、《急就篇》等之外，包括毛、鄭，許慎，凡所引著作、注家，十有八九都在糾誤之列。中華書局本《廣雅疏證》的《點校說明》綜合評價王念孫的訓詁，以往往“別出心裁”、“出人意表”概括，觸類旁通便是最根本的原因。下引兩條，以見其一斑：

《廣雅》：賆、貤、附、助、坿、埤、陪、貱、賢、瞎、饒、贏、隅、貳、斟、酌、俞、潤、沾、潼，益也。

《疏證》：貱之言被也，以物相被及也，故卷二云：“益、被，加也”。《堯典》“光被四表”，傳訓“被”為“溢”，義相近也。“貱”與“貤”，疊韻也；《說文》：“貱，移與也”；《玉篇》：“貤，貱也”。《墉風·君子偕老篇》：“不屑髢也”，鄭箋云：“髢，髲也”；《正義》引《說文》云：“髲益發也”；《釋名》云：“髲，被也；發少者得以被助其發也。”“髲髢”與“貱貤”聲相近，皆附益之意也。凡物之有次第者亦謂之“貱貤”：《周官·追師》：“掌王后之首服為副編次”，鄭注云：“次者，次第發，長短為之”，所謂“髲髢”也；《說文》：“貤，重次弟物也”，《集韻》：“貱貤，次第也”。案：“貱貤”猶言“陂陀”，故岸之重次第謂之“陂陀”，發之重次第謂之“髲髢”；《說文》以“貤”為“重次弟物”，《周官》注以“髲髢”為“次第發長短”，其義一也。物之次第相重，則相附益，故“貱貤”又為“益”也。

《續四部叢刊》本《釋詁》卷一下

《廣雅》：湖、藪、陂、塘、都、晇、厈、澤、埏、衍、皋、沼，池也。

《疏證》：晇，大澤也。其字本作“沆”，或作“坑”；“坑”又作“亢”，“沆”亦為鹽澤之名；其字或作“鹵亢”，又作“坑”。“坑”，《說文》：“沆，大澤也”；徐鍇傳引《博物志》云：“停水東方曰都，一名沆”；王逸注《七諫》云：“陂池曰坑”，《玉篇》：“‘鹵亢’，鹽澤也”。

“沆”、“坑”、“亢”三字，諸書中或訛作“沉”，或訛作“沈”，或訛作“坈”，或訛作“元”；久仍其誤而莫之察也。“亢”、“元”字相近，《淮南子·地形訓》：“東南方曰具區，曰元澤”，“元”者，“亢”之訛。《初學記》、《太平御覽》引《淮南子》並作“沆澤”，是其證也。“沆”字俗書作“沉”，訛而為“沉”，又訛而為“沈”，《風俗通義》云：“謹按，傳曰：沉者，莽也，言其平望莽莽無涯際也”；沉澤之無水，斥鹵之類也，今俗語亦曰“沉水”。數“沉”字皆“沆”字之訛。“沆”與“莽”聲相近，皆大澤之貌，故云“沆者，莽也，言其平望莽莽無涯際也”。“沆”又為鹽澤之名，故云“斥鹵之類”；《水經·巨馬河》注云：“督亢，溝水東徑督亢澤，澤包方城縣。”《風俗通》曰：“沆，漭也，言平望漭漭無崖際”，是其證也。《藝文類聚》引《續述征記》云：“馬當沉中，有九十台”，注云：“齊人謂湖為沉”，“沉”亦“沆”之訛。“沆”、“湖”一聲之轉，齊人謂湖為“沆”，即《博物志》所云“東方謂停水曰沆”也。《漢書·刑法志》：“除山川、沈斥、城池、邑居、園囿、術路”，“沈”亦“沆”之訛。“沆”與“斥”同類，故《漢書》、《廣雅》皆以“沆斥”連文。顏師古不知沆之訛為"沈"，乃云："沈謂居深水之下"，其失也，鑿矣。"沆"字或作"坑"，俗書作"坑"，因訛而為"坈"。《水經·河水》注云："濕水，東北為馬當坈，坈東西八十裹，南北三十里"，"坈"者"坑"之訛。"坑"與"沆"同，卽《續述征記》之"馬當沆"也；《膠水》注云："膠水北曆土山，注於海，土山以北，悉鹽坈坈"，亦"坑"之訛；《北堂書鈔》引《齊地記》云："齊有皮邱坑，民煑坑水為鹽"，是其證也。《文選·西京賦》"游鷮高翬，絶坑踰斥"，"坑"、"斥"皆澤也，"坑"與"沆"同；故《漢書·趙充國傳》云："出鹽澤，過長坑"，李善注："坑"音"剛"，失之。《後漢書·馬融傳》"彌綸坑澤，皋牢陵山"，"陵"與"山"同類，"坑"與"澤"同類；李賢注以"坑"為"壑"，亦失之。《莊子逍遙遊篇》："鵬摶扶搖、羊角而上者，九萬里，斥鴳笑之"，司馬彪注云："斥，小澤也"，本亦作"尺"；《淮南子·精神訓》："鳳皇不能與之儷，而況尺鴳乎"，《新序·雜事篇》"尺澤之鯢，豈能與之量江海之大"；"尺"並與"斥"同。

鴳在斥中故曰"斥"，"鴳"作"尺"者，假借字耳。

《文選·七啟》注引許慎云："鴳雀飛不過一尺"，失之。

《續四部叢刊》本《釋地》卷九下

中華書局本分別見於 p. 37 下、294 上

對傳統訓詁的"清算"，是 20 世紀 80 年代訓詁復興以來的重要任務之一，也是學術昌明、進一步向前發展的客觀需要。周大璞《訓詁學要略》列有傳統訓詁的"十大弊病"，後來主編的《訓詁學初稿》移入"作注"一節："作注應避免的幾種弊病"，仍為

“十大弊病”；白兆麟《簡明訓詁學》列為“六大弊端”，陸宗達、王寧《古漢語詞義答問》則為“容易犯的四種錯誤”① 等等。拿王念孫匡正謬誤的情況與之比較，所列問題應該都涉及到了。但是，所謂“弊病”也好，“弊端”也好，有一點應該明確：這些“弊病”和“弊端”並不是訓詁自身存在的缺陷，而是訓詁工作者在進行訓詁工作的時候，由於别的原因，並非訓詁自身的原因，而容易犯的錯誤，王念孫糾錯的實情，便是很好的證明。將訓詁工作者容易或所犯錯誤，說成是歷史上的訓詁本身存在的毛病，混淆了訓詁學科和訓詁工作者兩個不同性質的概念，由此進一步以存在的種種弊端而否定傳統訓詁與訓詁學的科學性，則有良莠不分、明珠暗投的嫌疑。事實上，匡正謬誤本身正是訓詁自身的重要任務之一，比如顔師古的八卷《匡謬正俗》就涉及訓詁問題。總結前人經驗與不足，指出訓釋錯誤，正是經過兩千多年的發展，訓詁學不斷自我完善、科學化不斷提高的重要標誌，以王念孫為代表的傳統小學被公認為站到了歷史的高峰，匡正謬誤也是重要的原因之一。

第二節　文字訓釋

漢字是區别於西方字母文字的形、音、義一體化的“特殊”文字，一個漢字原則上代表語言中的一個特定單位；漢字與所代表的語言單位的形、音、義之間，既可以是重合的，也可以是分離的：重合的時候，就是實際語言單位的書面定型化，這時候，一個漢字

① 參看周大璞《訓詁學要略》，湖北人民出版社 1984 年，《訓詁學初稿》武漢大學出版社本 1987 年；白兆麟《簡明訓詁學》，浙江教育出版社 1984 年；陸宗達、王寧《古漢語詞義答問·代序》，甘肅人民出版社 1986 年。

就是相對應的那一個詞語；分離的時候，則既可能是同一詞語，也可能是别的詞語。漢字與詞語之間最明顯的分離是音的分離，而形義不變，比如普通話的“搞”音作［kao］513，成都話作［kao］41，别的方言又有别的讀音，但“搞”的字形、字義和詞義並不隨之改變，這是漢字可以作為語音不相通的方言之間、甚至不同語言但使用漢字的民族之間獨立交際系統的根本原因。義的分離次之，比如通假用字。漢字是漢語的書面定型化，單個漢字是漢語單個語言單位的書面定型化，而不僅僅是書寫工具，被動地書寫漢語，這種特性決定了漢字在漢語中的獨特地位，是一般字母文字所不具備的，也是一般西方文字理論解釋不了的。如果用系統論的觀點看待，漢字自身構成一整套書面系統，比如構造系統，字與字之間的相互關聯，包括字形的、讀音的和意義的；與它所代表的漢語相對應系統，忠實地將以語音為表現形式的漢語書面定型化；又由於單個漢字代表漢語中的具體語言單位，便構成這種代表的對應系統，比如一般為一對多的關係，如字典中所列的不同義項；也有多對一的關係，比如“好歹”和“好惡”，一字多音通常是這樣，也是傳統訓詁中使用“讀破”來區别的根源。漢字與漢語的關係，從漢字的角度看，實際上涉及的是漢字的使用問題，即用什麼漢字書寫什麼單位是有時代規範的，又有約定俗成、習慣使然的因素，比如今天口語中“後天”的“後”與先前“皇后”的“后”。漢字的這些複雜情況，都一定會作為語言現象在書面上表現出來，因而凡是訓釋以漢字為表現形式的漢語語言單位的時候，漢字的訓釋就是必不可少的。王念孫訓詁中所反映的漢字情況，正是這些複雜系統的真實表現。

一、字形訓釋

字形訓釋是以漢字構造理論為基礎，利用漢字的構形特徵認定漢字以達到訓詁目的的方法。跟段玉裁《說文解字注》相較，《廣雅疏證》的立足點和出發點主要是詞語，不是漢字，所以段玉裁強調舉一得二、舉一得五，是立足漢字看詞語；王念孫強調"觸類旁通，不限形體"，是立足詞語看漢字，雖同歸，卻殊途。王念孫九卷中訓釋字形的總計50來條，其作用歸納起來有四：考察字詞義、辨證字形、考察音義、考察音變：

《廣雅》：審、覆，索也。

《疏證》：審、察、索三字皆從宀，宀訓為覆，覆訓為審，義相因也。

《釋言》卷五上

《廣雅》：……覿……，視也

《疏證》：（覿）字從賣，與私覿之覿從賣者異。

《釋詁》卷一下

《廣雅》：……誇……，大也

《疏證》：誇、籲、芋並從於聲，其義同也。

《釋詁》卷一上

《廣雅》：軳軳，轉戾也

《疏證》：凡字從包聲者，多轉入職、德、緝、合諸韻。其同位而相轉者，若"包犧"之為"伏犧"；"抱雞"之為"伏雞"是也；亦有異位而相轉者，《續漢書·五行志》注引《春秋考異郵》[1] 云："陰氣之專精，凝合生雹，雹之為言合也"是"雹"、"合"聲相近。

《釋訓》卷六上

中華書局本分別見於 p. 139 下、33 上、6 上、194 上

二、關係訓釋

以系統論觀點觀之，漢語語言單位、漢字、漢字與漢語言單位，各自構成三大系統，它們各自及相互運動便構成漢語言單位的語言現象表象，具體便表現為語言單位的使用和發展、漢字的使用和發展、漢字與語言單位對應的使用和發展。一般說來，這三大系統的實際存在和表現形式，因語言時代的不同而不同。漢字是一套複雜的漢語書面系統，其複雜性的根源不僅在於漢字構造的複雜性，在於每個漢字直接書寫"一個"語言單位，還在於漢字與漢語言單位對應的時代性，這些問題在實際的語言現象中又相互交織在一起，這才形成了漢語言現象的紛紜繁雜局面。王念孫訓釋漢字間的關係，實際上是揭示和利用漢字系統中字與字之間的聯繫，從而達到訓詁的目的。

（一）某亦作某

在同一語言時代或不同語言時代，甲字也寫成乙字的樣子，字雖不同，所表示的語言單位卻相同，因此，在都表示同一語言單位

[1] 緯書之一。漢代儒生依據今文經學附麗經義，用於解經，所以有"七緯"的說法。清趙在翰以《後漢書·樊英傳》李賢注所列緯書題目為准，輯有《七緯》，卷端依次有阮元序、葉紹本序和張師誠序。據王應麟考證，鄭玄據以解《禮》：《困學紀聞》八言："鄭康成注二《禮》，引《易說》、《書說》、《樂說》、《春秋說》、《禮說》、《孝經說》，皆緯候也。"1994 年上海古籍出版社編輯出版緯書輯佚書彙編，書名為《緯書集成》，可供參考。

的前提下，甲乙兩字或數位便構成同一語言單位的“異體字”。這種“異體字”與文字學或被叫做漢字學的“純粹”的異體字不是一回事，根源是漢字使用的規範和習慣造成的“臨時”異體字，即不相干的一個或數個漢字代表了同一個語言單位。這種情況，訓詁術語通常或習慣以“某亦作某”表示：王念孫九卷的這種訓釋共有256組。以“浩溔”為例，王念孫據形釋義補充附於“大也”條末，《說文》“灝”訓“豆汁”，《玉篇》從之；《說文》：“晧，旰也；从日皋聲”，徐凱本作“皞”，《史記》、《漢書》皆作“澔”，段玉裁《說文解字注》認為古者“大皞”、“少皞”葢皆以德之明得稱，俗作“大昊”、“少昊”。“皓”、“晧”、“澔”、“浩”、“灝”、“皞”、“昊”等，在表示同一詞語的前提下，便構成這種“異體字”，由於它們讀音相同或相近，便可以以音統領，不受字形的蒙蔽。由此觀之，對待這一類語言現象，王念孫的“訓詁之旨，本於聲音”，實際上就是立足於詞語看待所用漢字，以字音詞音統領所用漢字，就不會受到具體字形的局限，即所謂“不限形體”，也就撥開了迷霧，抓住了語言中詞語這個要害，其結果一定是可以論證的，可信的，合乎語言實際的，也必定是科學的。

《廣雅》：“大也”條。

《疏證》：浩溔者，王逸注《九歌》云：“浩，大也”，《堯典》云：“浩浩滔天”，《淮南子·覽冥訓》云：“水浩溔而不息”。“浩”字亦作“灝”，又作“晧”。司馬相如《上林賦》：“灝溔潢漾”，郭璞注云：“皆水無涯際貌”，《文選·魏都賦》：“河汾浩涆而晧溔”，李善注引《廣雅》：“浩溔，大也”；今本皆脫“浩溔”二字。凡諸書引《廣雅》而今本脫去者，若與上下文並引，即可依次補入；如下文“楷、模、品、式，瀘也”，脱去“模”、“品”二字，據《眾經音義》所引補入是也；若不與上下文並引，則次第無征，但附載於本節之末，如此條“浩漾”二字是也；凡補入之字，皆旁列以別之，後放此。

《釋詁》卷一上

中華書局本 p. 7 上

（二）某或作某

傳統治《說文》，常把其間“某或作某”的字稱為“或體”字，用意大概是“有時候作某”。在實際訓詁工作中，該術語也應該加以規範，王念孫九卷中 195 組的“某或作某”情況也是如此。大致有四種情況：卷三“當也”條：“衝”或作“衝”，與“某亦作某”混，是“純粹”異體字；卷八上“鐏也”條：“鐓”或作“錞”，與“某通作某”混；卷九上“祅氣”條：“擇”或作“澤”，與“某與某通”混；卷七下“釜也”條：“鬴”或作“釜”，隸省作“釜”，與“古今字”混。

（三）古字今字

先秦末、西漢初是漢字字體大變革時期，隸書以前統稱古文或古字，隸書及以降為今文或今字，儘管不多，《廣雅》用字仍反映了這種情況。王念孫 50 來組古文今文字體，多來自《說文》的古文、籀文。如卷三上“熟也”條、“飪”字注：“《說文》‘飪’，大孰也；古文作‘肚’，又作‘恁’”，《說文·食部下》同；卷八上“脯也”條“昔”字注：“《說文》：‘昔，幹肉也，籀文作𦣻，隸作臘’”；卷一下“及也”條“累”字注：“‘累’，各本訛作‘絫’，《玉篇》：累，力偽切，延及也，或省作累”。

（四）某通作某

“通作某”的含義大概是通常情況下寫作某，“通”有時也用“皆”來表示，反映的是漢字字體一般狀況與特定環境中的不同，尤其是字書與經傳的不同①，共計 237 組。如卷一下“雜也”條“穰”字注：“穰”通作“釀”；卷八上“曲也”條“曲”字注：“《說文》‘䊮，酒母也，或作䊮’，今經傳皆作‘曲’”；卷三下“厚也”條“陸”字注：“‘睦’與‘陸’古亦同聲，故漢碑‘和睦’字，多通作‘陸’”；卷一下“視也”條“瞀”字注：“古通作敀”。

三、易字訓釋

這是利用字與字之間的形、音、義關係，不直接訓釋被訓釋字，而是訓釋與之相關的別的字，以此證明被訓釋字有此訓，這是綜合運用形音義關係的結果。此類訓釋共有 208 組。如卷一上“安也”條“佅”字注：訓“枚、彌、弭”，不訓“佅”；卷五上“靜也”條，訓“瀞”不訓“靜”；卷八上“柎也”條“跗”字注，訓“柎”不訓“跗”；卷三下“除也”條“捄”字注，訓“蔙、莍”，不訓“捄”。

第三節　用字訓釋

本質上講，用字問題是漢字系統與漢語語言單位間的對應關係問題，不同語言時代的對應關係不盡相同，在對應關係上便表現為

① 參看陸宗達《文字的貯存與使用》，載《湖南師範大學社會科學學報》，1987 年，第一期。

用字的不同。立足於漢字，即允許某一個具體漢字表示某一個或某幾個語言單位，某幾個漢字表示某一個單位。立足於詞語，即一個具體語言單位允許定型為某一個或某幾個漢字，某幾個語言單位定型為某一個漢字等。漢語語言系統與漢字系統的這種關係決定着漢字系統的命運，社會變革與社會需求推動着漢字系統的發展與變革，但漢字與漢語的“天然”相適應性必須得到尊重，不能脱離漢語實際而想當然的為了“改革”而改革。用字有着鮮明的語言時代特徵，同一語言時代的用字具有相同的共性，不同語言時代的用字具有各自不同的特徵。用字跟語言本身一樣，還有鮮明的約定俗成原則，輕視或忽略漢語與漢字對應的客觀規律，輕視或忽略這種對應關係的約定俗成特性，忽略或輕視漢字承載歷史文化的延續性，人為“硬性”地規定漢字的存在與發展，違背了語言發展的自身規律，違背了漢語與漢字相適應的基本規律，因而註定是不科學的，也註定會為自己的行為付出慘痛的代價。使用什麼字表示什麼單位的用字規則，是漢語系統與漢字系統相適應的集中體現和本質特徵，背離漢字與漢語的相適應性的必要前提和條件，去對漢字進行評價、改造抑或改革，只能是主觀的和人為的。從人的社會活動看，語言文字是社會文明的極為重要的組成部分，尊重自己的文明，必須尊重自己的語言文字。從人類文明史看，自發產生的文字總是為了其語言交際的需求、與其語言相適應而產生的；漢字的產生有其自身的獨特性，有其與自身語言相適應的必然性，漢字的發展變化，比如形體，有漢字自身發展內在的必然規律，或可稱為漢字自身存在和發展的生態系統，漢語社會則構成其必要的生態環境；分析研究漢字，必須尊重漢字規律，必須維護其生態系統，必須“淨化”其生態環境。脱離了漢字和漢語的實際，就漢字改造而改造，自以為更科學，註定是“科學”旗號下的非科學勾當。

一、某與某通

此即所謂古音通假，與“本無其字”的假借應該有區別。通假的用字現象主要集中於先秦兩漢，與那時的文字大變革不無關係，也與漢字自我發展不無關係。今天認識通假，應該規定音義的必要條件，只有在具備音義相同、相近或相關的前提下才有可能性；應該考定具體用字的產生時代，只有在本有其字的前提下，通假才可能成立①。

比如以“其”表示“基”這個單位，出現於“基”未產生時，只能是假借；出現在“基”已產生後便是通假：《詩·昊天有成命》“夙夜基命宥密”，《禮記·孔子閒居》引作“夙夜其命宥密”，當本來如此；或以為“其”、“基”通假，《昊天有成命》時代或本無“基”字，叔向、《爾雅》皆訓為“始”，字或當作《說文》“下基也”的“丌”字，則通假說難以成立。古音通假，理論上清楚明白，但坐實到具體文字非常棘手，應當經過詳實的論證。王念孫791組通假大致是三類，聲韻皆同、聲近韻同和聲同韻異，前兩類普遍，後一類較少：

卷八上“劍也”條“堂”字注：“棠與堂通”，定紐，陽韻；

卷一上“滿也”條“臆”字注：“逞與盈通”，透、餘紐，耕韻；

① 參看蔣禮鴻《說通》，載《懷任齋文集》，上海古籍書店1986年p. 319–325；王力《古代漢語·通論》上冊第二分冊，中華書局1979年；趙振鐸先生《訓詁學綱要·古音通假》。

卷六上"危也"條"虺"字注："虺與刖通"，疑紐，物、月韻[1]。

二、古字通用

跟通假相較，王念孫74組所謂古字通用、古通用或某某通用，至少有兩點不同：凡是通用之字意義皆相關，但不限於同源；通常情況下可以混用不分，音義關係相對穩定。

卷二下"障也"條"晻"字注："暗、晻、愛、薆、薆、僾、曖，古通用"。

"暗"、"晻"同音，影紐談韻，《說文》："暗，日無光也"，"晻，不明也"；兩字共同義是"不明"，所以王力認為二字同源[2]。"不明"是一般狀態，"日無光"是特定形態，意義上有擴大或縮小的關係，在實際語言中，二字應該表示的是同一個詞語。"愛、薆、薆、僾、曖"五字同音，影紐物韻。"愛"無"障"義，《說文》訓為"行貌"；"僾"為"仿佛"，引《詩》"僾而不見"，今本作"愛而不見"；"薆"，《說文》訓為"蔽不見"，實際語言中"僾"與"薆"表示同一個詞語；《方言》"薆"作"薆"，《文選·南都賦》及《思元賦》作"曖"。此五字"愛"先出，其餘後出，有文字孳乳的關係；因此"愛"與"僾"為古今字通用，"薆"與"僾"為同源通用，"僾"、"薆"、"曖"、"薆"則為異體並行，只是時間上可能有先後。"暗、晻"與"愛、僾、薆、

---

① 參看唐作藩《上古音手冊》，江蘇人民出版社1982年；王力《漢語音韻》，中華書局1980年。

② 參看王力《同源字典》，商務印書館1982年，p. 602。

薆、曖”同紐，談韻與物韻對轉，共同義都是“不明”，訓為“障”，是角度不同：狀態是“不明”，對視覺則是“阻礙”。

卷四上“諫也”條“誶”字注，“‘訊’字古讀若‘誶’，故經傳多以二字通用，或以‘訊’為‘誶’之訛，失之。”

兩字雙聲，真、物相對，所以郝懿行認為“音轉”，黃焯認為“對轉”[①]。《說文》：“訊，古文從西”，訓為“問”，“問”、“訊”互訓；《爾雅》“誶”訓為“告”，“訊”訓為“言”：問人曰“訊”，“問於人”亦曰“訊”。“訊”、“誶”的共同義是“以言相告”，“告”是一般意義，“言”的一般意義廣於“告”，“諫”是特定意義。顧炎武《音學五書》、戴東原《毛鄭詩考證》、錢大昕《十駕齋養新錄》、段玉裁等《說文》四大家、王力《詩經韻讀》等皆主“字訛”說，其中以錢大昕的理由最具代表性：“六朝人多習草書，以‘卒’為‘卆’，遂與‘卂’相似而訛”[②]。今本《詩》中與此相關的典型用例者五：《陳鳳·墓門》歌以訊之、訊予不顧，《小雅·正月》訊之占夢，《小雅·皇矣》執訊連連，《小雅·雨無正》莫肯用訊：

《墓門》：夫也不良，歌以訊之。

注、箋：訊，告也。箋云，歌，謂作此詩也。既作又使工歌之，是謂之告。（音義）“訊”本又作“誶”，音信徐、息悴反；《韓詩》：訊，諫也。

---

① 參看黃焯《經典釋文匯校》，中華書局 1983，p. 63. 黃焯“訊”為“先”部，“誶”為“沒”部，所以言“對轉”。

② 參看顧炎武《音學五書》，中華書局 1982，p. 101；戴東原《毛鄭詩考證》，《六府文藏》本卷二：“按，訊乃誶字轉寫之訛。誶、告、訊、問，聲義不相通借”；王力《詩經韻讀》p. 34；錢大昕《十駕齋養新錄》，上海辭書出版社 1983，p. 15。

《集疏》:“《傳》: 訊, 告也。”《箋》:“歌, 謂作此詩也; 既作, 又使工歌之, 是謂之告。予, 我也。‘歌以告之’, 汝不顧念我言, 至於破滅顛倒之急, 乃思我之言; 言其晚也。”《釋文》:“訊, 又作誶, 音信, 徐、息悴反, 告也。”

《韓詩》:“訊, 諫也。”“諫”是“誎”之誤,《校勘記》云:《說文》“諫”, 數諫也, 從言從朿, 七賜反;“誎”, 促也, 從言從約束之束, 音速。毛居正以為從朿, 非是; 小字本所附作“諫”, 誤多一畫。愚案,《列女傳》、《離騷》王注作“訊”, 而《玉篇·言部》引《韓詩》曰“歌以誶之”;“誶”, 諫也。《廣韻六至》云:“誶”告也, 引《詩》“歌以誶止”; 洪興祖《楚詞補注》亦作“歌以誶止”; 王氏《廣雅疏證》云:“訊”字, 古讀若“誶”, 故經傳二字通用。或以“訊”為“誶”之訛, 非也; 胡承珙《後箋》辨之尤悉。《魯》、《韓》之作“止”者,《列女傳》作“歌以訊止”, 是據《魯詩》。《廣韻》、《楚詞補注》同作“誶止”, 當是《韓詩》文。此章以二止字相應為語詞, 猶上章以二之字相應為語詞也。毛作“之”字誤。

“訊予”猶“言予”, 訊我告汝而猶不顧及, 顛倒而思予言, 亦無及矣。宜解大夫服而釋之也。

王先謙《詩三家義集疏》,《六府文藏》本卷十

《墓門》: 訊予不顧, 顛倒思予。

鄭箋: 箋云, 予, 我也。歌以告之,“女不顧念我言”, 至於破滅顛倒之急, 乃思我之言, 言其晚也。

《正月》: 召彼故老, 訊之占夢。

注箋: 故老, 元老; 訊, 問也。箋云: 君臣在朝, 侮慢元

老，召之不問政事，但問占夢，不尚道德而信征祥之甚。

音義：訊，夲又作誶，音信。

《雨無正》：凡百君子，莫肯用訊。聽言則荅，譖言則退。

注箋：以言進退人也。箋云：訊，告也；衆在位者，無肯用此相告語者，言不憂王之事也。"荅"猶"距"也，有可聽用之言，則共以辭距而違之；有譖毀之言，則共為排退之；群臣並為不忠，惡直醜正。

音義："訊"音"信"，徐、息悴反；又音碎，排、步皆反。惡，烏路反。

《四部叢刊本》漢毛亨傳、漢鄭玄箋、唐陸德明音義《毛詩》

據陸德明注音，"訊"有三讀，"徐悴反"、"息悴反"、又音"悴"；"訊"古文從西，從西之字有"哂"音，與音"信"之"訊"相近，"訊"或為音變用字。"訊"之"告"、"言"、"諫"三訓，意義相關："諫"的範圍最窄。一般說來，《毛詩》多古字，三家《詩》多今字；《毛詩》多借字，三家多本字，所謂後出本字，這是漢字發展的必然。三家作"誶"，訓為告，或為後出本字。《爾雅》兩字分訓，"誶"在《釋故》，是先秦用字；"訊"在《釋言》，其"言"義或非當時常用義；《廣雅》列"誶"於《釋詁》訓"諫"，是《爾雅》"告"義的補充，即所謂"析言"。上引《詩》中"訊"，以"告"讀之，當無障礙："訊之"即"告之"；"訊予不顧"當讀為"不顧予告"，"告"是名詞；"訊之占夢"即"告之占夢"，鄭玄以"問"訓之，是詞語搭配"故老"、"占夢"的原因；"莫肯用訊"的"訊"是名詞，與"訊予不顧"同。鄭玄"荅猶距也"，理由不充分，或因"聽言"、"譖言"皆拒絕而不聽的理解有關：原詩"聽言則答"與"僣言則退"相對，當依《爾雅》訓“然”，本字可通，不煩改字。王念孫“經傳多通用”的說法，大概是基於《毛傳》與三家《詩》用字而說的，“誶”、“訊”讀音相同時，語言中實為同一個詞語；讀音相異，其義也相通；因而“通用”說長於“字訛”說。詳考王念孫九卷中74組“通用”，皆為音義相關的彼此混用，與一般的“通”不同。陸宗達、王寧合著《古漢語詞義答問·代序》評價說：“王念孫、王引之父子著《讀書雜誌》、《經義述聞》，因為混淆了同音借用字與同源通用字，顯得條理不清”，今觀《廣雅疏證》，王念孫凡言“通”者，不言“聲近義同”或“通用”；凡言“通用”則不言其他；應該說“通用”的一般情況還是清楚的，但仍存在個別需要加以說明的情況。如卷四下“仁也”條：“仁與人同義，故古書以二字通用”；卷五下“彼也”條：“或古匪、彼通用”；“衺也”條：“彼與佊、俾與俾，古亦通用”。“人”與“仁”通用的原因，是漢人人為的“賦予”了“人”有“仁”義，這種意義可以叫做“人為意義”的相同和通用，區別在於此類的意義來源。“匪”、“彼”僅限於《詩》，“匪”訓為“彼”的時候，當為假借。“彼”與“佊”、“俾”與“俾”為異體字，當歸入“某與某同”，等等。

三、異字訓釋

不同的文獻或同一文獻的不同版本、同一語言現象出現在不同的地方，所表達的意義相同，而使用的漢字卻不同，或可用“各本異字”加以概括。王念孫常以某書作某對這一現象加以訓釋，是其“不限形體”的典型範例。為了便於歸納，權且以“異字訓釋”代稱其567組“各本異字”的訓釋。“各本異字”應當排除《史記》引用先秦文改寫的現象，特指因為時代、版本、抄手等原因造成的不同用字；這些不同的用字之間，存在着形、音、義等的聯繫。此類訓釋，王念孫主要用於證明《廣雅》的訓釋，少量的用於糾正誤說；由於以音為本，擺脱了字形的束縛，所訓多該洽。如：

卷一上"極也"條"殢"字注，《説文》作"䠠"，或作"帶"，揚雄《豫州牧箴》作"帶"；"䠠"在"極"義上是"帶"的後出區別字，依段玉裁，"殢"是"䠠"的俗體字；《玉篇》"殢"他計切、呼計切兩讀，訓為"引逗"、"滯留"，則已跨越語言時代進入唐宋時期，成為别的詞語的用字，這種關係便不再成立。

卷三上"亂也"條"涽"字注，《説文》引《立政》作"忞"，今本《立政》作"暋"，《康告》、《吕刑》並作"泯"，所以王念孫説"傳訓泯為滅，失之"。《説文》"涽"訓"痛"、"忞"訓"強"、"泯"訓"滅"、"怋"訓"怓"、"怓"訓"亂"，則"涽"、"暋"異體字，"涽"、"忞"、"泯"都是"怋"的通假字，訓《尚書》的"泯"為"滅"，是泥與字形的結果，也就是望文生訓。應該注意的是，古籍中《尚書》用字被歷代改動的最多，王觀國《學林》對此有所反映，應當首先考定用字而後才可論定。

卷四上"明也"條"淳"字注，《説文》引《鄭語》"焞耀天地"，今本《鄭語》作"淳"，《玉篇》"焞"讀之純、是倫二切，"淳"讀徒門、他雷、他門三切，古無舌上音①，則二字聲同類，韻同部，王念孫"今本作淳，假借字耳"是。

卷五上"嘉也"條"賀"字注，《禮記》、《晉語》作"嘉"，《説苑》作"賀"，"嘉"在見紐魚部，"賀"在匣紐歌部，聲義具

---

① 參看錢大昕《十駕齋養新錄》"舌音類隔之説不可信"條，p. 111 至 117。

相近，王念孫據《說文》二字皆從加聲，認為“古同聲而通用”，或長於段玉裁、朱駿聲通假說。

第四節　詞語訓釋

跟文字訓釋相對應，詞語訓釋是立足於詞語看文字，文字訓釋則是立足於文字看詞語，側重點有所不同。客觀地說，凡是訓釋以漢字為表現形式的漢語語言現象，都離不開對漢字的訓釋，但在實際訓詁工作中則有訓釋立足點和訓釋側重點的不同。王念孫訓釋《廣雅》中字詞，使用了很多訓釋用語，根據這些用語的實際使用情況，大處着手，或可以分為文字訓釋和詞語訓釋兩類。比較西方語言研究史，漢語的研究史也一樣，凡是“自發”的語言研究，總是以被研究語言最突出、最鮮明的特徵為出發點和立足點的，原因就是這些特徵最容易被感知。比如古印度與古希臘語的形態特徵，形態的一大特徵是：總是附着於詞，總是發生在詞與詞的組合之中；關注組合就可以歸納出各種形態，於是，古印度與古希臘都自發地產生了後來所稱的語法學。漢語詞語，即最基本語言單位，是漢語基本要素的集中體現者，語音的、語義的、語法的要素，都會在詞語和詞語組合中表現出來；再加上漢字及其與漢語詞語對應關係特性的推波助瀾，詞語便成為最自然、最明顯的被關注物件，因而漢語的自發研究也就落在了詞語上，包括它的形、音、義，於是，便自發地產生了訓詁學。

語形是指語言的視覺形式，語音是語言的聽覺形式，漢字是漢語的視覺形式，對書面定型詞語的語形訓釋，也就是以漢字為對象的訓釋，不過是立足於詞語而已。漢字是一個形、音、義的統一體，由漢字的這種特性決定，對漢字形、音、義的訓釋，也就是對詞語書面形式的訓釋。以音義為例，漢字的讀音一般情況下就是詞語的語音，該語音可以因為時間和地點的不同而不同，但字形及其代表的詞語意義不變，比如方音與普通話的音。漢字的意義大體上有兩套系統：造字義與語言義。最初的造字義與當時的語言義應該是一致的，發展後的造字義可能消失，只剩下歷史延續的語言義。從漢字的角度看，漢字的語言義往往表現為漢字的實際使用意義，即在實際的使用過程中，具體漢字由於使用規則或使用習慣等的原因對應了可以對應的詞語：普遍的對應，比如本詞本字；特殊的對應，比如假借和通假。語形訓釋主要是立足於詞語對其書面定型化的漢字進行的訓釋，即以詞語為核心，察看它的書面表現形式，通過歸納這些形式，發現它的詞語本質；通過對這些形式的訓釋，達到詞語訓釋的目的。

一、字異義同

不同的漢字具有表示相同意義的功能，是王念孫字異義同用語的基本含義。所謂義，一般是指該字的語言義，不是造字義，即立足於詞語的用字意義，不是立足於漢字的字義。總共 207 組字異義同，大致是三種情況，一種是異字之間有形音義的關聯，一種主要是文字原因造成形體的不同，另一種主要是音的原因造成的不同用字。

卷三上“輕也”條“僄”字注：“票、熛、僄、漂、縹、剽、嫖、飄”，並字異而義同。依《說文》，“票”訓“火飛”，朱駿聲以“熛”為假借；“僄”訓“輕”，《方言》訓“輕薄”，朱駿聲以“嫖”為假借；“漂”訓“浮”；“縹”訓“帛青白色”；“剽”訓

“砭刺”；“飄”訓“回風”。依據《說文》訓釋，它們都是不同詞語，但離開漢字，回到實際語言用字中，它們則可能表示相同的詞語：

> 《疏證》：僄、仈者，《方言》：“仈、僄，輕也。楚凡相輕薄謂之相仈，或謂之僄也。”郭璞注“僄”，音“飄零”之“飄”，《玉篇》音匹妙切。僄之言飄也：《說文》：“僄，輕也”；又云：“嫖，輕也”；《周官·草人》云：“輕票用犬”；《考工記·弓人》云：“則其為獸，必剽”；《荀子·議兵篇》云：“輕利僄遬”；《史記·賈誼傳》云：“鳳漂漂其高遰”，《漢書》作“縹”；《司馬相如傳》云：“飄飄有淩雲之氣”；並字異而義同。
>
> 中華書局本 p. 77 上

“仈”與“僄”是方音用字，意義相同，表示同一詞語；“輕薄”是引申義，“僄”、“嫖”都可以有此引申義；王念孫引文中的“票”、“剽”、“僄”、“漂”、“縹”、“飄”實際上表示的是同一個詞語，立足《說文》，“漂”、“縹”都是假借字；立足文字，則“票”當先出，其餘後出。王念孫所謂字異義同，實際上是同一詞語在書面上表現為不同的用字。立足字詞關係，上列各字，連同“瞟”之類，都有一個共同義“輕”，“輕”很可能是這些詞語的語源義，構成同族詞語；這些字都從“票”音和“票”形，都有“輕”義，構成具有形音義孳乳關係的字族關係；其中“砭刺”是中醫治療手法的“輕”手法，與重量的“輕”之間有抽象化引申的關係；“瞟”的“輕蔑”義是“輕”的另一方向的引申義。漢語別義以區分不同詞語，主要手段一是別音，一是別形，表現在文字上就是字族的孳乳和一字多音。字族有音義的必然聯繫，但又不全然，“右文説”① 的合理之處就在於真實地反映了字族的這種必然性，不合理則與劉熙一樣，犯了絕對化的錯誤。

卷二上“幹也”條“鏊”字注：“鏊、敖、熬、炒、槱”並字異義同。“鏊”、“熬”異體字，皆後出，古文又作“鬻”，《古文奇字》作“槱”，俗書“槱”作“炒”。《説文》訓“熬”為“煎”，則為小篆正字，“敖”是古文用字。這些字讀音有相同相近關係，意義上都可以有“使幹”的含義，但它們並不在“使幹”義上構成詞族、字族，而是不同字形在特定條件下表達了某一特定意義，從而代表了同一詞語。

卷六上“逍遥，儴徉也”條《疏證》：

> 疊韻之轉也。《文選·南都賦》注引《韓詩》云：“逍遥，遊也”，《鄭風》作“逍遥”、《檀弓》作“消搖”，《楚辭·離騷》“聊逍遥以相羊”，王逸注云“逍遥、相羊，皆遊也”。“逍遥”一作“須臾”，“羊”，一作“徉”。《史記·司馬相如傳》：“招搖乎襄羊”，《索隱》、郭璞曰：“襄羊猶仿佯也”；《漢書》作“消搖乎襄羊”，《文選》李善本作“消搖乎襄羊”，五臣本作“招搖乎儴徉”，並字異而義同。《開元占經·石氏中官占》引《黄帝占》云：“招搖，尚羊也”，“尚羊”與“儴徉”，古亦同聲。或作“徜徉”，説見下文“徜徉，戲蕩也”下。
>
> 中華書局本 p. 191 下、192 上

寫成“逍遥”、“消搖”、“相羊”、“須臾”、“襄羊”、“仿佯”、

---

① 參看沈兼士《右文説在訓詁學上之沿革及其推闡》，載《沈兼士學術論文集》，中華書局 1986 年；白兆麟《關於“右文説”的再思考》，載白兆麟《文法訓詁論集》，語文出版社 1997 年。

“儴佯”、“尚羊”、“招搖”、“消搖”、“徜徉”、“徜徉”等等不同的字樣，主要是“即音用字”造成的，無論寫成什麼樣式，都表示同一個詞語。

二、某與某同

王念孫741組某與某同，總體情況與字異義同相合，某與某同大概強調的是異字同詞。下以隨意抽取讀書卡片的方式任舉一例：

卷六上“流也”條“滂滂、沛沛”注：

“滂”與“汸”同，“霈”與“沛”同。

《説文·方部·水部》：“方，並船也，或从水作‘汸’；沛，水出遼東番汗塞外，西南入於海；滂，沛也。”“滂”、“沛”本為水名，或因水勢得名。“汸”、“滂”皆並紐陽部，“沛”、“霈”皆滂紐月部，語音上具有陰陽旁對轉關係。“滂”後來寫成“雱”，徐鉉認為“非是”，或泥於《説文》。“沛”，後出寫成“霈”，《玉篇·水部》“湃”訓為“滂湃”，也就是“滂沛”，“湃”或為“後出本字”[①]；《荀子·富國》作“沛沛”，宋玉《高唐賦》作“霈霈”，今“滂沛”作“澎湃”。此類某與某同主要是文字發展和語音變異原因造成的，“沛”作“湃”則是語音發展引起的用字變化。從文字的角度看，相同的詞語在不同的語言時代寫成不同的漢字，反映的是不同時代用字規範的不同。

① 參看蔣禮鴻《讀〈同源字論〉後記》，載《懷任齋文集》，上海古籍出版社1986年。

第五節　語音訓釋

以語音為核心是王念孫作《廣雅疏證》特別強調的，他不僅強調"就古音以求古義"，更進一步認為"訓詁之旨，本於聲音"。因聲求義是清代訓詁的突出特徵，也是清代訓詁取得輝煌成就的重要原因之一①，也是戴震特別強調的要點②。寬泛地說，從先秦自覺不自覺地使用音同、音近相訓開始，到漢代的劉熙、宋代王聖美的右文說等，都可以說是因聲求義，但只有清代，尤其是乾嘉學者，由於得益於以顧炎武《音學五書》為先導的古音學成就③，才使得因聲求義成為可信的訓詁手段和訓釋依據；再由於學術發展後出轉精，才糾正了先前誤說，也才避免了"機械因聲求義"絕對化的錯誤。

一、之言

"之言"是訓詁的重要術語之一，傳統以為聲訓，即訓釋與被訓釋字之間有聲同聲近的關係，大多為通假。段玉裁《說文解字注》認為："凡云'之言'者，皆通其音義以為訓詁"，"凡云'之

---

① 何九盈將清代訓詁成就歸結為"以聲求義、以例求義、歸納匯證"三大法寶，見《中國古代語言學史》p. 267—274。

② 參看石雲孫《戴震的訓詁理論初探》，載《安徽師院學報》1987 年第二期。

③ 參看顧炎武《音學五書》周祖謨《前言》，中華書局 1982 年。

言’者，皆就其雙聲叠韻以得其轉注、假借之用”①。“之言”的大量使用或首見於鄭玄②，相關的“之為言”則最早見於《孟子·盡心》：“政之為言正也”③；《說文》卷七上“粟”字注，許慎引孔子語：“孔子曰：‘粟之為言續也’”④，段注：“孔子以疊韻為訓也。嘉種不絕，蒸民乃粒，禹稷之功也”。孔子是否使用“之為言”，今不可確考；《易·幹·文言》：“潛之為言也，隱而未見，行而未成”⑤；《穀梁傳》：“潰之為言上下不相得也”⑥。早期的“之言”、“之為言”雖然大多用於釋音，但也有釋義的情況，上引《文言》、《穀梁》即釋義，鄭玄也有釋義的情況：《毛詩》卷八《狼跋》：“箋云：孫之言孫遁也。”王念孫646組“之言”可以分為兩種情況，單音相訓的與段玉裁相同，多音相訓的則用於釋義；釋義的共177組，約佔三成。

卷九下“坑也”條“科”字注：“科之言窠也”。

《說文》：“窠，空也”，“科，程也”，“程，品也，十發曰程，十程曰分，十分曰寸”；《廣雅》卷三“空也”條，“科，空也”；“窠”、“科”同訓，中古同聲：《廣韻·戈部》。“科”訓為“空”，釋其通假義；訓為“坑”，釋其引申義，“科”、“坑”雙聲。《孟子

---

① 成都古籍書店上下冊本 p. 6“祼”字注、p. 457 下“磺”字注；張永言先生《訓詁簡論》p. 142 注（1）引作“詁訓”，趙振鐸先生《訓詁學綱要》p. 60 引作“訓詁”，先恩師杜道生先生毛筆手書“治《說文段注》之所得”教學參考資料，發其義例519條，並注明原書頁碼，使用十分方便，本書多資之。

② 參看《毛詩》中的“鄭箋”。

③ 見楊伯峻《孟子譯注》下冊 p. 325。

④ 周大璞《訓詁學初稿》p. 185 以為許慎語。

⑤ 見《十三經注疏》上冊 p. 17 上，跟“謂之”發展為訓詁用語相似，最初主要用於疏通文意，後來才為音訓所專。

⑥ 見《十三經注疏》下冊 p. 2392 下。

·離婁下》："流水之為物也，不盈科不行；君子之志於道也，不成章不達"；《盡心篇》："流水之為物也，不盈科不行"；兩處的"科"都是"窠"的假借，所以王念孫批評範望注《太玄》"以'科'為'法'，失之"。

另一類"之言"則直接用於釋義：卷六上"都凡也"條"嫴榷"注，"榷之言大較也"；卷七下"箱也"條"箱"字注，"箱之言輔相也"；卷三上"戲也"條"媱愓"注，"媱之言逍遙"，"愓之言放蕩"。

二、語轉

所謂語轉，從漢字的角度看，是漢語因時地的原因，相同的詞語寫成了語音相關的不同漢字。從漢語的角度看，是詞語因時地發生語音相關的變異，在用字規範的條件下，書面上寫成了讀音相關的不同漢字。因此，語轉是詞語音變在書面上的反映，是重要的語言的書面變異現象。研究語轉，可以發現漢語詞語語音音變軌跡與漢字對應的變化等情況，因而是研究漢語詞語變化的重要途徑。根據音韻學原理，王念孫語轉的情況可以分為三類：聲轉、韻轉、聲韻皆轉，又可細分為對轉、旁轉、通轉，具體是：陰陽、陰入、陽入對轉，陰陰、陽陽、入入旁轉，聲紐通轉等。與黃焯以縱經橫緯方式編纂《古今聲類通轉表》[①] 不同，王氏僅限於先秦兩漢時期。借用引進的現代語言學術語表述，語轉包括歷時的和共時的，將王氏的先秦兩漢看作共時，則其間又是歷時的；以語言時代的觀點

---

① 見上海古籍出版社 1983 年本，共列有十二通轉表，包括古古、古今、今今語轉；參看黃焯《古今聲類通轉表》第八表"齒舌通轉"；《古今聲類通轉表》第三表"喉齒通轉"。

看，先秦兩漢應該分屬兩個不同的語言時代。

> 卷一上“積也”條“委”字注，“委、蘊，語之轉耳”，影紐、微文對轉；
>
> 卷一上“憂也”條“慛”字注，“慛、愁，語之轉耳”，清崇通轉[①]，微幽旁轉；
>
> 卷一下“勸也”條“慫慂”注，“鴻溶、竦踴，語之轉耳”，匣心通轉，東韻。

王氏 253 組語轉的另一種情況是方俗語轉，使用傳統的輕重、緩急、侈弇術語加以描述，輕重言聲紐，緩急言韻部，侈弇言韻母：

> 卷三上“匕也”條“蔿”字注，“蔿亦訛也，方俗語有輕重耳”。

“偽”在疑紐歌部，中古去聲；“蔿”在匣紐歌部，中古去聲。“疑”。屬清聲，“匣”為濁聲。大致說來，輕聲為清，濁聲為重；全清為輕，則次清為重；全濁為輕，則次濁為重。又如《玉篇·手部》“拂，撫勿切；捽，蒲骨切”；“拂”在滂紐物部，“捽”在並紐物部。從《廣韻》所存《切韻·序》[②] 中，或可見輕重之一斑：

> 吴楚則時傷輕淺，燕趙則多傷重濁，秦隴則去聲為入，梁益則平聲似去；
>
> 欲廣文路，自可清濁皆通；若賞知音，即須輕重有異。
>
> 《續四部叢刊》本《廣韻五卷校劄》，宋陳彭年等奉敕重修、清黎庶昌撰《校劄》

---

① 參看黄焯《古今聲類通轉表》第八表“齒舌通轉”；第三表“喉齒通轉”。

② 參看《廣韻》，（鉅宋廣韻）同。

卷二上"小也"條"㦗、私"注，"私亦細也，方俗語有緩急也"。

卷二上"爚也"條"耀"字注，"耀亦爚也，方俗語有緩急耳"。

《玉篇·火部》：爚，弋灼、式灼二切，耀，弋照切。

"私"在心紐脂部，"蔑"在明紐月部；爚在宵部，耀在藥部。輕重是針對聲紐說的，緩急則是針對韻部及聲調說的：平上去為緩，入聲為急。明真空、清張成孫對此有描述，以真空的《歌訣》最容易上口，細讀王念孫《疏證》中的緩急，與真空的描述相一致[①]：

明釋真空《玉鑰匙歌訣》：

平聲平道莫低昂

上聲高呼猛烈強

去聲分明哀遠道

入聲短促急收藏

卷一上"取也"條"撩"字注："撩亦撈也，方俗語有侈弇也"。

《玉篇·手部》：撩，力條切；撈，路高切：宵侈幽弇。

卷四下"剜也"條"削"字注，"削亦剜也，方俗語有侈弇也"。

《玉篇·刀部》：削，於玄切；剜，於丸切：元侈真弇。

《玉篇》在王念孫《廣雅疏證》中有特殊重要地位，所言古

① 關於清代音韻學概況，參看王力的《清代古音學》，個人以為是瞭解整個古代音韻學概況很好的讀本。

音，多據《玉篇》反切：九卷共引《玉篇》708 條，大多用於訓音釋義，其中 259 條僅僅用於注音。王氏古音，自有一套理論，創"古音二十二部"說[①]，而《廣雅疏證》之音，則多據《玉篇》反切。其 253 組"語轉"，依循兩條原則：有音理義理可循，有文獻書證可稽；這與未深諳音韻原理，簡單以"一聲之轉"之類，不可同日而語[②]。

三、古同聲

王氏所謂古同聲，指的是上古音韻，即不含聲調的聲韻全同。他曾作《古韻譜》，分古韻為 21 部，與段玉裁十九部相較[③]，差異在於："至""脂"分開，"祭""脂"分開，"緝""捕"獨立，"盍"部獨立；由於見到段玉裁作十九部，而中道輟之。九卷《疏證》中 75 組古同聲，可以看做是其 21 部的實例。

卷七上"砌也"條"砌"字注，"榍與切古亦同聲"。

《玉篇》：榍，先結切；切，妻結切：心紐質部，清紐質部。

王氏據《說文》"齸从齒屑聲，讀若切"，故以二字同聲。《說文》"讀若"，往往通假[④]。從文字發展看，"切"與"砌"在此義上有文字的先後關係，"切"為古文，"砌"為後出本字。

---

① 參看王力《清代古音學》。

② 如郝懿行《爾雅義疏》，其"一聲之轉"多有強為之說之嫌。參看張永言先生《論郝懿行〈爾雅義疏〉》第三部分，載《中國語文》1962 年第十一期，後收入《訓詁學簡論》，列為"附錄"。

③ 參看王國維《高郵王懷祖先生訓詁音韻書稿敘錄》，載《觀堂集林》中華書局四冊本第二冊 p. 395-404；段玉裁十九部，見成都古籍書店本段玉裁《說文解字注》下冊。

④ 參看陸宗達《〈說文〉"讀若"的訓詁意義》，內蒙古人民出版社，1986 年本 p. 262—264。

卷三下“迫也”條“薄”字注，“薄、迫古同聲”。

《玉篇》：薄，傍各切，補各切；迫，補各切。

《説文》訓“薄”為接近、靠近，訓“迫”為逼迫；段玉裁認為“引申凡相迫皆曰薄”[①]，“薄”、“迫”在實際使用中讀音可以相同，也可以表示同一個詞語，接近與逼迫的意義也相近，但這種意義相同和相近並不代表它們有着共同的意義來源。今天的語言中也有類似的情況，比如“音信”和“音訊”，實際使用中有時可以表示同樣的意思，但它們並不同源。又如：

卷二上“去也”條“袪”字注，“袪、去，古同聲”。

《説文》：袪，衣袂也，从衣去聲；一曰袪，裹也；裹者，褢也。袪，尺二寸。《春秋傳》曰：“披斬其袪”。

段注：袪，強健皃，亦於从去得義。古無从示之祛，至《集韻》而後有之。

《續四部叢刊》本段玉裁《説文解字注》卷八上

四、聲相近

王氏158組聲相近，與古同聲的差異：同韻異聲，聲必同類；同聲異韻，韻必相關。

卷四上“藏也”條“窖”字注，《疏證》：窖、窌者，《説文》：“窖，地臧也；窌，窖也”。“臧”與“藏”同。《考工·記匠人》：“囷窌倉城”，劉昌宗音古孝反；《月令》“穿竇窖”，《呂氏春秋》作窌；窖、窌聲相近，古多通用。窖之言奥也：《莊子·齊物論篇》縵者、窖者、密者，司馬彪注云：“窖，

① 成都古籍出版社段玉裁《説文解字注》上冊 p. 43 上。

深也”。窌之言寥寥深也：《廣韻》窌，又音力嘲切；《文選·長笛賦》：“庨窌巧老”，李善注云：“深空之貌”。

“窖”、“窌”異紐同聲，《説文》二字互訓，同指一物。王氏認為“窖”取“奥”義，“窌”取“深”義，實則取義一。《玉篇》：“窌，普孝切，穿也、窖也、藏也；又力救切，地名。窖，古孝切，地藏也。”

卷四下“後也”條《疏證》：

負與背古聲相近，故皆訓為後。《明堂位》：“天子負斧依”；

鄭注云：“負之言背也”；《爾雅》：“邱背有邱為負邱”。

《玉篇》：背，補對切；負，浮九切。

《説文·肉部》：“背，脊也；从肉北聲”；《貝部》：“恃也。從人守貝，有所恃也。一曰受貸不償”。

《段注》：“凡以背任物曰負”。

背與負為聲同紐[①]，韻相近。“背”是名詞，因方位的原因引申為“後”；“負”是動詞，因“以背任物”的原因引申為“後”。在漢語語法中，詞性的認定涉及語法理論問題。在訓詁中，同一詞語的詞性不同，意義也不同，由此，意義在漢語語法中實際上起着極為重要的作用，而無論我們主觀意願如何，拋棄意義談漢語語法，或將寸步難行[②]。

---

① 參看錢大昕《十駕齋養新錄》卷五“古無輕唇音”，p. 102—103。

② 參看呂叔湘《漢語語法論文集·關於漢語詞類的一些原則性問題》，商務印書館 1984 年；張靜《漢語語法問題》第三部分，社會科學出版社 1987 年；王松茂《漢語語法研究參考資料》第一部分，社會科學出版社 1983 年；孫良明《句法結構·詞類意義標準》，載《山東師範大學學報》（哲社）1984 年第一期。

卷二下“合也”條“厲”字注,《疏證》:

厲者,《方言》:“厲,合也”,厲與連聲相近,故得訓為合。

《周易·正義·序》引《世譜》:“神農,一曰連山氏,亦曰列山氏”;《祭法》作“厲山氏”,是其例也。

“連”、“列”、“厲”聲同韻異,韻則元、月對轉。據《方言》,則“厲”、“列”為方言音變用字,“連”為非方言用字。

卷七下“釜也”條《疏證》:

《說文》:“鬹,三足釜也,有柄喙”;《爾雅》:“堪,烓也”,郭注云:“今之三隅灶”。“烓”與“鬹”聲相近:三隅灶謂之烓,猶三足釜謂之鬹矣。

“烓”在溪紐微部,“鬹”在見紐歌部,二字聲同類,韻則微、歌旁轉;“煁”在禪紐侵部,上古禪紐、端紐同類,與烓字侵、微對轉;《爾雅》時代“煁”、“烓”異名同實。王氏根據音理和郭注,對照《廣雅》訓為“釜”,所以推斷出“鬹”為“三足釜”,《玉篇》正訓三足釜:“鬹,居垂切,三足釜”,因而“鬹”、“煁”、“烓”的意義皆與“三”有關。這種情況應該是語言中依據舊詞創造新詞形成的,表現在文字上就是數位元母音義相關。

第六節　語義訓釋

從語形的角度對詞語進行訓釋叫做語形訓釋,從語音的角度對詞語進行訓釋叫做語音訓釋,從語義的角度對詞語進行訓釋就叫做語義訓釋。傳統上將這三種訓釋稱作形訓、聲訓和義訓,只是狹義的形訓專指利用六書造字法的訓釋,而王念孫的語形訓釋則是立足詞語看漢語書面形式，還包括字形之間的比較訓釋。

一、義相同

義相同着眼於語義之間的共同性，包括字義、詞義和非字詞義的訓釋，比如具體用義的“夙夜，恭也”之類，因而訓詁的意義，與詞彙學、詞典學或修辭學等的詞義相同不是一回事。同義詞的要件至少應有兩條：詞語的辭彙意義或義項意義，“一個意義”相同。所謂“一個意義”必須是義項意義，不能是字義或義素意義；意義之間的相同是指意義的主幹部分完全重合或部分重合，即辭彙意義相同。訓詁中的義相同，可以是不同詞語之間的意義的共同性，可以是一個詞語自身兩個或多個意義間的共同性；可以是詞性相同也可以是詞性不同意義之間的共同性；可以是義項間的共同性，也可以是義素間的共同性；可以是一個意義的義素間的共同性，也可以是一個意義與一類意義間的共同性；可以是辭彙意義間的共同性，也可以是實際使用意義間的共同性，等等。可以說，訓詁研究的意義共同性，與詞彙學、詞典學等的同義詞研究，在角度、方式、方法、內容、範圍、宗旨等方面都是不同的，如果拿引進的現代語言學詞彙學、語義學、詞典學等現成理論去衡量訓詁中語義研究，其結果必然是削足適履，也必然是為理論而理論，本質上卻違背了漢語的語言實際。一切從漢語的語言實際出發，從漢語語言研究實際出發，既是漢語語言研究的優良傳統，也應該成為今天漢語語言研究的一條重要原則。

卷一下“好也”條《疏證》：

僚，好貌；釥，美金；鐐，銀之美者；義並相同。

《玉篇》：僚，力雕切；釥，七小切；鐐，力雕切。

按照詞彙學原則，“僚”、“鐐”是一個詞語，“美金”、“美銀”是同一個意義，即一個義項；“好貌”是引申義項；“鈔”是另一個詞，專指“美金”，因為語音和字形都不同。訓詁中所說的義相同，則是指“好貌”、“美金”、“美銀”三個意義之間，都有一個共同的意義“好”，這一點是相同的。以《爾雅·釋故》為代表的同訓詞條，所訓釋的也是這種共同義的相同，而不是同義詞之間的意義相同。《廣雅》本條所有被訓釋字詞，也都具有這種意義的共同性。

卷六上“盛也”條《疏證》：

鑣鑣，盛貌；麃麃，武貌；儦儦，眾貌；瀌瀌，雨雪盛貌；義並同也。

“盛貌”是一般概括的盛大狀態，“武貌”是威武的盛大狀態，“眾貌”是數量的盛大狀態，“雨雪盛貌”是雨雪盛多的狀態，“盛”是共同義，“盛貌”、“武貌”、“眾貌”、“雨雪盛貌”則是“盛”的各種狀態；在實際語言中，“鏢”、“麃”、“儦”、“瀌”等應該是同一個詞語，書面上寫成不同的字，是由語言時代用字規範造成的，後來分化成不同的詞語，則是詞語發展的結果。

卷四下“方也”條《疏證》：

踦之言偏倚也。《爾雅》：“馬前左足白，踦”；《說文》：“踦，一足也”，又云“掎，偏引也”；《襄十四年左傳》云：“譬如捕鹿，晉人角之，諸戎掎之”；《成二年公羊傳》：“相與踦閭而語”，何休注云：“門閉一扇、開一扇，一人在外、一人在內曰踦閭”；是凡言踦者，皆在旁之義也。《說文》：“輢，車旁也”，義亦與踦同。

《玉篇》：踦，居綺、丘奇二切；掎，居蟻切；輢，於綺、巨義二切。

“踦”、“掎”、“踦閭”、“輢”是不同的詞語，“在旁”很可能是它們的語源義，這種義相同是語源義的相同，所以趙振鐸先生評價王念孫作《廣雅疏證》，對語源“作了有趣的探討”。[①]

卷三下“除也”條《疏證》：

刊與除同義。

“刊”是特指的去除，專用於文章，比如成語不刊之論；“除”是概括的去掉，二者意義上具有屬種關係。

卷四上“仁也”條《疏證》：

人，仁也；仁，恕也；恕，人也；其義並同。

人與仁、恕之間，是本體與特質的關係，仁是本質，恕是仁的表現，源頭應該是“人而不仁，疾之已甚，亂也”，《論語》通篇皆有“仁”，但“人”與“仁”並不相混。後世古籍中這種以特徵代本體的情況被稱作代語，張永言先生認為代語是訓詁的對象之一[②]。《廣雅》“仁也”條具有典型的秦漢時代文化特徵：“惠”是施加恩惠的動作和名稱；“愛”是內心的意願和施加愛的行為；“利”是利於人，《莊子·天地》：“愛人利物之謂仁”；“恕”是“仁”的內在和表現；“人”是“仁”的本體；《廣雅》以“仁”訓釋“惠”、“愛”、“恕”、“利”、“人”，並不是訓釋這些詞語的意義本身，而是訓釋這些名稱和行為的屬性。以“仁”訓釋“人”，或“人”、“仁”互訓，有着鮮明的時代特徵：《中庸》：“仁者，人也”；劉熙《釋名》：“人者，仁也”。從文字的角度看，

① 參看趙振鐸先生《讀廣雅疏證》，載《中國語文》1979年第四期。

② 參看張永言先生《訓詁學簡論》p. 8–9

在特定的語言時代，代語的本體與特徵可以互用，“人”與“仁”正是這樣：《禮記·表記》：“仁者，人也”，鄭玄注：“人，謂施以人恩也”，引《公羊傳·成公十六年》：“‘執未有言舍之者’，此其言舍之者何？人之也”，這個“人”就是“仁”；王念孫考證今本作“仁”，即“人”用的是“仁”的意義。

以上引例不敢說包含了王念孫432組義相同的全部情況，但大致情況應該如此。

二、義相近

義相同強調意義之間的共同性，義相近則強調意義之間的相似性，即意義之間的某種關聯、近似，與詞彙學、詞典學、修辭學等的近義詞應該不是一回事。考察王念孫189組義相近的實際，可以清楚地看到其間的異同。

> 卷二上“爇也”條《疏證》：
>
> 爆，灼也；暴，晞幹；義並相近。

以“灼”訓“爆”是火燒，以“晞幹”訓“暴”是日曬，義相近則指的是“灼”與“晞幹”相近：“灼”是原因，“晞幹”是結果；“晞幹”的原因不止於“灼”，“灼”的結果不止於“晞幹”；“爆”的火燒與“暴”的日曬意義相近，即“火燒”與“日曬”方法類似的相近。

> 卷三下“厚也”條《疏證》：
>
> 凡厚與大義相近：馗，高也，義與頯亦相近；頯，大朴之貌，高露發美之貌，皆厚之義也。

“厚”是概括的縱向體積增大，“大”包括但不限於此；“厚”可以是層級性加高，“高”包括但不限於此；這種義相近是意義的某一方面的接近與相似。“大樸之貌”與“高露發美之貌”則只是暗含有“高”、“厚”的意思，這種義相近是義素之間的近似。“樸”，《說文》訓木皮，《莊子·大宗師》：“其頯頯”，郭象注為“大樸之貌”，《說文》“頯”、“題”、“頟”三字互訓，“頟”今作“額”，“大朴之貌”即額頭隆起的樣子，隆起則增厚加高。

卷三下“難也”條《疏證》：

赿，行難也，跛行貌，義並相近。

行難是赿的詞彙意義，跛行是具體的使用意義，這種義相近是概括義與具體義的相近，兩者或有引申的關係。

卷三上“智也”條《疏證》：

党，党朗也，解寤貌；爣朗，火光寬明也；黨與爣義相近。

“黨”，今作“懂”，“黨朗”是郭璞注《方言》“黨”的用語，二字叠韻，意義都是“解寤貌”，“寤”字今作“悟”；“爣朗”是《廣韻》用詞，仍叠韻，“黨”與“爣”聲同類韻同部，有歷史音變的痕跡；“黨朗”與“爣朗”是同一詞語歷史音變義轉的分化，“解寤貌”與“火光寬明”有引申的關係，是比擬意義的相近。相似的情況如“敗也”條的“淹”與“醃”的分化，“以水漬物”的“淹”與“以鹽漬魚肉”的“醃”也是同一詞語的意義分化，書面上寫成兩個字，從而分化為兩個詞語，是類比意義的相近似。

三、義相通

從術語的科學性看，不同的用語應該有嚴格的界定，在王念孫筆下，“同”與“近”如同詞彙學上的同義詞和近義詞之間的差異，區別在於重合程度；但“通”的使用，如同考察字音語音所用的“通”一樣，顯得混淆不清[①]。《廣雅疏證》中的15組義相通，大多與“義相同”和“義相近”混，“通”的說法似可捨去，下面的“效也”條《疏證》最能説明問題。縱觀具體行文，《釋詁》已見13組，以後各篇偶見兩處，或許王氏本義是有區别，但在具體實踐中又難以真正做到，所以逐漸放棄了。

卷一下“舉也”條《疏證》：

凡物之上舉者謂之揭：䅭，禾舉出苗也；揭揭，長也；碣，特立之石也；並與揭通。

卷三下“效也”條《疏證》：

爻者，《繫辭傳》云：“爻也者，效此者也”，又云：“爻也者，效天下之動者也”，又，“效法之謂坤”，古本皆作“爻”；是爻、效同聲同義。象者，《説文》：“效，象也”，《繫辭傳》云：“象也者，像此者也”，象、像聲義亦同。教者，《太平御覽》引《春秋·元命包》云：“天垂文，象人行其事，謂之教；教之為言效也，言上而下效也”；《説文》：“教，上所施，下所效也；从攴、孝聲；孝，效也；从子、爻聲”。爻亦效也，諸字義並相通。學者書《大傳》云：“學，效也。”

卷四下“式也”條《疏證》：

由，用也；式，用也；由，式也；義並相通。

又，“豐也”條《疏證》：

厖，大也，厚也；義並相通。

① 參看蔣禮鴻《説“通”》，載《懷任齋文集》，上海古籍出版社1986年。

四、義相因和其義一

以字與詞形音義為立足點和出發點，王念孫的探索是多方面、多角度的，其中所謂“對語源作了有趣的探討”，則多見於義相因和其義一。從訓詁用語的角度看，比較王氏不足80組的義相因和其義一，所探討的意義關係，與義相同、義相近可以歸併。

卷五上“索也”條《疏證》：

《爾雅》：“覆、察，審也”，郭璞注云：“覆校、察視，皆所為審諦”，覆校即考索也；《考工記·弓人》：“覆之而角至”，鄭注云：“覆猶察也”；《定四年·左傳》云：“藏在周府，可覆視也”，《月令》云：“命舟牧覆舟”，《孫子·行軍篇》云：“軍行有險阻，潢井、葭葦、山林、翳薈者，必謹覆索之”，索與索通。審、察、索，三字皆从宀，宀訓為覆，覆訓為審，義相因也。

《說文》：宀，交覆深屋也，象形。凡宀之屬皆从宀。

索，入家搜也，从宀索聲。

段注：搜，求也。《顏氏家訓》曰：“《通俗文》云：入室求曰搜”。按，當作“入室求曰搜”，今俗語云“搜索是也”。索，經典多假“索”為之，如探賾索隱是。

《說文》：覆、覂互訓，訓為反復；覆，一曰蓋也。《爾雅》時代單音“覆”，郭璞時代複音“覆校”，則《爾雅》時代“覆”的“審”義來源，很可能是語音的原因造成的，或為即音用字；從引例看，《左傳》時代已用“覆”表“審”義。“審”、“察”、“索”三字皆从宀，屬同一造字義類，但它們的“審”義並不从“宀”而來。王、段皆以“索”、“索”為通假，考二字當有古今關係，

“索”字當為後出區別字。

卷七上“梠也”條《疏證》：

凡言呂者，皆相連之意：眾謂之旅，紩衣謂之絽，脊骨謂之呂，櫋端櫋聯謂之梠，其義一也。

這裏的其義一，當指它們的意義來源相同，“相連”很可能是它們的語源義。類似的情況又如卷四上“傳也”條和卷四下“驛也”條：

傳宣謂之臚，亦謂之譯；傳遽謂之驛，亦謂之駼；傳舍謂之廬，亦謂之旅，亦謂之驛，其義並相通也。皆傳驛之義也。《方言》：“譯，傳也”，郭璞注云：“傳宣語也”，《爾雅》：“馹、遽，傳也”，注云：“皆傳車驛馬之名”；《玉篇》云：“驛，譯也”；

二者皆取傳遞之義，故皆謂之驛。

“臚”、“廬”、“譯”、“驛”、“駼”、“旅”、“馹”、“遽”都取“傳遞”的意義，語音上都有音理可循，“傳遞”便很可能是它們的語源義，但須逐字分辨。“相連”和“傳遞”意義之間有引申的關係：相連是狀態，傳遞是動作，“廬”則是名稱，“譯”、“驛”等則既可以是名稱，也可以是動作；文字上，“廬”與“廬”、“駼”與“旅”、“譯”與“驛”、“呂”與“絽”、“梠”等，則有文字孳乳的關係。

義相因的另一種情況，即所謂反訓；卷三下“予（與）也”條：

案：此條與字有二義：一為取與之與，斂、㰻、匃、貸、授、施諸字是也；一為與共之與，誣、譇、越、以四字是也；義雖不同，而皆得訓為與。若予字，則但有取與之義，無與共之義，故誣、諳、越、以四字可訓為與，不可訓為予。

斂為欲而又為與，乞、匃為求而又為與，貸為借而又為與，稟為受而又為與，義有相反而實相因者，皆此類也。

“與”為王氏據《眾經音義》引文補，理據充分。“義有相反而實相因”指的是同一詞語具有正反兩個方面的意義，是漢語詞義引申、發展、分化的一種：當一個意義正好具有潛在的相反義素時，便具有這種分化的可能。以“貸”為例，施者為貸出，受者為貸入。典型的如《詩經 · 氓》“抱布貿絲”，對布而言是賣出，對絲而言則是買入。或以“布”為“幣”，《毛傳》訓為“幣”，或可深入論證。這應當是以物易物的交易方式，本字當可通，以“布”為“幣”形似而訛說，或迂。《小爾雅 · 廣服》：“麻、紵、葛曰布。布，通名也”[1]；《孟子 · 滕文公下》：“子不通功易事，以羨補不足，則農有餘粟，女有餘布”，從《氓》全詩看，以賤易貴，以討歡心，且與“抱”相合，更合乎《詩》意[2]。從“貿”的甲乙雙方來看，一買一賣，正好相對，但這是同一詞語兩個義項的相對。另一種原因是時代、地域、文化等原因所造成。在現實的語言生活中，說人穿戴華麗，可能引起嚮往，也可能引起唾棄，但“華麗”這個詞語本身並不具備“高貴”與“低俗”兩個意義，或為今之“美惡不嫌同詞”；稱謂“小姐”的本來是富家千金，卻用來指酒肉商女。這應該是語言使用過程中文化原因造成的詞語意義變化，必須尋求文化特徵才能解釋清楚，而不能就詞語意義自身“理性”地強為之說。

---

① 參看胡承珙《小爾雅義證》，黃山書社 2011 年石雲孫點校本 p. 99–100。

② 參看程俊英《詩經譯註》，公木、趙雨《名家講解詩經》。

第七節　音義訓釋

一、聲義並同

形音義是漢語語言文字緊密相關的一個整體，它們既緊密相連又相互區別，既相互作用又相互制約，從這個意義上講，漢字不僅僅只是書寫漢語的工具，更是漢語的書面固化和定型形式，因而既應該看到說出來的漢語與寫出來的漢語之間的差異性，也應該看到說與寫的一致性。訓詁研究並利用形音義關係，區別為形訓、音訓、義訓和音義訓，僅僅只是角度和途徑的不同，解釋清楚被訓釋物件，說明它是什麼和為什麼，則是共同的目的，更是訓詁的宗旨。這裏的104組音義訓釋，可以看作是前面語音訓釋和語義訓釋的結合。

卷四下"國也"條《疏證》：

䧙者，《說文》："或，邦也，或作域"，又云"國，邦也"；或、域、國三字，古聲義並同。

從詞語角度看，三字為同一詞語；從漢字看，或字最早，域與國是"或體字"，且後出。《詩經》有尊卑大小的"邦"和"邑"，沒有"國"，其"或"字皆非《說文》本義。此所謂古聲義並同，是三字在"國家"的意義上曾經同為一詞，後來才音義分化而表示不同的詞語。

卷三上"餘也"條《疏證》：

輸者，《廣韻》云："輸，餘也，出《字林》"；《說文》："𦁐，正端裂也；裂，繒餘也"，蘇林注：《漢書·終軍傳》云：

"繻，帛邊也"，邊亦餘也。《左氏春秋》："紀裂繻字子帛"，《公羊》、《穀梁》並作"紀履緰"；《左傳》"申繻"，《管子》作"申俞"，皆取帛邊之義。《集韻》：輸、愉、緰三字，並音俞，其義同也。

輸、愉、緰三字，形旁同類，聲旁同音，都有"帛邊"的意思，可以説明右文説不可盡廢，自有它一定的道理，也可以作為右文説不可絶對化的分析例證，即不能説凡從俞聲者皆有"帛邊"義。

二、聲近義同

卷一下"盡也"條《疏證》：

鮮與斯，亦聲近義同；齊魯間鮮音近斯。

這是由方音造成的語音差異，導致寫成不同的漢字。《曲禮正義》："今俗語呼盡曰澌"，"澌"與"斯"同音；卷三下"縮也"條中的"側匿、縮朒、仄慝、戚朒"等"並聲近而義同"，則是同一詞語的不同音變和不同用字。

卷一下"牢，（堅）也"條《疏證》：

艮、硍、鍇、鐕、塏、鎧、硜、罄，並聲近而義同；

堅、紾、賢、蕡、掔、擊、臤、臣八字，並聲近而義同。

跟聲義並同、聲相近、義相同一樣，王氏255組聲近義同的大量訓釋都是此類訓釋：卷三上"束也"條中的"稛、圞、擫、麇"，卷二上"爇也"條中的"炎、惔、炎"，卷四上"表也"條中的"纂、襮"等等，皆是。

三、聲近義近

卷二下"短也"條《疏證》：

錍䫌，短也；卑疵，自卑以諂人；椑榹，木下枝；聲義亦相近。

"短"是詞彙義，"自卑以諂人"是引申義：己不如人即短於人，是文化造成的引申；"木下枝"的"短"義是隱含的義素；三詞語音有差異，意義上"短"、"自卑"、"木下枝"有差異所以說相近；從共同義"短"的角度看，則是義相同。語音的細小差異很難辨析清楚，且各家有不同看法，用相近的說法比相同穩妥，抑或因為此，王氏筆下僅66組。如卷一下"弱也"條中的"嬈、弱、撓、橈、淖"等字，"嬈"與"橈"日紐宵韻，"撓"泥紐宵韻；"弱"日紐藥韻，"淖"泥紐藥韻；章太炎《國故論衡·上》認為"娘"、"泥"歸"日"，則五字同聲，韻則宵藥對轉；王力《中國語言學史》認為"娘"歸"泥"，"泥"、"日"同類不同組；結果則是"嬈"、"橈"、"撓"同音，"弱"、"淖"同音，兩組音近。據《說文》訓釋，"嬈"、"橈"皆有弱義，"淖"訓為泥，"撓"訓為擾，義不相干，"弱"、"橈"實為一物，"撓"、"淖"皆可作"橈"。

第八節　詞語比較

將兩個形音義相關的詞語放在一起加以比較，中間用"猶"字鏈結。張永言先生《訓詁學簡論》頁140解釋訓詁用語"猶"，相當於今之"等於說"，一般用於近義詞，有時也用於同源詞的解釋。

趙振鐸先生《訓詁學綱要》頁 50 認為，義隔而通、通古今之語以示人，是“猶”的兩種基本用法。用“猶”解釋詞語語句，大概孟子最早。在《孟子》中，“猶”，主要是兩種用法：一種相當於“尚且”、“還”；一種是兩端的詞語語句比較，相當於打比方。下面是《四部叢刊本》東漢趙岐注《孟子》的比較用例：

卷一：以若所為求若所欲，猶緣木而求魚也。

卷二：今之樂猶古之樂也。

卷三：當今之時，萬乘之國行仁政，民之悦之，猶解倒懸也；視不勝猶勝也。

卷六：士之失位也，猶諸侯之失國家也；士之仕也，猶農夫之耕也。

卷七：《詩》曰：“天之方蹶，無然泄泄”泄泄猶遝遝也；事君無義，進退無禮，言則非先王之道者，猶遝遝也；

今也，小國師大國，而恥受命焉，是猶弟子而恥受命於先師也；是猶執熱而不以濯也；

民之歸仁也，猶水之就下；

今之欲王者，猶七年之病求三年之艾也；

視天下悦而歸已，猶草芥也。

卷八：沈猶行，曰：“是非汝所知也。”

卷九：周公之不有天下，猶益之於夏，伊尹之於殷也。

卷十：今之諸侯，取之於民也，猶禦也。

卷十一：告子曰：“性猶杞柳也，義猶桮棬也”，以人性為仁義，猶以杞柳為桮棬；

其所以放其良心者，亦猶斧斤之於木也；

孟子曰：“仁之勝不仁也，猶水勝火；今之為仁者，猶以一杯水救一車薪之火也”。

卷十三：執中為近之，執中無權，猶執一也；

舜視棄天下，猶棄敝蹝也。

訓詁用語的“猶”，應該是從孟子的這個“猶”發展而來。王念孫199組詞語比較，包括了詞語形音義的比較，大致情形如下：

卷二下“短也”條《疏證》：

棳儒猶侏儒，短，故以名之也。

劉熙《釋名》訓“棳儒”為梁上短柱，韋昭《國語注》訓“朱儒”為短人，王念孫認為以“短”命名，是同源的比較：除去寫成不同漢字的原因，“短柱”與“短人”很可能是同一個詞語的不同義項。

卷一下“動也”條《疏證》：

掉捎猶搖捎。

兩詞語同韻，“掉”在定紐藥部，“搖”在餘紐宵部，兩字聲相同或十分接近①；韻則宵藥對轉。在實際語言中很可能是同一詞語的不同音變和不同用字。

卷八上“黑也”條《疏證》：

黎民猶眾民，不與黔首同。

“眾民”是“黎民”的釋義。“黎”的《說文》本義是黍膠，《爾雅》訓為眾，所以王氏拿“眾民”進行比較解釋。從詞語的凝固程度看，黎民緊密，眾民鬆散。所謂“不與黔首同”，說的是詞語構造意義不同：“黔首”相當於今天的“黑頭”，指的是秦時百姓不裹頭，而黎民的“黎”不是“黑”的意思。類似的情況又如

① 定、餘兩紐的分合似無定論，郭錫良《漢字古音手冊》用王力的擬音。

下文卷五下“疑也”條的“意者猶或者”，“意者”指揣度疑慮之人，“或者”指疑慮未解之人；結構相對鬆散，屬臨時的組合，用字上，今天的規範字分別寫作“臆”和“惑”。

卷四下“高也”條《疏證》：

顤顟猶顟顤耳。

這是同一詞語的顛倒次序，使用上或有不同，意義則不變。比如今天的語言中的“情感”和“感情”，一般情況下不分，怎麼説都行，但北京口語“感情好”不説“情感好”，研究上的“情感論”也決不能説成“感情論”。

卷三上“勉也”條《疏證》：

薄、怒者，《方言》：“薄，勉也，秦晉曰薄，故其鄙語曰薄努，猶勉努也，南楚之外曰薄努”。郭璞注云：“如今人言努力也”。農猶努也，語之轉耳。《洪範》云：“農用八政”，謂勉用八政也；《吕刑》云：“稷降播種，農殖嘉穀”，謂勉殖嘉穀也；《五帝德篇》云：“使後稷播種，務勤嘉穀”，義本《吕刑》也；《襄十三年左傳》云：“君子尚能而讓其下，小人農力以事其上”，《管子·大匡篇》云：“耕者用力，不農有罪，無赦”；此皆古人謂勉為農之證，解者多失之。

《續四部叢刊》本王念孫《廣雅疏證》

《方言》卷一：釗、薄，勉也。秦晉曰釗，或曰薄。故其鄙語曰薄努，猶勉努也。南楚之外曰薄努，自關而東周鄭之閑曰勔釗，齊魯曰勖兹。

周祖謨《方言校箋》p. 9

據《方言》和郭注，知“農”與“努”是同一詞語的地域和歷史音變，書面上用不同的字來表示：《大戴禮記·小辯》與王念孫所引《尚書·洪范》、《呂刑》、《左傳》、《管子·大匡篇》等一樣，用“農”不用“努”。或以“農”為先秦常態，“努”或為秦漢以後的常態。《四部叢刊》本《廣韻》：“努，奴古切；農，奴冬切”；二字同聲，韻則陰陽對轉。

卷五下“意，疑也”條《疏證》：

《長楊賦》：“意者，以為事罔隆而不殺，物靡盛而不虧”，魯靈光《殿賦》：“意者，豈非神明依憑、支持，以保漢室者也”，李善注並引《廣雅》：“意，疑也”。

案：意者，猶言或者。故《幹·文言》云：“或之者，疑之也”；《漢書·文三王傳》：“於是天子意”，梁顏師古注亦云：“意，疑也”。意亦擬度之辭也。《禮運》云：“聖人耐以天下為一家，以中國為一人者，非意之也，必知其情，辟於其義，明於其利，達於其患，然後能為之”。

中華書局本 p. 174 下

此條為王念孫據李善注引所補，據目之所及，補注《廣雅》是《疏證》的特色，也是取得成就的一個重要因素。關於“疑”的訓釋，《廣雅》另有兩條“疑也”：

卷五上“猜、阻，疑也”條：

《閔二年·左傳》：是服也，狂夫阻之。杜預注云：阻，疑也。

卷五下“灋，疑也”條：

疑之言擬議也。《說文》：“灋議，辠也”；《漢書·景帝紀》云：“諸獄疑若，雖文致於法，而於人心不厭者，輒讞之”；讞與灋同。《漢書·鼂錯傳》：“通關去塞，不孽諸侯”，如淳注云：“孽，疑也。去關禁，明無疑於諸侯”；孽與灋義亦相近。

《景帝紀》顏師古注為“讞，平議也”，訓“議”不訓“疑”，解釋的是文義，詞義仍是“疑”：對判獄者是不相信，對不厭者是不相信或不明白。“疑”的基本含義是不相信或不明白：“意者”和“或者”的含義包括了“不相信”和“不明白”；“阻”訓為“疑”是“不相信”：《左傳》：“先丹木曰：是服也，狂夫阻之。”杜預注：“阻，疑也。言雖狂夫，猶知有疑。阻，莊呂切”[①]；“孽”訓“疑”是“不相信”。

縱觀王念孫《廣雅疏證》，其訓詁與先前直解訓詁和引證訓詁明顯不同，直解訓詁和引證訓詁都只解決了被訓釋詞語“是什麼”的問題，而論證訓詁不僅解決“是什麼”，還解決“為什麼”的問題。從學科科學性的角度講，“是什麼”和“為什麼”是檢驗學科科學性的必要尺度；從訓詁與訓詁學史的角度講，以乾嘉學者為代表的訓詁與訓詁學，既是傳統訓詁與訓詁學的高峰，又是傳統訓詁與訓詁學的終結，或可以黃侃為代表，傳統訓詁與訓詁學由此進入現代時期：“肇始於先秦而盛極清代的訓詁學，至清末走完了舊訓詁學的全部歷程，開啟了新訓詁學之端緒，作為傳統語言學的一個分支而與音韻學、文字學鼎立，成為一門古老而又年輕的學科。”[②]前文對王念孫《廣雅疏證》的粗略爬疏，不過是走馬觀花、或不得要領，真要條分縷析，全面研究，歸於統緒，著為通論，明示後學，實非個人能力所能及，不過，作為概要和初淺認識，說明論證

① 見《四部叢刊》本晉杜預撰、唐陸德明音義、唐闕名撰“附錄”《春秋經傳集解》第四。

② 參看許威漢、徐時儀《試論二十世紀傳統訓詁學的新發展》，載武漢大學《長江學術》2002. 2；後收入許威漢編著《訓詁學讀本》，上海交通大學出版社 2010。

訓詁的成立，或可得其梗概。跟先前的直接訓詁和引證訓詁相比較，應該可以看出與王念孫訓詁的本質差異。直解訓詁受制於訓釋者水準和訓釋需要，由於代表了特定時代的語言實際，一般情況下是真實可信的，必須查明緣由才能論定是非，但其不足也是顯而易見的：沒有可資證明的證據。引證訓詁彌補了這個不足，有文獻的和實際的語言材料作證據，可以看出先儒並不割裂口頭的和書面的語言之間的關係，但其引證則可能因水準、需求等原因出現差錯，或引證不夠充分，也存在著不足甚至缺陷。以王念孫為代表的論證訓詁則彌補了這些缺陷，其訓釋本身是有據可查的，可以客觀比較的，因而是可以由持之有據、言之成理去評判的。訓詁自身在訓詁史實中所呈現出的三種狀態，實際上是訓詁自我完善的三大階段，是訓詁科學化的演進過程，更是科學化程度不斷提高的明證；客觀地對待訓詁與訓詁史，尊重訓詁的客觀實際，從中發現、歸納出符合實際的訓詁規律，應該是繼承和發揚的先決條件，執意將訓詁掃進歷史的故紙堆，或與訓詁史實不符。如果將清以前時期稱為“舊訓詁”時期，那它“舊”就“舊”在默默耕耘，艱苦實踐，歷經兩千年去驗證自己研究方法的科學性，方法的每一次進步，都帶來一次質的飛躍，其成果之豐碩，世所罕見。如同“止戈為武”、“馬頭人為長”終結於許慎，“舊訓詁”理論則由王念孫為代表登上頂峰，眺望新世紀。

訓詁學論略

訓詁學的產生和發展是客觀存在的事實，不因被怎麽看待而改變。認定訓詁學的產生、確立和發展，問題不在訓詁學自身，而在評判者的觀念和適用標準。確定訓詁學的成立，應當用與別的學科一視同仁的、可以比較的、持之有據的、客觀的學科標準。一門學科的成立，核心在於它有自己的研究物件和任務，有自己的研究方法和目的，在於它實際呈現出的與別的學科相區別的特徵，而不在於它是否形式上做出了成套的和完整的理論條款。拿這個觀點看待傳統的訓詁實踐史，訓詁學作為一門專門的學科，原本是不存在問題的。一門學問、一種科學、或者一個學科的成立，總是與別的學問、科學、學科相對而言的，相互區別的，具備自己的研究物件、方法和目的等的基本要素，因這些要素而自成體系，學科便成立。因此，《爾雅》的問世，便宣告了訓詁學的誕生，是符合實際的。自《爾雅》始，訓詁經歷了超過兩千年的長期實踐，做了大量的工作，積累了大量的資料，取得了傲世的巨大成就，這在世界語言研究史上，是絕無僅有的。從直解訓詁、引證訓詁到論證訓詁，儘管沒有形成符合今人口味的條理化理論系統，卻不能因此而否定訓詁學的成立。訓詁學是由它的研究方法命名的，訓詁就是訓詁學賴以完成研究任務、實現研究目的的手段，那麼，訓詁所做的一切都應該是屬於訓詁學的。從這個意義上說，訓詁學是漢語語言研究的方法論學科，旨在指導訓詁進行實踐：訓詁的成立與否，訓釋的正確與否，依據什麼進行訓詁，即訓詁實踐中遇到的一切問題，都需要訓詁學加以解決。訓詁研究的物件是語言，遇到的問題也是語言問題，那麼，訓詁學就必須或只能為訓詁提供語言的訓釋憑據，就必須對語言現象和訓詁成果進行歸納、總結，得出可以用於指導的意見。至於這個歸納或總結，是全面的，還是局部的；是多方面的，還是單一的；是系統的，還是零散的；只是表象，不是實質。學科的獨立與否與學科的成立與否，應該是兩個問題，不應該混為一談。學科的成立與否，取決於學科自身，是學科自己可以把握的；而學科的獨立與否，則是由社會對學科的需求和學科自身發展需要兩方面決定的，總體上則是由社會需要決定的，不完全取決於學科自己。訓詁學是漢語研究的一門學科，具有悠久的歷史，其語言學屬性取決於漢語語言學研究及其研究理論，取決於漢語實際和社會對漢語研究的需求，別的語種的研究及其研究成果可以借鑒，但不可以套用，除非它與漢語的實情相符合，能夠真實地反映漢語的實際，解決漢語的問題。什麼是語言學，取決於對語言學科的認識，最終取決於對語言的認識和認識語言的需要。人們的語言觀應當來自語言自身，來自"緣天官"，其真實性就是與語言實際相符，應當用語言實際進行檢驗，而不應該用理論去裁量。不是產生於語言的理論，可以理論地自圓其說，可以說明該理論的合理性，甚至科學性，可以證明該理論的成立，卻不能證明它是符合語言實際的，也就不可能真正解決語言的問題。演繹和歸納是人們認識事物的重要方法，也是語言研究的重要方法，相互補充而不是相互對立，各有所長而不是優劣居一。認識一個事物，最初應當或必須從事物自身入手，“緣天官”而後有所得，這大概是傳統上夏族、漢族認識事物的傳統和習慣，或叫思維模式，這決定了訓詁與訓詁學不應該、也不可能使用演繹的方法去研究漢語。孔子周遊列國，推廣自己的主張而“每事問”，習語說“入鄉隨俗”，方言說“到哪個坡，唱哪兒的歌”，都是這種傳統習慣和模式的表現，否則，目的就很難或不能達成。訓詁與訓詁學的目的是要解決遇到的語言問題，如果使用演繹法，結果必然是先入為主，於問題的解決很可能南轅北轍。訓詁遇到的問題，斷代上是大量的，縱代上是層出不窮的，客觀上使得訓詁“窮於應對”，這應該是造成歷史上訓詁實踐多而理論寡的一個重要的客觀原因，也是漢語研究自有文明史以來區別於別的語言研究的重要的本質特徵。與演繹法相較，歸納的方法要得出一條具有普遍意義的規則或規律，就必須將同類語言現象進行“窮盡”的分析才可能達成，因此，訓詁學實踐多而理論寡又有著方法論上的必然。訓詁以詞語為物件，有着漢語自身特點的原因，也有着“自發”的語言研究的共同特性。訓詁學為訓詁提供訓釋依據，訓詁在訓釋詞語過程中所碰到的語言自身的和語言所涉及到其他的一切問題，只要訓詁需要，都必須提供依據，這決定了訓詁學的研究不可能是“單一”的。由於訓詁學研究語言大量的是從漢語交際的解碼一端入手的，面臨的是大量的言語作品，言語作品中的共同性的東西，即去除了屬於言語的部分，就是語言在言語作品中的展示，語言的和言語的總和便構成了語言現象，因而訓詁學的物件本質上就是這種語言現象：由訓詁的詞語物件涉及到的一切，包括語言自身的和反映到語言中人的社會活動，也就是前文中張永言先生說的語言內的原因和語言外的原因，還包括語言外的別的原因，比如王念孫歸納的先秦人名字型大小之間的規律性；用索緒爾嚴格意義上的語言的尺規衡量，言語作品中的某些現象，或許僅僅屬於言語，但由訓詁的目的和任務規定，也被視為語言現象的一種而必須進行解釋：比如杜甫《秋興八首》的“香稻啄餘鸚鵡粒，碧梧棲老鳳凰枝”；因而這裏所謂語言現象，指的是“廣義”的語言存在和使用所呈現出來的一切現象，也就是說，只要需要，一切語言現象都在解釋之列。以語言現象為研究物件，既要研究它的語言特性，比如詞語的形音義，詞語之間的組合，即聯文成句的規則，也要研究詞語及其組合承載的內容及其表現手段，比如對文的，只有這樣，才能真正完成語言交際的解碼任務。可見，訓詁學的語言觀首先是語言的社會觀，研究的是語言的實際運動及其各種表現，其研究結果是語言的解碼規律，或者叫做識讀規律，包括聽覺的和視覺的，這應該是訓詁學為什麼總是表現為實用科學的根本原因。訓詁學是不是語言學，取決於人們的語言觀和學科觀：是將語言看作存在於社會的一種符號，還是人們在交際過程中呈現出的一種現象，反映了不同的語言觀；是將語言作為符號研究它的構造、組合，即進行符號學的研究，還是作為社會現象研究它的構造、組合及實際運動情況，即從社會學的角度進行語言的構造和運動研究，取決於語言觀指導下的語言學觀，取決於人們認識語言的需要。什麼是語言學，是由其研究物件、任務與研究方法和目的等決定的：以語言為研究物件，或唯一物件，研究它的構造和運動，解決語言自身的問題，就應該是語言學。拿這個觀點看待訓詁學，也就沒有任何理由將訓詁學排斥在語言學之外。訓詁學與語言學的這種情況，類似於中醫與西醫：中醫的理論基礎是將人看作由肢體、五臟六腑、經絡等構成的協調的綜合體，處於平衡狀態便是健康；西醫的理論基礎是將人看作五臟六腑各種組織系統的總和，某一個或局部出現異常，就需要治療；中醫的檢查手段主要是分析現象發現本質，總體上是經驗的，手指下的是人不是物；西醫的檢查手段主要是非西醫所專的設備和儀器，總體上是解析的，手術刀下的與豬狗不能有本質區別；西醫的治療主要是幹擾、切除和補充，中醫的治療主要是人體自身的扶正祛邪、平衡調和等等。兩者相較，長短互現。以中醫之短較西醫之長，這或許是普遍現象，只有在彌補不足時才是有意義的，旨在否定中醫則有目的不純之嫌；以中醫之長較西醫之短，或許少有這樣的比較，只有在發揚長處時才是有意義的，旨在排斥現代科技，必然固步自封。解析並非西醫所專，別的學科也使用解析，經絡則為中醫所專，解析看不到經絡；儀器設備也非西醫所專，機場安檢也用透視，今天的中醫並非當然地被排除在藉助或使用儀器設備之外。本質上講，由於時代的發展和要求，中醫學與訓詁學都面臨相同的問題，加強現代科學觀指導下的理論建設迫在眉睫。但是，這種理論不應該是空中的或泊來的，應該建立在總結而不是割裂數千年的具體實踐之上，或許這才是古人少做而現代人應該盡力的，也才是社會發展和訓詁學發展到現階段的歷史必然。將西醫說成是現代醫學，有着西醫史的歷史依據，或符合西醫史階段劃分的實際，而中醫被說成是非現代醫學，則沒有中醫史依據，也不符合中醫史階段劃分的實際；將索緒爾以後叫作現代科學語言學，或有着西方語言研究史及其階段劃分的依據，但將訓詁學為代表的傳統漢語研究說成是非現代科學語言學，本質上是西方觀念的生搬硬套，註定是狹隘的，不符合實際的。中西方語言研究可以進行比較研究，這應該是真實的命題；中西方一定有相同的科學與非科學的劃分階段，則是僞命題。比較會有優劣高下，可以取長補短，這是“寸有所長，尺有所短”觀念的反映。正如文化，正常的應該是交流，而不是你死我活的衝突，儘管衝突是可能的結果之一，但須有引發衝突的必要條件。一度引起廣泛關注甚至轟動一時的一本書，書名譯作《文明的衝突》，是美國人撒母耳·亨廷頓（Samuel P. Huntington）的著作①，其間“衝突”一語正好可以說明這種觀念的區别。從書名和内容看，“文明的衝突”是顯性内容，“世界秩序的重建”是顯性之下的内容，包含著作者的觀點。譯者使用“衝突”翻譯 Clash，反映了或部分反映了作者的原意。作者認為冷戰結束以後，世界新格局集中表現為七大或八大文明之間的 Clash，包括中華文明、日本文明、印度文明、伊斯蘭文明、西方文明、東正教文明、拉美文明，以及可能存在的非洲文明。Clash 的基本含義是兩物相碰，可以有名詞、動詞兩種詞性。與漢語相較，可以有“衝撞”、“衝突”、“撞擊”、“碰撞”、“交鋒”之類的意思。拿“衝突”和“碰撞”比較，在其文明論成立的前提下，訓詁學的觀點則更願意使用“碰撞”來表達：因為[illegible]，除非各種文明之間原本存在你死我活、不可調和的尖鋭矛盾，否則必然的衝突就不存在，如果存在，一定是人為的；其二，碰撞的結果可以出現新的、相互融洽的結果，而追求這樣的結果是中華文明至少數千年來的基本特質。文明之間的交流，本質上是相互比較，相互影響，而不是強加於人。正如漢語的語言狀態，雅言的存在與發展，並不以消滅方言為前提，方言的存在與發展也不以抵觸雅言

① 參看周琪譯《文明的衝突》，原文是 *The Clash of civilizations and the Remaking of World Order*，新華出版社，2013 年。

為目的。事實上，正因為如此，人類社會狀態才呈現出豐富多彩的局面，語言狀態也才生動活潑，異彩紛呈，這應該是社會的本來面貌。西方語言研究自有其歷史傳統和社會需求，漢語研究自有自己的歷史傳統和社會需求：通過識讀以提高漢語習得和運用能力，通過訓詁學以提高駕馭漢語的綜合能力，是社會需求對訓詁學研究漢語的根本要求，也是訓詁學為什麼研究漢語的學科特徵，更是訓詁學獨立存在和發展了數千年的理由，從這個意義上講，訓詁學就是習得和駕馭漢語之學。自"西學東漸"以來，西方語言研究對漢語研究產生了巨大的影響，作為獨立學科的現代科學語言學理論對訓詁學的影響也是極其深刻的，甚至是顛覆性的，但只有在生搬硬套的前提下才被排斥在"現代的、科學的、語言學"之外，因為那個"現代的、科學的、語言學"原本就缺乏漢語的語言樣本，漢語及其漢字即使被提到，也被特意"擱置"：

> 我們的研究將只限於表音體系，特別是只限於今天使用的以拉丁字母為原始型的體系。
>
> 索緒爾《普通語言學教程》p. 51 及校注（1）

其實，東西方原始自發的語言研究都有着深刻的自身語言的原因，形態語言連同其音位字母文字都深刻的影響並制約着其語言研究，從形態入手，自然而然地走上語法研究道路並由此生發開去，本質上是由形態語言特質決定的；非形態語言的漢語也從最感性的最基本語言單位入手，研究它的古今雅俗、口頭書面，自然而然地走上訓詁研究道路並由此生發開去，本質上也是由漢語特質決定的。剔除別的因素，單純的就兩種研究相較，顯然不能得出誰就是語言學、誰就不是語言學的結論，也不存在誰來衡量誰的問題。拿這個觀點看待訓詁學，它從誕生之初開始，就一直拿漢語作為唯一研究物件，也始終在研究漢語，顯然沒有任何理由說訓詁學不屬於語言學。正如形態語言的研究始終圍繞形態與語法而進行，無論以什麼理論進行研究和解釋，都離不開這個基礎：形態與語法不可分割，形態依附於詞，詞語組合決定形態變化，也就是互為前提；訓詁學的研究圍繞詞語的古今雅俗、口頭書面而進行，無論以什麼理論進行研究和解釋，都必須首先解決這個基礎問題：字之不識，語之不曉，研究只能被“擱置”，詞語的單單組合與單兼組合、兼兼組合相一致，詞語在任何時候都保持同一面貌，並不存在形態語法的問題，也就不可能被研究。東西方植根於各自語言的研究最終由各自語言特質所決定，植根於漢語古今雅俗、口頭書面的訓詁學研究，最終決定於漢語特質，不因人們的願望而轉移，這既是訓詁學自發產生的語言根源，也是歷經數千年雖有興衰卻未斷絕的語言根源。歷史進入到當今階段，只是漢語及其訓詁學發展的今天階段，可能有興衰，卻不會因意志而斷絕，因為漢語及其特質始終存在，傳通交際與漢語特質之間存在着必然性，難以甚至不可能斷絕。

第一章　訓詁的今天

歷史發展到清末，中國社會進入了又一次大變革時代，“西學東漸”是學術上的最主要影響：

> 王國維嘗言：“國初之學大，乾嘉之學精，道咸以降之學新。”誠然，清末西學東漸，在學術上成為許多學科舊學的終結和新學的發祥期。
>
> 參看許威漢、徐時儀《試論二十世紀傳統訓詁學的新發展》

在道咸以降逐步確立的科學與民主兩大思潮的引導下，稍後的魯迅及同時代先導筆下稱為“賽先生”和“德先生”，中國社會發生巨變，傳統小學也隨之進入全新的變革時期[①]。這一時期大致可以分為兩大階段，變革前期：以章太炎、黃侃為代表，或可稱為“章黄時期”；20 世紀 80 年代以來為第二階段，或可稱為“新訓詁時期”或“現代訓詁時期”。在新思潮的巨大影響下，對訓詁與訓詁學而言，“清算”和“求新”成為這一時期的主要特點，此項工作至今仍未停息。“清算”和“求新”是進入新時期後同一工作的

① 參看濮之珍《中國語言學史》第三章，上海古籍出版社 1987 年。

兩個方面：建立起符合現代科學的訓詁學理論體系。“清算”的目的是總結訓詁史，為建立訓詁學現代理論體系提供史實依據，“求新”的目的是建立合乎現代科學標準的理論體系，以適應新時代的要求。以學科觀點看待訓詁，隋唐以前只有以“小學”命名的訓詁一門學問，自漢代始歸入小學類；以孔穎達為代表，訓詁開始分化為文字、聲韻、訓詁三個門類，以王應麟為代表，這三大門類各自獨立為學科，統稱為“文字之學”；清代漢學復蘇，先前的“文字之學”又回到了“小學”的統稱，根據特性，又稱為“樸學”。也就是說，無論獨立與否，傳統上的學科事實上始終存在着，道咸以降的學科“建立”，本質上是傳統學科的現代改造，因而始於章太炎的學科“建立”，應該加上引號，有特定的含義。

黃（季剛）先生說：“夫所謂學者，有系統條理，而可以因簡馭繁之法也。明其理而得其法，雖字不能遍識，義不能遍曉，亦得謂之學。不得其理與法，雖字書羅胸，亦不得名學。”見楊光榮《訓詁學的現代觀念》載《山西大學學報》（哲社版）1995. 2。

黃侃的“因簡馭繁”與王念孫的“振裘提領”本質上是一致的，都是通過對材料的歸納與概括，建立起相應的“規則”，所不同的只是黃侃從學科的角度對訓詁進行了理論概括，王念孫則是對具體訓釋方法進行的條理化。從語言現象的事實出發，發現、總結其規律，這是漢語語言研究的本質特徵：一切發現和總結的規律，一定符合漢語語言的實際，而不是讓漢語語言實際削足適履，去適應或證明某種現成的規則或理論體系。思維方法的不同，決定了東西方語言研究出發點的不同；立足點和需求的不同決定了研究目的的不同。或許正是這樣的差異，面對浩瀚的語言事實，必須要有足夠的語言材料，歸納才成為可能，即霍凱特所謂“窮盡歸納”，這應該是訓詁呈現出實踐多而理論寡的客觀原因。一如“中醫”這個名稱是在“西醫”進入之後才有的[①]，概指傳承了數千年的醫藥、醫道、醫法等的全部，不因名稱不叫“中醫”而不存在，不因實踐多而理論乏而不成其為學科，也不因經絡、氣血、虛實而為玄學，更不因引入陰陽相對、五行相生相剋的哲學觀點而為偽科學。中醫治在不治，是救人以命，西醫醫在已患，是救人以病，追求各異，境界高下而已。在新思潮的影響下，總結乾嘉學者，秉承章太炎的思想，黃侃站在語言學的立場，對傳統訓詁進行了全新的解釋：

> 詁者，故也，即本來之謂。訓者，順也，即引申之謂。訓詁者，用語言解釋語言之謂。若以此地之語釋彼地之語，或以今時之語釋昔時之語，雖屬訓詁之所有事，而非構成之理。真正之訓詁學，即以語言解釋語言，初無時地之限域，且論其法式，明其義例，以求語言文字之系統與根源是也。

見黃侃述、黃焯編《文字聲韻訓詁筆記》：上海古籍出版社，1983 年，p. 181。

黃侃的闡述，規定了訓詁的語言學性質：語言解釋語言；研究的物件：語言；研究的方法：解釋；研究的任務：法式和義例；研究的目的：語言的系統與根源。黃侃的實踐，就目之所及，集中體現在他的《訓詁學講詞》教學大綱及其教學活動中，趙振鐸先生在他的《訓詁學史略》中辟專章進行了介紹[②]。由於種種原因，黃侃的學術資料讀者有限，後經他的學生整理，特別是黃焯悉心整理，

---

① 參看李成文《中醫史》，人民軍醫出版社，2009 年。

② 參看《訓詁學史略 · 第二十章 · 訓詁學理論體系的建立》，中州出版社，1988 年。

才得以出版發行，廣為傳播，黄焯本人對訓詁與訓詁學也有貢獻[①]。黄侃新訓詁學理論體系的概述性創立，淵源上直承其師章太炎而來。在訓詁史上，章太炎應該是現代東西方語言研究相結合的第一人，一方面他繼承了俞樾、戴震、王念孫等的訓詁傳統，一方面接受西方語言學理論，尤其是其中的詞彙學與語源學，站在現代學科分類的立場，第一次明確了訓詁學的語言學屬性。1906 年，早於索緒爾的學生整理出版《普通語言學》十餘年，章炳麟發表了《論語言文字之學》的論文，用現代語言學的眼光重新審視傳統小學，重新以現代語言學學科性質命名：語言文字之學。

> 今欲知國學，則不得不先知語言文字。此語言文字之學，古稱小學。合此三者（文字、聲韻、訓詁），乃成語言文字之學。此固非兒童占畢所能盡者。然猶名小學，則以襲用古稱，便於指示。其實當名語言文字之學，方為塙切。此種學問，僅《漢藝文志》附入六藝。今日言小學者，皆似以此為經學之附屬品。實則小學之用，非專以通經而已。

見章炳麟《論語言文字之學》，初載《國粹學報》，1906 年。《文篇》第二十四期；本世紀收入影印的鄧實、黄節《國粹學報》十六冊暨排精裝本第六冊，江蘇廣陵書社有限公司 2006 年。

“語言文字之學”不是簡單的命名，而是傳統小學新紀元的宣言，訓詁學也由此進入現代語言學意義上的新的發展階段。沈兼士在評價自唐以來的三階段訓詁研究時，將自章太炎開始的全新的小學研究歸入“理論的語言文字學”階段：

> 章氏倡此正名之議，頗具時代之精神，足以促小學之進

① 趙振鐸《訓詁學史略》，中州出版社，1988 年，p. 319—320。

步。

參看沈兼士《影印元至治本鄭樵六書略序》，初收入《段硯齋雜文》，後收入沈兼士著，葛信益、啟功整理《沈兼士學術論文集》，中華書局，1986，p. 332。

比較西方語言研究史，章太炎《論語言文字之學》發表十餘年後，瑞士人費爾迪南德·索緒爾（Ferdinand de Saussure）的《普通語言學教程》才問世[①]，才開啟了西方現代語言學的新紀元，其語言符號說的觀念、語言學研究的界定、語言描寫的方法、語言結構的理論等，影響至深至遠，甚至超越了語言學自身的範疇，不光對中國，對世界語言學研究都產生了劃時代的影響。索緒爾的語言觀和語言學觀首先是哲學的，全書語言觀的根基是哲學的"二律背反"，並以"語言"和"言語"為代表，語言學研究的內容則直承近代語言學先驅青年語法學派的（Young Grammarian School，德語原文 Junggramatiker)，因而他的普通語言學理論，本質上是哲學的語言學理論[②]，這決定了他的研究方法只能是有待驗證的演繹的方法，而具體的語言研究，比如漢語研究，則必須充分尊重語言實際，反映語言實際，離開了艱苦的歸納方法，終將會一事無成：

（關於語言中的正確與不正確，這是作者所說的語言研究"困難的根源"的第二點）對第二點的回答是：語言研究除非實行嚴格歸納的方法就不能取得任何成就。關於語言應該如何的哲學思辨是沒有成效的。

---

① 參看菲爾迪南德·索緒爾《普通語言學教程》，商務印書館，1980 年。

② 參看索緒爾《普通語言學教程》；（蘇）柯杜霍夫著、常寶儒等譯《普通語言學》，外語教學與研究出版社，1987 年；車銘洲主編《現代西方語言哲學》，四川人民出版社，1989 年。

見霍凱特著，索振羽、葉蜚聲譯《現代語言學教程》，北京大學出版社 1987 上下冊本，上冊 p. 7。

章太炎的語言文字學觀首先是從漢語實際出發的，是符合漢語實際的：漢字具有特殊性，不能將漢字與漢語人為地切割開來，這或許是要以“語言文字”命名的客觀原因。語言文字學深刻地揭示了兩千年傳統小學的本質，揭示了漢語語言研究的獨特性，成為現代訓詁學學科研究和理論建設的源頭。他的學術思想，在大陸由他的學生黃侃、沈兼士等發揚光大，在臺灣則由林尹、高明傳播開去①。

① 參看趙振鐸先生《訓詁學史略》。

第一節　新訓詁時期

20 世紀 80 年，訓詁學在大陸復蘇，並以極快的速度中興：老一輩學者久旱逢甘露，煥發青春；年青一代秉燭夜讀，如飢似渴。有着兩千年光輝歷史的漢語研究，絕學不絕，為 21 世紀開創新局面打下了堅實的基礎。在這些學者中，王力最具影響，他的學術思想大致形成於 40 至 60 年代，影響則主要是在 80 年代以後。王力的著述是多方面的，影響也是多方面的，涵蓋了漢語語言研究的各個領域：

> （王力）當代著名語言學家，他對語言學各個方面都有廣泛的興趣，他的研究遍及語言學的各個領域，並且有很多方面都是開創性工作。
>
> 參看趙振鐸先生《訓詁學史略》p. 333

王力的訓詁學思想可以以他的兩篇文章為代表，《新訓詁學》發表於 40 年代，《訓詁學上的一些問題》發表於 60 年代。《新訓詁學》按照訓詁工作的特點，將傳統訓詁分為三派，是傳統訓詁的“總清算”：

> 纂集派　這一派是述而不作的。他們把古代訓詁纂集在一起。阮元的《經籍籑詁》，以及近人的《韻史》、《辭通》，等等，都屬於這一派。
>
> 注釋派　這一派是闡發或糾正前人的訓詁，要想做古代文字家的功臣或諍臣的。《說文解字》的注家多半屬於這一派。
>
> ……
>
> 發明派　這可說是比較新興的學派。古人解釋字義，往往

只根據字形。直到王念孫、章炳麟等，才擺脫了字形的束縛，從聲韻的通轉去考證字義的通轉。

參看王力《新訓詁學》，初見於 1947《開明書店二十周年紀念文集》p. 173—188；後收入《龍蟲並雕齋文集》第一冊，p. 316—317，中華書局（全二冊）本。

文章第二部分專門談“新訓詁學”，借鑒西方語言學理論，強調訓詁應當以歷史的觀點研究語義的歷史變遷：

從歷史上去觀察語義的變遷，然後訓詁學才有價值。

等到訓詁脫離了經學而歸入了史的領域之後，新的訓詁學才算成立。到了那時節，訓詁學已經不復帶有古是今非的教訓意味，而是純粹觀察、比較和解釋的一種學問了。

參看《龍蟲並雕齋文集》第一冊 p. 327

對傳統訓詁與訓詁學的總結和研究，角度和目的不同，結論各異，從訓詁學史實和發展的需要出發，才可能是訓詁學自身內在規律的發現和總結。學科的成立和學科的獨立應該是兩個問題，學科的成立與否首先取決於學科自身的物件、任務、目的和方法；學科的獨立與否則取決於學科的進步與時代對學科的需求。將訓詁的物件確定為語義，大概有兩方面的原因：現代語言學理論，即西方語言學理論，尤其是西方現代語言學標誌的索緒爾的理論界定，其詞義要素的規定與訓詁研究語義的實際，客觀上有重合；自宋代開始的傳統小學中文字、音韻學科分立，剩下的部分都歸入了“訓詁之學”。訓詁研究語義的影響非常大，為與現代語言學理論“相結合”，得出訓詁與語義學或古語義學相當、訓詁學大致屬於西方現代語言學之前的語文學範疇的結論，也就是必然的了。儘管相較之下有很多不同，甚至質的不同，提出者和主張者也有論述，但本質並沒有區別：比如“古語義”只是語義的時段明晰，儘管有可資借鑒的語言理論，但仍屬於語文學範疇：

> 五四運動以後，漢語的研究向前推進了一步，其中並沒有其他奧妙，只不過是把普通語言學的理論應用到漢語研究上。物件仍舊是原來的物件，只因觀點、方法改變了，研究的結果就大不相同。
>
> 參看王力《龍蟲並雕齋文集》二冊 p. 569
>
> “訓詁學”是研究我國古代語言文字的意義的一種專門學術。
>
> 這樣，訓詁學也可以叫做“古語義學”。
>
> 參看齊佩瑢《訓詁學概論·第一章　緒說》，中華書局，1984. p1。
>
> 大家知道，語文學（philology）和語言學（linguistics）是有區別的。
>
> 中國在“五四”以前的所作的語言研究，大致是屬於語文學範疇的。

參看王力《中國語言學史·前言》，山西人民出版社 1981，精裝簡體本，p. 1。

《訓詁學上的一些問題》可以看作是《新訓詁學》的具體化和補充：“新穎可喜還是切合語言實際”強調訓詁重證據，尊重語言事實；“從思想上去體會還是從語言上去說明”從方法論的角度強調尊重語言事實；“‘並存’和‘亦通’”強調尊重前訓，去偽存真；“語言的社會性”強調語言的普遍性原則；“詞義是不是上下文決定的”強調詞義與語境的相適應性；“僻義和常義”是語言普遍性和特殊性原則在詞義上的體現；“關於古音通假”強調“因聲求義”的優劣；“偷換概念”強調避免望文生義；“重視故訓”強調充分尊重故訓；“怎樣對待疑難的字句”，強調訓詁的樸實傳統，等等[①]。文章從注釋的角度論述訓詁工作，着重強調了訓詁的觀點、原則和方法，實際上回答的主要是“怎樣進行新訓詁”的問題。

自是以後，新訓詁學的學習和研究新人輩出，名家凸顯，成果豐碩，但這種繁榮的局面是相對於荒蕪絕收而言的，訓詁學研究乃至整個漢語研究，離真正的繁榮昌盛還有很長的路要走。1980 年，陸宗達《訓詁簡論》出版[②]，雖是簡論，新訓詁學的理論框架已經具備，兩書相較，更是王寧 1996 年出版《訓詁學原理》[③] 的基石。2002 年，北京出版社再版《訓詁簡論》，附有王寧的《再版前言》，是瞭解陸宗達訓詁思想、貢獻、生平的重要依據，更可以瞭解到訓詁學研究從復甦到繁榮歷程的基本概況。《訓詁學原理》以詞為對象，以詞義為核心，全面深入地闡述了訓詁學的基本原理，建立了詞義系統的理論體系，或可看作是黃侃“論其法式，明其義例，以求語言文字之系統與根源”的具體實踐，更是這一理論觀點的完善並結出的碩果。明顯區別於清以前傳統訓詁與訓詁學，新時期訓詁學的研究更側重於學科的建立和學科理論的探索，側重於語言學屬性的理論建設，這應該是新時期時代需求的反映，符合現代人的口味。如果放到清以前的數千年間，或許只有兩個結果，要麼驚天地、泣鬼神，改寫歷史，要麼紙上談兵，死於繈褓，抑或胎死腹中。根本原因在於傳統的思維方式和社會需求，在於訓詁總是用於具體實踐的傳統共識，背離了這一共識，會被認為是空談、浮躁，

① 參看王力《訓詁學上的一些問題》，初發表於《中國語文》1962 一月號，後收入《龍蟲並雕齋文集》一冊 p. 328—344。

② 參看北京出版社 1980 年版。

③ 參看王寧《訓詁學原理》，中國國際廣播出版社，1996 年。

不切合實際，比如魏晉的“談玄”。應時代的要求，建立並完善訓詁與訓詁學理論是必要的和必須的，借鑒是應該的，但不能作為衡量傳統的標準，可以是傳統的延續，而不能是傳統的割裂；只能是引進參考，不能是生搬硬套，比如語言學與語文學。索緒爾以二律背反為立足點和方法論看待並研究語言，重要目的之一就是建立語言學學科，規定了它的物件，即語言符號（或可叫做符號化了的語言自身）；規定了語言的要素，其所謂語言的“內部要素”，即音位、詞和結構（即語法），於是，以此為研究任務的就是“內部語言學”（用於區別外部的語言學），也就是所謂真正的語言學（或可叫做純粹的、剝離了一切非語言因素的語言學），即共時語言學（區別於歷時語言學）[1]。拿這個觀點衡量傳統訓詁與訓詁學，訓詁與訓詁學顯然不在“內部”，也就不可能是語言學。但這裏所謂“內部”與“外部”的區分，是建立在形態語言基礎之上的，它們的文字都是音位字母文字，缺少了具有鮮明特質、具有至少五千年文明史的漢語及其漢字研究的證據，雖被提及，卻被刻意“擱置”。語文學在歐洲有較長的歷史，據說在亞里斯多德（西元前384—前322年）時代就有了，不過據索緒爾說主要是針對沃爾夫（Friedrich August Wolf）1777年宣導的學術運動而說的[2]。由於訓詁與訓詁學與之有共通性，或說表象的相似性，訓詁與訓詁學乃至整個傳統的漢語研究才都成了語文學。可以看到，無論主觀願望如何，客觀上“套用”的痕跡應該是很明顯的：

其後出現了語文學。早在亞歷山大里亞就曾有過一個“語

① 參看索緒爾《普通語言學教程》第二章至第五章。柯杜霍夫《普通語言學》p. 92—100。

② 參看索緒爾《普通語言學教程》p. 17—18。

文學”學派，不過這一名稱現在主要用來指沃爾夫自1777年起所宣導，目前還在繼續著的學術上的運動。語言不是語文學的唯一物件。語文學首先要確定、解釋和評注各種文獻；這頭一項任務還引導它去從事文學史、風俗和制度等的研究，到處運用它自己的方法，即考訂。如果接觸到語言學問題，那主要是要比較不同時代的文獻，確定每個作家的特殊語言，解讀和說明用某種古代的或晦澀難懂的語文寫出的碑銘。毫無疑問，這些研究曾歷史語言學做好準備：瑞茲爾（Ritschl）關於普勞圖斯（Plautus）的著作可以稱為語言學的。但是在這一方面，語文學考訂有一個缺點，就是太拘泥於書面語言，忘卻了活的語言；此外，吸引它的幾乎全都是希臘和拉丁的古代文獻。

索緒爾《普通語言學教程》p. 17–18，參看全部七個校注。

總括起來，新訓詁時期的特徵是訓詁的近、現代變革時期：一方面，訓詁從直解訓詁發端，中經引證訓詁的拓展，到論證訓詁登上歷史巔峰，客觀上走完了古代階段；另一方面，西學東漸，全新的語言學理論傳入，用科學的語言學理論眼光看待傳統訓詁便成為歷史的必然。因此，新訓詁學時期本質上是訓詁的現代語言學研究時期。從訓詁的歷史看，在以《爾雅》為代表的先秦時期，訓詁主要作為語言習得和語言教學的手段，主要服務於以教化為代表的“大教育”，漢以後則主要表現為文獻語言識讀手段，主要服務於以經學為代表的“政治教化”，但自《爾雅》始，訓詁學作為一門專門針對漢語的專門學問，則是不爭的事實。將這門學問放進現代語言學理論現成框架，或拿現代語言學現成理論的眼光去看待和衡量，還是將訓詁實踐和實踐成果拿去驗證現代語言學現成理論，反映出不同的語言學觀。現成的現代語言學理論可以對訓詁學進行現代語言學研究的指導，但需要的是理論原理而不是現成框架，否則就會削足適履。在諸多問題中，訓詁學的研究物件大概是問題的焦點，一般來說，研究物件很大程度上決定研究的屬性。

第二節　訓詁的對象

章太炎首次提出新訓詁學是語言文字之學的觀點，訓詁的物件就應該是語言文字；黃侃將訓詁解釋為用語言解釋語言，訓詁的物件就應該是語言；據王力“純粹觀察、比較和解釋”的語義觀點，訓詁的物件應該是語義，語義的載體則是詞語和漢字。陸宗達《訓詁簡論》以“訓詁內容”的方式概括訓詁工作，其中包含了訓詁的物件：

> 解釋詞義、分析句讀、闡述語法、說明修辭手段、闡明表達方法、串講大義、分析篇章結構。
>
> 參看陸宗達《訓詁簡論·訓詁的內容》。
>
> 訓詁學是我國的一門古老的科學。它從語義的角度來研究古代文獻，是批判地繼承我國古代文化遺產首先必須運用的一門基礎科學。
>
> 參看陸宗達《訓詁簡論·前言》。

其間的“古代文獻”顯然不是指的文獻本身，而是其間保存的語言，所以王寧《訓詁學原理》才直接稱作“文獻語言”：

> 一般說訓詁，指的是訓詁工作和訓詁材料。
>
> 訓詁的基本工作是用易知易懂的語言來解釋古代難知難懂的文獻語言，這是一種綜合性的語文工作。
>
> 參看王寧《訓詁學原理》p. 32。

張永言先生以“為什麽需要訓詁”的方式回答了訓詁物件的問題，包括語言、文字及其它三方面的原因：

語言的原因：古語、方俗語、譯語、代語、雙關語、成語、典故、語法（詞法、句法、虛辭）和句讀；

文字的原因：古字、通假字、訛誤字、避諱字；

其他原因：名物、制度、風俗習慣等。

參看張永言先生《訓詁學簡論》p. 4—19。

正由於以上三方面的原因，才造成了閱讀和理解的困難，所以“訓詁的範圍是廣闊的，內容也是多方面的”：

解釋字義、詞義，串講句義，寓詞義、語法的解釋於串講之中，說明表現方法或修辭手段，申述篇章旨意，說明典章制度，引證史實、故事，評論原文。

參看張永言先生《訓詁學簡論》p. 2—4。

隨着訓詁學科的獨立和普及，大學教學的需要成為訓詁與訓詁學推廣開去的主要動因，為此服務的教材，探討、解決問題的專著、文章等，都不可避免的要對訓詁的物件作出解答。以下是偶遇並拜讀過的著作，雖是冰山一角，或可一葉知秋：

我國傳統的訓詁學約與語義學相當。由於它是研究古代語義的，所以又屬於文獻語言學的範疇。

吳孟復《訓詁通論》，安徽教育出版社，1983 年。

訓詁學是為閱讀古代書面語服務的一門科學。它研究如何正確理解古代書面語的語義，以求瞭解它的思想和內容。

洪誠《訓詁學·緒論》

訓詁的任務是解釋語言。訓詁學是研究怎樣正確地理解語言、解釋語言，也就是講清楚怎樣注釋的道理。

洪誠《訓詁學》，江蘇古籍出版社 1989 年 p. 4。

訓詁的對象本不限於古代漢語，但是古代漢語是主要對象。

洪誠《訓詁學·第一章第二節》

訓詁就是解釋疏通古代語言。換言之，將古代的話加以解釋，使之明白可曉，為之訓詁。

郭在貽《訓詁學》，中華書局 1986 年。

訓詁學是研究解讀古書字、詞、句意義的學科。

趙振鐸先生《訓詁學綱要》，陝西人民出版社 1987 年。

用淺顯的話來說，訓詁就是解釋的意思，即用易懂的語言解釋難懂的語言，用現代的語言解釋古代的語言，用普通話解釋方言。

周大璞主編《訓詁學初稿》，武漢大學出版社 1987 年。

解釋字詞——訓詁的核心，解釋文句，分析篇章，分析表達方式，分析時空關係。

許威漢《訓詁學導論·訓詁的內容》，上海教育出版社 1987 年。

（訓詁二字）不論是單舉還是連用，它們均表示解釋的意思，而解釋的物件，就是語言。

前人所做的工作就是解釋語言。當然，這並不是說訓詁從一開始發生就十分明確，但作為一種自覺地學術活動，它是把古代文獻中的語言作為自己研究的物件的。

陳紱《訓詁學基礎》，北京師範大學出版社 1991 年。

訓詁是對古代語言，特別是對古代文獻語言的解釋工作，是以排除正確理解古代語言障礙，幫助人們準確閱讀和理解古籍為目的的一種具體、實用的語文工作。

毛遠明《訓詁學新編》，巴蜀書社 2002 年。

所謂訓詁，並不神秘，就是對古代文獻字詞和文句的詮釋；訓詁學，就是研究文獻字詞句詮釋之學。

陸忠發《現代訓詁學探論·序》中黃金貴語，浙江出版社2008年。

訓詁有兩個特點。一是它解釋的物件是古代的文獻語言，解釋現代的語言則不屬於訓詁的範圍，儘管訓詁的方法有時也可以用於現代詞語的考釋。二是訓詁的旨趣在於解釋今人閱讀理解有障礙的古代文獻詞語，解釋大家都明白的古代詞語也不能稱為訓詁。

楊琳《訓詁方法新探》，商務印書館2011年，標點依舊。

無論是明言還是隱含，上引各例中都包含了訓詁的物件，除末例被局限為"疑難"外，大家對訓詁物件的認識應該是一致的：語言、古代語言、詞、詞義或語義。事實上，我們今天所認識的古代，除去文物之類的輔助外，直接的證據都來自有價值的古籍，或說文獻，但文獻只是載體，研究文獻和根據文獻進行各自的研究應該不是一回事，這與索緒爾對其語文學的描述應該有所不同。總體上說，訓詁的物件就是語言，訓詁研究的也是語言，離開了語言，訓詁什麼都不是，也不可能產生和發展，更沒有存在的價值和必要。拿系統論的觀點看，語言是一個複雜的綜合性系統，從"自發"的語言研究看，語言直觀地表現為語言單位系統，詞語正是其中最小或最基本單位，因而世界語言研究的源頭都是以詞語為直接物件的，都是從詞語開始感知而研究語言的，這種共同性應該是語言特性的必然反映，也是人們感知語言存在和自覺使用語言的必然反映。從"自發"到自覺的語言研究，比如從《爾雅》的詞語研究到索緒爾的語言學理論研究，詞語研究經歷了從"自發"研究、一般語言研究到現代語言學研究三大階段，但詞語作為訓詁的出發點和立足點則始終沒有改變。以詞語為出發點和立足點，也就是以詞語為直接物件，至於由此生發開去，還要涉及其他內容，則是由訓詁的目的和任務決定的：訓詁旨在“傳通”，解決語言交際的“暢通”問題，因而凡有阻礙，都一定在“傳通”之列，從這個意義上說，詞語就不可能是唯一物件。

訓詁詞語物件的另一個問題是詞語的語言範疇，即訓詁只研究詞語的某個方面還是整個詞語，只研究某類詞語還是整個漢語的詞語，這個問題同時也涉及到對訓詁學的認定問題。訓詁的產生、發展、發達史證明，這本不是問題，也不應該成為問題：訓詁訓釋詞語，對內要訓釋其形音義各方面及其相互關係，對外要訓釋詞語間的相互組合，既要訓釋雅言，也要訓釋方言，既要訓釋古語，也要訓釋今言，既要訓釋書面，也要訓釋口頭。倒是由於語文學觀念的影響，文獻與文獻語言有必要贅述，連帶的便是訓詁與注釋的問題。文獻與文獻語言是載體與內容的關係，如同索緒爾的語言和言語，是缺一不可的、共生共存的兩個面，文獻語言是文獻思想內容的載體，訓詁顯然解釋的是文獻語言而不是文獻本身，儘管為了說明被訓釋的具體情況，有時會涉及也必然涉及文獻本身，比如版本問題，但訓詁並不屬於文獻研究本身，應該是很清楚的。文獻語言自身就是一個排他的範疇，只能與“非文獻語言”相對，訓詁只研究文獻語言而排斥別的語言的觀念顯然與訓詁實際不符；除非有足夠的證據且足以證明，文獻語言就只能被理解為“文獻所承載的語言”，這個“語言”，可以是實際口語的書面定型化，比如《論語》；也可以是脫離了實際口語的另一套只用於書面的語言，比如唐宋白話以後的所謂文言；因此，我們並沒有充分理由說“文獻語言”是區別於實際交際口頭語言的另一種只用於或僅存於文獻的語言。孔子的“政者，正也”與孟子的“泄泄猶遝遝也”的訓釋物件，儘管都存在於文獻，但孔子解釋的是當時實際使用的口語，孟子解釋的是存在於文獻的古代的語言，二者的語言學意義應該不能混為一談。被尊為訓詁鼻祖的《爾雅》，“師，人也”、“謂吾舅者，吾謂之甥”的訓釋，顯然也是存在於文獻的實際語言，卻並不是只用於文獻的文獻語言。對訓詁而言，“文獻語言”只是“存在於文獻的語言”，並不與實際使用的語言，包括口頭的和書面的，相互對立，因而訓詁訓釋的“文獻語言”，就既是口頭的，也是書面的。對語言進行劃分，以文獻為依據，就排除了一切非文獻語言。以文獻為載體的語言的另一個重要特點是，文獻語言一定都是寫下來的語言，即視覺的語言，而非說出來的語言，即聽覺語言；而嚴格意義的文獻，往往指的是具有歷史價值和研究價值的知識體系，並不泛指一切寫下來的語言，應該只是寫下來的語言的一種；文獻暗含的時間意義總是“過去”的，即對訓詁工作者來說，一切文獻都是今天以前的，往往又都是歷史的；因此，可以很清楚地看到，以文獻語言規定訓詁的物件，與訓詁的產生和發展史並不相符，儘管對文獻語言的訓釋是大量的和重要的。寫下來的語言，由漢字的特殊性決定，總體上是有聲漢語的無聲化，聽覺形式與視覺形式的同質轉換，並不因形式的不同而發生質的改變：嘴裏怎麼說，筆下就怎麼寫。文言與白話是相對概念①，源頭都在先秦，只有當書寫嚴重脫離實際口語而形成另一套書面語的時候，而不僅僅是因為說和寫的表現差異，比如“兒化”，才應該是真正意義上的文言書面語，訓詁史實證明，訓詁顯然不限於解釋這種語言。

---

① 參看張中行《文言和白話》，黑龍江人民出版社 1988 年。

大而言之，訓詁的物件是語言，不是文獻，也不是別的，是從漢語的交際出發，針對交際過程中漢語的具體情況進行解釋，解釋的結果

就是"傳通"了漢語交際中的表達與理解，使得表情與達意雙方完全一致，暫態交際由"政者正也"的方式就可以解決，永久交際則必須發掘出"識讀規範"才能被社會所認同。具體地說，跟古印度、古希臘一樣，自發的語言研究都是從語言的最小或最基本語言運用單位開始的，從最小開始，語言單位間的組合與分離就構成了語言的運動，訓詁研究的語言單位是處於具體時空、實際交際中的語言單位，其狀態是"動態"的，不是"靜態"的，《爾雅》中的詞語範圍就是訓詁具體對象範圍的代表。"最小"語言單位是結構主義語法觀對形態語言的最基本單位的劃界，英語用 word 表示，漢語用詞表示，但英語借入後存在着劃分和認定問題，尤其是實義合成詞，借助形態可以解決不少問題，而漢語借入後同樣的問題成倍擴大，回避的辦法是確立"語素"，但語素是分析單位，不是運用單位。漢語的詞，暫且用"最基本單位"替代"最小"，有自身的特點，受多種因素制約，單靠結構，大約解決不了問題。一般說來，單位越小，組合越靈活自由，越大越笨拙："三房兩廳"在運用中只能作為一個整體對外發生聯繫，"房"和"廳"既可以組成"房屋"、"廳堂"進行運用，也可以受到限制的獨立運用，比如"三房"、"兩廳"。訓詁的物件除了最小的"房"和"廳"外，還包括"三房"、"兩廳"、"房屋"、"廳堂"、"三房兩廳"、"中國特色社會主義市場經濟"，也就是說，訓詁針對的是實際運用中的"整體單位"，這個單位被視為"基本單位"，其範圍則以荀子所說的單與兼為核心，數量上佔有絕對優勢，不是"詞"這一引進概念

可以概括的。

第三節 訓詁的特徵

訓詁不同於別的方法，有着自己的特點，這些特點，有的是顯而易見的，有的則需要仔細辨别，看到實質，不受表象的蒙蔽。用學科的觀點看待訓詁，訓詁具備了完整學科的全部特徵，擁有自己獨到的物件、目的、任務和方法，以“大歷史觀”① 看待訓詁，則可以不受細小枝節的束縛，看到大勢，抓住本質。從哲學的觀點看，訓詁表現為漢語的認識手段，從漢語的角度看，訓詁史中最突出的表現是漢語“識讀”手段，因而整部訓詁史所展示的訓詁特色就是“傳通”漢語，無論古今雅俗或口頭書面，“傳通”以達成漢語的“準確”交際成為最本質特色，“訓詁通而已矣”② 的評價，應該有着很好的提示意義。這一特色恰恰正是訓詁的目的。凡涉及漢語“傳通”問題，就一定離不開訓詁，應“傳通”的需要，解決訓詁物件在“傳通”過程中涉及到的一切問題，就成了訓詁的根本任務。由於“傳通”所涉及的問題首要的和主要的是漢語問題，涉及到訓詁對象的多個方面：形音義的、形音義對內對外相互聯繫的、古今雅俗的、口頭書面的，等等，因而它的研究及其成果就一定是多方面的，一般論證訓詁學具有基礎性和綜合性兩大基本特徵，其根源正在於此。對認識和研究漢語來說，訓詁只是“傳通”工具，有自己的獨特物件和專門任務，至於將訓詁這個工具用於其

① 參看黄仁宇《中國大歷史》，生活·讀書·新知三聯書店，2007 年。書中的立場、觀點、史實等或待商榷，而以“大歷史觀”研究中國歷史的方法則有借鑒價值。

② 班固對揚雄的評價語。參看《漢書·揚雄傳》。

他何種目的，由工具的使用者所決定，工具本身至多只能提供可能性，並不提供必然性。孔子因政治需要使用訓詁工具解釋當時口語而說“政者，正也”，不應該得出訓詁的目的是時事政治的結論，那應該是孔子的目的，不是訓詁的目的；孟子使用訓詁工具說“畜君者，好君也”，也不能說成是訓詁為諷喻的目的而訓釋古語，那應該是孟子的目的，不是訓詁的目的；墨子的“未知吾辭之類”，也不能說成訓詁的目的是界定概念，那是墨子的目的。同理，訓詁的目的也不是為了注釋，而是注釋使用了訓詁工具對文獻語言進行解讀，從而達到自己的文獻研究的目的，用注釋否定訓詁的存在，將注釋替代訓詁，混淆了工具本身和工具使用，與訓詁實際和訓詁史實不符。從漢語習得與研究看，訓詁總是表現為針對漢語的一種學習和研究方法，在語言習得、傳情達意、具體運用上表現為“正確”表達和理解的手段，在語言運動過程中表現為從解碼入手的“識讀”方法，在漢語研究中則表現為有着悠久歷史的特定研究方法。就漢語而言，要研究漢語，首先必須“懂”漢語這門語言，學習、使用、傳通就是這種“懂”的過程，訓詁要解決的是符合漢語實際的“懂”的“正確性”，也就是漢語的社會性和普遍性，不“懂”漢語，研究只能是無稽之談。“懂”是漢語研究的前提，訓詁解決的正是漢語的“懂”的問題，這便構成了訓詁的基礎性特徵，漢語的一切研究都必須建立在這個基礎之上。由此生發開去，其他語言學科專門研究漢語的一個或多個方面，便構成了訓詁的綜合性特徵，這種綜合性是針對漢語自身被研究的各個方面而言的，從學科的角度看，就構成了訓詁學與其他語言學科的相互關係。由於訓詁學解決的是最基本的“懂”漢語問題，也就決定了它的基礎性地位，訓詁學對漢語的研究實質上也就是漢語的基礎性語言學研究。與形態語言研究相較，或許可以看得更清楚。如果將語法簡單化理解為最基本語言單位相互組合以表情達意，那麼，形態本質上就是語法的顯性化，形態與語法互為前提，也就是形態與語法形式上的一致性：特定的形態一定出現在特定的組合與組合關係中，特定的組合與組合關係要求特定的形態。自發的形態語言研究總是從詞的形態入手，分出詞的主幹與詞綴本質上也是認識詞的形態，觀察它在實際運用過程中的具體表現，形態與語法也就成了形態語言習得手段和研究方法，這正是廣義的語法包括形態和以語法為研究核心的語言根源。漢語不用形態，也就沒有這種顯性化，有的則是語言的古今雅俗、口頭書面的變化與差異，這是實際交際需要"傳通"的語言根源，因此，訓詁是以認識論為基礎的漢語的研究方法，屬於漢語語言學範疇，而不能是別的什麼範疇。從現代語言學研究看，訓詁的方法是獨特的和獨到的研究方法，是適應漢語特性、應漢語發展需要"自發"產生的，是"漢語人"認識和研究漢語的結晶。作為獨特的研究方法，東漢以來定名的"訓詁"，始終嚴格地遵循着自己的規則，從而形成了自己獨到的研究體系，超過兩千年的研究實踐證明，訓詁是漢語行之有效的特定研究方法。

一、訓詁的構成

"訓詁"是由動詞性的"訓"與"詁"構成的並列結構，定型於東漢，至少產生於西周。"訓"的基本含義是"說教"，可以名動兩用，動詞性是說教行為，名詞性是說教的內容，《詩經》、《尚書》等大量使用。從《詩》的"古訓是式"、《尚書·禹貢》的"皇祖有訓"，到《爾雅》"訓，道也"、《說文》"說教也"、《廣雅》的"順也"、"教也"，"訓"的基本含義都是廣義的"說教"，都可以名動兩用。“詁”是後漢才廣為使用的字，應該是從“古”、“故”承襲而來的，許慎認為是為了“訓故言”而造，據此，“訓”的意義廣於“詁”，不限於故言或古言，因而得出訓詁僅僅訓釋古代語言的結論，與名稱含義並不相符。“訓詁”一語的來源與《爾雅》中《釋故》、《釋訓》應該沒有直接關係，《釋訓》的“訓”，與“古訓是式”、“皇祖有訓”的“訓”是一致的，都是名詞性“說教的內容”的意思。將“訓詁”理解為動賓型的結構，認為是訓釋故言或古言，或受了西漢以前寫作“故”的影響，所以才有“詁，就是故言的意思”的理解，訓詁史實也證明，訓詁並不單單訓釋古語。“訓詁”一語雖定型於東漢，但訓詁工作和訓詁資料則古已有之，不能以名稱的定型時期論定訓詁的年代。

二、訓詁的使用

在今天的訓詁與訓詁學研究中，“訓詁”一語通常被這樣使用：

1. 從“語料”（語言實際）的角度使用，指的是訓詁工作中提取用於訓詁的原始語言資料和訓詁行為取得的成果；

2. 從行為的角度使用，指的是訓詁工作，即運用訓詁的方法對實際語言現象進行分析、解答等的行為；

3. 訓詁學的代名詞，有如“文字”代表文字學（漢字學）、“聲韻”或“音韻”代表音韻學（古代漢語特定階段的漢語語音學，大致起於東漢末，目前所處“絕學”狀態甚於訓詁學）；

4. 訓詁通常只作名詞用，少有用於不及物動詞，其動詞性及及物功能常用“訓釋”替代。

訓詁從一開始就是專門針對語言的，所涉及的語言以外的一切，都是由於語言的原因引起的，都是解釋語言所需要才涉及的。

什麼是語言學，或許是語言學家研究語言最終要回答的問題，為了便於討論，參考對我們影響巨大的索緒爾、L. R. 帕默爾、布龍菲爾德、霍凱特等[①]的精闢論述，姑且將語言學粗略地理解為：以語言為直接或唯一研究對象、以解決語言自身問題為直接目的、並由此產生的關於語言的知識體系，這樣的一門學問、一種科學或一個學科，也就是依據研究對象進行的命名。語言學還可以以研究方法冠名，以突出各自的特點，比如影響極大的“描寫語言學”、“比較語言學”、“結構語言學”等等。拿這個觀點看訓詁，訓詁的對象是以詞語為核心的漢語語言，即黃侃說的“語言解釋語言”，直接解決漢語交際的“傳通”問題，從中發現、歸納出特殊的和一般的規律，反過來用以指導訓詁實踐，這些規律揭示的是漢語的語言特質，而不僅僅是漢語言語的或言語作品的。漢語的本質是漢語特有的，區別於別的語言的，比如英語。根據索緒爾的研究，這裏不妨將他的術語之間的關係簡化，以便清楚地看到訓詁的作為：語言只能以言語的方式才能實現交際，言語的結果就是言語作品，就是“說”出來的一個字、一段話、一部著作，言語作品中除去僅僅屬於言語自身的部分，就都是語言的，都是語言在言語作品中的具體展示，只有這樣，語言也才會被感知，被研究。訓詁表面上訓釋的主要是言語作品，但它的立足點、訓釋依據和訓釋結果則都是語言的，而不是言語的。例如，王引之訓釋“蟲蝗”，認為“蝗蟲”是

---

① 參看費爾迪南·德·索緒爾著，沙·巴厘　阿·薛施藹、阿·里德林格合作編印，高名凱譯，岑麒祥、葉蜚聲校注《普通語言學教程》，商務印書館，1985；L. R. 帕默爾著，李榮、王菊泉、周焕常、陳平譯、呂叔湘校《語言學概論》，商務印書館，1983；布龍菲爾德著，袁家驊、趙世開、甘世福譯《語言論》，商務印書館，1980；愛德華·薩丕爾著，陸卓元譯、陸志偉校訂《語言論》，商務印書館，1985；霍凱特著，索振羽、葉蜚聲譯《現代語言學教程》，北京大學出版社 1986，上下冊本。

後人妄改，這既是結論，也是規則，屬於特定語言時代的漢語社會所共有，即漢語特定語言時代特定的“漢語規則”和“漢語默契”。存在於《月令》中的此段言語，應當“忠實”地反映了當時漢語的這一“蟲蝗規則”，寫成“蟲蝗、蟲螟、蟲蟻、草茅、鳥烏、禽犢”等等，否則就是“造假”，就會被揭露出來。在那時漢語的“語言規則”中，語言中以“蟲”的形音義表示類似於我們今天的“昆蟲”，以“蝗”表示其間的一個種類，以“蟲蝗”的排列次序為表層結構，以種屬並列為結構關係，以共名別名為深層結構等等，這便是那時的“蟲蝗規則”，因而王引之訓“蝗蟲”為“蟲蝗”，無論有意還是無意，實際上使用的正是那時語言規則中的“蟲蝗規則”。事實上，訓詁正是通過對大量呈現於言語作品中的語言現象的發現、認識和歸納，所要得到的正是這種語言要素，如果我們將語言看作是各種要素組成的話，反過來又用這些要素去看待具體的言語作品，進行訓詁工作，厘清關係、疏通阻礙、評判正誤：

“孟夏行春令，則蝗蟲為災；仲冬行春令，則蝗蟲為敗”。

引之謹案，“蝗蟲”皆當為“蟲蝗”。此言“蟲蝗”猶上言“蟲螟”，亦猶《禮》言“草茅”，《傳》言“鳥烏”，《荀子》言“禽犢”，今人言“蟲蟻”耳。《漢書·五行志》引《京房易傳》曰：“厥風微而溫，生蟲蝗，害五穀”；《說文》曰：“禽獸蟲蝗之怪謂之蠥”是也。後人不知而改為“蝗蟲”，謬矣。《注》及《正義》作“蝗蟲”，《釋文》出“則蝗”二字，而無“蟲”字，皆是後人所改。自宋撫州本已然，而各本皆沿其誤。《仲冬·正義》曰：“蟲蝗為敗，地災也”，唯此一處未改，尚可考正經文。《後漢書·和帝紀》注引《月令》

"蝗蟲為災"，亦後人依俗本《月令》改之。案，唐《月令》石本"孟夏"、"仲冬"兩處皆作"蟲蝗"。又，《桓五年·穀梁傳》注引《月令》曰："仲冬行春令，則蟲蝗為敗"；又，《玉篇》"蝗"字注引《月令》"蟲蝗為災"，《廣韻》"蝗"字注亦曰"蟲蝗為災"；《白帖》八十一"蟲蝗類"出"蟲螟為害，蟲蝗為災"八字；又，《太平御覽》天部、九咎、征部，一並引《月令》曰："孟夏行春令，則蟲蝗為災；仲冬行春令，則蟲蝗為敗"；蟲豸部七引《月令》曰："仲冬行春令，則蟲蝗為敗"；又，時序部十二引《乙巳占》曰："冬時行春令，則蟲蝗為災"，即本《月令》之文；又，《呂氏春秋·孟夏篇》作"蟲蝗"，《仲冬篇》作"蟲螟"，此皆《月令》作"蟲蝗"之證。

《續四部叢刊》本王引之《經義述聞》卷十四"蟲蝗"條。

如果拿考據學的觀點看待王引之的話，王引之的確做了考證的工作；拿經學的觀點看待，王引之做了經文的考定工作；拿"注釋學"① 的觀點看，王引之做了文獻的注釋工作；拿版本學的觀點看待，王引之實際上做了版本比較的工作；拿文獻學的觀點看待，王引之做了文獻整理的工作；拿語法學的觀點看待，王引之實際上做了語法關係的考釋工作，其間的結構觀點又是語法排列次序和排列規則的確立等等，但是，王引之其實什麼都沒做，不過訓詁而已，不過在實際訓詁工作中涉及到了那些內容罷了。拿索緒爾的觀點看，王引之所考定的"蟲蝗規則"，正是索緒爾用於區別言語的語

① 參看汪耀楠《注釋學》，外語教學與研究出版社，2010。注釋還涉及版本問題，可以衍生出版本學，參看戴南海《版本學概論》，巴蜀書社，1989。

言的“漢語機構”和社會屬性：

> (2) 語言與言語不同，它是人們能夠分離出來加以研究的對象。我們雖已不再說死去的語言，但是完全能夠掌握它們的語言機構。
>
> 參看索緒爾《普通語言學教程》，商務印書館，1980，p. 36。
>
> 把語言和言語分開，我們一下子就把（1）什麼是社會的，什麼是個人的；(2) 什麼是主要的，什麼是從屬的和多少是偶然的分開來了。
>
> 索緒爾《普通語言學教程》p. 35

“蟲蝗規則”是《月令》反應的語言時代的一種具體語言機構，是所有個體（使用該語言的人）、言語（個人的語言運用）和言語作品（個體運用語言的結果，形成的具體言語片段、著作）共同的社會默契，是社會的而非個人的，即語言的而非言語的，具有普遍意義。又如“賞慶刑威曰君”，“賞慶刑威”是“君”的威權特徵，是當時“君”在語言中所包含的極為重要的意義要素，這個要素不是個人的而是社會的，不是言語的，而是語言的，體現在同一語言時代所有的言語及言語作品之中，因而成鏄訓釋的“君”，本質上揭示的是它的語言意義，而不是《文王》的“隨文釋義”。拿它跟《廣雅》相較，可以十分清楚地看到，這兩個“君”，分屬於兩個不同的語言時代，是不同時代的不同的“語言機構”，不能混為一談。可見，所謂訓詁，就是通過對大量的言語作品的分析研究，從中發現、發掘、總結並歸納出漢語的“語言機構”或“語言要素”，並以此為準則去衡量、認識具體的言語片段，從而得出符合漢語“語言機構”或“語言要素”的解釋和結論，因而訓詁實際上是“幹著言語的活兒，做著語言的事兒”，而王念孫“假

《廣雅》以證其所得”，則是拿語言的眼光去看待言語。除了語言屬性，訓詁還有自己的雅言屬性，這便是訓詁的雅言標準。這個標準是漢語自己的，不是泊來的，是語言的而不是言語的。雅言與方言的區別與共生，是漢語極為明顯、不可忽視的重要語言特徵之一，是已知漢語存在的最基本狀態，時至今日，“依然如故”。雅言與方言的區別，其程度至少可以與歐洲各語言之間的差異相媲美，但其共生的緊密程度則是不可同日而語的。漢語，漢以後的漢人語言，秦漢以前姑且稱為夏人的夏語，他們的雅言與方言是否由同一母語演變而來，抑或各有其源橫向交融而成，應該由漢語研究的專題去解決，但有些情況則是明確的，可以肯定的：雅言的存在並不自孔子“雅言說《詩》”始；孔子時代的雅言與方言同屬當時的夏言，差異只是夏言內部代表性語言與非代表性語言之間的地域性差異。在以周王庭為中心的諸夏內部，雅言是區別於諸夏各國地方話的特定語言體系，具有超方言功能，或可叫做狹義的雅言；劉成國時代的雅言區別於不同的五方之言，雅言為其“主”，也是狹義的雅言；雅言與方言雖功能與適用範圍不同，卻並不相互排斥，也不對立，這才形成了有史以來漢語雅言與方言共生共榮的生動局面，構成了漢語重要的基本特徵；廣義的雅言是相對於四方夷戎蠻狄的非夏語、漢語而說的，是夏語和漢語的代表者，秦人“脫夷入夏”而後“能夏則大”，便是典型。從語言的角度看，雅言客觀上起着維繫漢民族統一的重要作用，是漢民族民族特徵的一大要素[①]，也是漢語書面化的主體語言。從訓詁的史實看，包括直解訓詁、引證訓詁和論證訓詁，訓詁工作始終以雅言為標準對具體言語片段進行

① 參看濮之珍《中國語言學史》。

解釋，這些言語片段顯然包括了其間深奧的和淺顯的，並不以“難懂”為條件，解釋的依據和結果也都是雅言的。孔子、孟子都周遊列國，孔子說“己所不欲，勿施於人”，不用雅言，師徒之間就可能不能溝通“恕”；孟子不用雅言，齊宣王就可能聽不懂“畜君者，好君也”，孟子的諷喻也就白搭；作為訓詁鼻祖的《爾雅》，更是旗幟鮮明地舉起雅言的大旗，所以命名為“爾雅”；到了劉成國時代，被明確認定為“宗主”：“五方之言不同，皆以雅言為主也。”訓詁以雅言為主解釋漢語言語片段，本質上應該是由漢語最大限度的廣泛交際需要所決定的，這是訓詁在具體實施訓詁行為時所遵從的重要原則，或可以叫做“雅言原則”，也是訓詁研究必然包含“糾錯”的根本原因。訓詁“糾錯”所使用的標準是語言的而非言語的，是雅言的而非方言的，只有這樣的“糾錯”，才有“正確”的可能。相較於歐洲語言研究史，在近代以前的很長一段時期內，語言標準都是困擾歐洲語言研究的主要問題，古希臘語和拉丁語直到十七世紀一直都是歐洲各語言研究的語言樣本和語言規範，這應該正是索緒爾語言學理論被認為具有劃時代意義的重要的歷史原因之一。漢語研究的情況顯然不同，漢語的雅言是漢語內部自己的共同語，既是口語的共同語，也是書面語的共同語，並且始終“活”着，從未“死”過，漢語的一切研究，包括漢語的語言觀和語言學觀，都應當首先尊重這一語言事實，都應當以此為必要前提。漢語雅言與方言的共生共存，如同眾星捧月，雅言與方言、方言與方言在相同語言時代和不同語言時代的相互影響，便構成了漢語生生不息、連綿不斷的運動和發展，至少從西周到今天，漢語的這種運動和發展就是漢語的存在，就是漢語存在的最顯著基本特徵。語言存在的不同決定着語言研究面貌的不同，歐洲語言研究從

“死”的語言研究向“活”的語言研究轉换，所以索緒爾是劃時代的代表者；從一國語言研究到多國語言研究，所以比較語言學大行其道。從世界語言研究史的角度看，漢語研究與歐洲語言研究的基本面貌不同，甚至很不相同，很顯然，並沒有任何理由拿漢語的語言研究去看待和衡量歐洲的語言研究，也就沒有任何理由拿歐洲的語言研究讓漢語的語言研究削足適履。

三、訓詁的定義

自20世紀80年代以來，各種教科書、專著、專論等都從各自的角度給訓詁下了定義，差異取決於定義者的語言學觀和定義角度，但一般都不出黄侃給出的範疇，所以為大多數所引用：

> 真正之訓詁學，即以語言解釋語言，初無時地之限域；且論其法式，明其義例，以求語言文字之系統與根源是也。
>
> 黄侃《論學雜著》

從訓詁史的角度看，黄侃繼承了清代以來“小學”的優良傳統，第一次從語言文字學科的角度對傳統訓詁與訓詁學進行了總結，第一次給出了訓詁的現代論斷，應該是現代訓詁學理論建設的起始點，具有劃時代的進步意義。從那時至今的百來年間，訓詁與訓詁學走上了加強現代意義上理論建設的發展道路，當今的各類教材、專著、專文，無不體現出這一特色，這種情況應該是時代使然。給訓詁下定義，可以有多種角度，也可以根據不同的需要，但有兩點應該是最根本的，語言學的觀點和訓詁的史實。訓詁首先是漢語的認識方法，包括語言習得與語言研究，認識論自然成為訓詁的基礎理論；至少自《爾雅》始，雅言一直是訓詁的語言標準和訓釋規範，在漢語中，雅言一直是漢語的語言規範，是“五方言語”

之“主”，得到“漢語人”的社會認同；訓詁訓釋的是處於交際狀態的漢語，它的語言觀是動態語言觀，動態的觀察漢語在交際過程中的實際表現，而不是“靜態”的研究漢語那個符號；因此，或許可以這樣歸納訓詁的要點：

訓詁是以認識論為基礎理論、以雅言為語言標準和訓釋規範、以解釋為表現特徵、以漢語基本單位為主要物件、以“傳通”漢語交際為主要任務、以“正確”運用和理解漢語基本單位元元為主要目的，真實反映漢語存在的基本狀態、傳統漢語研究自成體系的基本手段和基礎方法：訓詁傳通漢語，是漢語的認識手段；訓詁研究漢語，是漢語的研究方法。訓詁植根於漢語，“自發”地產生於漢語，有着深刻的漢語的語言根源；訓詁解決漢語的實際問題，有着優良的研究傳統，取得豐碩的成果，是漢語自己的研究方法。

從漢語中來，回到漢語中去，是訓詁認識論的基本原則，解釋的依據是漢語實際，解釋的正確性是符合漢語實際，這決定了訓詁的認識論是實踐第一的認識論，其理論來自不斷地歸納和總結，並在不斷的實踐中一再核對總和修正。對語言的認識如同別的事物一樣，是人們“緣天官”的結果，《爾雅》將語言與其他事物並列便是這種認識的具體體現。漢語的基本事實是雅言為主、方言各異、相互影響、共生共存，由民族統一和語言交際的需要決定，雅言是漢語的代表者和語言規範，是訓詁遵循的語言原則，鄭玄“正言其音，然後義全”的意義也在於此。大量的和具體的訓詁工作總是從言語開始的，由語言與言語的關係決定，訓詁對漢語的研究，只能從言語開始，只能通過對具體言語片段的訓釋才能瞭解漢語、把握“漢語機構”，而在具體的訓釋工作中，訓詁始終站在漢語的立場而不是隻言片語的立場，訓釋的結果也是漢語的而不是漢語言語的，即不屬於具體言語片段而屬於漢語本身，比如王引之訓釋“蟲蝗”，而不是事先借用特定理論去拿漢語進行求證。作為認識手段和研究方法，訓詁的產生和發展是與漢語產生與發展的基本狀態相適應的，是應漢語的認識和交際需要“自發”形成、獨立產生並伴隨漢語交際的發展而發展的，在漫長的發展過程中，形成了自己獨特的研究準則、方法、任務、物件和目的體系。以詞語、基本單位或具體語言現象作為研究物件，是已知最早的語言研究的共同特點，訓詁通過詞語研究涉及漢語研究的各個方面，從而形成區別於其他語言研究的另一重要特徵：對詞語進行符合漢語實際的解釋，而不是進行形態分析。在漢語研究的現代階段，漢語研究已經“後出轉精”了，出現了各種專門門類的研究學科，由於訓詁首先解決的是漢語最基本的認識問題，即“懂”漢語這個最基本問題，因而無論產生多少門類，多少學科，只要研究漢語或以漢語為介質進行其他研究，“懂”都是前提和基礎，這便是訓詁具有基礎性和綜合性的根本原因。跟歐洲語言研究相較，漢語研究有着自己獨到的特點，有自己的研究傳統，尊重並引進歐洲語言研究，可以有助於漢語研究，即所謂他山之石，但引進首先得充分尊重自己的研究和傳統，充分尊重自己的“玉”，否則，瞎攻一氣，白毀了上好籽料。

第二章　訓詁學的對象與目的

訓詁的主要或核心對像是詞語，包括它的形音義、構成及組合、古今方俗、口頭書面，以及為了說明詞語而涉及到的其他相關內容；訓詁的目的主要是全面掌握和認識詞語，包括所涉及到的一切，從而真正“讀懂”漢語。訓詁學的研究對象，從學科內部看是訓詁，集中解決訓詁方法的科學性問題；從學科整體看，是以訓詁為手段綜合分析研究漢語語言現象，發現漢語語言現象基本規律和特定規則，也就是制約交際的“漢語機構”，為訓詁工作提供科學的訓釋依據；從具體的訓詁工作看，是解決正確訓釋與糾錯問題，提供“是什麼”和“為什麼”的“漢語機構”證據。也就是說，訓詁從研究手段的角度針對具體物件進行訓釋，解決實踐問題，訓詁學則從學科的角度對訓詁自身及其對象進行學科的研究，解決理論問題。訓詁學的物件與訓詁的物件是重合的，區別在於訓詁總是針對一個個具體的對象，訓詁學則需開拓眼界，總結歸納出其間的普遍性和規律性，只有這樣，才能指導訓詁進行實踐和再實踐。簡單地說，訓詁是方法，訓詁學是方法的理論。由訓詁與訓詁學這種特定關係決定，它的運動形式就只能是：實踐—理論—再實踐—以至無窮；或者說是：訓詁—訓詁學—訓詁—訓詁學以至無窮。如果是“理論—實踐—理論”的迴圈，差異至少有兩個：其理論首先是別的物件的理論，不是或不僅僅是這個實踐的理論；該理論是否合於這個實踐，要由這個實踐說了算，否則就一定是“它自己理論的理論”，與實踐不符，甚至不相干。訓詁的物件是詞語為核心的漢語語言現象，這是訓詁至少兩千多年來的具體實踐證明了的，不是人為硬性規定的。用“詞語”而不是“詞”，是因為自從“詞”走進漢語研究以來，其邊界就難以劃定，這個問題不是出在漢語本身，而是“詞”進入之初就“與身俱來”的。訓詁以解釋為表現特徵，其間所觸及的一切問題都需要訓詁學做出解答，訓詁學的視野就一定不止於詞語，而是詞語解釋所涉及到的一切所需知識。訓詁的物件應當自訓詁誕生之初算起，不應該以“訓詁”定名為界，訓詁學的對象則應從訓詁學宣告成立為起點。以解釋為表現特徵的訓詁，其目的一開始就是明白無誤的，解釋清楚，使人知曉，這便是目的，即所謂“訓詁通而已矣”。訓詁學的目的也是自成立之初就決定了的：發現並確立漢語的“語言機構”，以便使得訓詁的目的真正得以實現。語言的生命在於交際，這個“生命”與歐洲語言學史上將語言視為“一種自我發展的有機體”① 的“生命”沒有牽連；沒有了交際，語言便隨之死亡。語言交際的基本特徵是：編碼（思維和心理活動的，交際願望）——傳遞（“震盪着的空氣”、永久存留的視覺形式）——解碼（思維和心理活動的，交際實現）。語言以“包裹着意義”的一連串聲音的方式組成、傳遞和接收，這

① 參看索緒爾《普通語言學教程》p. 25。

一過程構成了語言交際的全部，語言也正是在這種運動中存在和發展的，沒有了運動，存在便沒有證明，發展也沒有根基。交際的特徵是，只有交際之後才能被解碼者感知，因而訓詁對語言詞語的解釋，總是表現為從解碼開始，總是針對解碼進行，總是在這種情況下告知被訓釋詞語"是什麼"和"為什麼"；從這個意義上講，訓詁的任務就是解決編碼與解碼的一致性，這種一致性指的是語言社會性的一致性，"協助"完成語言的交際任務。訓詁學所發現的是語言的理解規範，這個規範就必須是社會的而非個人的，語言的而非言語的，否則，交際便不會成功。比如"秦時明月漢時關"，解讀的結果是"秦漢時明月秦漢時關"，而不是"秦時的明月漢時的關"，這便是具體的"秦漢規則"，至於為什麼只能是"秦漢時明月秦漢時關"，則需訓詁學依據漢語言現象規則去解決，這個規則必須是社會的和語言的：針對的是詩句，解答的是表現方法，這種方法存在於漢語交際，不存在於漢語自身構造。依據這個規則，不僅要求這樣理解，而且要求這樣編碼，否則，交際就不能真正實現：這也正是"《爾雅》觀古"、讀應"《爾雅》和"文章《爾雅》"、"多《爾雅》之文"的原因所在，即"《爾雅》規則"所決定的。編碼與解碼之間可能存在差異甚至不同，至少有兩方面的原因：編碼有詞不達意，所以有"修辭立其誠"①，本質上是編碼者的編碼與編碼的社會性不相符或不完全相符；解碼有誤解，比如望文生義，所以有公認規範，本質上是解碼者的解碼與解碼的社會性不相符或不完全相符，而訓詁學正是要解決這種詞達其義和這種公

① 參看周策縱《經典訓詁·〈易經〉"修辭立其誠"辨》p. 1-25，世界圖書出版公司北京公司，2014 年。

認解碼規範的問題。再比如“禮不下庶人，刑不上大夫”，將“下”理解為方位或方向的“下”，“上”就只能與之相一致，理解為引申義的上下，前後都得是引申義，這便是“對文規則”。將意義理解為“大夫不受刑法處罰，庶人不受禮儀待遇”，既是望文生義，又是以今度古，這便是語境規則，文化規則，歷史規則。拿今天的話說，《禮記·曲禮》原文說的是禮儀規範，不是說的法律規範：“不使禮下庶人，不使刑上大夫”，也就是“庶人以刑規範，不以禮規範；大夫以禮規範，不以刑規範”，鄭玄、孔穎達理解一致，司馬遷也用以勉勵，《大戴禮記·小辯》：“庶人聽長辯禁”①，說的也是這個意思，跟“大夫犯罪不受刑”沒有關係。漢語的這些規則存在於漢語的運動中，這些規則在漢語中的作用，至少不亞於靜態語言組合的語法規則，認為研究這些規則不屬於語言學，顯然是武斷的，因為這些規則是語言自身運動的規則，是屬於語言自身的，而不是所謂外在的或外部的，拿索緒爾的比喻就是“行棋規則”，不過它不是“炮打翻山”的象棋規則，而是“中國流”的圍棋規則。如果將語言比作工具，分析研究工具的構成是語言學，或者靜態語言學，並不能排斥分析研究語言的運動也是語言學，也就不能排斥它也存在於靜態語言學的“靜態”中，即“靜態”在“動態”中的實際表現。語言的交際，或說語言存在的價值，在於傳情達意，失去了傳情達意，也就失去了交際的功能，價值也隨之消失。訓詁與訓詁學要解決意義問題，既是必然的，又是必須的。正由於此，認為訓詁與訓詁學研究語義，或以語義為核心，無疑具有正確性。不過，或許只有相對於詞語本身，相對於形音義，語義

① 參看《十三經注疏》、《史記·報任安書》、王聘珍《大戴禮記解詁》。

核心才能成立：

> 訓詁學是漢語語言學的一個部門，它是以語義為核心，用語言解釋語言而正確地理解語言、運用語言的科學，因此它是兼有解釋、翻譯（對應）和關涉到各方面知識的綜合性學科。
>
> 應該注意的是，訓詁學雖然以語義為核心，但不限於語義的範圍。因此，訓詁學並不等同於西方的語義學。

參看殷孟倫《“訓詁學”的回顧與前瞻》，載《文史哲》1982年3期。

“以語義為核心”大概是針對文字、音韻分化出去而說的，“不等同於西方語義學”的論斷，與訓詁與訓詁學的實際是相符的。從今天的角度看傳統，古老的訓詁與訓詁學都存在於文獻中，認為訓詁與訓詁學研究文獻語言，也應該是可以理解的：

> 傳統訓詁學以訓釋實踐為其主要形式，以文獻語言的內容形式為其物件，因此它具有綜合性的特點，語言以及用語言形式表現的名物、典章、文化、風習等等都在詮解範圍之內。現代訓詁學開始了對詮釋工作的理論研究，更重視訓詁學的語言學性質，削弱了對於語言所表現的內容的注意。這樣做的好處是：(1) 可以更好地保持和發揚傳統訓詁學的民族特色；(2) 使訓詁學獲得更廣闊的應用領域；(3) 使訓詁學注意到深層的語言背景，因而可以更深入地分析文獻語言的演變規律。

參看許嘉璐：《關於訓詁學方法的思考》，載《北京師範大學學報》（社科版），1988年3期。

文獻語言是書面上的語言之一，書面上的語言是語言持久性和遠距離交際方式，這是文字之所以產生的本質，文明史以來對語言的研究總是把口頭語言書面化而進行，強調文字與語言有別的同時，不應該因此而抹殺它書面交際形式的功能。訓詁學是為訓詁建立訓釋規範的，要為訓釋的成立提供依據，如果訓詁以語義為核心，那麼訓詁學的規範和依據就是以語義為核心的；如果訓詁解釋的是文獻語言，提供的就是文獻語言的；如果訓詁訓釋的是斷代和縱代語言現象，提供的就是斷代的和縱代的；如果訓詁訓釋的是口語的和書面的，提供的就是口語的和書面的，等等。也就是說，訓詁學的目的和任務是由訓詁的需要決定的，是由訓詁都在做些什麼以及需要什麼決定的。訓詁與訓詁學延續了至少兩千年，是將訓詁與訓詁學的今天看作是歷史的階段性延續，還是歷史的終結，決定於我們的學術歷史觀，決定於是否尊重訓詁與訓詁學的客觀實際，是否尊重訓詁產生與發展與漢語特質內在的必然聯繫。以《爾雅》為代表的直解訓詁時期，大致從先秦到西漢，訓詁的物件應該不止於文獻語言，這是訓詁工作的歷史真實。《尚書》、《論語》保存的語言就很難說只是文獻語言，而不是實際語言的書面化。對後世解釋者來說，那些都是文獻語言，但《尚書》自己的解釋應該不是文獻語言：

分命羲仲，宅嵎夷，曰暘谷。

傳：宅，居也，東表之地稱嵎夷。暘，明也，日出於谷而天下明，故稱暘谷。暘谷、嵎夷，一也。

《四部叢刊》本漢孔安國傳、唐陸德明音義《尚書·堯典》

“嵎夷”大概是正式命名，是“東表之地”的說法，所以敘述語用它，“暘谷”大概是“非東表之地”通行的口語或敘述者當地人的說法，所以加以解釋。孔子說“其恕乎，己所不欲，勿施於人”，應該也不是解釋文獻語言。《爾雅》大量解釋今語，應該也不是文獻語言。孟子說“畜君者，好君也”，若解釋成“畜，養也，君畜天下，丈夫畜妻子；畜君者，長養天下之君也”，這是釋義；而“好君”顯然是用今語替換古語，即以今詞語解古詞語，而且是評價性的，不是釋義性的；王念孫說“顣頞猶頞顣”，顯然也不是訓義，其之言、語轉等，也應該只是訓音。訓詁立足於詞語並針對詞語進行訓釋，不論古今方俗，也不論口語書面，訓其義，也訓其音，還訓其字，總體則是詞語訓釋，這應該是訓詁的本來面目。漢代經學發達以後，直至有清一代，訓詁大量的存在於書面文獻語言的解釋之中，應該是訓詁的階段性特徵，是社會需求造成的，主要是時事政治的需求造成的，而不是訓詁的本質特徵。漢語從來都是活的語言，至少自有文字記載以來就是這樣了。漢語的古今，是漢語伴隨漢民族發展的歷史的分段，不是生離死別，這是漢語重要的本質性特徵，也應該是漢語研究必須面對、必須尊重的客觀事實。正如一個人的幼年與青年，可以分段，但絕不能分割。研究今天的實際口語，冷不丁地會遇到古語，應該是十分平常的事。有這樣一則白酒廣告詞：皇上說：“傳！”太監也說“傳”，皇上問：“傳多久了?”答：“八百年的傳承。”其間皇上、太監的“傳”都是“傳善”，“傳多久”的“傳”是雙重身份，最後的“傳”則是今天的“傳承”，可謂古今交融。今天的實際交際中，正式的談話，甚至一般尋常的交流，這種“冷不丁”的情況可以隨時隨處發生，不僅不會造成障礙，反而會增強效果。孔子說“三人行，必有我師焉”，今天仍然說“三人”，這便是漢語古今分段不分家的必然反映，也是古希臘語與今希臘語、拉丁語與今英語的情況不可比附的。訓詁的產生是應交際的需要產生的，例如“嵎夷曰暘谷”；訓詁的發展是由交際的擴大和積澱決定的，例如古今和注釋；訓詁疏通交際中的障礙，可以使得交際能夠“正確”的、“完善”的達成，其自身目的也隨之達成，因此，訓詁只解釋古語不解釋今語，或只解釋文獻語不解釋口頭語，或只解釋語義不解釋其他，這樣的觀念應該是人為的，不是訓詁自己的，是被規定的和被限制的，不是訓詁自己排斥的或選擇的。根據訓詁的需要，訓詁學應當根據漢語的實際，建立起足以指導訓詁的漢語語言的訓釋規則，至少包括方法的和語言的兩大方面：方法的規則或許只屬於訓詁與訓詁學的，是自己內部的，語言的規則則不僅是自己的，是凡涉及語言問題都需要的。從這個意義上說，它既是學科內部的，又是學科外部的，更是訓詁學具有基礎性特性的根本原因。訓詁學根據訓詁以詞語為核心的訓釋的需要，為訓詁提供訓釋依據，詞語所涉及的一切問題都需要訓詁學去解決，這決定了訓詁學必須研究語言的各個方面：語音的、語義的、語形的、語法的、修辭的、編碼的和解碼的等等，既解決語言自身問題，因解決語言問題而存留於語言中的非語言要素，也會在研究之列，例如王念孫研究先秦人名、字、號的關係。訓詁學以語言為研究物件，為了區別，或可以表述為“語言現象”：包括語言的構成，即索緒爾“內部語言學”包含的各個要素；語言的運動，即語言在交際過程中的實際表現，這是訓詁學研究語言的立足點和出發點。由此可以看到，訓詁學的語言觀，是社會現象的語言觀，既研究它的構造，比如詞語的形音義和詞語的組合搭配，又研究它的實際運行情況，比如時空表現、使用表現（如：夙夜，恭也）等等。相較之下，如果說西方語言學長於解析，長於運用邏輯的、機械的、哲學的、數學的等演繹地研究語言理論，訓詁學則長於綜合，長於運用認識論方法對語言現象進行綜合歸納。西方語言學理論需要實際語言加以證明，訓詁學理論則需要訓詁實踐加以充實。這類似於中西醫之間的差異：現代西醫首先是建立在解剖基礎上的，解剖得到的是人體的器官和組織結構，檢查的手段是現代技術的，不是西醫本身的，發現它們發生改變就意味着人生病了。中醫總體上是千百年人生經歷的經驗總結，檢查的手段也是經驗的望聞問切，是人體自身的，發現不合常規就意味着人的健康出了問題；西醫的醫治方法總體上是人為的干擾，頭疼醫頭、腳疼醫腳、“手術刀下不是人”就成為必然。中醫的醫治方法總體上是激發人體自身的抵抗力，斥“頭疼醫頭，腳疼醫腳”為庸醫、“醫生眼裏總是人”也就成為必然。總體上講，或可以說，中醫研究的是人體健康問題，促進和保持健康是它的宗旨，所以防患於未然的“醫在不醫”是追求的最高境界；西醫研究的是人體病兆，祛除病灶是它的基本宗旨，所以“醫在病痛”就成了直接目的。兩者相較，其實各有所長，出發點和目的地不同而已，本不存在誰是誰非或誰必然排斥誰的問題，不存在要用誰的理論去要求和衡量誰的問題，也就不存在誰是醫學和誰不是醫學的問題。中西醫有區別，所以才叫做中西和西醫；中西醫都屬於醫學，都在治病救人，維護健康，因而鴻溝是人為的，觀念使然的，不是學科自己的，說西醫是醫學，中醫不是醫學，從一開始就是偽命題，正如說訓詁學不是語言學，從一開始，也是偽命題。

第三章　訓詁學的任務

為訓詁建立起完整的訓釋依據，是訓詁學的根本任務。總結訓詁史是學科建設的必要任務，是學科史的必然要求：訓詁實踐史的普遍規律和訓詁成果應該是要點；全面分析訓詁物件，解決訓詁遇到的語言問題，這是訓詁需要語言訓釋依據的要求：漢語從古至今的歷史規律，包括斷代的和縱代的、漢語自身解析構造的和綜合運用的，形成解碼規範；訓詁學的現代"純"理論建設，這是時代對學科的要求：訓詁學的基本原理，包括訓詁學的指導原則和理論基礎，包括訓詁的科學性和方法論，等等。訓詁學的任務應該是根據訓詁發展的實際需要確定的，不應該是因建立學科而人為規定的。訓詁在兩千多年的歷史發展過程中，呈現出三種基本狀態，或說三大發展階段，從直解訓詁、引證訓詁到論證訓詁的發展，貫穿其中的一條重要紅線就是：以克服訓釋的主觀性為主軸。在直解訓詁階段，訓釋的正確與錯誤，原則上沒有客觀的判定標準，訓釋成就的高下，原則上取決於訓釋者的語言和文化修養；正由於如此，在沒有充分證據證明其正誤的情況下，比如《爾雅》的訓釋，對今人來說，首先只能是接受，並認可它的"正確性"，除此以外，別無他法；引證訓詁表面上是增加了書證和口語（俗語）的用例，本質上卻是語言觀和語言發展觀的明晰化：語言是交際的，古今雅俗是相連的，因而是新的訓釋方法的進步，是直解訓詁存在主觀性不足或缺乏客觀依據的彌補，為客觀上分析論證準備了條件；論證訓詁是古代訓詁的總結和完善，也是古代訓詁與訓詁學登上歷史高峰的重要標誌。古代訓詁與訓詁學的發展，與中國社會狀態的發展演變有着驚人的一致性，或許正說明了這個社會對這門學術發展的客觀制約性。除此之外，訓詁與訓詁學的理論發展，除了別的原因，還有着社會對文獻需求的重要原因。中國歷史的沉澱主要表現為文獻承載，文獻浩若煙海，決定了訓詁任務的繁重程度，客觀上規定了不可能像西方學者那樣“輕裝上陣”，集中精力專注於理論建設；也正因為如此，被誤解為“零散的”、“不成系統的”，就有其客觀的原因。但另一方面，又不能因這種客觀存在，認為歷史上沒有訓詁理論，更不能誤將訓詁與訓詁學歸入“故紙堆”，人為限定它只是或只能訓釋文獻語言。訓詁學發展到今天，應該是訓詁學的新的歷史階段，是過去歷史的有機延續，正如中國歷史的今天是歷史的有機延續一樣，既不能是學術的終結，更不能是歷史的終結。今天的訓詁學，準確地說應該是訓詁學的今天，也可以叫做“現代訓詁學”，應該明確它的含義：訓詁學的現在階段。訓詁學的今天是訓詁學發展到今天的一個階段，也是以後繼續延續的今天階段，不是否定過去或與過去割裂或將來不再延續的別的什麼訓詁學。在論證訓詁的基礎上，應時代對學科的要求，由於歷史和現實的原因，歸納建立起符合今天需要的訓詁學理論，應該是訓詁學迫在眉睫的首要任務。訓詁學的理論建設，首先應該解決漢語研究的語言觀和語言學觀問題。在訓詁學眼裏，語言跟其他別的事物一樣，是人們認識和掌握的物件，認識和掌握的目的在於使用它以達到使用的目的，利用它以達到利用的目的，因此從一開始，語言就不是一種純粹的符號，而是可資利用的資源，通過它可以達到觀古、察今、通方俗等的目的。訓詁學的這種語言觀和語言學觀，註定與十八、十九世紀西方建立的現代語言學觀有着本質的區別，也是其語言觀和語言學觀不可比附的。至少從索緒爾開始，語言就被作為符號的一種，研究它的構造，並以此建立起可以描述的理論系統；自《爾雅》始，漢語研究便建立在語言的認識基礎之上，其研究的直接目的就是識別語言，弄清楚它的來龍去脈，並以此為基礎，進而從事別的運用和研究。訓詁學的這種目的性直接決定了它的基礎性，只要涉及到語言，一定離不開訓詁，加之語言作為社會生活的載體，社會活動的一切都必然在語言中反映出來，也就決定了它一定會涉及這些內容，即語言的綜合性決定了訓詁學的綜合性。語言是社會生活的重要組成部分，對語言習得、運用、識別、提高等的需要，也正是訓詁學產生、發展、存在的必要性，也是訓詁最初總是與"說教"緊密相連、《爾雅》及其訓詁學誕生與教育密切相關的根本原因。自《爾雅》始，漢語研究形成了自己的傳統，這個傳統是依據自己語言實際形成的，在今天大規模相互交往的世界格局中，甚至有人說"世界是平的"①，借鑒、檢視和評價自己，是時代的要求。東西方兩種語言學研究可以比較、借鑒，取長補短，但不應該出現誰是標準或誰是誰非的問題：

歐洲語言學的傳統不是唯一的傳統，還有別的描寫語言的

① 參看（美）湯瑪斯·弗里德曼著，何帆、肖瑩瑩、郝正非等譯《世界是平的》，湖南科學技術出版社2006，其間反映世界各國相互交往的不可抗拒性很有道理，但以為或宣傳世界真是"平"的（比如平坦的、公平的等等），則是有問題的。

傳統。其中首先應該提出的是印度、阿拉伯、中國、日本等語言學的傳統。這些傳統是在觀察與歐洲語言結構不同的語言基礎上建立起來的。它們的許多原理與歐洲的傳統格格不入。

參看（蘇）B. M. 宋采夫 И. Ф. 瓦爾杜里等著《論東方語言研究對發展普通語言學的意義》,《語言研究譯叢》p. 43—44。

訓詁學的語言與語言學觀來自運動中的語言整體，是語言運動的實況，是由這種運動所呈現出來的實際語言現象，因而其理論建設也就應該是實際語言現象規律的歸納和整理，是符合漢語真實表現的。所謂語言現象，應該指的是語言的存在、構造、運用等的一切狀況，而不僅僅是構造本身：詞語的存在是語言存在的重要標誌，人們對語言的研究都從詞語開始便是證明；詞語的形音義構成或說構造，是漢語詞語自身的基本特性，有其內在的規律，這個規律是語言的而不是言語的；詞語的組合，即“兼”的構成與“兼”跟“單”、“兼”跟“兼”的組合，也有着自己的規律，即所謂“語法”，是詞語的實際運用之法[1]；詞語的運用有古今方俗，比如《詩經》用“以”，《毛傳》用“可以”，雅言用“迎”，方言用“逆”，則屬於漢語的時空變化，等等。訓詁學的基礎理論建設首先應該解決語言觀的問題：漢語是漢民族交際的音義體系，進入文明史之後是交互影響的形音義體系，訓詁學針對其間交際時的解碼進行研究，解碼所需的一切都是訓詁學要研究的；其次要解決研究的原則問題，訓詁學的語言研究原則是：充分尊重漢語的實際，訓詁

① “語法”一語最早大概出自唐代孔穎達筆下，說的是“相”的使用之法，與 grammar 有相似處，但角度不同：運用與規則。參看孔穎達《春秋正義》、《左傳注疏》，載《四部叢刊》本《春秋正義》卷三十、《續四部叢刊》本《十三經注疏·左傳注疏》卷第四十九。

學的一切都必須是符合漢語實際的，不能是漢語以外的強為之說。其次方法問題：訓詁學的特性與訓詁學的史實決定，訓詁學的方法首先是認識論的，即語言的認識論問題，語言認識論原則決定了具體方法首先是歸納的，而不能是演繹的。在這樣的前提下，在總結訓詁與訓詁學歷史的基礎上，對訓詁學的基礎理論進行充分的分析論證，不僅對訓詁學有着重要意義，對整個漢語研究也應該有啟發意義。

現代訓詁學理論建設的重要性，不僅有着歷史的原因，更有着現代社會需要的原因。從“五四”算起，漢語研究已經有了新的長足的發展，取得了新的成就，訓詁學理論建設還應當借鑒今天的研究經驗，尤其是現代語言學的研究成果，去歸納總結古代訓詁學的理論，通過去偽存真，去粗取精，從而汲取現代訓詁學所需的精華。古代訓詁學理論建設是從《爾雅》開始的，到了漢代，可以截止於《廣雅》，直解訓詁的理論便已經完善。《爾雅》的理論至少包括原則和方法兩個方面：雅言標準原則，這一原則的確立應當從語言學的理論上論述清楚；詞語物件原則，這一原則應當從語言學的理論上論述它的基本屬性，有的應該很有啟發意義，比如事物名稱與漢語詞語的對應關係，即漢語對事物的命名往往以詞語的形式出現；概括《爾雅》觀古的訓同方法和仔細辨別的訓異方法，訓同法和訓異法實際上涉及的是訓詁學的“詞義觀”，對詞語意義的認識與辨別，更多的應該是從詞語使用的角度進行的。至於具體的訓詁方法，一般訓詁學著作多有論述，可以系統性歸納。《小爾雅》與《廣雅》形式上是《爾雅》的量的擴充，只是時代有先後。《方言》是訓詁理論的方言樣本，指導訓詁進行方言訓釋。《說文》是訓詁學理論的立足於文字的詞語理論，也是訓詁的文字訓釋依據，即語形依據。由《說文》訓釋可以知道，許慎不僅訓釋這個字，而且訓釋這個字所代表的詞語，可以看到漢字與漢語詞語一致性的基本特徵。《釋名》總結和建立的是漢語詞語音義構成規律，是後來訓詁因聲求義和論證訓詁"訓詁之旨，本於聲音"的先導：

語有義類，實為聲訓成立之主要原因，劉氏特為拈出，可謂卓識。

參看沈兼士《聲訊論》，《沈兼士學術論文集》p. 257

其間"名之於實，各有義類"與《易·繫辭上》的"方以類聚，物以群分"有承襲關係，是對先秦兩漢分類認識事物的總結，也是當時詞語分類的總結，與《史籀篇》以降的識字課本、《爾雅》以降的字書等的分類原則相吻合。以上六部字書的理論建設方式與波尼尼作《語法規則八章》，將古印度語列出 3996 條韻文體規則、列出 1993 個詞根表的做法[①]，本質上是一致的，都是便於記憶，這應該是早期理論草創的共同特徵，只是因語言不同，研究的表現形式、方法和目的等的不同罷了。

訓詁理論存在的另一種重要方式，存在於訓詁具體實踐之中：至少自叔向、成鱄以降，訓詁在注釋中的運用所取得的成就，比如《毛傳》、《說文》以"字"、"辭"劃分詞語的虛實，也需要進行總結和歸納。引證和論證訓詁的理論，集中體現在詞語的形音義理論上，這是漢語詞語構成的基本理論，集中體現在對漢語語言現象的條例式的歸納和總結，比如"蟲蝗規則"，對這一部分的條分縷析、集中整理，也就是黃侃說的"語言文字之系統與根源"，將對今天的漢語研究產生影響，甚至是重大影響。比如為什麼中國古代

① 參看（蘇）柯杜霍夫《普通語言學》p. 8。

語言研究“自發”的發展出了小學，而歐洲則“自發”的發展出了語法學？沿着歐洲語法的路就成了科學的語言學，而小學則被人為止於有清，成了非科學或科學前期[①]等等。歸納和總結古代訓詁學理論是建立現代訓詁學理論的基礎，在此基礎上借鑒今天語言研究和語言研究理論的成果，兩者的結合或可以真正建立起現代訓詁學理論，並對漢語研究理論做出貢獻。

應訓詁的需要，訓詁學還應該為訓詁提供歸納語言現象規律的訓釋依據。自《爾雅》開始，為訓詁提供語言訓釋依據就形成了傳統：《爾雅》歸納先秦詞語，《小爾雅》歸納秦漢之間，《廣雅》主要歸納兩漢，《方言》歸納漢代方言，《釋名》歸納兩漢“百姓日稱”的常用語，《說文》歸納造字及與漢語對應的書面形式；後起韻書大概是綜合南北之音的結果[②]，為訓詁提供了語音訓釋依據，如王念孫作《廣雅疏證》就多以《玉篇》、《釋文》反切為據。自此以降，訓詁的語言依據樣本形成傳統，詞語訓釋的形音義依據趨向完備。以被稱為字書的方式歸納和儲存詞語訓釋依據，歷經兩千多年，是漢語研究的傳統，並與現代詞典學相連。現代訓詁學為訓詁提供語言依據，除繼承傳統外，還應當開拓視野，總結規律，不限於釋難，應該綜合歸納：凡涉及實際語言現象的一切都在歸納整理之列。例如《論語》，從識讀即訓詁的角度，對其間的全部語言現象進行“窮盡”式的歸納整理，就可以形成“《論語》訓釋規範”，也就是《論語》的語言規律，包括一般的和特殊的。如果每一時代的言語作品都能整理出《論語》式的規範，將不僅對訓詁

① 參看張靜《漢語語法問題·第一章》。

② 參看《續四部叢刊》本宋陳彭年等奉敕重修、清黎庶昌撰校劄《廣韻五卷校劄·序》；陳彭年撰《玉篇》；《四部叢刊》本《顏氏家訓·音辭篇》。

學，對整個漢語研究也將是巨大貢獻。自有文字記載以來的漢語的歷史積澱，是漢語研究的寶貴資料，也是發展漢語研究得天獨厚的優勢條件，珍視並充分利用，必有大成。充分運用訓詁學原理對現代漢語進行訓詁研究，可以從"五四"言文一致開始，應該是訓詁學的必要的和新的任務。有一種意見認為，訓詁僅僅解釋古代語言，其實這至少應該是一種誤解，因為訓詁不僅僅是語言解釋手段，還是語言習得和運用手段，《爾雅》正是這方面的代表。或以為現代漢語人人皆懂，無需訓釋，其實應該是習焉不察、"燈下黑"的緣故。如果細心觀察，解釋無處不在，並非訓詁家所專，也就不應該被關進訓詁家的籠子。如果從事過語文教學，尤其是中小學教學，應該深有體會。當今世界，誠如《地球是平的》所言，是一個資訊大交流的時代，人的交流活動必然會在語言中體現出來，必然涉及語言解釋問題。比如"No zuo no die"直接進入到英語詞典，其實是"不作死不會死"的漢化英語，源頭則是《孟子》的"天作孽猶可違，人作孽不可活"。又比如"PPP"之類直接進入到官方口頭和文件，實則是"Public Private Partnership"共建模式的縮寫。再比如"金利來"，是改革開放不久進入大陸的香港品牌，今天已被普遍知曉，更有"搭車"的"銀利來"、"好利來"之類，其來源則是"Goldlion"："金"是意譯，"來"是粵語的音譯而丟掉了尾音，"利"是翻譯時附加上去的；"金利"是粵語商圈中商業利潤的最大化，依次分為"金利"、"銀利"和"銅利"。可見，全部意譯本是"金獅"的意思，或許取名者給"獅"附有了"名流"之類的引申義。事實上，訓詁本來是時時處處存在的，也並不神秘，訓詁家不過是將它學術化了而已。訓詁學從語言現象中歸納出來的規律，便是訓詁的訓釋依據，這個依據同時也就決定了訓詁的方法。訓詁方法從根本上講，來自於語言實際，由語言實際所決定。比如形音義訓釋的方法，本質上決定於漢語詞語形音義之間的必然聯繫。傳統的漢語研究，自訓詁與訓詁學開始，主要的精力集中於詞語研究上，應該不是偶然的，應該與漢語的特性密切相關，與傳統認識漢語的習慣或慣例有關。詞語對象的確立，不僅因為漢語音節成義的特點，不僅因為詞語是人們直觀最容易、最直接感知的物件，還因為跟歐洲語法研究相較，漢語以"單"為立足點，詞語"兼"的組合方式和組合關係，與句子甚至長句的組合總體上是一致的，這一特點至今沒有本質上的變化。由此，或可以說，抓住了詞語便抓住了漢語的關鍵：立足於詞語的整體解釋，向內可以涉及它的構成，向外可以涉及它的組合；這應該是訓詁學研究漢語的基本特徵。以詞語為核心，解釋詞語自身及詞語所涉及到的一切，就要求訓詁學要為訓詁提供詞語及其所涉及到的一切語言和非語言問題的基本規律和特殊規律，也就規定了訓詁學的必要任務：語音的、語義的、文字的、組合的等規律，即黃侃所說的語言文字規律；應該提供先秦兩漢的、唐宋的、明清的和近現代的語言文字的斷代規律；也必然要求訓詁學用符合漢語實際的眼光總結訓詁實踐歷史，建立起符合漢語實際的語言理論和研究理論，以滿足時代的要求：

> 一個時代有一個時代的學術；不同的時代對學術工作者有不同的要求。段、王的成就，我們是應該繼承的。但是，繼承不等於繼續。"繼承，就意味著發展。不能發展，就不能很好地繼承。"（注）如何很好地繼承和發展段、王一派的學術成就和它們的優良作風，為中國語言學開創新局面，是我們面臨的嚴肅的課題。

參看先恩師劉君惠先生《讀王念孫〈方言疏證補〉》，載張之強、許嘉璐編《古漢語論集》（第二輯），湖南教育出版社 1988，p. 84—95；（注）作者自注第（36），引王力《中國語言學的繼承和發展》（《中國語文》1962 年 10 月號）語。

第四章　詞語對象的原因

詞語，即因語言特點和認識習慣確立的“語言片段”，是迄今所知的“自發”語言研究的共同的基本對象，是人們感知語言存在和語言運動的顯著標誌。作為研究語言的具體對象、出發點和立足點，有着“自然而然”的特性，所以可以看作是語言的核心①。已知的語言研究都是從詞語研究開始的，這是世界語言研究的歷史真實。這一事實告訴人們，語言中的詞語是最容易被人們感知的對象，是語言存在和使用最突出的特徵，也是人們關注和研究語言的最佳入手處，人們在儲存和使用語言時也總是以詞語為單位的。

> 一個詞是從句子分解成的，具有孤立的“意義”的，最小的叫人滿意的片段。
>
> 我做印第安語野外工作的時候，時常得到這一類的經驗，並且還可以用另一種經驗來清清楚楚地參證它。有兩次，我教聰明的印第安青年按我使用的語音符號來寫他們的語言，我只教他們怎樣把語音本身準確地記下來。要學會把一個詞拆成它

① 參看徐德江《語言文字理論新探》，《光明日報》出版社1986年。

> 藉以組成的語音，他們兩個都有些困難；可是要劃分詞，一點困難也沒有，做得自然而又準確。我從他們之中的一個得到的幾百頁奴脫加語手稿裏，詞，無論是抽象的關係成分，象英語的 that（連詞），but（但是），還是象上文所舉的那樣複雜的奴脫加句詞，幾乎毫無例外，分寫得正象我或者任何其他工作者會分寫的那樣。這樣的頭腦簡單的說話人和記錄者一起工作的經驗，比任何長篇大論的純理論辯證更能叫人相信詞確是一個可以塑形的個體。
>
> 參看愛德華·薩丕爾《語言論》p. 30、自注（1）

從語言的角度看，詞語是語言的客觀存在，是“離析”、儲存和運用的基本單位；從使用者的角度看，詞語是約定俗成的，使用者都會自然而然地“離析”、儲存和使用，二者完全相一致。客觀存在和約定俗成強調的是詞語在語言中的原生狀態，是一切分析研究的必要前提，而且是必須充分尊重的語言事實。不同的語言，其詞語狀況原則上可以有相同性和相似性，也可以不同或根本不同①，具體如何，則需要分析和研究。歐洲語言研究，以古印度語、古希臘語和拉丁語研究為源頭，都是從詞語開始的，後來的各種理論的語言研究，包括把立足點縮小到語素，都是由此發展起來的，可以說，離開了詞語，註定將一事無成：

> 歐洲的傳統在其發展的整個階段都把詞劃為最重要的語言單位之一。這個概念是在屈折語—綜合語的材料基礎上形成的，詞的界限在大多數情況下是明確的，並且有將語段劃分為詞的悠久的傳統，這種傳統後來又固定在文字中。因此在描寫

① 參看陳寶勤《漢語造詞研究》，巴蜀書社 2002 年。

> 這些語言時，一般把詞看作是事先規定好了的現成單位，界限問題只限於一些個别的有爭議的情況。對另一種結構的語言來講，詞的界限卻是很大的難題。

參看（蘇）B. M. 宋采夫 И. Ф. 瓦爾杜里等著、曹靜譯《論東方語言研究對發展普通語言學的意義》，《語言研究譯叢》p. 27—28。

漢語的訓詁與訓詁學研究也是從詞語開始的，從最初的解釋，比如《尚書》、《論語》、《孟子》，到《爾雅》創立訓詁學，詞語都是核心。歐洲語言學研究從詞語開始走向語法，有其深刻的語言自身的原因，漢語研究走上雅言標準的訓詁研究，也有着自己語言的深刻原因。古印度語、古希臘語和拉丁語都是形態語言，儘管各有各的形態，詞語自身的構成、詞語之間的搭配等，都會在形態上顯現出來，或可叫做形態的強制性特徵，這也是它們書面上起初都不分詞書寫而能被取出和識别的根本原因。古印度語的構成被分成了包括詞幹（詞根）（prakrti）和詞尾兩部分，動詞的詞根與詞尾之間還有中綴（pratyaya），詞尾被作為語法體系的基礎，詞類即詞的語法類别的歸類也就成了必然，構成上列出詞根表也有其必然性。如波尼尼也像古印度其他語法學家一樣，列出了 1993 個詞根表；亞里斯多德的《詩學》[①] 率先劃分出了單音、音節、連詞、冠詞、名詞、動詞、格和句子八種"敍述"成分；中世紀時劃分出了詞的八個類别在很長一段時間裏成為詞類的金科玉律：具有性、數、格、體、形語法範疇的名詞（momen），體指專有名詞和普通名詞、原始名詞和派生名詞，形指專有名詞的簡單與複合；具有時間、人稱、數、式、態、體、人稱變化和形語法範疇的動詞（ver-

① 參看羅念生譯《詩學》，上海人民出版社 2006 年。

bum)；與名詞動詞語法範疇相關的形動詞（participium），沒有人稱和式；具有性、數、格並可以變格的冠詞（articulus），拉丁語無冠詞；代替名詞的代詞（pronomen）；總是位於其他詞類之前構成片語合句子的前置詞（praepositio）；用於說明或補充動詞、具有意義、形和比較語法範疇的副詞（adverbium）；其連接作用並具有形式、順序和意義語法範疇的連接詞（coniunctio）[①]。由於形態以詞為依附，向內就是構詞法，向外的組合就是短語和句法，抓住了形態就抓住了要點，這應該是歐洲語言研究發展出語法研究，並以語法研究為核心的根源。漢語沒有形態，也就不可能研究形態或以形態的觀念去看待，更不能以形態的法則讓它削足適履。比如現代漢語語法研究中的普遍說法，“著、了、過”被定為表“時態”的助詞，起着標誌性作用。其實，既然沒有形態，就不可能起標識作用：陳述句“看着黑板”勉強可以說表示進行時，但祈使句的“着”卻只有引導“看”的目標的作用；“們”被稱為“複數”標誌，專門用於指人，沒有指物的，但並不妨礙魯迅筆下有“Ade，我的蟋蟀們！Ade，我的覆盆子們和木蓮們！”[②]也不妨礙“哥兒們”並不表示“很多哥哥”。把它們歸為形態標誌，它們卻並不爭氣，因為並不專業。或許我們可以說漢語有手段表示這些語法範疇，但這些手段有自己的特定歸屬，這個歸宿卻一定不是形態，或不應該是形態：一個沒有或不需要形態的語言，為什麼一定要用形態去描述呢？說漢語沒有形態，這裏的“沒有”，不是“不具備”、

① 參看裴特生、錢晉華著《十九世紀歐洲語言學史》；（蘇）柯杜霍夫《普通語言學》。

② 參看魯迅《從百草園到三味書屋》，載散文集《朝花夕拾》，人民文學出版社1973年。

"缺乏"之類的有的研究者賦予的含義，而是"不必要"、"不需要"、"自來如此"等的意思。對一個沒有和不需要形態的語言的研究，一定要用形態的觀念去看待、衡量，甚至要求，其結果一定不能反映甚至會掩蓋該語言的本質。比如影響很大的以形態為依據的所謂語言類型學分類，漢語被稱作孤立語，處於語言發展的原始階段，現代印歐語語言的最高發展型，處於最高發展階段。由於與古印度語、古希臘語和拉丁語比較，最高發展型的現代印歐語的形態走向了"衰敗"和"消亡"，其結果必然是又回到古老的原始型，語言的發展就進入了自我迴圈的怪圈：

> 施萊赫爾（A. Schleicher，1821–1868）的形態學分類在制定語言類型學說上對語言學影響甚大。他把語言的形態學類別看作語言發展的順序階段，這種設想沒有得到承認，因為它是人為的、虛構的、與歷史事實相矛盾的。
>
> 參看（蘇）柯杜霍夫《普通語言學》p. 40

施萊赫爾的語言形態學分類標準是人為的，世界語言為什麼要用形態作為劃分標準，應當進行論證，應當有充分的證據；形態與語言的形成與發展有無關聯，有無必然性，也需要證據；形態自身的產生與發展也需要證據和論證等等；因此，他的形態分類說本質上是想當然的、罔顧語言事實的。與之相似的還有對漢語的認識，那些"有些專家"的結論，可以說也是想當然的：

> 今天的有些語言社會是非常大的。英語有幾億人把它當做本族語言。俄語、法語、西班牙語、德語、漢語和少數其他語言，也有非常多的人使用。有些專家說，"漢語"是一群有親屬關係的語言而不是一種語言。但即使把這群語言分開來計算，至少其中的北方話仍可列入上面的名單之中。一般地說，

規模這樣大的語言社會的出現只是晚近的事，是以往五百年左右歷史發展的結果。

參看霍凱特《普通語言學教程》p. 8

至少自文明史以來，漢語的實際是什麼樣的呢？僅僅以周王朝為起點，漢語就是今天的這種基本狀態：同一民族的同一種語言，即夏語。夏語區別於四方非華夏語，夏語內部區分雅言與方言，訓詁與訓詁學就是在夏語和漢語自己的時空狀態基礎上，適應這種基本狀態“自然而然”產生的。至於夏語內部雅言與方言到底是一種語言因地域等的原因分化，還是各自語言以雅言為標準的融合並保留自己的地域特徵，還是別的什麼原因，必須多學科共同研究才可能得出結論。從人類學角度看民族的形成，夏語時代的華夏民族是同一民族，其語言是同一種語言，這是由他們自己的歷史證明了的，不因被説三道四而改變。其間雅言的地域發展與政治中心地的確立和轉移是一致的，由河洛之間東移長安，再北上大都，進而北京；但作為五方異語之“主”，雅言和普通話除了“統領”身份外，與所有方言並沒有語言上的本質差異。雅言與方言共存，雅言以標準的身份統領方言，是漢語存在的基本狀態，忽略甚至想當然的分解都是與實際不相符的。漢語的這種情況與中華大地民族風俗的地域“變異”相類似，雖十里不同風，百里不同俗①，但並不因此而為不同的民族。從夏語到漢語，形成如此規模的語言社會，顯然是十分久遠的事了，絕不是近五百年才形成的。歐洲語言研究從詞的研究開始，走上語法研究的道路，有它自己語言的深刻語原因；漢語語言研究也從詞語開始，走上了訓詁學的道路，也有它自

① 參看《四部叢刊》本，漢應劭撰《風俗通義》。

己語言的深刻原因，比如傳通古今雅俗的需要。兩種研究，儘管道路不同，研究語言這一事實卻是毋庸置疑的，因而將訓詁學排除在語言學之外，顯然是人為的，沒有根據的。漢語的詞語沒有也不需要形態，形態在這裏便不能有市場，形態的固有觀念就至多可以參考。漢語的“單足以喻則單，單不足以喻則兼”的表達原則，決定了那時“單”的最小、最基本的特徵，這個特徵並不排斥“斤斤”、“婆娑”、“暴虎”、“勿念”，甚至“如切如磋”等，也可以獲取這種被訓釋資格。當“兼”發展到佔領優勢地位之後，“單”的活動範圍可以縮小，但並不從本質上改變它的活動。比如“房”，在今天往往會組合而不單用，這應該是漢語今天的“規範”，與形態語言的“自由與粘着”觀[①]至多有相似處，因而形態語言的“自由與粘着”就只能是參考，不能是標準。漢語的“兼”可以從兩個“單”開始以致句子，其間的組合關係是基本甚至完全一致的，粘着單音節與粘着多音節本質上也是一致的：既粘着詞，也粘着片語。漢語詞語之間在組合中沒有形態上必須相一致的強制性，與形態語相較，這種“組合法則”一開始不被特別重點關注，應該是可以理解的，甚至是理所當然的。但關注詞語，通過詞語研究而研究語言則有着語言研究的共同性和必然性，至於由“線性”研究走上詞語的語法研究道路，由運用研究走上詞語訓詁的“綜合”研究道路，只是語言特色不同，研究旨趣不同罷了，本質上並沒有誰是誰非的問題。關注詞語，從詞語入手認識和使用語言，是《爾雅》創立的語言原因；訓釋詞語，傳通古今方俗，是訓詁學成立的語言原

① 參看呂叔湘《說“自由”和“粘着”》，載《漢語語法論文集》（增訂本），商務印書館，1984；趙元任《漢語口語語法》“自由形式和粘着形式”，商務印書館 1979，該書是寫給外國人看的，所以敘述上儘量與英語接近。

因；走上訓詁與訓詁學的語言研究道路，總體上則是由漢語的本質特徵所決定的，由認識和運用漢語的需要所決定的。對語法學來講，詞首先是語法單位，將它們歸類是語法的基礎，要描述語法而不建立詞類是不可思議的①；但對訓詁學來講，詞是語言中“天然”存在的語言構成成分和基本單位，可以拿它組成言語並從言語離析出來，“拿它組成”和“離析出來”是有語言社會的社會默契的，不因分析者怎麼說而改變。訓詁學也對漢語詞語進行分類，但分類並不為了建立語法學研究語法規則的需要，而是為了訓詁的需要，因而它的分類角度不是詞語組合，而是詞語運用，以《墨子·大取》“夫辭，以類行者也。立辭而不明於其類，則必困也”最典型。虛詞是首先被注意到並被劃分出來的大類，漢語詞語事實上被劃作了實詞和虛詞兩個大類，意義的實在與空靈決定了詞語的用途，因而是符合漢語實際的。《爾雅》有專門的虛詞訓釋條，《說文》對虛詞的作用有用途描述：乎，語之餘也；者，別事詞也；哉，言之間也；對虛詞的研究，延續到清代王引之的《經傳釋詞》，應該說，取得了巨大成就。大約唐宋時期始，實詞被明確的進行再分類，分類角度仍然是詞語的實際運用，比如顏師古《匡謬正俗》的“烏呼，歎辭也”、孔穎達《毛詩正義》的“我者，己所自專之辭；爾、我，對談之辭”，這種分類方式一直到清代都是如此：動詞、靜詞、問詞、設詞、形容詞、指詞、量詞等等。其中關於詞語的死活、詞類的活用、虛實的活用等等，可以說是詞語運用觀點的極致，以致馬建中雖引進西語葛郎瑪，於詞語分類仍然部分使用這

---

① 參看 Frangk Palmer *Grammar. 2. 3. Parts of speech* , Penguin Books Ltd, England, 1971, p. 58–70: It is, however, quite Impossible to write a grammar of a language whithout setting up word classes. p. 62.

種方法[1]。由此，在訓詁學看來，漢語詞的類别是因語言的運用而歸類的，歸類的最終目的是為了更準確地使用、訓釋和理解，分類的依據不是詞語的意義本身，而是詞語意義顯露的運用類别特徵，而且具有至少兩千多年的研究傳統。

---

① 參看《馬氏文通》卷一至卷九。

第五章　漢字的非符號性

自索緒爾以後，語言符號的觀點被廣為接受和運用，但語言被認為僅僅是符號，則應該是有問題的。符號的觀點原本是為了便於闡述語言而借用的，學術上的便利和好處是可以一目瞭然，但當符號被擴大化和絕對化之後，則可能掩蓋語言及其文字的真實，蒙蔽研究者的眼睛。為了區別，便於討論，這裏才用“非符號性”來表述。系統的符號學的產生和發展，大概在索緒爾以後，或主要受了索緒爾語言研究的啟發和影響[①]。由於訓詁與訓詁學發展了兩千多年，更由於自漢武帝以後的經學昌明，今天看到的歷史上的訓詁與訓詁學都在跟文字打交道，甚至被比喻為“書面上的考古學”[②]，無疑具有合理性，但認為訓詁學就是書面上的語言研究或文字研究，則除了誤解或人為因素，應該還有着漢字特性的原因。語言是符號，文字是書寫語言的符號，大致至少從索緒爾《普通語言學教

① 參看烏蒙勃托·艾柯著、盧德平譯《符號學理論》，中國人民大學出版社 1990；羅蘭．巴特爾著、王東亮等譯《符號學原理》，三聯書店 1999 年。

② 參看胡朴安《中國訓詁學史》。

程》問世以來，已經成為常識，大家都這麼說，也這麼認為。語言被認為是符號，拿系統論的觀點看，語言就是符號系統或體系，有着歐洲語言研究的傳統的原因；文字被認為是符號，還有着其文字的原因。世界文字目前只有兩大類別，索緒爾稱為表意文字和表音文字①，表意文字以漢字為代表，東亞諸語言的文字受其影響而發展演變；歐洲諸語言則從古埃及文字直接發展演變而來：西元前十三世紀閃美特人（Semites）選取二十個古埃及文字作為字母書寫自己的語言，後經腓尼基人傳入歐洲②。表音文字的歷史傳統決定着表音文字的基本性質，也決定着其研究者的文字觀，用表音文字的性質及其文字觀去衡量、研究別的文字，就可能出現問題，比如索緒爾的漢字觀，在使用漢字的漢語人看來，應該是有問題的：

只有兩種文字體系：

③表意體系。一個詞只用一個符號表示，而這個符號卻與詞賴以構成的聲音無關。這個符號和整個詞發生關係，因此也就間接地和它所表達的觀念發生關係。這種體系的典範例子就是漢字。

④通常所說的“表音”體系。它的目的是要把詞中一連串

① 參看索緒爾《普通語言學教程》p. 50—51；蔣善國《漢字學》，上海教育出版社，1987 年。

② 參看 L. R. 帕默爾《語言學概論》“文字”；蔣善國《漢字學》“漢字的發展”；（蘇）B. A. 伊斯特林著、左少興譯、王榮宅校《文字的產生和發展》，北京大學出版社，1987 年。

③ 費 · 帕默認為詞無法規定，最終取決於對整個語法的看法。參看他的*Grammar. 2. 1 words*，Penguin Books Ltd1971，p. 41–51，“詞無法規定”見於本節末段，p. 51。

④ 參看《荀子 · 正名》，參看邢公畹《談荀子的“語言論”》，載邢公畹著《語言論集》p. 114–122，商務印書館 1983 年；漢字實際上既不標注音也不標注義，而是將音節代表的語言單位直接轉換為漢字形式：“與其他文字不是標義標音的不同，乃是所標的語言單位的尺寸不同”；參看趙元任《語言問題》p. 144，商務印書館 1980 年。

連續的聲音模寫出來。表音文字有時是音節的，有時是字母的，即以言語中不能再縮減的要素為基礎的。

此外，表意文字很容易變為混合的：某些表意字失去了它們原有的價值，終於變成了表示孤立的聲音的符號。

參看索緒爾《普通語言學教程》p. 50—51

索緒爾對漢字認識的描述，一是文字與詞音無關，二是與詞發生聯繫而間接表意，與漢字的實情不相符合。詞的概念到了漢語中應當符合漢語的實際，而不是照搬，漢語的最小語言單位止於音節，漢字對應音節，這個音節代表的是不是詞，需要研究；漢字與整個詞發生關係的觀點也就存在問題，因為這與“單足以喻則單，單不足以喻則兼”的漢語使用實際不符。一般說來，漢語的音節都是有意義的，跟音節發生聯繫時就一定會跟其意義發生聯繫，跟音節的意義發生聯繫而不跟該音節發生聯繫，事實上是不存在的。一個漢字的讀音和意義與所代表的音節及其意義是完全一致的，即一定的音節與一定的意義不可分離，嘴上怎麼說，書面上就怎麼寫，除了聽覺與視覺的轉換外，並無區別，這也是會出現“別一個字一個字地往外蹦”的表達的根源，也是歷史上用“字”來表示最小語言單位的根源。集中總結於許慎的漢字構造理論也表明，漢字不可能不與音節發生聯繫而間接表達其意義，事實上，任何一個漢字的讀音都是所代表的漢語音節的實際讀音，也就是說，其讀音是從漢語那兒獲取的，而不是離開了漢語的另一套讀音。至於漢語有雅俗古今，讀音不同，正說明漢字與漢語的相適應性，而不能說明漢字可以脫離漢語而獲取讀音。漢字與漢語音節一對一的現象表明，中國人創造漢字、離析漢語語言單位，是以音節為基礎的，音節就是漢語中“不能再縮減的要素”、最小的、最重要的、最自然的語言單位，在漢語研究中佔有特殊的重要地位。這樣看來，漢字顯然不是表意文字，而是包括了形音義在內的“表音義文字”，或者是具有與口語相一致特點的“以音節為代表的漢語最小語言單位的書面定型文字”，直接跟音節整體發生聯繫，而不僅僅是其間的意義或概念。說漢字是“表意文字”，顯然受了與表音文字相比較的影響，語言是音義複合體，既然不表音，理所當然地就成了表意。漢字立足於音節，跟字母文字或說音位文字相較，漢語的音位只有在音節的前提下才是有意義的；跟表音音節文字相較，漢字代表一個音節，雖不“明示”它的讀音，甚至不“明示”它的意義，但漢字卻有自己一整套“暗示”讀音和意義的辦法，通過它既可以研究意義，還可以研究語音，這便是漢語音韻學的依據，甚至還可以分析出它的聲韻調，按母音開口度大小分出四等韻，並取得成功①。漢字音義的另一特徵是音義的相適應性，一定的讀音與一定的意義渾然一體，改變讀音可能改變它的意義，改變意義可能改變它的讀音。正由於這一特徵，漢字沒有，在可以預期的將來，也不會因語言的發展而“失去其原有價值”，沒有也不會變成“孤立的聲音符號”，反而是不管漢語從古至今發生了多少時空變化，漢字都始終與漢語的音節音義緊密相連，始終代表漢語的一個音節及其意義。從這個意義上說，漢字既表意，也“表音”，只是它的音表現為“遊離性”而已，這種“遊離性”可以與雅言或方言的音相一致，是由與其音義複合的音節相結合而實現的，因而漢字的讀音實際上是與雅言和方言相一致並伴隨它們發展演變的，你可以用雅言或方言的實際音系跟它一一對應。“表意”文字與語音沒有關係，顯然

① 參看李新魁《漢語等韻學》，中華書局 1983 年。

誤解了漢字語音的“遊離性”特性，並隨着漢語的時空變化而變化，這才得出了“很容易”變成隻表示聲音的孤立符號的誤解結論。即使拿現代漢語簡體漢字來看，表面上與許慎的造字理論已經相去甚遠，似乎已經成了“孤零零的表音文字”，但事實上，無論是作為外語教學還是兒童初學，認識一個漢字都是連同它的音義一起獲取的，字的常用表現為第一原則：工，gōng，工作，20 世紀 80 年代以前則往往說“工人”，獲取讀音的同時也獲取意義，換句話說，“工”既有一定的讀音，也有相應的常用意義，既不是“孤零零”地表音，也不是“孤零零”地表意。漢語雅言有自己成套音系，方言也有各自的音系，它們都可以通過漢字讀音的“遊離性”與漢字一一對應，用各自的實際讀音讀出來，實現同質的交際：“對漢人來說，表意字和口說的詞都是觀念的符號；在他們看來，文字就是第二語言。”① 至於學習漢字都用雅音，漢代時鄭玄就要求“必正言其音”，則是漢語雅言為“主”和訓詁雅言規範的要求，這種規範也是漢語社會公認的，是民族的社會默契在語言上的反映。如果將語言交際方式比作包裹着意義的語流，音節就是漢語的天然分界，就是漢語最小語言單位天然的縱向切割，漢字正是適應漢語這一特性而與之一一對應，將語流形式轉換為“字流”形式的，所以漢字並不像字母文字那樣去“寫”語言，而是像印章那樣將漢語一個音節一個音節的“印”語言，是“漢語符號”的轉換形式，而不是“漢語符號”的“符號”；將漢語語流切割下來的橫截面進行解析，表層就是語音，像元宵的外皮，裏層就是意義，像元宵的餡兒，語流實際上就是“元宵排列”，“元宵”是一個渾

① 參看索緒爾《普通語言學教程》p. 51。

然整體，可以分析，不能分割。語音是不斷變化的，共時表現為空間差異，歷時表現為時間差異，大約五十年就會面目全非[1]，以音位為對象的字母文字記錄語言，實際上並不像聽起來或想當然那樣科學，如果革新，五十年就得從頭再來一次：

> 因此，從語言學的觀點來看，並不存在着一個單純的英語詞 father，有的只是一系列有關聯的語音符號。
>
> 帕默爾《語言學概論·語言地理》p. 104

記得 2008 年北京奧運會男女生主唱的主題歌《我和你》的一句英語歌詞“We are family”，按習得常識，family 的發音是［fæmili］，但出生加拿大的歌唱家席琳·迪翁（Celine Dion）的發音類似［fama：li：］，第二、三音節是由於歌唱的原因被拉長了，重音落在了第二音節，結果國內著名歌唱家劉歡也不自信的唱出了同樣的音，這大概正是英語“本不存在一個單純的英語詞，有的只是一系列有關聯的語音符號”的原因，但英國人卻有自己的標準，一定會發成［fæmili］[2]。由於英語表音文字已經失去了“表”的作用，每一個單詞的實際拼寫和拼讀，理論上說，只能遵守拼寫和拼讀規則一個一個的記住，所以它們只是一個個“孤零零”的“寫音符號”，而不是“表音符號”，即用特定的符號去代表特定的音位。漢字的情況截然不同，從誕生之初至於今日，它都始終與漢語成義音節相對應，口頭一個音節一個音節的說，書面對應為一個字

① 參看帕默爾《語言學概論》p. 100：“任何革新了的拼法都會在五十年後又成為過時的東西。”

② 參看帕默爾《語言學概論》p. 112：我們英國人對於表明社會階層的方言差異特別敏感。蕭伯納甚至說：任何一個英國人，只要一開口，不是招來同胞的憎恨，就是受到有些同胞的鄙視。受過教育的倫敦人所講的話在 17 世紀獲得了宮廷語言的地位，現在每一個受過教育的英國人都講這種話，只是各人有些微不足道的差別。

一個字的寫，口頭與書面可以“直接”轉換。語音處於不斷發展演變之中，音位文字記錄語音大概只有兩條路可走，要麼隨語音的實際變化不斷變化，結果就是“五十年重來一次”，要麼相對穩定，結果如同英語的拼寫和拼讀規則。漢字避免了記音的這種尷尬，將最小漢語單位存留下來，自文明史以來的實際語音則交由“遊離性”去解決：實際音值隨時代變遷而變遷，時代的實際音值可以一一對應，與口頭一致的讀出來，因而這個單位是穩定的，“千年不變”的。漢字隨着漢語社會不斷發展演變，但它的古今是密切相繫着的，可以追溯和“還原”的，音的古今、義的古今、形的古今都“明明白白”的擺在那兒，“一目瞭然”，因而漢字的本質是漢語“直接”的書面轉換形式，也就是“第二語言”，不應該與純粹的符號等同起來。類似的誤解甚至偏見，還表現在對待音節的問題上，根源則是所依據的語言材料的不同，並在很大程度上由此而忽略了別的語言：

> 我們的研究將只限於表音體系，特別是只限於今天使用的以希臘字母為原始型的體系。
>
> 音節是只有在音位學中才有價值的。
>
> 參看索緒爾《普通語言學教程》p. 51、146

音節被忽略，與“自發的音位學家”① 的字母不無關係。反觀漢語，音節顯然比音位更重要，歷史上對漢語的語音研究，音節只是“大致”地被分為聲韻調，是符合漢語實際的，在這裏，音位大概也“只有在音位學中才是有價值的”，即音位存在於音節之中，

① 參看（蘇）B. M. 宋采夫 И. Ф. 瓦爾杜里等著《論東方語言研究對發展普通語言學的意義》，《語言研究譯叢》p. 42。

是構成音節的要素。縱觀歷代借用漢字的語言，比如日語、朝鮮語和越南語，音節無疑起了重要作用。與“表意”相對，所謂“表音”文字，其實“表音”與其文字性質也並不相符，事實上，它不過“寫音”而已。自有文字記載以來，古印度語、古希臘語和拉丁語的文字就已經是字母文字了，後來的被稱為印歐語系的文字也都是如此，由此而認定其文字是書寫語言的符號，跟其字母自身的特點有着密切關係。歐洲學者注意到古印度語並對其進行研究，是從 1784 年開始的，並因此產生了語系分類說①。總體上看，使用字母文字的語言，那些字母在記錄該語言之前，除了符號，其實什麼都不是。以英語為例，那 26 個字母在書寫英語之前，它既不具備語音，更不具備語義，因而與英語其實毫無關係，也不具備英語的文字的性質，用符號命名，或許恰如其分。有的語言，可以有單個字母對應的詞語，比如法語 a（有）、拉丁語 i（去），但那是偶然，不是文字的必然②。由於字母的“單個性”，決定了它可以與“任何”語言的單個音位相對應，如果用音位觀點分析的話，也就可以通過音位書寫“任何”語言，如果願意使用的話，因為它是天才的“音位學家”。但是，有一點不應該被忽略，它的音值，也就是它所“表”之音，是由被書寫語言賦予的，並不是那些字母本身所具有的。這類似于由阿拉伯人傳播開去的阿拉伯數字，在進入任何其他語言之前，對這些任何語言來說，它只是純粹的符號，除此之外，什麼都不是，只有進入到具體語言，才具備了該語言的具體讀音，才有了該語言的意義，也才被該語言所使用。英語使用 26 個字母

① 參看（蘇）柯杜霍夫《普通語言學》p. 31。

② 參看愛德華·薩丕爾著、盧卓元譯、陸志韋校訂《語言論·語言的成分》，商務印書館 1985 年。

拼寫詞語，其價值是由英語賦予的，並以這套字母的排列組合而形成字母群，與其“word”對應才實現的，因而本質上是“寫音”而不是“表音”，即並不是字母的音與英語音位的音的“自然”結合。由於一千多年的書寫延續，英語形成了“固有”的書寫規範，這個規範與英語的實際發音並不是一一對應的，並不真實反映已經發展變化了的實際語音，掌握詞語的拼寫和拼讀規則，原則上必須一個詞語一個詞語的記下來，這也是英語的文字改革爭論都集中在拼寫問題上的根本原因：

> 對於英語的拼法問題，這個警告也有用。語言研究者首先注意到，任何革新了的拼法都會在五十年後又成為過時的東西。其次，我們該用什麼正字法來翻印英國文學名著呢？把莎士比亞的作品按照現代語音來拼寫，就是摻假。
>
> 參看 L. R. 帕默爾《語言學概論》p. 99—100

由字母的特性決定，將字母說成是符號，便於理解，便於研究，不會引起歧義，應該自有道理。由此，可以說，音位被特別強調，音節被特意忽略，很大程度上是受了字母文字的影響：實際語言使用“word”，而不使用音位；音位組合成“word”，字母組合成相應的“word”字母群。但將這一說法照搬進漢語中來，則與漢語的實際不相符合。漢語直接使用音節，漢字直接對應音節，音位的重要性只有在音節比較中才顯現出來，只有在音節的前提下才是有意義的。漢語真正意義上的語音分析始於陸法言的《切韻》，分析的依據實際上是音響，而不是音位，因而首先離析出音節的聲韻調，而後才有韻頭、韻腹和韻尾，這一原則經章太炎的注音字母到拼音方案，始終沒有改變，可見音位在漢語中的“微不足道”。漢語拼音方案只是給識讀漢字提供了現代便利，僅此而已，“b、p、 m、f”與“幫、旁、並、明”並不存在本質上區別，並不表示是進行音位分析的結果。漢字之於漢語，首先不是“借”進來的文字，而是適應漢語需要“自發”產生的文字，這種文字與漢語的相適應性是“天然”的，不是人為的，與借進字母書寫自己語言的相適應性相較，本質上應該不是一回事。以《說文》為代表，漢字有着自己一整套造字辦法和造字理論，它告訴人們每一個漢字的構成理據，這是目前所知的其他文字無法比擬的，包括古埃及文字。從這個角度看，漢字是一整套書面符號，應該毋庸置疑。自甲骨文開始，漢字的結構、構造和形體等至少已經有了三、四千年的演變歷史，研究漢字及其演變，不僅可以成為一門專門的學問[①]，而且研究起來十分困難，在已知的世界其他語言文字的研究中，無疑是獨一無二的[②]。從這個意義上說，也只能在這個意義上，這種漢字的研究，或可以說是符號的結構、構成和演變等的研究。但是，漢字還有着字母文字不具備的另一特性，即與漢語語言最小、最基本單位一一對應的特性，包括它的聲韻調，這一特性與漢語音節成義的單位相一致，字音即詞音、字義即詞義、字的形音義即詞語的形音義，從這個意義上講，漢字就不僅僅是書寫漢語的書面符號，而是漢語書面的直接定型形式，由音形形式直接轉換為字形形式。漢字

① 參看楊潤陸《現代漢字學通論》，長城出版社 2000 年。以“漢字學”命名或許並沒有必要性。“漢字學”的命名，或許只有在對外區別於別的文字的研究才有必要，因為自古以來人們已經習慣了文字和文字學的稱謂，正如訓詁與訓詁學沒必要也不應該改作解釋和解釋學之類一樣。

② 參看康殷釋輯《文字源流淺說》“釋例篇”，榮寶齋出版，1979 年；蔣善國《中國文字之原始及其構造》，武漢古籍出版社 1987 年影印民國十七年本；唐蘭《古文字學導論》，齊魯書社 1981 年增訂本；陳煒湛、唐鈺明編著《古文字學綱要》，中山大學出版社 1988 年。

的漢語書面定型形式特性，即漢語與漢字的一致性關係，嘴上怎麼說，書面就怎麼寫，是區別於字母文字的本質性特徵，更是訓詁與訓詁學一定、也必須研究漢字的根本原因。漢字是形音義的統一體，本質上是漢語最小語言單位形音義的統一體，漢語音節的聲韻調及其“包裹着”的意義反映到書面上就是一個漢字，這是從漢字誕生之初就具備了的，不是人為賦予上去，是“天然”的和“原生態”的，應該受到足夠的重視。漢字的聲韻調的“遊離性”，是漢字反映漢語實際狀態的必然，也是漢字與漢語實際狀況相適應的另一種表現：儲存語言單位，而非僅僅儲存語音或語義。自有漢字記載以來，漢語就處於雅言為主、方言各異的基本狀態，這種狀態至今“依然如故”，漢字讀音的“遊離性”正是與這種基本狀態相適應的反映；反過來說，漢語的這種基本特性對書寫它的文字又具有制約性，違背了這種制約，漢語與漢字的這種統一性就會遭到破壞。雅言有雅言音系，方言有方言音系，相互間有差異甚至區別，但無論何種音系，所讀出來的漢字都代表其雅言或方言的最小、最基本單位，都表示相同的意義，都是其實際語言的面定型化，並不因語音的不同而改變。漢字與漢語的相適應性是伴隨着漢民族的形成和發展“自然而然”產生和發展的，由於歷史長時間的積澱，漢字自身及其與漢語的相適應性才呈現出紛紜複雜的局面，許多內在的因素才被“悄然”地掩蓋了起來。從漢字的角度看，漢字的形音義表現為最小語言單位的形音義，從漢語的角度看，最小語言單位的形音義也就是漢字的形音義：漢字的形音義都有着內在的必然聯繫，這種聯繫本質上是漢語最小語言單位的形音義關係，探求漢字的形音義實質上就是探求漢語最小語言單位的形音義關係，這種相適應性規定，形音義的任何一方如果發生改變，就可能引起整個語言單位的改變；最小語言單位之間也有着形音義的關係，字族和詞族可以為代表。從語言學研究看，形音義關係應該說是漢語語言核心的最小“配列”，是探求最小語言單位的“密鑰”，段玉裁可以“舉一得二、舉一得五”，正是拿到了這把“密鑰”，王念孫可以觸類旁通、立足漢字看詞語、立足詞語看漢字，可以振裘提領、同條共貫，也是正確使用了這把“密鑰”；這一切都發生在音節而非音位上，因而音節事實上是漢語之“核”，它可以被再分析，分出更小的成分，但首先得以“核”為前提。由漢字的這種非符號性特性決定，訓詁與訓詁訓釋漢字顯然不能被簡單地認為是解釋文字本身，或以文字本身為物件，而應該看到它最小漢語語言單位關係的實質，跟口頭漢語相較，只是存在方式和表現方式的不同而已：

> 文字也是語言之一種，可稱為書寫的語言，或文語。
>
> 參看王力《中國現代語法·導言》，商務印書館 1985 年。

漢字的這種特性，應該是區別於所知的字母文字的漢字的本質特徵，無顧或忽略漢字的特性，對漢字的論斷就一定會出現偏差，甚至錯誤。注重漢字的特性並不意味着混淆語言與文字的區別，也不意味着中國人一直以來就字詞不分。有一種觀點認為，古人字詞不分，或混為一談，其實這與總體的歷史史實並不相符。古人表示字詞的用語用字，總體上是清晰的，先後次序大概是言、名、辭、文、字、詞，基本觀念應該也是清楚的①。理論上將文字與語言分開是必須的，也是符合實際的，但不應該將用字的原因說成是字詞

---

① 參看李華年《〈說文〉“詞”段注質疑》，載“中華文史論叢”增刊本吳文祺主編《語言文字研究專輯》（上），上海古籍出版社 1982 年；呂叔湘《漢語裏“詞”的問題概述》，載呂叔湘《漢語語法論文集》（增訂本）；呂叔湘《漢語語法分析問題·單位》，商務印書館 1979 年。

不分。比如今天的實際口語對話中，我們仍然用“字”來表示詞語：“您說的是哪個字”、“別一個字一個字地往外蹦”。也正如英語本沒有“詞”這個詞語，引進詞的概念後才以“Word”表示，但並不能因此而說英語裏原本沒有詞，使用者和研究者也沒有詞這個概念。近現代以來，學界習慣上仍使用字來表述，比如馬建忠的《文通》、金兆梓的《國文法之研究》、陳望道的《修辭學發凡》等等，趙元任也說“字”這個單位在漢語人心目中確實存在[①]。音節的重要性是漢語特質決定的，從漢語的運動來看，在語音上，漢語的交際天然表現為以音節組合為特徵，兩個音節間的組合關係不僅與句子中其他單位間的組合關係相一致，甚至可以概括句子中其他單位間的組合關係，因而音節首先表現為漢語的語言單位，而不是語法的單位，從這個意義上說，音節就是漢語之“核”，漢語運動的根基就是“核”的運動。漢字之於漢語，正是適應了漢語運動的這種本質性特質，將這個最小運動單位直接整個固化，將它的音義直接轉換並固化為形義關係，通過字音的“遊離性”去適應實際語音的發展演變，無論語音怎麼變化，甚至面目全非，但這個單位卻始終被保存着，可以通過漢字形體隨時“還原”。漢語音節在漢語中佔有特殊重要地位，與音位佔有特殊重要地位的字母文字語言完全不同；漢字與漢語的關係本質上是視覺與聽覺的同質轉換關係，跟已知的字母文字與其形態語言的關係有着“天然”與“人為”的本質性區別，“人為”的符號與“天然”的轉換不應該被混淆。事實上，“自發”產生的文字之所以是文字，就因為它是語言的另

① 參看《馬氏文通》、金兆梓《國文法之研究》、陳望道《修辭學發凡》，上海教育出版社 1984 年第四次印刷本第二編；趙元任區分為“社會學”和“語法”的詞，參看《漢語口語語法》，商務印書館，1979 年；參看霍凱特《現代語言學教程》上冊。

一種形態，離開了語言，文字便沒有存在的必要；文字的產生可以有多種原因，但最終是由語言交際需要決定的，為了彌補語音“出口即逝”、可以長久的“遠距離”交際而產生的，因而這種文字本質上是語言的另一種交際形態。漢字與漢語的特殊關係與索緒爾形態語言的文字“淩駕於”其口語的情形不能等同：

> 語言和文字是兩種不同的符號系統，後者唯一的存在理由是在於表現前者。語言學的對象不是書寫的詞和口說的詞的結合，而是後者單獨構成的。但是書寫的詞常跟它所表現的口說的詞混在一起，結果篡奪了主要的作用；人們終于把聲音符號的代表看得和這符號本身一樣重要或比它更加重要。這好像人們相信，要認識一個人，與其看他的面貌，不如看他的照片。
>
> 參看索緒爾《普通語言學教程》p. 47–48

文字是文明的使者，是歷史的證明，沒有文字的語言處於“蠻荒”狀態，沒有文字的歷史只是“史前史”，這是從人類及其語言進步的角度說的，這裏的文字是“產生”而不是“借用”，區分語言與文字應該充分考慮這一區別。一方面，文字存在的唯一理由就是表現語言，否則就不是文字，另一方面，與自己語言相適應“自發”產生的文字是應該語言交際需要而產生的，比如漢字，因而又是該語言的另一種交際形式，彌補口頭交際的不足；漢字適應漢語是將口頭交際的漢語直接轉換為書面交際，把最小漢語言單位“原樣”“印”在書面，流動的語流與靜止的方塊排列，除了聽覺與視覺，並沒有質的差異，“轉換”與“表現”、“印”與“寫”顯然不同，甚至很不相同。英語的字母並不隨着英語的發展而發展，借進後是一個靜態的封閉系統，除非進行書寫整理和規範，不會發生變化；漢字從甲骨文到今天，始終是伴隨着漢語的發展演變而發展演變的，它的字量是一個相對開放的系統，在實際使用中與漢語的最小語言單位處於動態平衡狀態；漢字自身不斷發展演變，所以有文字學，與漢語最小語言單位對應不斷發展演變，所以訓詁學要訓釋漢字；漢字系統、漢語系統、相互對應轉換系統雖各自為陣，卻相互關聯，相互影響。漢字獨一無二，它的獨特性應當得到應有的尊重。

與此相關的還有另一種誤解，也順便提一提。所謂漢字的難易問題，本質上是文字改革涉及的問題，因為漢字問題說到底是與漢語相適應的問題。與拼音文字或表音文字相較，其實本質是字母文字，漢字有很多“罪狀”，並以難讀、難寫、量大等等最為突出，早期甚至被認為是造成文盲眾多的直接原因。真實的情況如何，其間至少有誤會的原因。拿漢字與英語的 26 個字母相比，難易自不必說，但這不公平。英語的 26 個字母之於英語，是什麽呢？什麽都不是。以為識得 26 個字母就會英語了，不過是虛妄的天真而已。識得一個漢字，得到的不僅是一個漢字，還得到了漢語的至少一個單位，二者不具備可比性，本應該是顯而易見的。字母的性質僅僅與漢字的構件或說筆畫相當，漢字有多少筆畫呢？點橫豎撇捺再加彎鉤，真書習得有“永字八法”，共有多少筆畫呢？無論怎麽分解筆畫，大概不會超出 26 個吧①？有論證語言及其文字時，將英語的 word 說成文字的②，拿 word 與漢字比較，書寫和數量的難易自現。認識 6000 word 和 2000 word 短語的結果是什麽呢，比如過了自改革

① 張斌主編《現代漢語》列出漢字筆畫表，基礎筆畫 6 個，派生筆畫 26 個，這是一個令人矚目的數字；即便如此，26 比 32 也不構成討論難易的條件。見復旦大學出版社 2002 年版，p. 106。

② 參看趙元任《漢語口語語法》，葉蜚聲、徐通鏘《普通語言學》。

開放以來強制執行的公共英語考試六級，認識 6000 漢字和 2000 成語的結果又是什麼呢？二者可以同日而語嗎？更何況現代漢語中單個漢字與詞語的數量比，比如中型詞典的《現代漢語詞典》，平均應該是一比六吧。漢語音節共有 1338 個，所有的漢語口語都由它們表達[①]，這些口語音節對應的常用漢字有多少，往多處說，不大會超過 4000 吧，而所代表的詞語則可以十數萬、數十萬計；26 個字母就可以書寫數十萬個詞[②]，看似簡單，實則需要具體地、一個一個地記下數十萬個的實際拼寫，這才應該是難易的關鍵。歐洲人想不明白"為什麼中國人要使用那麼多個字元呢"[③]，原因之一應該是受了二十幾個與三四千個表象的蒙蔽。脫離了文字與語言的關係、與語言的相適應性談論文字的難易，討論文字的改革，應該也是受了表象蒙蔽的結果。文字改革或說變革，應該有自己的規律，也從來沒有停止過，但怎樣改，應該有現代人的智慧，至少必須尊重漢字發展演變的自身規律：書寫工具與承載工具的必然性和社會需求的相適應性，至少應該尊重漢字與漢語及其漢語狀態的相適應規律；尊重社會對自己文化傳統需求的規律，否則，即使跟局外人相比，也會自慚形穢。下引標點依舊，下畫線為引用所加：

> 在中國，一如在埃及，文字不過是一種程式化了的、簡化了的圖畫系統。就是說，視覺符號直接表示概念，而不是通過口頭的詞去表示概念。這就意味着，書面語言是獨立於口頭語言的各種變化之外的。它意味着，一個學生學了 4000 個左右的視覺符號（據說足夠日常應用了）之後，四千年的文獻就立

① 參看施杜里希《世界語言簡史·漢語》。
② 參看施杜里希《世界語言簡史》p. 216。
③ 參看施杜里希《世界語言簡史》p. 216。

刻展現在他面前了。對於他不存在學習中古漢語和上古漢語的負擔。也沒有學習古希臘文獻的學生碰到的那種枯燥的方言問題，後者要想欣賞荷馬、莎芙（Sapho），希羅多德和狄摩西尼（Demosthenes）的作品就要學習多種方言。而且，雖然中國的不同地方說着互相聽不懂的方言，可是不管哪個省的人，只要是有文化的，都能馬上看懂用古代文字寫的佈告。但是據說，一個廣州人要是把它讀出來，那聲音對一個說北京話的人根本不能傳達任何意思。所以，漢字是中國通用的唯一交際工具，惟其如此，它是中國文化的脊樑。如果中國人屈從西方國家的再三要求，引進一種字母文字，充其量不過為小學生（和歐洲人）省出一兩年的學習時間。但是為了這點微小的收穫，中國人就會失掉他們對持續了四千年的豐富的文化典籍的繼承權。而且，用北京話寫的文件在別的地方就會讀不懂。中國的統一，正如所有行政區域的統一那樣，完全依靠一種共同交際手段的存在（見下章。引注：下章是"語言地理"）。這項事業迄今為止一直通過全國普遍通用的文字這個媒介來進行。如果把它廢除了，從哪裏找得出一種能代替它的"普通話"？高本漢說得好："中國不廢除自己特殊的文字而採用我們的拼音文字，並非出於任何愚蠢的或頑固的保守性。……中國拋棄漢字之日，就是他們拋棄自己的文化基礎之時。"

參看 L. R. 帕默爾著、李榮等譯、呂叔湘校《語言學概論》p. 99，末句下畫線譯者有自注："高本漢對於漢字改革的見解代表大多數舊的一代西方漢學家的看法，具有極大的片面性"，其間的"片面性"，應該是歷史原因不得不注釋而留下的痕跡。

前兩條下畫線的話，顯然是對漢字瞭解不夠造成的，後面單從文化因素講，無疑是可預見的真實，至於“繼承權”和“文化基礎”是否真的會因此而失去，大概要看費多大周折了。

漢字與漢語的相適應性，是中國文明史以來“物競天擇”的結果，是語言文字發展的原始生態狀態，是語言文字相結合的本來面貌，是研究漢語人及其文化的活化石，人為的干預必須首先充分尊重這種天然的相適應性，必須首先弄明白這種原始狀態和本來面貌，否則，要麼奢談，要麼蠻幹。漢字的非符號性表現為應漢語的需要發展出適應漢語需要的文字體系，而不是“借”來字母文字寫自己的音位；表現為將包裹着意義的音節整體地固化在書面，使得漢語由聽覺交際可以等值地轉換為視覺交際：音節成義，自由運用，自由組合，語言片段的被感知和被截取，可以是單音節的，也可以是“兼”音節的；音節明晰，不相雜廁，整齊一律，不用形態，在文字上都可以“原原本本”地表現出來。“純粹”的符號的觀點，恰恰掩蓋了漢字區別於字母文字不具備的這種本質性特徵：聽的語言與看的語言等值，包括絕對的等值和差異的等值，這種差異並不引起實質的改變。別的語言的古老文字是不是這樣，比如古埃及文字，不敢妄言，但漢語的文字，至少從甲骨文開始，就是與漢語的最小語言單位相對應的，也就是口語與書面是一致的；漢字的產生一開始就是為了漢語的書面化而產生的，這應該是很清楚的客觀事實。可見，單從文字角度看，文字是書寫語言的，具有符號性質，尤其是借來書寫音位的字母，有其合理性，但對漢字而言，不能因這種符號性掩蓋了漢字原本就是適應漢語書面化需要而產生的這一特性，掩蓋了漢字直接轉換漢語這一特性，“天然”產生與人為借用應該有着本質上的區別，二者不可同日而語。

第六章　《爾雅》的訓詁學屬性

《爾雅》的訓詁不是零散的堆砌，而是整齊劃一的系統，是訓詁學學科的雛形，相較於古印度語、古希臘和拉丁語的語法研究，已經是洋洋大觀了。《爾雅》為教學而作，其性質是語文基礎知識教材，是由《爾雅》知識性及其在教學中知識鏈的地位所反映的，也是自漢代有明確記載以來的史實所反應的。訓詁是《爾雅》內容的另一重要組成部分，是編纂《爾雅》一貫到底的手段，更是獲取其間知識的唯一方法：不通訓詁，讀不懂《爾雅》。從這個角度看，訓詁的發展，與教學的需要密切相關[①]，並相互促進。關於《爾雅》的訓詁，今人研究的成果已不再是汗牛充棟可以比擬的了，但從學科的角度，或仍可說上幾句。

《爾雅》訓詁學對象的確立：雅言是《爾雅》高舉的大旗，是《爾雅》進行訓詁的唯一語言標準，是訓釋的立足點，更是訓釋的成果。雅言是夏語的代表者，是夏語的評判標準和訓釋依據，是

① 參看趙振鐸先生《訓詁學史略》。

"非夏語"與夏語溝通的必由之路，從索緒爾語言學觀的角度看，它自身就是一個整體，一個分類原則[①]。《爾雅》的雅言不僅表現為被訓釋詞語，所釋方言或可以視作進入了雅言的方言詞語，更表現為所有的敘述語言，"釋親"以降可以看得更清楚，全都用雅言寫成，因此，《爾雅》所建立的事實上就是"雅言規範"，就是溝通古今方俗的語言訓釋標準。《爾雅》的這個雅言觀，到了劉熙時代成為五方異言之"主"，統領五方方言，並由此形成傳統，因而歷代訓詁所做的工作就都應該是雅言的，訓釋的結果也都應該是雅言的。根據訓詁的這種需要，訓詁學所建立的訓釋規範，也就都是雅言的。訓詁與訓詁學以雅言為標準，必然導致訓詁與訓詁學一定要對夏語、漢語進行"規範"，以符合雅言的標準；一定要用雅言的尺度去衡量被訓釋對象，得出雅言的訓釋結果；由此，訓詁學為訓詁建立的訓釋規範，提供的訓釋依據，都只能是雅言的，不能是非雅言的。從另一個角度看，訓詁與訓詁學從語言交際的解碼入手，即從具體的言語作品入手，使用的也是公認的、社會的、約定俗成的共識標準，也正是雅言標準；從中歸納的解碼規範，也就是理解規範，也只能是雅言的和語言的，不可能是方言的和言語的。從《爾雅》的雅言觀起，訓詁與訓詁學的雅言觀有一個極為重要的特徵，那就是提倡以雅言為"主"，卻不排斥方言，反而是拿雅言去溝通方言，讓方言的交際可以通過雅言超越地域的限制，普遍傳播。交際的本質或説交際的客觀限制，在於交際雙方的一致性：怎樣使用語言，怎樣排列組合，表達什麼，必須是編碼和解碼雙方都認可的，遵從的，否則交際就會出現困難，以致不能實現；交際是

---

① 參看索緒爾《普通語言學教程》p. 30。

社會的，這種一致性就必須是社會的。從交際的角度看語言，編碼和解碼構成一套規範，這便是語言的交際規範，語言的一切，包括內部的和外部的，都必須遵從這個規範，又都是這種規範的必然反映。規範的約定俗成性也正是語言的約定俗成性，一切語言研究都不能也不應該違背語言的這一本質特性，無論是描寫的還是結構的，歷時的還是共時的，結構主義的還是轉換生成的，抑或別的，否則，其結果就一定不是該語言自身的反映，也解決不了該語言的實際問題。語言的社會性的另一特徵是尋求社會公認的標準，以便形成共識，語言使用可能有高下優劣，其成果即言語作品可能有正誤，便會成為必然。衡量漢語的標準是，為五方異言之“主”的雅言，是以語音、辭彙、語法規範性的普通話，這是自文明史以來夏語、漢語的語言共識和語言規範。從這個意義上說，《爾雅》雅言標準的確立，不僅對漢語研究，對世界其他語言的研究，也應該具有“驚天地，泣鬼神”的效應。比較英語的研究，或許可以看得更清楚。英語中用於回答“是我”的語言和言語形式是：It is me. 在今天看來，尤其是美國人說的英語，顯然是天經地義的，理所當然的，約定俗成的，不可能有一丁點兒問題的，但是，在英語語法界，在英語語法中，則是一個涉及到語言標準和語法體系的嚴重問題。傳統的英語語法（traditional grammar），由於有着崇敬古希臘語與拉丁語的傳統，拉丁語曾經甚至被認為是一切語言的範例，於是，“me”就出了問題。拉丁語有格的規範，“me”應該用主格形式，所以“正確”的應該是：“It is I.”是遵從拉丁語規則還是遵從英語實際，成為英語語法研究的觀念性重大課題①。到了 1762 年，羅斯（Bishop Robert Lowth）出版《英語語法入門綱要》（*A Shot Introduction to English Grammar*），則不再依據拉丁語規則編寫，但拉丁語對歐洲語言研究的影響是根深蒂固的②。近現代漢語語言研究，比如語法研究，受英語研究的影響，根源也來自拉丁語，這可以從馬建忠（1844－1900）的《文通》得到證明③。由此可見，標準的確立，規範的建立，在語言研究中具有十分重要的意義，也可見《爾雅》在漢語研究中的重要意義：依據夏語的實際，確立雅言的地位，確定訓詁學的研究對象，建立起訓詁學的訓釋規範，即雅言規範。《爾雅》的著述目的是教學，其性質是語文基礎知識，但《爾雅》的行文方式和獲取語文基礎知識的方法則是訓詁，是訓詁學學習和使用語言、認識和識別語言現象、對漢語語言進行研究的方法，既是對《爾雅》以前的訓詁集大成，又作為後起訓詁與訓詁學的先導，因此，這樣的目的和性質並不影響它的訓詁學價值。《爾雅》的語言對象十分明確：語言作為直接對象，比如前三篇；語言為介質的事物對象，即語言的內容而不僅僅是意義，亦即索緒爾用以表示概念的所指④，比如後十六篇。後十六篇的詞語的確定，

---

① 參看 Frank Palmer 著 *Grammar*，Penguin Books Ltd。Harmondsworth，Middlesex，England，1980，p. 15. 原文是：First of all，many of the rules are essentially taken from Latin。

② 柯杜霍夫《普通語言學》p. 14：拉丁語語法規則和概念被認為具有普遍性而被機械地移植到其他新語言的語法中去。參看帕默爾（Palmer）*Grammar*，p. 25。

③ 參看《馬氏文通·序·後序》，商務印書館 1983。

④ 參看索緒爾《普通語言學教程》p. 100—106. 詞語是包裹着意義的、相對較短的語音片段，將語音片段那部分去掉，剩下的就是內容：包含了思想或概念，也包括具體形象，比如索緒爾的“樹”和“馬”，有哲學、邏輯學、詞彙學等的意義，還有那棵樹和那匹馬的具體形象，為避免混淆，用“內容”來指稱。索緒爾從哲學的視角分析語言，他的敘述及其術語，比如“所指”與“能指”，本質上是哲學的。

依據的是詞語與事物的對應關係[1]，面對具體事物，語言總是要給它命名，《爾雅》反應的全都是詞語命名，因而表現為詞語與具體事物的相對應性。從教學環節的角度看，只有具備《史籀篇》之類的識字基礎，才可以學習《爾雅》的基礎知識，進而才可以讀書為文，也才可以進行經學研究及其它學科的研究。也就是說，將事物作為對象是《爾雅》性質所決定的，跟早期西方語言研究一樣，比如語文學（philology，來源於希臘語的“愛”和“詞”或“字”）[2]，也是語言學研究草創時期的必然。就前三篇而言，《爾雅》首創夏語詞語的分類，前三篇將後十六篇所指具有事物性質的詞語分離出去，只對具有“語言意義”的詞語進行解釋，並以故、言、訓進行歸類，以達到對詞語的觀古、察今、識訓的目的，這是“純粹”的以語言為對象的解釋和研究。一般以為《爾雅》是“故訓彙編”，這種說法給人的印象是收集和羅列，而實質上卻應該是《爾雅》作者搜集、整理、分析、歸類的結果。比如開篇首條，“始”是高度概括的詞語，又是該條被訓釋字詞的屬類，以“始”為嚮導，可以觀察被訓釋字詞在具體文獻中的具體表現，理解它的具體含義。這些被訓釋詞語都是從具體言語作品中抽出來的語言單位，它們不再屬於言語，而是語言在言語中的運用和展示。《爾雅》從最小語言單位入手“剝離”夏語的語言要素，這與古印度和古希臘“剝離”以形態為典型特徵的最小語言單位有着驚人的一致性，這或許說明，自發的語言研究總是從最能直接觸及、最容易感知的最小或最基本語言單位這一語言要素開始的。針對十九篇的具體內

① 參看詹人鳳著《現代漢語語義學》，商務印書館 1997。

② 參看柯杜霍夫《普通語言學》p. 7；趙元任《語言問題》。

容和具體對象，《爾雅》的訓詁採用了有針對性的具體訓釋方式和方法，自成體系，並對後世產生影響，這項工作就不再是訓詁的，而是訓詁學的。沒有比較就沒有鑒別，拿《爾雅》的情況跟早期形態語言研究相較，《爾雅》的學科性質無疑會看得更清楚，而且是跟形態語言學很不相同的另一種語言學，它的研究內容本質上是由所研究的語言的不同決定的。

《爾雅》的訓釋規範：《爾雅》建立了自己的訓釋規範，這些規範是屬於訓詁學的，而不是訓詁的。在這些規範中，至少包括訓釋對象的確定和訓釋方法的運用，並對後世產生了至深至遠的影響。語言是伴隨人類的誕生而誕生，伴隨人類社會的形成而形成的；由於語言自身的這種特性，人們對語言的感知和把握，是從截取其間片段開始的，詞語便是這種片段中最基本的、最基礎的、一般是最小的片段；這應該是迄今為止的語言研究已經證明了的。之所以使用“詞語”，不過為了便於敍述和把握，不受“詞”的干擾，因為“詞”從進來之初就與身俱來地帶來了先天的劃界困擾，《爾雅》確立的訓釋對象就正是這種單位：詞語。以《釋故》為代表的單位是夏語中最小的、不可分割的、最自由的、最基礎和最基本的單位；由《釋故》可以知道古語的存在，由《釋言》可以知道今語的存在，通過這種單位的組合，就可完成交際任務，所以抓住了詞語，就抓住了語言的核心。今存最早的印歐語研究是古印度語的語法研究①，但影響最大的卻是古希臘語和拉丁語的語法研究，這些語言的詞語都帶有形態特徵，簡單地說就是詞形變化，於是形態便成了最基礎的依據，性、數、格、時、態等便被歸納為特定的

① 參看柯杜霍夫《普通語言學》；高名凱《漢語語法論》，商務印書館1986。

範疇；由於在具體使用中詞語形態與組合關係的強制性的一致性，便有了因此而來的語法規則的描述，語法學也就隨之誕生；在詞語的"內部"，區別於詞語之間的組合，詞語的構成就有了衍生和復合，詞法也就隨之誕生。詞語的基礎性還表現為語言的一切研究的出發點和立足點，是根據地和大本營，無論是語音學、語義學、語法學，也無論採用共時的、靜態的、歷時的、動態的、語言的、文獻的、普通的、比較的、結構的、轉換的、生成的和轉換生成的等等，離開了詞語，將寸步難行①。訓詁與訓詁學也由詞語入手，將詞語作為夏語、漢語的代表者，集中對它進行研究，也應該是極其自然的，有其必然性的和無可厚非的。《爾雅》截取的另一類詞語，除了長短的不同，沒有別的區別，如《釋故》中的"權輿"，《釋訓》中的"明明"、"婆娑"。與前兩種明顯相區別，《爾雅》還截取了這樣的片段："勿念"、"暴虎"、"如切如磋"，這些片段是不是詞，那是後人的事，但《爾雅》認為這些都是固定的、有特定含義的，所以歸入《釋訓》。由此，我們或許只能得出這樣的結論：訓詁的基礎對象是漢語中最基本的單位，一般情況是最小的和不可分割的，但不排斥相對更大的片段，只要需要，都可以作為對象。

這樣，《爾雅》的語言研究和訓釋對象，就可以做這樣的歸納：以具體的語言片段為對象，即詞語；詞語有古今、一般和特殊的區

① 參看索緒爾《普通語言學教程》；愛德華·薩丕爾《語言論》；霍凱特著，索振羽、葉蜚聲譯《現代語言學教程》上冊，北京大學出版社上下冊本，1987；L. R. 帕默爾著、李榮等譯、呂叔湘校《語言學概論》；Frank Palmer 著 *Grammar*；（蘇）柯杜霍夫《普通語言學》；高名凱、石安石主編《語言學概論》，中華書局 1983；葉蜚聲、徐通鏘著《語言學綱要》北京大學出版社，1981；諾姆·喬姆斯基《句法結構》，中國社會科學出版社 1984；邢公畹《論轉換生成語法學》，載邢公畹著《語言論集》，商務印書館 1983；布龍菲爾德《語言論》，商務印書館，1997。

別，詞語與具體事物之間有必然聯繫，可以從語言片段和事物之間的對應關係確定詞語。訓釋規範是《爾雅》方法論的體現，也是《爾雅》訓詁學價值的體現。粗略的歸納，應該包括這樣的重要內容：雅言和以易釋難原則；訓同規則，歸納詞語間意義的共同點而以概括的雅言詞語進行訓釋，這一規則不僅在直解訓詁中表現為不相同便不相訓，王念孫論證訓詁的引申觸類也是如此，差別只是“後出轉精”而已；訓異規則，如“誠也”條和“信也”條，直到清代的“析言”仍在使用，是區別詞語間差異的重要手段；其他如針對事物的敍述法、描寫法等。《爾雅》的訓釋方法可以根據訓詁與訓詁學的需求進行深入研究，但它具備了自己的對象和方法，則是不爭的事實，因而並沒有充分的理由說《爾雅》只是堆砌了詞語，而沒有建立學科，這可與古印度和古希臘的語言研究相比較①。古印度、古希臘語言研究都從詞語出發研究語言，因形態而走上語法道路，《爾雅》也從詞語出發研究漢語，因古今雅俗、口頭書面走上訓詁道路，根本原因是不同語言的“語言機構”的不同：比如形態與非形態、形態與組合的強制性和一致性跟非形態組合的“靈活性”、word與音節、音位以音節為前提、“表形語法”與“關聯語法”等等。簡單地說，歐洲人是通過語法學習拉丁語和古希臘語的，因為那些“規則”都是“成套”的提供的，而漢語人大概沒有人會是“通過語法學習”去學習古代漢語的，古漢語根本不會提供“成套”的“規則”。語言的不同制約着人們的語言觀，“語言機構”的不同制約着研究內容的不同，不同的研究內容很大程度上制約着研究方法和目的的不同，因而具有不同“語言機構”語言的

① 參看（蘇）柯杜霍夫《普通語言學·語言學史》。

語言學研究之間可以有比較和交流，可以有取長補短，相互促進，卻一定沒有誰是語言學、誰不是語言學的問題。

第七章　訓詁學的語言學屬性

漢語語言學研究自有漢語語言學研究的特點，這個特點應該受到充分的尊重；西方語言學研究自有其特點，也應當受到尊重；具有各自特徵的兩種語言學研究應該交流，相互借鑒。相互借鑒的目的在於相互學習，取長補短，發現並保持個性。訓詁學的語言學屬性是由漢語人的語言學觀和訓詁學史決定的，是客觀的存在，不是人為地生搬硬套。訓詁學是不是語言學的問題，大概是從索緒爾來到訓詁學界引發的，認識訓詁學的語言學性質，或說屬性，也得從索緒爾開始。

索緒爾《普通語言學教程》不是本人所寫，而是由學生的筆記整理而成。全書共五編，是歐洲現代語言學創立的標誌，似乎也是漢語語言學研究認可的現代語言學標誌。其中對訓詁學研究影響最大的是關於語言學的學科論，最常用的術語是語言、言語、語言學、語文學和文獻學，方法論則有共時的和歷時的、靜態的和（動態的）、比較的和歷史的等等。語言學的對象被規定為區別於言語的語言自身，語言學的任務被規定為重建母語、普遍規律和學科界定，為了便於說明語言，符號的概念和符號學方法被引入語言學研究。其實，早在這之前，普通唯理語法學派的波爾·羅瓦雅爾和烏克蘭、俄羅斯著名的語言學家波特布尼亞（Яршевскийэ，1835－1891）就把詞的內容分成了觀念和意義，意義就是象徵符號：

語言的存在是為了讓人們藉助各種符號—語音、字母（在時間上傳遞語音和空間上保存語音的一套書寫符號）來表達自己的思想和表示大腦中所發生的一切的詞。詞的意義構成符號的內部方面，而音（及字母）——則構成符號的外部方面。

"詞中的音不是符號，而只是一種外殼，或者說是符號的形式"，是"符號的符號"……波鐵布尼亞關於詞是象徵符號（或意義符號）的學說，來源於把詞的內容劃分成觀念和意義。

參看柯杜霍夫《普通語言學》p. 19、61

索緒爾則對語言符號和語言學研究辟專章進行了論述，並且是語言學研究的一般原則，或說基本原則。索緒爾的三個術語：符號、所指和能指，是從人的心理感知角度使用的，符號即語言，是客觀存在；所指是心理概括，即概念；能指是心理印記，即音響形象。從哲學的角度看，對語言學研究來說，時間是一個重要要素，要弄清楚符號本身，就不能受到時間的干擾，所以便有了研究語言狀態的科學，即靜態語言學，相對的便是演化語言學，定名分別叫做"共時語言學"和"歷時語言學"，索緒爾的語言學是前者，不是後者。以下的引例是為了便於討論而摘取的：

語言本身就是一個整體、一個分類原則。

p. 30

一開始就站在語言的陣地上，把它當作言語活動的其他一切表現的準則。

p. 30

語言學的任務是：

(a) 對一切能夠得到的語言進行描寫並整理它們的歷史，那就是，整理各語系的歷史，盡可能重建每個語系的母語。

(b) 尋求在一切語言中永恒地普遍地起作用的力量，整理出能夠概括一切歷史特殊現象的一般規律。

(c) 確定自己的界限和定義。

p. 26

語言的特徵可以概括如下：

(1) 它是言語活動事實的混雜的總體中一個十分明確的對象。

(2) 語言和言語不同，它是人們能夠分出來加以研究的對象。

(3) 言語活動是異質的，而這樣規定下來的語言卻是同質的：它是一種符號系統；在這系統裏，只有意義和音響形象的結合是主要的；在這系統裏，符號的兩個部分都是心理的。

(4) 語言這個物件在具體性上比之言語毫無遜色，這對於研究特別有利。

p. 36-37

語言是一種表達觀念的符號系統。

p. 37

相反，依我們看來，語言的問題主要是符號學的問題，我們的全部論證都從這一重要事實獲得意義。

p. 39

語言的這種存在方式可表以如下的公式：

1+1+1+……=1（集體模型）

p. 41

至於內部語言學，情況卻完全不同：它不容許隨意安排；語言是一個系統，它只知道自己固有的秩序。

p. 46

以上分別見於《普通語言學教程》各章節，商務印書館 1985 年。

以上應該是索緒爾語言和語言學理論對訓詁學產生影響的主要論述，其間最主要的又是關於語言的“二律背反”的矛盾、語言學的界定和語文學的描述。“二律背反”是康得哲學的重要觀點，在他的“批判三部曲”（《純粹理性批判》、《實踐理性批判》、《判斷力批判》）的第一部中就提了出來，簡單地說大概是：兩個用相同邏輯論證都是正確的命題，卻相互排斥，相互矛盾，也就是哲學和邏輯結論的悖論[①]。康得的四個著名論題是：

1. 正題：世界在時間上有開端，在空間上有限；反題：世界在時間上和空間上無限。

2. 正題：世界上的一切都是由單一的東西構成的；反題：沒有單一的東西，一切都是複合的。

3. 正題：世界上有出於自由的原因；反題：沒有自由，一切都是依自然法則。

4. 正題：在世界原因的系列裏有某種必然的存在體；反題：裏邊沒有必然的東西，在這個系列裏，一切都是偶然的。

“二律背反”是哲學的事兒，或許瞭解一下原理，只要知道語言和言語是一般和個別、拋棄時間觀念看語言就可以了。最早大概

① 參看奧特弗里德 · 赫費《純粹理性批判》，人民出版社，2008 年；人民出版社 2009 年出版另有合刊的《康得三大批判合集》。

是洪堡特（W. Humbolt，1767–1835）將“二律背反”引入語言研究的，目的是想將語言的各個方面看得更清楚[1]，這無疑有進步意義。語言這個東西，就我們的感知和常識講，語言的存在，既存在於社會，同時也存在於個人，群體是由個體組成的，離開了群體個人也不存在；語言有社會的屬性，是由社會交際需要而產生和存在的，同時又有個人的屬性，如果個體不掌握語言，也就不會有交際；這大概是人所共同感知的語言事實。如果簡化，在索緒爾看來，存在於社會的被稱作語言，存在於個人的被稱作言語，在他的加法算式裏代入文字就是：言語加言語加言語直到盡頭等於語言，個人加個人加個人直到盡頭等於社會，其間應當剔除純粹屬於個人的那部分。很明顯，這樣的語言很難被把握，因為看到的都是言語和個人，為了便於論證，於是語言被比作符號，用符號代稱語言，可以一下子就把語言學的對象，即語言，明確表示了出來；但是，應該看到，進一步將語言學歸結為符號學，或在二者之間劃上等號，則應當充分論證。為了形象的說明，於是有了國際象棋的比喻。語言是什麼？就是特定的棋子和特定的規則，即“棋法”，於是內部語言學研究的就是這些棋子和棋法，而棋法又被認為是內部的核心，可以據此將不同的棋法的共性都“普通”出來，這便是普通語言學；至於跟棋和下棋相關的別的東西，比如形成的具體棋局，行棋意圖等，則不屬於語言範疇。棋子有形狀、材質等的不同，比如詞的語音不同、包裹的意義不同；棋子必須有特定的含義，比如代表王、后、象、馬、車、兵；無論是什麼材質，都必須代表特定含義，否則就不能是棋子。在中國象棋中，有帥、士、

① 參看（蘇）柯杜霍夫《普通語言學》，p. 33。

象、馬、車、炮（砲）、兵（卒），圍棋中只有黑白兩種棋子，但仍有含義，比如黑子意味着先手；拿着什麽樣的棋子，就得遵守什麽樣的規則，這個規則就是棋法，“抽象”地存在於棋和下棋的人，具體體現在每一步行棋和具體棋局中。棋的這種情況與語言有相似處，可以將語言的複雜情況簡單化。棋的内部有什麽呢？棋子，包括材質、形狀、大小等所包含的不可分割的含義、棋法；於是，内部語言學就只能有棋子和棋法，而棋法處於中心部分，於是，語言學，或説内部語言學，它的學科邊界便被劃定。但這裏有一個問題，語言的社會性與個人屬性是哲學上相悖的還是相輔的，是“二律背反”的還是辯證統一的，即語言存在本身是相輔相成的還是理論的適用性不足？如果只承認語言是社會的，並因此而否定它存在於個人，或者單方面過分強調語言的社會性，或社會的強制性，忽略甚至否定個人屬性，則會無顧甚至違背語言的客觀事實；事實上，語言發展的原動力是它的個人屬性而不是社會屬性。以處於核心的“蟲蝗規則”為例，變成“蝗蟲規則”，以新詞語的誕生可知，比如“上山下鄉”，只能是從言語開始的，不過“漢語機構”的確提供了出現它的可能，事實上不可能從語言誕生；那麽，語言發展的“原動力”也就只能首先存在於言語，忽略甚至否定言語，語言也就不可能發展。變為“蝗蟲規則”，不僅僅是詞序問題，而且是語義和概念問題，因為它徹底顛覆了“蟲蝗”的思維模式，顛覆了那個規則。可見，正如索緒爾本人説的那樣，語言和言語是正反兩個面，離開了一個面，另一個面就不能存在；也正由於語言的這種特質，語言和言語的關係就不可能是對立的，即不能是“二律背反”的，而是相對的，相互依存的，相互促進的；將它們絶對地對立起來，片面強調語言只知道“自己固有的規律”，並對言語具有絕對的“強制性”，則與語言的實際不相符。另一個帶根本性的問題是普遍性，即所謂“普通”，取決於抽象的高度，即“普通”的程度。以語法為例，比如“棋法”，國際象棋的規則與中國象棋的規則之間多大程度上是共同性的？共同的原則必須建立在各自獨有規則的完善的基礎上，而不應該拿國際象棋的規則來衡量中國象棋，或拿中國象棋的規則去比附國際象棋，否則，要麼“普通”不成立，要麼“普通”是虛假的，與語言實際不相符的。索緒爾之後的另一位對中國語言學影響巨大的美國語言學家的界定，少了哲學意味，他對語言學學科的界定，也就更容易被理解。結構語言學者霍凱特，繼美國結構主義創始人薩丕爾、布龍菲爾德之後，是這樣規定語言的構造的：

語言是一個複雜的習慣系統。整個系統能分成下述五個主要的分系統，其中三個系統是中心的，兩個是週邊的。

（1）語法系統：語素的總和以及語素出現的配列；

（2）音位系統：音位的總和以及音位出現的配列；

（3）語素音位系統：把語法系統和音位系統連接在一起的編碼；

這三個系統之所以被稱為“中心”，是因為它們跟說話時的非言語界不發生直接關係……

（4）語義系統：這個系統把語素、語素的組合以及語素可能進入的配列跟事物和情景或者事物和情景的類連接起來；

（5）語音系統：說話人通過發音把音位序列轉換成聲波，以及聽話人對言語信號進行解碼的方式。

參看霍凱特著，索振羽、葉蜚聲譯《現代語言學教程》，北京大學出版社1986上、下冊本，上冊，p. 173—174，原文五個“系統”都有着重號。

由此，語言學被簡單地劃定為三個門類：語法學、詞彙學和語音學，葉蜚聲、徐通鏘《語言學綱要》談到“語言系統的發展”時，正是這三個方面的發展[①]；高名凱、石安石的《語言學概論》也是由語音、辭彙和語法的順序進行編著的[②]；但是，按照霍凱特的規定，被認為“純粹”語言學的語義學、語音學、詞彙學，並不在語言學之內，或者在外部。將語言的最小單位縮小到音位，很大程度上應該是受了字母文字的“啟發”，事實上，操英語母語的人大概不會以音位為基礎進行交際編碼，因為 word 才是使用單位，倒是拼寫時一定會留意這個問題；將語法系統的基礎縮小到語素 morheme，先前一律譯作“詞素”，大概是為了刻意避免由古希臘、拉丁語引進的 word 這個術語，邏輯上可以先於“詞”，可以將結構語法的“原點”與語言線性表現特徵的起點一致起來，又可以彌補布龍菲爾德以“最小語言單位”界定詞的“缺陷”；但語素是相對於詞而言的，因為語素只是組合單位，或說分析單位，不是實際運用單位，而語言的使用總是以古印度、古希臘叫做“詞”的單位為基礎的，因而又是最基本單位，不能被回避。以語素為“原點”的最小語言單位，適用於字母語言，它的詞似乎是天然的，正如 L. R. 帕默爾所做的野外調查工作那樣，或者說是這些語言的特點，而漢語的最小語言單位總是以音節為代表的，至多包括傳統上可以劃分出聲韻調三個“內部”組成要素，這是與漢語特點相適應的分析，卻被字母語言研究所忽略。儘管這是語言的實際，但由於研究語言“內部”的語言學被“確定”為“真正的語言學”[③]，再加上

① 參看《語言學綱要·語言系統的發展》p. 235—257，北京大學出版社 1981 年。

② 參看高名凱、石安石編《語言學概論》，中華書局 1983 年第二次印刷本。

③ 索緒爾《普通語言學教程》p. 23。

"現代"和"科學"的桂冠，於是成為定論，大概誰也沒有膽量敢去冒"非現代"和"非科學"的風險：

從廣泛的社會文化背景來看，語言哲學是現代西方科學文化發展的產物和重要組成部分。20世紀是西方科學技術高度發展的世紀，科學知識以它的客觀性、普遍性和實用性令人驚歎不已，成了一切知識的楷模和追求的目標，科學方法被視為獲得真理的最為可靠的方法。

一切知識只有戴上"科學"的桂冠，才能受到尊重；一切制度和措施只有辨明自己的"科學性"才容易行得通；一切形式的產品或創作，只有掛上"科學"的牌子，才容易廣泛流行。科學逐步成了人們生產和生活的崇高價值；成了人們的基本觀念、信念和言行的規範，這是以前任何時代所沒有的現象。

參看車銘洲主編《現代西方語言哲學·導言》p. 1—2，四川人民出版社1989年。

如果將詞比作棋子，那麼語素就是棋子的構成要素，比如含義、數量和相互關係，行棋以棋子為單位，不會以要素為單位。極端的爭辯例子是圍棋，其實，當棋子與構成要素等同的時候，用於分析的語素便失去了引進的價值。研究棋子和棋法的語言學，其棋子和棋法是從棋的構成、行棋步驟、行棋意圖、被排除了的行棋者的行為和意圖、形成的具體棋局、棋的歷史等中抽象出來的，以便"靜觀"它的構成，所以是靜態語言學和共時語言學；又由這種抽象而具體化，便引入了符號來替代詞、詞音、詞義、語法，即語言自身，並引入符號學"替代"了語言學。語言是符號嗎？目前的回答或許只能是：語言可以比作符號。語言的構成，除了被劃定的內部外，還有別的嗎？語言從本質上講是要表達意思的，要用於交際的，使用什麼詞語構成什麼句子以表達什麼意思，是有規則的，違背這個規則，即使你的詞語和語法都符合規則，也可能達不到交際的目的，如果語言學研究的結果不反映交際或與交際無關，也就必然反應不了語言的本質。簡單的例子是“你好”，用英語“You are good”，便不可能達到目的；這個規則，或說表達規則，原則上說是約定俗成的，是屬於每一種具體語言的，也就必然屬於語言而非言語的；也就是說，使用什麼樣的詞語及其組合可以或能夠表達什麼意義，像音義關係一樣，是存在於語言而非言語中的，當說明語言的任意性時，應當或必須建立在約定俗成的基礎上，否則其任意性便會不着邊際；研究這個規則，或可叫作表達規範，無疑也應該在語言學範疇之列；這樣看來，是不是語言學的問題，首先應該是語言和語言學觀的問題：究竟什麼是語言，是把它當成符號、工具，還是方式、習慣，抑或別的什麼，取決於語言觀；語言學是要研究語言本身的問題，還是要研究研究者的研究理論問題，則取決於語言學觀。趙元任就語言與語言學問題做過十六講的演講，第一講講的就是語言觀問題：

語言是什麼東西吶？語言是人跟人互通資訊、用發音器官發出來的、成系統的行為的方式。

語言的特徵，第一：它是一種自主的、有意識的行為。

第二個特徵：語言跟語言所表達的事物的關係，完全是任意的，完全是約定俗成的關係；這是已然的事實，而沒有天然、必然的關係。

語言的第三個特徵：語言之所以為語言，是一個人類社會的傳統機構。

特徵第四：語言既是一種傳統機構，所以它同時富於保守性，又是跟着時代變遷的。

特徵第五：任何一個語言，是由比較少的音類所組織的有系統的機構。

趙元任《語言問題》，p. 3—5，商務印書館，1980 年

首先，“語言是一種社會現象”，社會生活的一切都必然會在語言中表現出來，這是語言的本質。語言作為一種行為方式，交際就是它的生命，就是它的具體表現和實際存在，研究它的交際規範顯然也應該屬於語言學範疇，也就必然在語言學之列①。一個詞語有公認的聲音和意義，它能夠並可以表達什麼意義，也是公認的，其重要性甚至不亞於“語素配列”。訓詁學從解碼入手，研究的是理解規範，這個規範不僅包括詞語的構成規則和語法規則，還包括詞語的表達規則，這個表達規則不僅要求這樣理解，而且要求編碼也這樣做，訓詁學也就可以說是從交際入手並注重實際交際進行語言研究的，按照西方注重語言理論研究的慣例，或可叫做交際語言學。除此以外，訓詁學還要研究詞語，不僅包括外部的，比如古今方俗，還要研究其內部，比如形音義；不僅涉及索緒爾的內部的，也有外部的；不僅有語法的，也有表達的等等；看來，從古希臘、拉丁、古印度語言研究形成的西方語言學理論，原本就缺少了漢語這樣的非形態語言樣本，並不能完全或真正概括或反映漢語和漢語研究的實際，那麼，也就不存在一定要按照西方語言研究和語言學研究來衡量漢語研究和漢語訓詁學研究的問題，訓詁學被劃出語言

① 參看陳原《語言與社會生活——社會語言學劄記》，生活·讀書·新知三聯書店 1980；陳原《社會語言學》，學林出版社 1983；呂叔湘《語言作為一種社會現象——陳原〈語言與社會生活〉讀後》，載《呂叔湘語文論集》，商務印書館 1983。

學的圈子，也就應該是劃地為牢的結果。從西方語言學研究史的情況看，它們的一切研究都不包括或缺乏漢語的依據，原本或許也並不是要給漢語研究也畫上一個圈，倒是我們自己少了自信和定力，硬要去比附。在西方語言研究史上，另有語文學的學科和研究階段，既然訓詁學不在語言學的圈子，又要有“科學”的桂冠，語文學便成了最好的歸宿。訓詁學的語文學屬性觀影響很大，後來的訓詁學是研究文獻語言、研究古代漢語詞義等的狹義觀點，應該或多或少都受到了語文學觀的影響：

> 大家知道，語文學（philology）和語言學（linguistics）是有分別的。前者是文字或書面語言的研究，特別著重在文獻資料的考證和故訓的尋求，這種研究比較零碎，缺乏系統性；後者的研究對象則是語言本身，研究的結果可以得出科學的、系統的、細緻的、全面的語言理論。中國在“五四”以前所作的語言研究，大致是屬於語文學範圍的。
>
> 參看王力《中國語言學史·前言》

與文字學相較，訓詁學的語文學觀點，與漢字屬於表意階段的初級文字觀，有極大的相似性，然而，文字由表意而表音的階段論，至今也拿不出像樣的證據，應該原本就是偽命題。相似的情形還有盛行於二三十年代的“中國人種西來說”[①]，人們像發現新大陸一樣興奮，不假思索地一並接受了過來。事實證明，與世界文字由表意而表音一樣，從一開始就是一種想當然，卻被“囈語當真”了。討論訓詁學是不是語文學，至少應該取決於兩點：什麼是語文學，訓詁學都做了什麼。西方語言學史的鮮明特徵是：十八世紀以前與十九世紀以後的兩大階段，後一階段被稱為現代語言學時期，而且是科學的；前一階段總體上是語文學的，包括古典的、中世紀尤其是文藝復興的、十七到十八世紀的三個時期[②]；或以新語法學派為標誌，由於研究對象、方法、目的等的不同，歐洲語言學便有了科學前期和科學時期極為鮮明的分野。但很顯然，這個“科學”是被貼上去的，而不是實事求是的分析歸納而得到的。從那以後，歐洲語言研究呈現出一個十分突出的特徵，這便是語言的理論研

---

① 拉克伯里（Terrien de Lacouperie）是法裔英國人，他於1894年出版了《中國太古文明西元論》*Western Origin of the Early Chinese Civilization*，提出中國人種西來說。拉克伯里認為文明的中心發源於埃及和兩河流域，該書中列舉了巴比倫古史與中國古史相似的地方，試圖證明：“中國民族來自迦勒底（Chaldes）巴比倫（Babylonian）。

繆鳳林：《中國民族西來辨》載《學衡》第37期，1925年1月；何炳松：《中華民族起源之新神話》，載《東方雜誌》第26卷第2號，1929年1月25日，後收入《何炳松論文集》，商務印書館1990；劉盼遂：《中華人種西來新證》，載《劉盼遂文集》，北京師範大學出版社2002年版；Martin Bernal, *Liu Shih-p′ei and National Essence*, Charlotte Furth ed, The Limits of Change: Essays on Conservative Alternatives in Republican China, Harvard University Press, 1976. 中譯本為馬丁·伯納爾：《劉師培與國粹運動》，載《近代中國思想人物論——保守主義》，臺灣時報出版公司1980；Frank Diktter, *The Discourse of Race in Modern China*, First published in the United Kingdom by C. Hurst & Co. Ltd. London, 1992，中譯本為馮客：《近代中國之種族觀念》，江蘇人民出版社1999；徐傑舜：《漢民族發展史》，四川人民出版社1992；王爾敏：《中西學源流說所反映之文化心理趨向》，載《中國近代思想史論續集》，社會科學文獻出版社2005。

② （1）參看裴特生、錢晉華著《十九世紀歐洲語言學史》，世界圖書出版公司，2010；胡壯麟主編《語言學教程》（英文·修訂本），北京大學出版社2001，由於是教材簡讀本，其影響應該遠大於一般專著。

究，人們都試圖給語言研究擬定一套完整的理論體系，於是，集中精力去論證自己理論的科學性、合理性、體系性等等，就成了突出的表現特徵，也是我們看到各種理論、主義和派別層出不窮的真正原因，其研究方法註定是演繹的也就有了必然性。索緒爾是新語法學派的繼承者，或説後來居上，因而有必要瞭解一下新語法學派的一些簡況：

> 新語法學派作為語言學的一個流派，承認如下的基本語言學原則：
>
> (1) 語言不是自然機體，也不是個人現象。語言按本質來説是社會性的。它的社會性指的是語言為説話者必須遵循的，並且它具有集體心理的實質。
>
> (2) 語言學的物件不僅是語言的歷史和語言的民族分布，而且，現代語言的結構（構造）、語言單位及其相互關係的確定，以及確定語言結構本身，都是它的研究對象。
>
> (3) 就新語法主義者來説，最典型的就是把語法理論放在首位，並把它看作是研究語言形式的學説。
>
> (4) 最後，新語法主義認為普通語言學中最重要的理論問題是，確定研究的方面和語言學的學科分類問題。
>
> 這是由於承認語言學作為一門科學具有獨立性，以及承認語言學研究物件的複雜性。
>
> 新語法主義的這些原則得到它的各個學派擁護者們的支持。最有名的新語法主義學派是：喀山語言學學派（N. A. 鮑都恩·德·庫爾特內學派），莫斯科語言學學派（ф. ф. 佛爾圖拿托夫學派）和日內瓦學派（F. de 索緒爾學派）。
>
> （蘇）柯杜霍夫《普通語言學》p. 79

由於十九世紀的西方語言研究進入到了“語言學”研究時期，其前期被公認為語文學時期也就成了必然。西方語言研究史的劃分標準和歷史分期或符合自己的歷史實際，這個觀點與漢語研究的史實是否一致，甚至有沒有可比性，應當經過比較論證，或許才能得出結論。傳統的漢語研究，或可以馬建忠的“葛琅瑪”進入以前為界，儘管作者的本意也是想要借進一套訓詁學似的識讀方法[1]，與西方的語文學研究是有共同性呢，還是有本質差異和區別，應該以各自研究的真實情況相比較。索緒爾是這樣介紹歐洲語文學的：

> 語言不是語文學的唯一對象。語文學首先要確定、解釋和評注各種文獻；這頭一項任務還引導它去從事文史學、風俗和制度等的研究，到處運用它自己的方法，即考定[2]。如果接觸到語言學問題，那主要是要比較不同時代的文獻，確定每個作家的特殊語言，解讀和說明用某種古代的或晦澀難懂的語文寫出的碑銘。毫無疑問，這些研究曾為歷史語言學作好準備：瑞茲耳（Ritschl）[3] 關於普勞圖斯（Plautus）的著作可以稱為語言學的。但是在這一方面，語文學考訂有一個缺點，就是太拘泥於書面語言；此外，吸引它的幾乎全都是希臘和拉丁的古代文物。
>
> 參看《普通語言學教程》p. 18，商務印書館 1985

粗略地看，訓詁學跟語文學做着同樣的事情。索緒爾的觀點

---

① 參看《馬氏文通·序》。

② 校注（1）：德·索緒爾在這裏承認語文學有它自己的方法，這是跟新語法學派不同的。新語法學派諸語言學家對語文學一般持否定態度，不承認它有任何科學的方法，詳見勃魯格曼（K. Brugmann）所著《論語言學現象》一文。——校注。

③ 同（2）校注（2）

是：承認語言是語文學的研究對象之一，語文學有自己的研究方法，語文學研究的是文物。西方語文學的語言對象大致是三個：古印度語、古希臘語和拉丁語，當產生研究必要的時候，便產生了語文學。語文學的命名，據說來自於希臘語的“愛”和“詞”，趙元任則說“字”：①

語言學產生於語文學內部。語文學是從語言、風格、歷史和民族屬性的觀點來研究古代文獻的一門科學。當出現了古代文獻並產生了研究它們的必要性時，就誕生了語文學。語文學對語言學的發展有極重要的影響。

儘管人們時時處處都對語言感興趣，然而對於眼下的發展影響最大的則是古印度和古希臘的語文學。

生活在西元前四世紀（或三世紀）後半葉的波尼尼使這門學科的發展達到頂峰。他編寫的語法《語法規則八章》由3996條韻文體組成。這樣做是為了人們便於記憶。

古典語文學時期使人類具備了最基本的語言知識。傳統的歐洲語法術語可以溯源於希臘語法體系，即在羅馬和中世紀的校勘稿中就已經有了。

對宗教典籍的原文考訂工作促進了古代語文學的復興。

當然，這時的語文學有其實用目的—即研究拉丁語和希臘語，特別是出版和注釋拉丁語著作。

語文學研究方法專用於研究死的語言，而且“對語文學家來說，語言僅只是認識古代文獻的工具”。

希臘化時代的語文學家從事收集和研究手稿的工作，即對

① 參看（蘇）柯杜霍夫《普通語言學》p.7注釋（1）；趙元任《語言問題》。

文學作品進行評論和語文注釋；對整個作品的解釋叫作詮釋，而對作品個別地方的解釋叫作批註。

語言理論的傳播只局限於鄰近的一些國家是這一時期的特點。歐洲語言學界掌握古印度的語法理論是較晚的事。

歐洲語言學家這時對古代中國和阿拉伯語文學家的成就也不瞭解，東方學是在以後的時期才出現的。

參看（蘇）柯杜霍夫《普通語言學》p. 7、8、13、15、51、12、14

從最後一條引例可以看到，在西方語言學者那裏，漢語的古代研究其實不甚了了，歸入語文學範疇的結論或多或少就是武斷的。拿漢語訓詁學與西方語文學研究相較，粗略地看，至少有幾點不同，首先，研究對象不同：語文學研究的都是"死"去了的語言，跟研究者們實際使用的"活"着的並仍在實際使用的語言完全不同，至少不是一碼事；訓詁學研究的是自己一直在使用的"活"的語言，先前的語言不是"死"去的，而是積澱的，隨時都可能"重見天日"；這一"死"一"活"的語言作為對象，有着本質差異。其次，產生不同：語文學的產生是應文獻注釋的需要才產生的；訓詁的產生則是"活"的語言自身交際需要解釋而產生的。叔向、成鱄解詩，是訓詁被用於《詩經》解釋，而不是因解釋《詩經》而產生訓詁。再次，研究方法不同：訓詁以自己語言的雅言為準則，以解釋為表現特徵，認識和識別自己語言的古今雅俗、口頭書面，從而提高語言習得、運用、解讀水準，是漢語的學習方法，使用和解讀方法，還是語言的研究方法；古印度、古希臘和拉丁語的語文學，通過比較、歸納、考定，至多可以識別那些"死"去的語言，它的研究方法原則上只適用於那些被研究的語言①。又次，目的不同：語文學的目的止於所注釋的著作本身；訓詁學則是方法論學科，要為訓詁實踐提供漢語的訓釋依據，為達此目的，就必須歸納出漢語的一般與特殊規律，這個規律至少要以滿足訓詁需要為基本準則，因而它始終也必須是語言的，而不能僅僅是文獻的；文獻之於訓詁，只有其間的語言才是認識和識別的對象，才是有用的材料，專門研究文獻是文獻學的事，訓詁學不過可以提供參考，可以參考其成果而已；訓詁以詞語為核心，以詞語為出發點和立足點，由此涉及到的一切語言問題都在解釋之列，一切非語言問題的解釋都是為了解答語言問題的需要才涉及的，因此，訓詁學的語言觀始終是社會的，而不是自然的、哲學的、邏輯的、機械的、數學的或心理的；歐洲語文學的產生與發展有着自己的特性，被歸入非語言學或有著歐洲語言研究史實依據及其合理性，但它不能也不應該是衡量世界其他語言研究的標準，正如拉丁語的研究及其規則不能也不應該移植到英語研究中一樣，英語語法研究也並不希望漢語也依照英語的框架制定自己的規則：

> There is, then, no reason why the grammar of English should be based upon the grammar of Latin or upon the grammar of any other language. Similarly, we should never expect the grammar of any other language to be based upon that of English.

參看 Frank palmer *Grammar* p. 18，Penguin Books Ltd，Harmondsworth，Mid-

① 參看（德）漢斯約阿西姆施杜里希著，呂叔君、官青譯《世界語言簡史 · 破譯死的語言和文字》（第二版），山東畫報出版社 2009 年。

dlesex, England, 1971。①

同樣的道理，為什麼漢語的訓詁與訓詁學研究要去比附歐洲的語文學呢？歐洲語言研究及其研究史有着自身的特點和傳統，包括所建立的被稱為“普通語言學”的理論體系②，至多能“普通”進字母文字語言，這也正是 L. R. 帕默爾認為英語其實只有“現在”和“過去”兩種時的語法範疇的根本原因③。從十九世紀或十八世紀開始，歐洲語言研究逐漸走向語言理論研究的道路，主要使用演繹法，甚至被認為是根本大法，有其自身的理由；漢語的研究有着自己的傳統和研究方式，歸納法延續了數千年，也自有其道理，其研究結果最終取決於漢語本身，取決於研究成果與漢語特性的一致性。事實上，漢語研究的成果應該成為普通語言學的重要證據④，而不應該成為為了證明其理論體系的科學性的附庸。西方語言學由字母語言的語法研究走上了普通語言學理論的研究道路，訓詁學從解碼入手，立足詞語，對漢語進行綜合研究，大概可以形成漢語的語言綜合研究理論，雙方相互借鑒，或許才可以構成真正的世界普通語言學理論。

---

① 原來 1982 年就有了中譯本，只是這些年才偶然看到：參看趙世開譯《語法》p. 14，上海譯文出版社 1982。

② 所謂“普通語言學”其實是受了兩種語言比較研究的啟發而提出的假想，“重建”被視為語言學研究的當然內容也由此而來。參看索緒爾《普通語言學教程》、柯杜霍夫《普通語言學》。

③ 參看帕默爾《語言學概論》，書後附有英語的性、數、時。

④ 參看（蘇）B. M. 宋采夫、И. Ф. 瓦爾杜里等著，曹靜譯《論東方語言研究對發展普通語言學的意義》，載南開大學中文系編輯組編《語言研究譯叢》第一輯，南開大學出版，1984。

第八章　訓詁學與語法研究

訓詁學研究漢語語言現象，像涉及文字問題一樣，也涉及語法問題，即語法也是訓詁學研究的內容之一。在西方語法學研究被馬建忠引入之先，漢語的語法問題就已經被注意並被研究了，只是只能稱之為語法研究，而不是語法學研究，不是專門的系統性研究。訓詁學自發地研究語法問題，像古印度和古希臘一樣，也集中在詞語本身和詞語組合上，包括詞語的認定、類別的劃分、詞語運用和詞語組合、句子的構成等等，看來，詞語本身和詞語組合是語法的核心問題。專門的漢語語法學研究，一般以馬建忠為標誌，算來已有百年歷史了，是借進之後才發展起來的專門學科。儘管借鑒是必要的，甚至是必須的，卻不應該與自己先前的研究脫節，而應該在充分尊重自己先前研究的基礎上，至少應做一做符合漢語實際的現代語言學理論的歸納和總結工作。借進的理論體系，應該反映自己語言的實際，應該有自己非形態語的特色，建立起自己的與實際相符的語法體系，因而原則上講，應當注重理論原理的借鑒，而不是理論框架的套用。訓詁學的語法研究是從詞語的音義關係出發的，這種自發的研究有自己語言實際的限定和要求，有自己的研究傳統，應當受到必要的尊重。西方的語法研究主要是依據詞語形態建立起來的，形態有兩個基本特點：詞語類聚的形態特徵和詞語在組合中與語法關係相一致的強制性；但將形態絕對化，有走上形式主義道路的嫌疑，比如新語法學派。漢語沒有形態，形態的觀點就會處處碰壁，但漢語的詞語組合同樣存在，傳統從音義入手解釋語法，反映的正是這種語法關係；或許正因為這樣，往往總會跟意義甚至邏輯相混淆，尤其是受到結構主義語法觀念的制約，這種分析甚至不被認為是語法分析：

正月：啟蟄。言始發蟄也。雁北鄉。先言“雁”而後言“鄉”者，何也？見雁而後數其鄉也。“鄉”者何也？雁以北方為居。何以謂之居？生且長焉爾。九月遰鴻雁。先言“遰”而後言“鴻雁”何也？見遰而後數之，則鴻雁也。何不謂南鄉也？曰：“非其居也。”

故不謂南鄉。記鴻雁之遰也，如不記其鄉，何也？曰：鴻不必當小正之遰者也。

見王聘珍著、王文錦點校《大戴禮記解詁·夏小正第四十七》，中華書局（十三經清人註疏本），引用時標點有改動；黃懷信主撰、孔德立、周海生參撰《大戴禮記彙校集註》，三秦出版社上下冊本。

今又喪我先大夫偃。其子幼弱，其一二父兄懼隊宗主，私族於謀，而立長親……曰：彼何罪？諺所謂“室於怒，市於色”者，楚之謂也。

見《左傳·昭公十九年》，見《十三經註疏》下冊 p. 2087 下、2088 上。

子曰：“不憤不啟，不悱不發。舉一隅不以三隅反，則不復也。”——《論語·述而》

杜道生先生譯文：孔子說“（教育學生）不到他苦思苦想

而仍然領會不了的時候，不去開導他，不到他想說又說不出來的時候，不去啟發他。告訴他一個角是什麼樣兒，他不能由此推知其他三個角是什麼樣兒，就不再教他了。”

見先恩師杜道生先生注譯《論語新注新譯》，中華書局 2011，p. 56。

子封曰：“可矣，厚將得眾。”公曰：“不義不暱，厚將崩。”

見徐中舒編著《左傳選·隱西元年》，中華書局 1979 年本，p. 2。

今天見到的《夏小正》也是經傳合刊，類似於《公羊》、《穀梁》，傳對經進行的是訓詁式的解釋，一般認為是訓義，其間順序的先後反映在語言中，本質上便是語法上詞語先後次序的排列組合。先“雁”後“鄉”、先“遰”後“雁”，是客觀事物作用於感官的結果，用語言表述這種感受，在詞序上也這樣安排，這是表述與感受的一致性，存在明顯的習慣性特徵。為什麼漢語人是這樣的感受，別的人會不會是同樣的感受，取決於習慣，取決於約定俗成；為什麼漢語人排列詞語使用這樣的詞序，最終也取決於習慣，取決於約定俗成，取決於語言時代。語言的約定俗成構成語言實際的社會性，對研究者來說具有強制性，必須遵從，輕視甚至忽略、抑或改動而適應己說，任何理論，不管它有多麼高明，多麼完善，註定都是蒼白的，至多只能達到其理論的自圓其說，對這個語言卻於事無補，也不可能解決它的問題。“室於怒，市於色”，用今天的句法觀念看待，常被作為“倒裝”或“倒句”進行分析①，原因是與今天的使用習慣明顯不同。其實，倒與不倒，涉及到語法觀念和

① 關於“倒句”，參看俞敏《倒句探源》，華中工學院《語言研究》（創刊號），1981 年。

語法體系問題。“倒句”是相對於語言單位作為語法成分排列次序的“正序”而言的，要認定“倒句”，首先得確定“正序”，如果以今天現代漢語的“正序”為標準，應當說明是與今天比較的結果，應當說明“倒句”在那時真正的語法地位，抑或所謂“倒句”，正是那時的“正序”，只是在今人看來倒了而已。“室於怒，市於色”中“於”的兩端是處所與動作的關係，處所在前，而今天往往是處所在後；文中引用的是諺語，說明這種表達順序可能不是《左傳》作者時代的“正序”，比如《墨子·非樂上》有“啟乃淫益康樂，野於飲食”，也是處所與動作的關係，但是，《左傳》敍述語有“私族於謀”，是施事主體與行為動作的關係，在這一點上，說明它們處於相同的語言時代，那時的“正序”應該就是如此。記得年輕時跟白族人交往，他們操着類似昆明話的漢語，邀請去他家被說成“來玩我家”，則表明其本族母語正序如此。“不憤不啟，不悱不發”是孔子的話，應該是口語，中間不用虛詞，兩端的關係在今人看來需要分析，先恩師杜道生先生分析它們是條件與結果的關係，假設也是條件的一種：正面說，意思是只有“憤”，才會“啟”；反面說，如果不“憤”，一定不“啟”。張永言先生認為是緊縮的偏正複句，屬於因果關係[①]，相當於說“不憤則不啟”。隱公的表達與孔子一致，也是口語，“不義不暱”的關係與“不憤不啟”同，只是“不義”已經實現，成為導致“不暱”的原因，許慎引《春秋傳》作“不義不䵒”[②]，則“暱”訓“黏”，非此字此義，“䵒”與文義及“厚將崩”相扣合。“不憤不啟”之類的表

① 參看張永言先生《訓詁學簡論》p. 13。

② 許慎《說文解字》：䵒，黏也，從黍日聲。《春秋傳》曰：“不義不䵒”。䵒，或從刃。中華書局影印本 1981 年，p. 147 上。

達，正是那時的語法特點，包含了條件、假設、因果、轉折等的關係，訓詁在訓釋這類語言現象的時候，實際上也是訓釋的這些關係，而不僅僅是詞語本身，說清楚了關係，也就解決了語法問題。至於是單句甚至複句，還是一般詞語組合，則涉及語法體系問題。訓詁在具體訓釋工作中一定會碰到語法問題，也一定會訓釋並解決語法問題，至於自覺與不自覺、系統與否，則需要另行研究，但認為訓詁不研究語法甚至沒有語法觀念，則與實際相悖。不過訓詁學研究的漢語的這種語法，與形態語言的"表形語法"不同，並不研究語言形式與其語法規則的一致性，而是研究詞語之間的相互關聯關係；關聯關係的確立根據的是"《論語》規則"的歸納，相同語言時代關聯規則的比照，比如"《墨子》規則"和"《左傳》規則"。隨着社會的發展進步，到了近現代，"五四"猶如分水嶺，漢語研究前後判若兩人。從馬建忠的葛琅瑪至今，西方語言研究的各種理論、流派都被引了進來，中間一度主要受原蘇聯的影響，漢語研究由此呈現出與傳統小學完全不同的研究狀態，由於別的原因，更多的不是學術本身的原因，傳統小學也由此整體出現了"絕學"危機。漢語研究的這種新常態的出現，由馬建忠發其端，儘管一開始就不斷被詬病，但開創之功實不可沒，則是共識①。自此以後，漢語研究呈現出了嶄新的面貌，各個學科都取得了長足的進步，如作為理論指導的普通語言學，單科的詞彙學②、語義學（原

① 參看張萬啟編《馬氏文通研究資料》，中華書局1987年。

② 參看張永言先生《詞彙學簡論》，華中工學院出版社1982年。

作詞義學，改語義學之後，仍以詞語為核心）[①]、修辭學[②]、語法學等等，其中無疑以語法學研究最為顯著，也最為普及，抑或成就也最高。漢語語法學走過的道路，從馬建忠算起，概言之，從"拿來主義"逐步走向力求符合漢語實際的全新的漢語語法體系研究，流行的三大語法理論都有影響：傳統語法的影響最大，英語習慣以School grammar或Class grammar表示，其核心是詞類和成分，影響最大的《暫擬漢語語法教學體系》基本上屬於傳統語法範疇；五十年代初，由中國科學院語言研究所語法小組集體編寫的《現代漢語語法講話》、趙元任《漢語口語語法》、呂叔湘的《漢語語法分析問題》等則主要受到美國結構主義語法（Structural grammar）學派的影響；以喬姆斯基多次修改的《句法理論》（Syntactic）為代表的"轉換—生成"理論的影響，主要散見於前兩種影響的著作中[③]。從研究對象看，由局限于存在於文獻中的古代漢語研究轉向了以實際口語為主要對象[④]，這可以以黎錦熙的《新著國語文法》為標誌[⑤]，自此以後，以語法研究為突出標誌的現代漢語研究呈現出轟轟烈烈的局面：除了一般的研討，單是全國性集中的語法研討就有過兩次[⑥]。一百多年來的漢語語法研究史，有三段論的，有四

① 參看伍謙光編著《語義學導論》（修訂本），湖南教育出版社1992年；詹人鳳著《現代漢語語義學》，商務印書館1997年。

② 參看陳望道《修辭學發凡》。

③ 參看邢公畹《語言論集》，商務印書館1983年。

④ 呂叔湘《中國文法要略》是以古今漢語對照進行研究的，但這類著作很少。參看《中國文法要略》修訂本，商務印書館1956年。

⑤ 商務印書館1955年。

⑥ 參看張靜《漢語語法問題·緒論》。

段論的[1]，但核心的問題仍然是是否反映漢語實際的問題；從漢語研究史的角度看，則是古今研究有機的延續還是割裂的問題。漢語究竟是一種什麼語言，漢語的特徵是什麼，應該值得深思。歐洲語言研究，無論其間產生過多少派別，使用過多少方法，是詞本位還是句本位，還是語素本位，其原始出發點和立足點都是語言形式，即所謂形態，離開了形態，後面的發展就沒有了根基：儘管與古希臘和拉丁語相較，比如英語，其形態處於“衰敗期”，完整的形態觀念並不能完整地解釋英語語法，或許英語語法本有自己獨特的一套系統，不過是有人拿固有觀念去衡量罷了。漢語本質上沒有形態，其實是根本不需要形態，有意無意以形態的觀念或以適用於形態語言的理論看漢語，所出現或遇到的問題，根源就一定會追溯到所引進的理論本身，本質上不是語言出了問題，而是其理論的適用性出了問題[2]。演繹法研究語言，建立語言理論，其結果必然導致要用大量的語言事實去加以證實，也就必然會出現是適應理論需要還是尊重語言事實的問題。比如“綴”的語法觀念，最早的語法觀念，可以追溯到古印度，無論叫做語法意義還是語法範疇，還是別的，其本質則是形態語言中詞語構成與詞語組合間、帶有強制性的相一致性，即詞語構成的、詞性的、句子成分或所處位置的、結構關係的等等，都一定會用形態表示出來。被形態觀念分析出來的漢語的所謂“綴”，本質上應該是漢語詞語音義關係的一種，即音節既可以與實義結合又可以與虛義結合，在這個意義上，所謂“綴”，

---

① 參看孫玄常《漢語語法學簡史》，安徽教育出版社 1983 年；張靜《漢語語法問題》。

② 參看朱德熙《語法講義》，商務印書館 1982 年；《語法答問》，商務印書館 1985 年。

除了活動方式及活動範圍之類，與虛詞並沒有本質區別。虛義詞語組合功能的依附性，即活動自由程度所受的限制，才表現為類似“粘着”[①]，但是，這種“粘着”跟詞語類別、詞語組合等，既沒有強制要求，也沒有必然聯繫，也就是沒有形態上強制性相一致的要求，因而也就不具備形態語言用作語法研究基礎依據的條件。比如有的說“一見到‘子’就知道是名詞”，除非可以列出漢語名詞的這種普遍規律，否則就只能是偶然。現代漢語的“綴”，本質上應該是詞語複音化趨勢的表現，其間原因需要另行研究，而不是詞語類別的需要。姑且認定“們”有複數意義，現代漢語中原則上不可能被單用，但仍不應該用複數語法標誌的觀點去看待，因為表示複數，並不以它為準則，詞語組合中也沒有單複數的形態必須一致的強制性要求，因為它還有隨時都出現“覆盆子們”的可能。這樣看來，“們”組成的複音化詞語是相對穩定的，不能自由的組合產生新的詞語；另一方面，它的粘着性又具有“自由”使用的特性，可以隨時“粘着”出別樣的“木蓮們”來。又如“着、了、過”，常被認定為典型的“時態”助詞，似乎是漢語也有形態的時態語法範疇的證據，但可惜，它們只不過是可以表示出類似於形態語言中時態的意義，而不是必須用它們去表示“時態”，一定要劃分出“時態”的語法類別，顯然沒有充足的理由。“的、地、得”被稱為“結構”助詞，本質上是結構主義語法觀的套用，書面上硬寫成三個字，應該也是人為的“書寫規範”強加上去的，實際口語中它們並沒有語音差異，應該是同一個詞語。語法上所謂定語、狀語、補

---

① 參看呂叔湘《說“自由”與“粘着”》載呂叔湘《漢語語法論文集》（增訂本），商務出版社 1984 年。

語標誌的說法，本質上不過是讓漢語削足適履以適應結構語法框架的需要而已，且不惜違背文字改革從簡規則，人為規定硬寫成三個字，徒增初學負擔。儘管它們或各有來源，有的方言，比如成都話，還區分“的”和“得”，但在普通話中已經沒有了區別，語音上是相同的輕聲。成都話很難用到“地”，“的”的發音是輕聲［li］，“得”的發音是陽平［te］21，並不相混，則成都話有“的”與“得”的分別，普通話沒有。形態是字母文字語言重要的語法範疇，原則上只適用於具有這種形態的語言，漢語沒有形態，也不需要形態，形態的語法手段在這裏就不應該有市場。同理，拿中國象棋的“蹩馬腿”規則，去要求國際象棋也“蹩馬腿”，也一定沒有市場。漢語的音節就是一個獨立的音義整體，任何音義變化總是在音節這個整體上發生的，不允許在音節上出現或粘附別的累贅；漢語的排列組合，即以線性語流方式表情達意，根本的基礎也是成義音節之間的組合，任何音節都不去充當別的任何音節的桂冠、腰帶或皮靴。音節在英語中沒有地位，因為表示意義並不以音節為准，能夠成義的語音片段是長短不一的音位組合群，這個組合群就可以也必須穿靴戴帽，才能跟別的組合群發生聯繫，反之，只要發生聯繫，就必須穿靴戴帽，否則，衣冠不整，不合禮儀；漢語的成員也要出門見人，也要發生聯繫，只是統一着裝，以實取人，看實際發生什麼聯繫，這是漢語的禮儀。怎樣研究禮儀，重要的是方法，不是穿靴戴帽：

> 我覺得，重要的是學習西方學者研究語言的方法，而不是套用它們的研究成果。

參看呂叔湘《把我國語言科學推向前進》，見《呂叔湘語文論集》p. 2。

與形態語言相較，漢語的意義在漢語研究中起著極其重要的作用，在沒有形式依據的情況下，甚至可以說，離開了意義，研究將無從着手。其實，意義在形態語的研究中，也是不可或缺的要素，比如深層結構，儘管是旗幟鮮明地反對傳統語法學的意義而獨樹一幟，實質則是依據意義才建立起層次，沒了意義，層次便失去了依據，表層和深層也就無所謂轉換[①]。意義訓釋在訓詁學中佔有特殊重要的地位，甚至可以說從古至今的漢語研究都是圍繞意義展開的，語法也不例外，這應該有着漢語自身特點的深刻原因。語言的本質是表情達意的，音義不過是索緒爾說的正反的兩個面，形式和內容是不可分割的整體，互為依存而不可對立，研究可以有側重，但不能割裂，不能無視它的存在，無視它的作用。如果用二分法分析語言，語言是音義複合體，你的分析研究就只能二者必居其一，因而從意義入手和從形式入手研究語言，只是着手處的不同，至少對自發的語言研究來說是這樣，本質上則是語言自身特點所決定的。訓詁學在長期的訓詁實踐中注意到語法問題並加以研究，也都是從意義出發的，孔穎達或許最早使用“語法”一語，也是從意義出發的：

正義曰：“勉”謂努力。爾其勉之，今勉力報讎比於相從俱死為愈也。病差謂之愈，言其勝共死也。服虔云：相從愈於共死，則服意“相從使員”，從其言也。語法，兩人交互乃得稱“相”，獨使員從己，語不得為相從也。

《四部叢刊》本唐孔穎達等奉敕撰《春秋正義》卷第三十；《續四部叢刊》本《十三經注疏·左傳注疏》卷第四十九。

① 參看呂叔湘《漢語語法問題》、喬姆斯基《句法結構》、邢公畹《語言論集》。

這裹的“語法”，本義應該是詞語使用規則，是立足意義並從意義的角度說的。漢語最早涉及語法問題是從詞語的分類開始的，初期或以墨子為代表：

> 夫辭，以類行者也。立辭而不明於其類，則必困矣。
>
> 《四部叢刊》本《墨子·大取》卷之十一

先秦的名實論以荀子集大成為代表，其共名、別名等，也是從意義出發的。《尹文子》則將“名”分為三個類別：

> 名有三科，法有四呈。一曰命物之名，方員白黑是也；二曰毀譽之名，善惡貴賤是也；三曰沉謂之名，賢愚愛憎是也。一曰不變之法，君臣上下是也；二曰齊俗之法，能鄙同異是也；三曰治眾之法，慶賞刑法是也；四曰平准之法，律度權量是也。
>
> 《四部叢刊》本《尹文子》

由於語法本質上是詞語之間在排列組合中相互發生的必然聯繫，這種聯繫在語音形式上表現出來，內在的必然聯繫與外在的語音形式相一致，就是形態語言，即外在形式直接揭示出內在聯繫；表現不充分，就是非完全形態語言，比如英語；沒有表現，就是非形態語言，比如漢語。將語言“縱截”，得到的就是語言單位；“橫截”，得到的就是語音和意義。研究語音在組合關係中的種種表現，是語音的形式表現規則，或說體系、系統，這是形態語言為研究對象所得到的形式組合規則，亦即“表形語法”，比如英語語法，這是西方語法研究的普遍特徵，但儘管如此，實際上起作用的仍然是詞語間的相互聯繫，即組合關係；漢語沒有形式變化，仍然要組合，仍然要發生聯繫，直接以意義為依據，就既是自然的，也是必然的。組合總是在語言單位之間發生的，這些語言單位被依據各自特點劃分類別也應該是必然的，比如英語的詞類，甚至是語法的基礎[①]。漢語的詞語類別，首先被依據意義劃分出虛實，古希臘的詞也有同樣的劃分，這是自發語言研究的共性。至少墨子時代，漢語詞語的類的觀念就被提了出來，應該是後來實詞類別的源頭，嚴格意義上的虛實的劃分，至少《毛傳》就有了：

薄，辭也；思，辭也；止，辭也；今，急辭也。

《四部叢刊》本《毛傳》卷第一

實詞和虛辭在漢語的組合聯繫中所表達的意義，所起的作用，有着明顯的區别，將詞語劃分為兩個大類，是語言研究的進步。開始集中研究實詞和虛辭的類别，大概是在唐宋時期，集中的虛辭研究，最早的著作大概是明萬曆年間盧以緯的《助語辭》[②]。感歎詞語是詞語中十分突出的一個類，是語音表現情感的典型，所以很早就被感知而單獨成為一個類，到了唐宋時期，已經是普遍現象了：

於嗟麟兮。

傳：於嗟，歎辭也。

《麟之趾》

文王在上，於昭於天。

傳：在上，在民上也。於，歎辭。昭，見也。箋云：

文王初為西伯，有功於民，其德著見於天，故天命之以為王使君天下。

《文王》

《四部叢刊》本漢毛亨傳、漢鄭玄箋、唐陸德明音義《毛詩》

率天下之人而禍仁義者，必子之言夫。

① 參看柯杜霍夫《普通語言學》。

② 參看王克仲集注本，中華書局1988年。

注：以告子轉性以為仁義，若轉木以成器，必殘賊之，故言率人以禍仁義者，必子之言。夫，歎辭。

《孟子》卷第十一

文王流涕而咨之。

注：咨嗟，歎辭。

《恃君》

嗟乎，吳朝必生荊棘矣！

注：嗟，歎辭也。

《貴直論》

《四部叢刊》本漢高誘注《呂氏春秋》

孟子曰："於荅是也，何有？"

注：於，音烏，歎辭也。何有，為不可荅也。卷第十二

《四部叢刊》本 漢趙岐注《孟子》

猗嗟，於宜反，字或作欹、倚嗟，歎辭。

《四部叢刊》本《經典釋文》卷第五

於乎，夫齊桓公有天下之大節焉，夫孰能亡之！

注：於乎，讀為嗚呼，歎美之聲。大節謂大節義也。

《仲尼》

嗚呼！而莫之能應，然而通乎財萬物、養百姓之經紀。

注：嗚呼，歎辭也。財與裁同。雖歎其莫已知、無應之者，而亦不怠，惰困棄常，通於裁萬物、養百姓之綱紀也。

《儒效》

《四部叢刊》本唐楊倞注《荀子》

量詞是漢語的特色詞類之一，唐宋時期已被特別關注：

按梁劉孝威謝官，賜交州米餅四伯屈，詳其言，屈豈今之數乎，且前朝短書雜說，即有呼食為頭，以魚為"豆門"，著

為薄、為夾，筆為雙、為床、為枚，墨為螺、為量、為丸、為枚，紙為番、為幅、為枚，布為鼓（薄布一十為一鼓），錦為兩（二端為一兩），衣為裁，袈裟為緣，奴為頭，麝為子，蠟為“麥並”，檳榔為口，胡桃為子、為口，其事不可備論。

唐段公路《北戶錄》卷二，見鄭奠、麥梅翹編《古漢語語法學資料彙編》中華書局1983年，p. 158

實詞中名詞、動詞是被特別關注的類，但傳統多從音義辨析的角度加以分析，並且認為詞語“動詞化”是其特點，動詞又有及物與不及物的區分。“動詞”的正式提法，大概始於元代劉鑒的《切韻指南經史動靜字音》[①]，那時的“靜字”包含了後來的名詞和形容詞：

方言差別，固自不同。河北、江南最為巨異，或失在浮清，或滯于沈濁。今之去取，冀祛茲弊，亦恐還是鷇音，更成無辯。夫質有精麤，謂之好惡並如字，心有愛憎，稱為好惡上呼報反，下烏路反，當體即云名譽音預，論情則曰毀譽音餘，及夫自敗蒲邁反，敗他蒲敗反之殊，自壞呼怪反，壞撤音怪之異，此等或近代始分，或古已為別，相仍積習有自來矣。餘承師說，皆辯析之。

《四部叢刊》本唐陸德明撰、孫毓修編校勘記《經典釋文》卷一“條例”

“靜字”再分出名詞和形容詞，大概到了馬建忠的《文通》才開始細分。形容詞的稱謂很晚才有，大概始於清代[②]，但至少《毛傳》就已經將它作為一個單獨的類來認識了：然、貌、聲、重言

① 參看萬獻初《〈經史動靜字音〉別義異讀音義考辨》，《中國語言學》第二輯，山東教育出版社2009年。

② 參看鄭奠、麥梅翹編《古漢語語法學資料彙編》。

等，是這類詞語的特點。稱代是專門的一類詞語，《爾雅》已單列訓釋條，且有自稱、稱人的區分：《毛詩注疏·大雅·皇矣》“爾、我，對談之辭”，《谷風》“我者，己所自專之辭”，《廣韻》：“你，齊人呼傍人之稱”。詞類是語法的基礎，結構語法學依據形態歸併詞類，反對以意義為標準[①]，至多只是形態語言的特點，或在形態語言研究中可以行得通；漢語傳統的詞類則依據音義區分，也自有道理，抑或是漢語詞語特徵的必然；詞語類別同形跨界，是漢語詞語類別的另一重要特點，其中猶以名動形為甚，特定情況下甚至會虛實跨界：杜甫《滕王亭子·寂寞春山路》有“古牆猶竹色，虛閣自松聲”的詩句，正是這種情況；由此，漢語有無詞類，以什麼為依據劃分漢語的詞類，曾經是很嚴重的問題[②]。概括地說，語法及語法研究的基礎是語言單位，離開了語言單位，語法將無從談起，馬建忠作《文通》十卷，九卷都花在詞和詞性上正可以說明問題。事實上，西方語法研究也正是將詞性作為前提的，是其生命所在，沒有詞，詞性便無從談起[③]。從語法的角度看，詞，單位主體；詞性，單位的組合身份；這是同一個語言單位不可分割的兩個面，即主體與身份的關係，具備主體資格就同時具有語法身份，必須在語法中佔有特定地位才可以被使用；語言單位在語言表情達意過程中總是表現為時空相隨，即單位間的排列組合，排列的時長與空間距離成正比，任何一個單位都只能在這樣的時空中才能存在，也才

① 參看索緒爾《普通語言學教程》、霍凱特《現代語言學教程》、柯杜霍夫《普通語言學》)、帕默爾《語言論》。

② 參看高名凱《漢語語法論》商務印書館“漢語語法叢書”本，1986年；張靜《漢語語法問題》。

③ 參看高名凱《漢語語法論》商務印書館“漢語語法叢書”本，1986年；張靜《漢語語法問題》。

有意義：任何單位都在不斷地被截取和被使用，被截取和被使用語言單位的大小，既存在語言自身的原因，也存在約定俗成的原因，這或許是詞語大小的根源所在，也是詞語大小存在相對邊際，而不存在絕對邊際的根源，或許至少漢語的情況是這樣。索緒爾以後，嚴格地說自新語法學派始，現代結構主義語法學派堅持形態基礎，摒棄了意義依據，漢語又沒有形態，自然也就沒有了詞和詞類，或許這才是問題的實質：是按照最小和形態的尺度衡量，還是遵照漢語自身的實際，其結果或許截然不同。如果按照形態語言理論的理論，極端地說，凡非形態語言都不可能有詞和詞類，但這顯然與事實不符。看來，詞和詞類的問題，本質上取決於語法觀：是總結自己語言的語法特點而形成符合自己語言實際的語法體系，還是用漢語的語言實例去證明現成的語法體系，反映的應該是不同的語法觀。訓詁學涉及到的語法研究，都是從詞語和詞語運用入手的，都是以詞語的音義為參照物的，正如形態語以詞語形態為參照物，也應該是由語言自身特點決定的：孔穎達“兩人交互乃得稱‘相’”的語法觀，正是漢語研究這種意義依據的表現。這裏的意義與一般詞語意義不是一回事，應該是詞語意義為基礎的、所起作用、相互聯繫等的意義，這種意義是詞語發揮作用、相互發生關係的基礎，也是形態變化的基礎。換句話說，一定的形態一定表達相應的意義關係，一定的意義關係必然要求一定的形態變化，這就是形態語言的形態與意義關係的一致性；沒有形態的語言，這種形態與意義一致性的要求便不能存在，存在的是它們的意義關係，只是形式上並不像形態語言那樣明白地表示出來而已，或許，這正是語法的實質，也是詞語組合成句規則的實質：有沒有形態不重要，重要的是單位間的相互關係。

語言單位的確立和單位間的聯繫，是語法和語法學研究的核心，因為語法本質上是聯文成組、成句、成章的組合法則，語言自身的特點和語言使用者的使用習慣，也就是約定俗成，決定着語言單位及其組合，也就決定着語言的語法。在語法研究中，詞語認定是前提，詞性是語法的基礎，在這樣的前提和基礎之上才能弄清楚組合和組合關係，也才能進行語法的系統性研究，古今中外的語法研究，由“自發”到自覺，都是如此。在漢語的語法研究中，對語言單位的認定，音節起着至關重要的作用，甚至是決定性作用：一個音節就是一個天然的最小語言單位，不再進行分解，任何語音變化總是被認為在整體音節上發生的，聲韻調的任何變化都會被認為是不同的音節，書面上原則上會由不同的漢字表示出來；一個漢字也被認為是一個最小的整體，不再被分解，音節構成了漢語最小、最基本的語言單位，它的活動也就是漢語語言單位的最基礎活動，並構成漢語語言單位活動的原動力。《爾雅》認定漢語語言單位時，《釋詁》之於古語、《釋言》之於今言，也是以單個音節單位為基礎的，這應該是漢語研究的原始狀態對漢語語言單位直觀感覺的必然結果，也是漢語語言單位活動特徵的必然反映。在單音節的基礎上，漢語語言單位的另一種基本活動以雙音節為代表，《爾雅·釋訓》以降反映了這種情況，這應該是荀子“單足以喻則單，單不足以喻則兼”的漢語表達原則的必然反映。這些語言單位大致可以分為兩類：一類是不能再被拆分，拆分後只剩下空空的音節，與這個語言單位毫不相干，比如“斤斤”、“威夷”、“攝提格”；另一類看上去可以拆分，但事實上不被拆分，也不被替換，比如“爾雅”、“暴虎”、“徒搏”，訓詁在解釋這一類語言單位的時候，也是作為一個整體進行解釋，並不拆分，比如“元年者何，君之始年也”。

《爾雅·釋訓》中的另一個特殊群體是來自《詩經》的“四字組合”，比如“如切如磋”，應該是後來四字成語的源頭。漢語的這些語言單位，或可稱作基本語言單位，共同的特性是，總是整體地從語句中被截取，也總是整體地被運用到語句中，這就構成了漢語基本語言單位長短大小的相對性，也是漢語基本語言單位的基本面貌。從表情達意的角度看，語言的使用總是表現為語言單位的排列組合，語言單位間的相互關係及其組合規則便構成語法的核心內容。在語法研究中，語言單位確定之後，語言單位的類別成為研究的立足點和出發點：

> 詞類學說是語法體系的核心。根據邏輯—功能原理，詞分為兩類—實詞和虛詞（輔助詞）。實詞表現為顯示存在，虛詞則根據經濟地使用語言手段的原則減少“語詞”的重複。
>
> 柯杜霍夫《普通語言學》p. 22

漢語很早就有了實詞虛詞的分類，劃分的依據是詞語意義的實在與空靈，而不是邏輯——功能原理，因而訓詁在訓釋虛詞的時候仍然訓釋它的意義而不是功能：

> 僉、咸、胥，皆也。
>
> 《爾雅·釋詁》
>
> 逮，及也；迨，及也。
>
> 《爾雅·釋言》
>
> 備、該，咸也。
>
> 《方言》卷十二
>
> 乎，語之餘也。
>
> 哉，言之間也。
>
> 爾，詞之必然也。

《說文》

在《毛傳》中，虛詞的解釋主要是兩種，一是訓義，如“微，無也”，一是僅僅指出它的虛詞屬性，比如“思，辭也”。可見，漢語很早就根據語言表達的需要將詞語進行了分類，實詞和虛詞是詞語意義顯著特徵所呈現出的類別。詞語的再分類也是很早就出現了的，那時的分類依據的是詞語意義與社會生活的關係，根據表達的需要而進行的分類：

（夫辭）以故生，以理長，以類行也者。立辭而不明於其所生，忘也；今人非道無所行，唯有強股肱而不明於道，其困也，可立而待也。夫辭，以類行者也。立辭而不明於其類，則必困矣。

《墨子·大取》，《二十二子》p. 262 下

墨子詞語的類別是典型的意義類別，而且與社會生活密切相關，所以在《非攻》中“攻”與“誅”才不同類，不能相混。從語法的角度看意義，詞語意義被抽象化，所以有了動字、靜字等的分類，這是詞語意義自身的表現特徵的分類，並由馬建忠集大成。實詞意義的表現特徵（或說語法意義）與組合功能（或說語法功能）密切相關，特定的語法意義具有特定的語法功能，不同的語法功能一定有着不同的語法意義，這在“跨類”問題上應該看得很清楚。“跨類”是漢語“詞無定類”的重要理據，其實應該是受了形態觀念的束縛，漢語詞語在“本類”與“跨類”中都是相同的模樣，其語法意義和語法功能的變化並不在音形和字形上發生，所以

才被誤解而已。比如“春風風人”①，後一個“風”的辭彙意義是“颳風”，語法意義是“動作”，語法功能是“及物”，但形式上與前一個“風”沒有任何區別，這才造成了“詞無定類”的錯覺。英語中有一種形式，習慣上被稱作“動名詞”，其“ing”形式是相對自由的，幾乎可以加在任何動作行為的詞語上，由於功能上具有名詞和動詞的某些特性，在語法系統的前提下被叫做了兼類的“動名詞”，其實它跟現在分詞形式上和自由程度並沒有區別，但沒有人說它詞無定類。又如“go”，說它是名詞，初學者一定會驚訝，但美國人的確在說“She's having a hotdog on the go”。很顯然，沒人說“go”詞無定類，但它的確以同一個面孔身兼了動詞、名詞兩個類。對英語的“ing”形式和“go”的用法，是從英語自身特點去進行描述，還是依據某種語法體系的描寫去看待，反映不同的語法觀。當“詞無定類”是普遍現象的時候，比如古漢語，本身就代表着一種普遍規律，是那時漢語的語法特徵之一，卻拿了某種“定類”的眼光去看待。訓詁學研究漢語，在對待此類問題時，總會從訓詁的角度指出其間的區別，為漢語自身的語法研究提供了依據，比如一般熟知的《公羊傳》對“遷”的解釋：

僖西元年夏六月，邢遷於夷儀。

傳曰：遷者何？其意也。遷之者何？非其意也。

《公羊傳·僖西元年》

《公羊傳》針對“遷”的主體進行解釋，主體的本意就是主動，非本意就是被動，客觀上對“遷”的語法意義和語法功能作了

① 參看馬建忠《馬氏文通》“正名卷之一”，p. 1，《漢語語法叢書》本，商務印書館1983年。

清楚的解釋。在傳統的訓詁學研究中，像其他各個方面的專門研究一樣，比早期的如文字學和音韻學，語法也沒有作為一個專門的學科而研究，但屬於後來語法學的一些基本問題應該都涉及到了，為專門的語法研究打下了基礎。詞語是語法的基礎，詞語的確定應當符合具體語言的實際。漢語的詞語跟已知的歐洲語言研究的詞語有共同性，首先表現為最小單位，底線就是止於音節，但它還有另一種特性，即在長期的使用過程中總是組合使用，或可叫做漢語詞語的約定俗成性，這樣，漢語詞語的基本特徵就是它的基本單位屬性：絕對和相對的最小。比如先秦的“君子”和“君臣”，當含義是“君之子”、“君之臣”時，仍然是這個模樣，而且總是這樣使用，也就沒有理由認為它們不具備詞語的資格。從語言運用的角度看，語言單位越小，使用就越自由，越靈活，也越經濟，這客觀上決定了人們認識語言單位總是從小處着眼，自發的語言研究也總是從這個相對最小的語言單位出發。自發使用拼音文字的語言，其最小語言單位總是表現為一定的音位群與特定的意義的結合，形態的變化也總是在這個音位群整體上發生，因此，形態就成了天然的界限，這應該是古希臘語書面並不以間隔分詞書寫的根本原因。語法學在於研究詞語組合的系統性，即從組合的角度去研究組合規則，訓詁學則是針對具體的組合去說明它是什麼，即它的任務是說明“君子”是“君之子”，而不是去研究它的限制與被限制、修飾與被修飾關係，也不是去研究它偏正結構的規律性，但“君子”的確涉及到語法問題，只是研究目的不同而已。在訓詁學眼裏，語法問題跟別的問題一樣，只是具體語言現象之一，需要訓釋的時候才會去解決，不過，解決的問題多了，系統性自然就出現了，這也正是文字、聲韻經過累積而獨立出去的原因。有一點應該很清楚，訓詁學解決的存在於漢語的語法問題，與形態語言解決的語法問題着力點是不同的：從詞語組合的角度看，語法可以簡單地看做詞語間形態組合關係和詞語間功能組合關係，訓詁學着力的是後者，比如"君之臣"，《馬氏文通》花了九卷的功夫談詞類，集中解決的也是詞語的功能問題，儘管普遍認為它是借進甚至照搬，但他的論述確實是從唐宋以前漢語實際出發的[①]。漢語最基本語言單位間的組合關係，應該是漢語語法的代表，它們的組合關係類型差不多涵蓋了句法中語言單位的組合關係類型，立足最基本語言單位看語法有着特殊的重要意義，比如呂叔湘的《現代漢語八百詞》[②]，弄清楚了它們的組合關係，差不多也就可以弄清楚句法關係[③]；由最小語言單位間的組合到最大單位句子組合的一致性，是漢語"關聯語法"的最大特徵，也應該是漢語語法的重要特徵。自結構主義語法進入以來，漢語語法研究也有走向"字母化"、"公式化"、"抽象化"的傾向，甚至影響到語義研究，比如多個最小語言單位都具有某義，於是該義就被認定為它們的語源義，類似於高等數學中的因式分解；是用漢語去證明所使用理論的正確性還是反映漢語的實際，是把生動的語言抽象化還是解決漢語的具體問題，反映不同的語言觀和語言學觀；但有一點應該是十分清楚的，語言不為理論設，也不為邏輯造，約定俗成可能符合某些框架並被解釋，但它一定會"例外"。

---

① 參看《馬氏文通》、《馬氏文通研究資料》。

② 該著本是為漢語作為外語教學而編著的，重點在虛詞，但對弄清楚漢語最基本語言單位的組合關係很有幫助。參看呂叔湘主編《現代漢語八百詞》，商務印書館 1984 年。

③ 參看呂叔湘主編《現代漢語八百詞 · 現代漢語語法要點》 p. 1–41。

第九章　訓詁學與漢語研究

怎樣進行漢語研究和漢語研究都研究什麼，決定漢語研究的基本面貌：怎樣研究取決於漢語語言觀，研究什麼取決於漢語裏都有什麼，取決於漢語人對漢語研究的需求。從自發的漢語研究開始，漢語的訓詁學研究從漢語交際的實際出發，解決的是漢語習得和使用的交際問題，表現為從交際的末端入手，則是由交際本身決定的。漢語音節成義是漢語最小語言單位的本質，進入文明史以來，最小語言單位的形音義關係是最突出的特徵，它們相互聯繫又相互影響，自發地、“自然而然”地成了漢語研究的“天然”依據，後來的研究，比如小學一分為三，都是以此為基礎的。西學東漸以來，研究的依據發生了變化，形態語言研究的各種理論也隨之進入到漢語研究中，絕對地堅持傳統或者全盤從頭越，顯然都存在着明顯的片面性。拿傳統的訓詁學與西方現代語言研究客觀地比較，二者本不存在一定相互排斥或相互對立的內在必然性，更不存在科學與非科學的天然劃界，也就不應該出現此消彼長或此長彼消的結果。識讀是訓詁學研究漢語的主要立足點和出發點，其成果應該是漢語一切研究及以漢語為載體的一切研究的基礎，失去了基礎，註定將一事無成。普通語言學是從歐洲兩種語言的對比研究的"靈感"發展起來的[①]，但其根基都是歐洲形態語言或可以被歸為形態語言的語言，立足點和出發點是詞的形態，缺乏世界上至今仍在使用的最古老的漢語的對比或比較研究，其普通，無論達到了怎樣的高度，註定不能將漢語普通進去，也就註定不是世界語言的普通語言學。與西方語言研究相對待，以漢語研究為代表的東方語言研究，其語言基礎與西方不同，甚至很不相同，這是漢語研究應當被充分尊重的客觀事實。漢語研究借鑒西方語言研究理論和研究方法，應當研究漢語的實際，反映漢語的特徵，而不應該拿漢語的例證去證明其理論框架的正確性，更不應該拿其理論框架來衡量漢語，比如得出漢語"缺乏"形態變化的結論，說漢語詞語沒有類別或詞無定類，這顯然不符合漢語的實際。跟西方現代語言研究相較，訓詁學研究漢語，可以說是"綜合"的研究，既有靜態的研究：同一詞語在不考慮時空情況下"純粹"的內在形音義關係，詞語間形音義外在的相互聯繫，詞語的構造比如"蟲蝗"，詞語的運用比如"相"的語法，詞語的類別比如量詞，詞語的組合比如"句法"[②]；又有動態的研究：詞語的時空分佈，同一詞語在斷代和縱代上的分佈，不同時空的音義關係、構造和運用、組合及組合關係等等。也就是說，西方現代語言研究以靜態地解析語言的構造為典型特徵，訓詁學則以詞語為代表的漢語的整體運動情況研究為典型特徵；解析語言的理論和方法主要是它學科理論的借用，猶如西醫藉助現代科技手段，比如哲學的、邏輯的、機械的、數學的等

---

① 參看索緒爾《普通語言學教程》、柯杜霍夫《普通語言學》。

② 參看鄭奠、麥梅翹《古漢語語法學資料彙編·句論》。

等；訓詁學分析語言的理論和手段則主要來自對語言自身的觀察和認識，比如語音的、語義的、語形的、組合的、文體的、語言與社會的關係等等。兩種語言研究的出發點和立足點各不相同，各有所長，亦有所短，完全可以相互借鑒，取長補短；若一定要以所謂現代語言學否定傳統漢語研究，很明顯是人為的，觀念所致的，沒有科學根據的。事實上，漢語研究是歷史的一個延續進程，可以有階段，但不能被割裂。漢語研究有着自己獨到的特色，應該保持，因為這種特色本質上是漢語自身特色決定的，對漢語進行任何研究，這一點都是不應該被忘記的。或許只有堅持自己的特色，才可以看待同異，借鑒也才是有意義的。漢語自身獨立地進行了數千年的訓詁學研究，有着自己優良的研究傳統，取得了自己獨到的成就，保持和發揚是現代人應盡的歷史義務：傳承優良而不是固步自封，引進借鑒而不是削足適履。拿這個觀點看待訓詁學，概括總結的工作就顯得尤為重要。從訓詁實踐來看，訓詁解決的都是一個個具體問題，即使取得巨大成就的王念孫的論證訓詁，雖然有條例歸納，更多的仍然是一個個的具體問題，歸納分析這些具體問題，應該可以較為客觀的看待訓詁學。總結起來，或許可以這樣來看待訓詁學：

訓詁學是以語言認識論為基礎理論、以雅言為漢語研究的語言標準、以最小語言單位為核心的基本語言單位為直接對象、以訓詁為具體研究方法、以為訓詁工作提供語言規律依據為主要任務、以傳通漢語交際並全面認識和駕馭漢語為終極目標、具有悠久歷史的漢語研究的綜合性、基礎性學科：訓詁學是研究漢語傳通理論的基礎語言學學科。

訓詁學的基礎性，是由訓詁以傳通漢語交際為目的所決定的，綜合性則是由研究所涉及內容與現代語言研究後出轉精所決定的。

訓詁學的基礎性由《爾雅》奠定，《爾雅》為語言習得和語言識讀提供了方法和樣本，建立起了自己的學科體系，從此得到社會的認可和傳承，並形成傳統。訓詁學的綜合性也是由《爾雅》奠定的，是由《爾雅》內容的豐富性決定的，集中表現為語言自身的和語言與社會的兩個方面。語言自身具有符號性特點，語言這個“東西”便可以用符號來表示，“純粹”地研究這個符號的構造或機構，就可以具有符號學的和靜態研究的特徵；研究這個符號的運動和分佈，就可以具有交際的時空動態研究特徵。運動是語言的本質，交際是運動形式，靜止是建立在運動基礎之上並相對於運動而言的，這類似於相對論中兩列並列且等速相向行駛的列車的靜止，列車停止前行，語言便同時消亡。語言的社會性本質上是由語言使用者的社會性決定的，使用者的一切活動都會在語言中表現出來，都會在語言中存留下來，識讀語言，本質上就是識讀語言社會：以語言為表象的語言使用者的社會，語言的約定俗成是語言社會交際方式的約定俗成。從這個意義上說，讀不懂語言社會，就讀不懂其語言，訓詁學之所以要對語言內容進行訓釋，這或許是根本原因。單從以語言為對象的語言學研究看，訓詁學的綜合性表現為涉及到現今語言研究的各個方面：普通的和具體的，符號的和社會的，構造的和使用的，共時的和歷時的，內部的和外部的，歸納的和演繹的，歷史的和比較的，語音的、語義的、語形的和語法的等等；當這些研究各自成為專門學科之後，訓詁學就會與之形成學科間的相互關聯關係，既相互影響，又相互促進，但沒有天然的相互排斥。普通語言學是從歐洲兩種語言比較研究發展起來的，受到它們之間存在着共同性特徵的啟發，主要是語音的和形態的、語法的比較，於是有了建立起人類語言普遍規律的願望，普通語言學便隨之建立。普遍規律是有具體內容的，內容的確定是首要任務，這個內容在所有語言中的共同性就是這個內容的普遍規律，即形態的共同性就是形態語言的普遍特徵。索緒爾之後，普通語言學的基礎內容是語言結構的共同性，轉換生成則是以結構為基礎的結構互換、結構再生和新生，也就是說，自索緒爾始，結構成了現代普通語言學的核心，形態則是核心的核心或核心的基礎，語言學的內容也隨之被嚴格限定在了語言自身的構成上。漢語是非形態語言，它的構成和運動與形態沒有關係，有着自己獨特的、悠久的研究歷史和研究傳統，漢語的特性與傳統應該是漢語研究必須尊重的重要前提，甚至是研究原則，只有在漢語被充分研究的基礎上，世界語言的普遍性研究才可能是完整的，也才可能是真正意義上的普通語言學。從這個意義上說，漢語語言學的研究內容應該由漢語實際來決定，不應該將形態語言研究的框架作為漢語語言研究不可逾越的鴻溝，甚至作為科學與非科學的衡量標準。怎樣看待語言，對語言進行怎樣的研究，取決於人們的語言觀和學科觀，訓詁學的語言觀將語言看作是一個構造和運動的統一體，各“要素”之間既相互聯繫又相互制約，不能被割裂。從不同的角度，使用不同的標準，所得到的“要素”可以不同，研究這些“要素”都具有語言學屬性，不因“要素”的不同而變性；研究各種“要素”及其相互關係，也一定屬於語言學範疇，也不因是單一還是綜合而變性。簡單地說，將語言“橫截”，可以得到相互密切聯繫的語音和語義兩類要素，分別進行側重研究就可以形成語音學和語義學；將語言“縱截”，可以得到音義一體的片段，片段的大小取決於語言特性和研究需要，分別進行側重研究就可以形成基礎片段、分析片段、整句片段等的學科，比如詞語、短語、句子等；立足於特定的片段，研究這些片段之間的相互聯繫和制約，就可以形成關係學，比如語法；研究這些片段的時空聯繫，就可以形成關於這些片段的時空學問，比如雅言、方言、斷代與縱代等；研究這些片段在運用過程中的準確與否、優美與否，就可以形成"立其誠"的學問，比如修辭學；研究聽覺語言的視覺轉換形式，就可以形成關於語言視覺形式的學問，比如文字學等等；可見，根據語言特徵和研究需要，就可以形成各種關於語言自身的專門學問，只要是關於語言自身的，就沒有理由不是語言學。語言研究是有傳統的，構成後來研究的基礎，應當得到充分尊重。"自發"的語言研究都是從最明顯被感知的語言單位研究開始的，這個單位是被"縱截"的結果，具有基礎性和習慣性兩大基本特性，是語言存在、運用和發展的代表性特徵，"自然而然"地成為研究的出發點和立足點。訓詁學研究漢語，也是以此為出發點和立足點的，由於其視覺從解碼入手，回答的是該語言現象"是什麼"和"為什麼"的最基本問題，基礎性就成為訓詁學的最基本特徵：有關漢語的一切研究都只有建立在這個"是什麼"和"為什麼"的基礎上，才成為可能；不解決"字之不識、語之不曉"的最基本問題，研究註定是奢談。跟西方語言學研究相較，訓詁學還具有明顯的綜合性。造成訓詁學的綜合性至少包括了兩方面的原因：回答"是什麼"和"為什麼"問題所涉及內容的廣泛性是由語言的複雜性決定的，訓詁學涉及語言研究各科內容主要是由語言分科研究的後出轉精造成的。另一方面，訓詁學的綜合性又是以其研究對象的單一性和研究方法的單一性為基礎的，比如詞語為核心的語言現象和訓詁的研究方法。正由於訓詁學具有的綜合性和單一性，決定了漢語研究無論怎樣後出轉精，無論進行何種要素的研究，都不會影響訓詁學的存在與發展，也都不會替代訓詁學：《說文》為源頭的文字學的分離，《切韻》為源頭的音韻學的獨立，都沒有影響訓詁學的存在與發展，也沒有影響訓詁學繼續研究文字和音韻，反倒是呈現出了相互促進、共同提高的喜人局面；同樣，針對文獻的注釋學即使分離出去，也只會與訓詁學構成相互促進、共同提高的緊密關係，不會也不可能替代訓詁學。漢語的複雜性決定了訓詁學的綜合性，也決定了訓詁學的“量”可以進行多次“剝離”，成為專門的學科；訓詁學的單一性，也是訓詁學的獨特性，決定了它的不可替代性。從這個意義上講，訓詁學具有漢語研究的“普通語言學”特徵，與漢語研究的各個學科都有聯繫，都構成相互促進、共同提高的緊密關係。與西方語言學研究通過語言比較建立起普通語言學相較，單是漢語雅言為主、方言共存的語言實際，就完全具備了建立起漢語自己的“普通語言學”理論的條件，從而指導漢語各科的語言研究，這或許是漢語研究應該思考的重要問題。

根據兩千多年來訓詁學研究漢語的經驗，訓詁學對漢語有自己深刻的、全面的、獨到的見解，這些見解都來自漢語實際，來自研究實踐，彌足珍貴，比如對最小漢語語言單位的研究。對語言社會來說，語言是被社會所使用的，漢語之於漢語人直觀的表現為音響形象，作用於天官的口耳，緣天官的結果是語流的音節分段，這是漢語特徵被漢語人感受的必然，是漢語人使用和理解漢語最敏感、最自然、最小的和最靈活的漢語語言單位，是漢語運用的立足點和出發點，因而是漢語的核心。進入文明史，漢字的產生正是適應了漢語這一本質特性，將瞬間即逝的漢語交際原原本本的、永久的固定了下來，之所以“驚天地，動鬼神”，就在於它破解了“鬼神”的密碼。“字”從此作為漢語音節單位的另一種形式被使用，既是寫下來的字，也是說出來的字：

> 趙元任先生曾經告訴我，“字”在說漢語的人的心目中是實際存在的。
>
> 霍凱特《現代語言學教程》上冊 p. 210，注（1）
>
> 在西方國家的學術史方面，有所謂 Philology 一門學問。照字面上講，Philology 就是“愛研究字”的意思；所謂字是說出來的字呐，還是寫下來的字呐？
>
> 趙元任《語言問題》p. 2

訓詁學立足並研究這個單位，抓住了漢語研究的核心要素：靜態的觀察它形音義之間的相互關係、與別的音節和字的形音義之間的相互關係，這促使了專門研究語形的文字學和專門研究語音的聲韻學的誕生和發展，促進了“觸類旁通”、“舉一得五”的訓詁方法和訓詁理論的運用和成熟；動態的觀察它在實際交際過程中古今雅俗和口頭書面的聯繫與區別，並以字書和注釋的方式保存漢語研究資料和研究成果，為漢語詞彙學（語彙學）、詞義學（語義學）、方言學、詞源學（語言學）、語法學、修辭學等發展成為專門學問準備了條件，為漢語文獻學（古籍整理、版本和校讎學、注釋學等）取得傲世成就提供了基礎性必要手段，為其他以漢語為介質的專門研究提供了漢語識別的基礎條件；對漢語語言學來說，訓詁學則提供了漢語研究的真實的語言資料，比如涉及語言要素的核心問題：跟形態語言的語法、音位和語素音位三大核心系統相較[①]，漢語之核是渾然一體的音節，聲韻調是它的語音要素，形音義是它的關係配列，兩種語言的“語言機構”不同，甚至很不相同，這在客觀上規定了研究內容也很不相同；或許提出這樣的問題，會被譏笑

① 參看霍凱特《普通語言學教程·語言的構造》。

為外行人，但卻是事實。三大系統的本質是單位和單位的組合：根據結構主義語言學觀，語法實際上就是組合關係和組合規則，即語法配列；音位包括總量和在具體語言中可能的搭配，即音位配列；音位和音位組合加上意義的限定就是語素，語素間在語法系統中的組合跟組合關係就是音位語法系統，這被認為是一種編碼，但這不是漢語聲韻調、形音義的編碼。在字母文字語言中，音位獲得特殊重要地位，很大程度上應該是受了字母文字的影響，因為字母文字是“天才的音位學家”，而漢字卻是“天才的音節學家”。語言是有意義的聲音，即包裹着意義並用於傳達思想的聲音系統，從口耳的音響效果看，發音和聽覺最自然的片段不是音位而是音節，由於在這些語言研究中音節只是 word 的要素，人們使用 word 而不是使用音節，所以音節不具備重要意義，也才有了“音節只有在音位學中才是有意義的”的結論。漢語的情況截然不同，漢語音節不僅僅是最自然的音響單位，而且是最小的包裹意義的單位，既是一個分析單位，比如“斤斤”、“攝提格”、“逶迤”、“暴虎”、“攻”中的音節，又是一個使用單位，更是漢語人感知和認識漢語的天然單位，漢語存在和運動的最突出特徵。漢語的音位及其配列只能組合成音節，用以區別別的音節，不能像字母文字語言那樣組合成漢語的 word，因而完全可以說“音位只有在音節分析中才是有意義的”，如同音節在字母文字語言中地位弱化一樣，音位在漢語中的重要性受到了音節的制約。傳統漢語研究的音節分析，比如音韻學，它的分解是符合漢語音節實際的，它不是純粹理論的分析，而是為認識漢語音節形音義及其相互關係服務的，為漢語交際、識別漢語古今雅俗口頭書面和漢語研究服務的：聲韻調、韻頭韻腹韻尾、介音和韻等，這種分析類似於音位分析，但這些“類音位”不構成音節就不能使用，甚至不能存在，而且不能構成語素，而英語中的音位則有很大的權利，比如實際口頭語言中複數、第三人稱、表示領有等的“s”。語言的本色就是把語言使用單位按照語言社會形成的慣例組合起來，進行交際，傳通思想，從而構成語言的運動，在這裏，單位和單位組合總體上都是約定俗成的：

> 語言的本色就是把根本成分、語法成分、詞和句子跟單個概念，或片語整體的概念群按習慣聯合起來。
>
> 愛德華·薩丕爾《語言論》p. 33

在西方，自拉丁語分詞連寫、英語用 word 表示以來，詞的概念在字母文字語言社會中就是當然的語言使用單位，母語使用者都能“本能”的將它分辨出來，這就是薩丕爾做語言調查時印第安青年劃分詞一點兒困難都沒有的原因[①]；任何理性的大小分析，只要與之衝突，在那兩個印第安青年面前都是蒼白的、不符合語言實際的，這應該就是詞的大小具有語言社會約定俗成特性的一面，對此，語言學家只能尊重，不能強求。漢語的詞的大小，不是漢語人自己不認識，也不是漢語自身詞與非詞界限不明，而是“詞”進入漢語以來自身就“先天不足”，是一定要給詞定一個整齊劃一的標準去衡量呢，還是根據詞自身的分佈狀況歸納出特徵進行描述，反映不同的語言學觀：

> 一個詞是從句子分解成的，具有孤立的“意義”的，最小的叫人完全滿意的片段。
>
> 愛德華·薩丕爾《語言論》p. 30

結構主義語言學關於詞的定義有不同說法，但大同小異，以布

① 參看愛德華·薩丕爾《語言論》p. 30 注（1）。

龍菲爾德《語言論》關於"最小"和"自由運用"最為著名[①]，對漢語詞的研究影響也最大，並採用了不少輔助辦法，比如自由與粘着、擴大與縮小等，但在實際研究過程中界限始終不明。構成詞的成分被叫做詞素（morpheme），後又譯作"語素"，可以避開"詞"的界限的困擾，大於它的叫做片語或短語，這一切都是在漢語語法學興起之後的事，詞的問題更多的是在現代漢語語法研究中進行討論。從古印度、古希臘到拉丁語，詞是一個"當然"單位，它的"天然"界限很大程度上由詞的變形標明的，儘管書面上分詞連寫是從拉丁語開始的，並不能由此說古希臘語沒有詞，事實上不進行分詞連寫正表明古希臘人對詞有清楚的認識，不需要特意將它們分開[②]。換句話說，詞在形態語言中具有形態的天然分界，語言學家根據形態就可以描寫出詞來，這種天然性就是"完全叫人滿意的"、"最小片段"。這個"最小片段"就是一個使用單位，人們在使用語言時，總是將它完整的截取和使用，即具有約定俗成性。現代英語是"不完全形態"語言，它的 word，除了 be，沒有一個 word 的變形超過五個的，從結構的觀點分析英語的 word，尤其是可以單獨使用的單個 word 組合成的複合詞，遇到的問題跟在漢語中遇到的問題同等性質。如果不受 word 這個概念及其定義的影響，客觀地看待漢語語言單位的實際運動情況，應該可以更清楚地看到漢語言單位的實際情況，不至於在詞與非詞間糾纏不清：《爾雅》截取的語言單位應該反映出了漢語言單位的基本特徵。漢語最小使用單位

① 參看他的《語言論》，袁家驊、趙世開、甘世福譯，商務印書館，2002 年。

② 參看王吉祥《從詞法和句法特點看古希臘語的思維模型》，載《學海》2008. 6，江蘇省社會科學院；"人們是按公式說話麼?"邢公畹《語言論集 · 語法和語法學》商務印書館 1983。

是成義音節，書面上就是一個漢字，這是漢語運動的原點，最靈活，也最活躍，是漢語之核，但得出漢語是單音節語的結論，則是一種誤解，因為單音節與 word 之間並不存在對應關係。漢語的使用原則是“單足以喻則單，不足以喻則兼”，“足以喻”就是約定俗成：兼也像單一樣是一個整體使用單位，具有單一樣的使用功能。比如房與房子，大多數情況下沒有什麼區別，但在“三房兩廳”中卻不能是“三房子”，“房子”不具有“屋”或“室”的含義和用法，它們的使用功能、範圍和條件並不一致。描述漢語的基本使用單位，應該根據漢語的實際，而不應該根據“詞”的概念，除非根據漢語實際對“詞”進行符合漢語實際的重新歸納、界定。漢語最小使用單位的內部形音義構成及與外部形音義的關聯是漢語的特色，也是漢語機構的最基本配列，又有漢語研究的歷史經驗和歷史資料，應該成為漢語研究和漢語語言學的重要內容。從漢語構造或機構看，最小語言單位是一個渾然天成的整體，聲韻調、義素和義位、語素和素位等，都只有在這個最小語言單位的前提下才是有意義的，因為它們是最小語言單位的構成要素，與別的最小語言單位的構成要素之間的關係不是平列的。英語 family，六個音位、三個音節、一個重音的關係是平列的，共同組建成一個 word，音節的多寡對 word 來說是偶然的，沒有要求的；漢語 jiātíng，六個音位、兩個音節、兩個音高的關係不是平列的，前後各三個音位和一個音高分別構成各自獨立的音節，由音高貫串整個音節而成為渾然整體，六個音位被分割為兩部分而各自平列；英語的三個音節不是使用單位，甚至不能被分解開，六個音位構成一個 word 才成為使用單位；而漢語的“家”、“庭”、“家庭”構成三個使用單位，只是各自的使用範圍、條件、功能、自由程度等有不同，顯然沒有必須構成 word 才成為使用單位的限制，拿 word 的觀念來要求漢語的使用單位顯然是不合理的。訓詁學研究“家”、“庭”，也研究“家庭”，應該是從漢語實際出發的，是符合漢語實際的。Word 這個單位在語法研究中被認為是語法單位，語法分析有“窮盡”的要求，英語“窮盡”於 word，是足以“讓人滿意”的片段，漢語“窮盡”於字，“窮盡”於音節，於是被比附為 word，但這不是漢語的實際；word 還是一個語言單位，是人們儲存與展示語言的整體單位，因而又具有鮮明的約定俗成特徵：一方面，一個音節可以作為語法單位被分析，比如“馬鈴薯”，不能被拆分，卻可以出現在“薯條”中；另一方面，“薯”、“薯條”、“馬鈴薯”都被作為漢語語言單位被儲存和展示，只是在現代漢語條件下，“薯”的展示受到限制，要具備條件，可以“薯類”、“薯片”，也可以“穀、粱、薯、粟”；也就是說，漢語的語言單位，是以最小為基礎的，而存儲與展示則是以最小和相對較小為整體的，“相對較小”也就是“足以喻”，是約定俗成的。形態語言在語言形式上具有鮮明的形態與語法的強制一致性，這種強制性和一致性不被遵守或遭到破壞，就不能順利表達，也不能順利交際。英語說 Who is he? 其中每一個 word 都帶有形態的強制性、詞序的強制性，以及形態與句法的強制性和一致性。Who 沒有時、態、性、數等的要求，但有人稱和格的要求，因為跟它相對待的還有 Whom；is 有時、態、數、人稱等的要求，he 有人稱、格和性的要求，問句中 Who 開頭的 word 總是立於句首，係詞 be 總會與表語交換位置等等，這一切在語言形式上總是強制的和相一致的，於是就會有多種不同的問法：Who am I，Who was I，Who is he，Who was he，Who are we，Who were we，Who are you，Who were you，Who are they，Who were they，再加以

will、would 之類，會寫出一大串，而在漢語中，除了區別人稱，沒有區別，而不同的人稱，本質上是不同的詞語，並不是同一詞語的變形。在語形上，到底該用 who 還是 whom，I 還是 me，thay 還是 them，是該用拉丁語規則還是尊重習慣，曾經成為很重要的語法爭論問題[①]。可以看到，使用什麼樣形態的 word 按照特定的句法組合進行表達，要受到形態與語法強制性相一致的限制，語言形式和語法要求便構成了形態語言語法研究的最主要內容，也是形態語言學理論將語法作為語言構造、語言結構、語言機制核心內容的語言根源，更是結構主義語言學理論使用數學化、公式化研究語法的語言根源：

> 我們是通過語法學習拉丁語和希臘語的，也就是說，語言的事實是以一種有條理、有系統的方式提供給我們的。我們看到的變格形式列隊成行，井然有序，賓格跟着主格，屬格跟着賓格，等等。
>
> L. R. 帕默爾《語言學概論》p. 51

漢語的情況截然不同，漢語的語言形式在任何語法狀況下都不會變形，都是同一張面孔，語言形式和語法要求之間不存在形態語言的那種強制性和一致性，也就不存在那種語言形式的語法，事實上，至少止於西方語法理論傳入之前，應該沒有人是通過語法學習“古代漢語”的，漢語根本不會將“表形語法規則”“排列成行，井然有序”的提供給學習者。英語中類似“Who is he”的表達形式到了漢語中除了人稱和數，沒有任何其他要求，“他、她”和

---

① 參看 L. R. 帕默爾《語言學概論》，愛德華·薩丕爾《語言論》，霍凱特《現代語言學教程》，Frank Palmer：*Grammar*。

"他們、她們"是用字規範的區別，不是語言區別，人稱和數跟語言形式不相關，而是跟詞語意義相聯繫。跟形態語言相較，比如英語，語法至少有兩種表現，"表形語法"和"關聯語法"，"表形語法"是形態語言的基本語言特徵，是認識和研究的必由之路，也是其"自發"產生語法研究的根源；漢語不需要表形語法，漢語語法對漢語語言形式不作要求，而是關心漢語使用單位間的組合與組合關係，特定的組合與組合關係跟意義表達之間具有強制性和一致性，包括次序、關係、結構、層次等，其中任何改動都可能引起意義變化，都可能影響交際。還拿"中國特色社會主義市場經濟"為例，它所表達的含義是"具有中國特色的社會主義"的"市場經濟"，這種"關聯語法"與漢語語形之間不相干，不要求改變語形，但要求這樣的排列、表達和理解，要求組合、關係、結構和層次與語句意義表達的強制性和一致性。無論樂意還是不樂意，承認還是不承認，意義在漢語研究中都是極為重要的因素。結構主義語言學理論進行的結構主義語法研究是排斥意義作用的①，對"表形語法"研究來說或許是可行的，抑或應該的，但對漢語來說則是不切合實際的。在漢語語法研究中意義無疑起著重要作用，傳統上實詞和虛詞的劃分就是意義標準，實詞的類別很大程度上也是意義標準，單列的一個詞語要確定它的類別除了意義幾乎找不到其他根據，虛詞的類別則主要是功能類別，主要以語法功能為判斷標準，其間，意義仍然起著重要作用②。意義在漢語研究中通常被區別為思想、概念、事物等的詞語意義和使用功能的語法意義，"語法意

① 參看索緒爾《普通語言學教程》、霍凱特《現代語言學教程》。

② 參看呂叔湘《漢語語法分析問題》、《現代漢語八百詞》p. 1–41；朱德熙《語法講話》。

義”指的是詞語之間關聯關係的意義，比如《墨子》的類、詞語的虛實、動靜、死活、活用、孔穎達的“相”、修飾、限制、成分、結構、層次等等，從這個意義上說，漢語的語法本質上是“關聯語法”，這在形態語言語法中由於“表形語法”的強化而被掩蓋了。訓詁學對漢語意義的研究注重的也是這兩大類，從先秦開始的“語法意義”的研究就已經涉及到了漢語語法研究問題。

跟形態語言相較，漢語是一種截然不同的語言，形態語言研究理論沒有反映漢語實際和漢語研究實際，不應該成為金科玉律是顯而易見的。產生於特定語言的研究理論，原則上只適用於特定的語言，非特定語言一定要用特定理論進行研究，一定會失去“話語權”，也一定會迷失自己。科學的本質在求真，“普通語言學”至少應該反映世界大多數語言或主要語言的共同性，而從漢語的實際出發，建立起真正能夠反映漢語實際的漢語語言學理論，發出漢語的聲音，世界普通語言學才可能真正“普通”起來。

圖書在版編目（CIP）數據

訓詁三論 / 張治樵著.—成都：巴蜀書社，2017.8

ISBN 978-7-5531-0847-6

Ⅰ.①訓… Ⅱ.①張… Ⅲ.①訓詁－研究
Ⅳ.①H13

中國版本圖書館 CIP 數據核字（2017）第 178416 號

訓詁三論 張治樵 著

責任編輯	謝藝波
出　　版	四川出版集團巴蜀書社
	成都市槐树街 2 號　郵編 610031
	總編室電話：(028)86259397
網　　址	www.bsbook.com
發　　行	巴蜀書社
	發行科電話：(028)86259422　86259423
經　　銷	新華書店
印　　刷	成都蜀通印務有限責任公司
版　　次	2017 年 8 月第 1 版
印　　次	2017 年 8 月第 1 次印刷
成品尺寸	210mm×148mm
印　　張	17.125
字　　數	460 千
書　　號	ISBN 978-7-5531-0847-6
定　　價	65.00 圓

本書若有印裝質量問題，請與工廠調換。